Die Haftung
der Europäischen Zentralbank

AF816686

Kölner Schriften zu Recht und Staat

Herausgegeben von
Prof. Dr. Hartmut Schiedermair und
Prof. Dr. Bernhard Kempen

Band 13

PETER LANG
Frankfurt am Main · Berlin · Bern · Bruxelles · New York · Oxford · Wien

IRENE BAUR

Die Haftung der Europäischen Zentralbank

PETER LANG
Europäischer Verlag der Wissenschaften

Die Deutsche Bibliothek - CIP-Einheitsaufnahme

Baur, Irene:

Die Haftung der Europäischen Zentralbank / Irene Baur. -
Frankfurt am Main ; Berlin ; Bern ; Bruxelles ; New York ;
Oxford ; Wien : Lang, 2001
(Kölner Schriften zu Recht und Staat ; Bd. 13)
Zugl.: Würzburg, Univ., Diss., 2000
ISBN 3-631-37745-2

D 20
ISSN 1433-0253
ISBN 3-631-37745-2

© Peter Lang GmbH
Europäischer Verlag der Wissenschaften
Frankfurt am Main 2001
Alle Rechte vorbehalten.

Das Werk einschließlich aller seiner Teile ist urheberrechtlich geschützt. Jede Verwertung außerhalb der engen Grenzen des Urheberrechtsgesetzes ist ohne Zustimmung des Verlages unzulässig und strafbar. Das gilt insbesondere für Vervielfältigungen, Übersetzungen, Mikroverfilmungen und die Einspeicherung und Verarbeitung in elektronischen Systemen.

www.peterlang.de

Vorwort

Die vorliegende Arbeit wurde im Sommersemester 2000 von der Juristischen Fakultät der Universität Würzburg als Dissertation angenommen. Rechtsprechung, Literatur und Rechtsakte auf europäischer Ebene wurden noch bis Januar 2001 berücksichtigt.

An dieser Stelle möchte ich gerne meinem Doktorvater, Herrn Prof. Dr. Bernhard Kempen, besonderen Dank aussprechen. Er gab mir während der Zeit der Erstellung der Arbeit nicht nur den nötigen wissenschaftlichen Freiraum, sondern auch viele wertvolle Anregungen. Die Zeit als wissenschaftliche Mitarbeiterin an seinem Lehrstuhl haben mir das wissenschaftliche Arbeiten nahegebracht und mein juristisches Denken nachhaltig geprägt. Daneben bin ich ihm und Prof. Dr. Hartmut Schiedermair für die Aufnahme meiner Arbeit in die Reihe „Kölner Schriften zu Recht und Staat“ verbunden.

Dank gebührt auch Herrn Prof. Dr. Dr. h.c. Hugo J. Hahn, LL.M. (Harvard) für die rasche Erstellung des Zweitgutachtens. Als einem Kenner des Währungsrechts verdanke ich ihm außerdem zahlreiche einschlägige Denkanstöße während der Erstellung der Arbeit.

Die Drucklegung der Arbeit wurde mit Mitteln des Europäischen Rechtszentrums der Universität Würzburg gefördert.

Meinen lieben Eltern danke ich für die stete materielle und ideelle Unterstützung während der Zeit des Studiums und der Promotion. Ihnen sei die Arbeit daher gewidmet. Ulrich Steiner bin ich für die vielen Stunden der umsichtigen Schlußredaktion zu besonderem Dank verpflichtet. Schließlich möchte ich Michaela Metzen für das Korrekturlesen und Gero Ziegenhorn für die technische Unterstützung bei Erstellung der Druckfassung danken.

Würzburg, im April 2001 Irene Baur

Inhaltsverzeichnis:

Abkürzungsverzeichnis

a.A.	Anderer Ansicht
a.E.	am Ende
a.F.	alte Fassung
ABlEG	Amtsblatt der Europäischen Gemeinschaft
Alt.	Alternative
AöR	Archiv des öffentlichen Rechts
Art.	Artikel
AVR	Archiv des Völkerrechts
BayObLG	Bayerisches Oberstes Landesgericht
BayVBl.	Bayerische Verwaltungsblätter
Bd.	Band
BGBl.	Bundesgesetzblatt
BGH	Bundesgerichtshof
BGHZ	Entscheidungen des Bundesgerichtshofs in Zivilsachen
BK	Bonner Kommentar zum Grundgesetz
BRats-Ds.	Bundesratsdrucksache
BT-Ds.	Bundestagsdrucksache
BVerfG	Bundesverfassungsgericht
BVerfGE	Entscheidungen des Bundesverfassungsgerichts
BVerwG	Bundesverwaltungsgericht
BVerwGE	Entscheidungen des Bundesverwaltungsgerichts
Bzw.	beziehungsweise
CDE	Cahier de Droit Européen
CJEL	Columbia Journal of European Law
CKS	Constantinesco/Kovar/Simon
CMLR	Common Market Law Review
ders.	derselbe
dies.	dieselbe
DBB	Deutsche Bundesbank
DÖV	Die öffentliche Verwaltung
DVBl.	Deutsche Verwaltungsblätter
EAGV	Vertrag zur Gründung der Europäischen Atomgemeinschaft
EAG	Vertrag zur Gründung der Europäischen Atomgemeinschaft
EIB	Europäische Investitionsbank
EG	Europäische Gemeinschaft
EG	Vertrag über die Europäische Gemeinschaft (im Zusammenhang mit Angabe von Artikeln des Vertrages)

EG-Vertrag	Vertrag über die Europäische Gemeinschaft
EMRK	Europäische Menschenrechtskonvention
Erl.	Erläuterung
ESZB	Europäisches System der Zentralbanken
EU	Europäische Union
EuBl.	Europablätter
EuG	Gericht 1. Instanz
EuGH	Gerichtshof der Europäischen Gemeinschaften
EuGHMR	Europäischer Gerichtshof für Menschenrechte
EuGRZ	Europäische Grundrechte Zeitschrift
EuR	Europarecht
europ.	europäisch
EuZW	Europäische Zeitung für Wirtschaftsrecht
EWI	Europäisches Währungsinstitut
EWWU	Europäische Wirtschafts- und Währungsunion
EZB	Europäische Zentralbank
f.	folgende Seite/folgende Randnummer
FAZ	Frankfurter Allgemeine Zeitung
ff.	folgende Seiten/folgende Randnummern
Fn.	Fußnote
GA	Generalanwalt
gem.	Gemäß
GG	Grundgesetz
GTE	Groeben/Thiesen/Ehlermann
Hdb.	Handbuch
Hrsg.	Herausgeber
i.d.F.	in der Fassung
insb.	Insbesondere
i.S.d.	im Sinne des
i.S.v.	im Sinne von
i.V.m.	in Verbindung mit
JuS	Juristische Schulung
JZ	Juristen Zeitung
KWG	Gesetz über das Kreditwesen
lit.	litera/Buchstabe
m.w.N.	mit weiteren Nachweisen
nat.	national
NJW	Neue Juristische Wochenschrift
Nr.	Nummer
NVwZ	Neue Verwaltungszeitschrift

ÖBA	Österreichisches Bankarchiv
RiA	Rechts im Amt
RIW	Recht der internationalen Wirtschaft
Rdn.	Randnummer
Rs.	Rechtssache
RTDeur.	Revue trimestrielle de droit européen
S.	Seite
Slg.	Sammlung
s.o.	siehe oben
s.u.	siehe unten
st. Rspr.	ständige Rechtsprechung
u.a.	unter anderem
UAbs.	Unterabsatz
verb. Rs.	verbundene Rechtssache
vgl.	vergleiche
VVDStRL	Veröffentlichungen der Vereinigung der Deutschen Staatsrechtslehrer
WiDi	Wirtschaftsdienst – Zeitschrift für Wirtschaftspolitik
WM	Zeitschrift für Wirtschafts- und Bankrecht (Wertpapiermitteilungen)
WuB	Entscheidungssammlung zum Wirtschafts- und Bankrecht
WVK	Wiener Übereinkommen über das Recht der Verträge
WWU	Wirtschafts- und Währungsunion
z.B.	zum Beispiel
ZfgK	Zeitschrift für das gesamte Kreditwesen
ZG	Zeitschrift für Gesetzgebung
Ziff.	Ziffer

Teil I: Einleitung

Die Frage, ob eine Haftung der Europäischen Zentralbank (EZB) bestehen soll, hat der Vertrag von Maastricht[1] bejaht (Art. 288 III EG[2], Art. 35.3 Satzung des Europäischen Systems der Zentralbanken und der Europäischen Zentralbank [ESZB-Satzung][3]). Es besteht eine außervertragliche Haftung.

Allein die Tatsache, im EG-Vertrag eine explizite Regelung über die Haftung der EZB vorzufinden, mag angesichts der lebhaft diskutierten Unabhängigkeit der EZB zunächst verwundern. Die Haftung nach Art. 288 III EG und die damit einhergehende gerichtliche Kontrolle durch den Europäischen Gerichtshof (EuGH) bilden die eigentliche Grenze der Unabhängigkeit der EZB. Weder die vom Vertrag in Art. 113 EG vorgesehenen Spielarten der Berichterstattung[4] noch andere Vertragsvorschriften, die von kritischen Stimmen als Gefahr für die Unabhängigkeit gebrandmarkt wurden und werden[5], vermögen dies. Droht also der Unabhängigkeit der EZB Gefahr vom Europäischen Gerichtshof? Ist hier das Einfallstor für eine zu politischen Zwecken mißbrauchte Geldpolitik zu wittern?

---

[1] BGBl II 1992, S. 1253ff.

[2] Der EuGH hat aufgrund des Inkrafttretens des Amsterdamer Vertrages am 1.5.1999 eine neue Zitierweise für die Europäischen Verträge eingeführt, welche auch in dieser Arbeit verwendet werden soll.

Danach werden für Artikel eines Vertrages in der nach dem 1.5.1999 geltenden Fassung nach der Nennung der Artikelnummer zwei Buchstaben angefügt. Dabei stehen die Buchstaben

- EU für den Vertrag über die Europäische Union
- EG für den EG-Vertrag
- KS für den EGKS-Vertrag
- EA für den EAG-Vertrag.

Wird auf einen Artikel eines Vertrages in der vor dem 1.5.1999 geltenden Fassung Bezug genommen, so folgt der Artikelnummer der Zusatz „Vertrag über die Europäische Union", „EG-Vertrag" (bzw. EWG-Vertrag), „EGKS-Vertrag" oder „EAG-Vertrag".

Zudem erhalten Artikelnummern des EG-Vertrages und des Vertrages über die Europäische Union, soweit auf ihre vor dem 1.5.1999 geltenden Fassung Bezug genommen wird, in Klammern die entsprechende Bestimmung des jeweiligen Vertrages in der nach dem 1.5.1999 geltenden Fassung.

Siehe hierzu auch die vollständigen Listen mit der neuen Zitierweise in EuGH, Slg. I-1999, II-1999 vom Mai 1999; EuZW 2000, S. 14f.

[3] Protokoll Nr. 9 zum Vertrag von Maastricht, BGBl II 1992, S. 1297ff.

[4] Ausführlich HAHN, JZ 1999, S. 957ff.

[5] Vgl. WEBER, WM 1998, S. 1469f.; eine ausführliche Erörterung über die Unabhängigkeit der EZB findet sich bei ENDLER, Europäische Zentralbank, S. 405ff.

Gerade im Rahmen des europäischen Gemeinschaftsrechts muß die Justitiabilität von Handlungen der EZB denjenigen ein Anliegen sein, die für eine Gemeinschaft mit rechtsstaatlichem Gepräge votieren, wird doch die EZB in Art. 110 EG, Art. 34 ESZB-Satzung ermächtigt, hoheitlich gegenüber Rechtssubjekten der Mitgliedstaaten im Wege der Verordnung, Entscheidung, Empfehlung oder Stellungnahme tätig zu werden. Trefflich als „vorsorgliches Schutzschild" bezeichnet HAHN deshalb die Einbettung der EZB in das Rechtsschutzsystem der Europäischen Gemeinschaft[6]. Der Ausspruch weist dabei nicht nur auf die einem Haftungsrisiko innewohnende verhaltenslenkende Funktion[7], sondern auch auf die erforderliche rechtsstaatliche Verankerung der Tätigkeit der EZB hin[8].

Im übrigen beherrscht keine andere europäische Instanz die Gratwanderung zwischen rechtsstaatlicher Kontrolle einerseits und Wahrung des Demokratieprinzips, d.h. die eigentlich politische Entscheidung in der Hand der politischen und demokratisch legitimierten Organe zu belassen, andererseits so perfekt wie der EuGH. Zum Kreis solcher politischen Entscheidungen wird man jedenfalls die Interpretation vager Zielbestimmungen, die Zielauswahl und die Bestimmung der Mittel zur Erreichung der Vertragsziele zählen müssen[9]. Stets ist der EuGH bei der Kontrolle derartiger politischer Entscheidungen, insbesondere wenn die Rechtsgrundlage Ermessensspielräume enthielt, darauf bedacht gewesen, dem handelnden Organ eine weite Einschätzungsprärogative einzuräumen, damit es seiner politischen Verantwortung gerecht werden könne[10]. Die Rolle eines politischen Schiedsrichters zwischen der Gemeinschaft und den Mitgliedstaaten bzw. den EU-Bürgern hat der EuGH bisher nicht eingenommen[11]. Es kann daher davon ausgegangen werden, daß der EuGH auch im Zusammenhang mit der Kontrolle der Tätigkeit der EZB das nötige Fingerspitzengefühl walten lassen wird, um sicherzustellen, daß die politischen Entscheidungen der EZB vorbehalten bleiben.

---

[6] HAHN, JZ 1999, S. 961.

[7] VON BOGDANDY, in: Grabitz/Hilf, EGV, Archiv-Bd. 2, Art. 215 EG-Vertrag, Rdn. 14.

[8] KOENIG, EuZW 1993, S. 664.

[9] BLECKMANN, Ermessensfehlerlehre, S. 216f.

[10] Vgl. EuGH, Rs. 136/77, *Racke/Hauptzollamt Mainz*, Slg. 1978, S. 1245, Rdn. 4; EuGH, Rs. 74/74, *CNTA/Kommission*, Slg. 1975, S. 533, Rdn. 16, 19/23; BLECKMANN, Ermessensfehlerlehre, S. 217.

[11] FISCHER, ZG 2000, S. 176. Anders hingegen das Selbstverständnis des Bundesverfassungsgerichts, das auch korrigierend in politische Entscheidungen eingreift. Vgl. nur BVerfG, NJW 1999, S. 557.

Dem EuGH das Wächteramt über das Gebaren der EZB anzuvertrauen, ist damit sowohl rechtsstaatlich geboten, als auch fachlich selbst unter dem Aspekt der Unabhängigkeit nicht zu beanstanden, wenn nicht sogar zu begrüßen.

Die Frage nach den Modalitäten einer Zentralbankhaftung hingegen harrt noch einer umfassenden Untersuchung. Der Verweis von Art. 288 III EG auf Absatz II dieses Artikels trägt zur Klärung des Umfangs und der Voraussetzungen der außervertraglichen Haftung der EZB nur bedingt bei, da Art. 288 II EG lediglich auf die „allgemeinen Rechtsgrundsätze, die den Rechtsordnungen der Mitgliedstaaten gemeinsam sind" verweist. Freilich war der EuGH in der Vergangenheit bereits in zahlreichen Fällen aufgerufen, sich mit dem Verweis auf die „allgemeinen Rechtsgrundsätze" in Art. 288 II EG auseinanderzusetzen. Er entwickelte ein eigenständiges, gemeinschaftsrechtliches Haftungsinstitut, das sogar die Rechtsordnungen der Mitgliedstaaten mehr oder weniger überwölbt, zumindest im Falle einer Staatshaftung für gemeinschaftswidriges Verhalten[12]. Dies mag ein starkes Indiz für die Annahme sein, daß die EZB letztendlich auch diesem richterrechtlich ausgestalteten Haftungsregime unterliegt. Ob eine juristische Überprüfung des Normgehalts des Art. 288 III EG diese Annahme rechtfertigt, wird die nachfolgende Analyse zeigen.

A. Haftungsfrage und Gang der Untersuchung

Bevor die eigentliche Thematik der Arbeit, die Haftung der EZB zu untersuchen, angegangen werden kann, stellt sich die Frage, was unter dem Begriff der Haftung verstanden werden soll.

[12] Siehe dazu die Ausführungen des Gerichtshofs im Urteil EuGH, verb. Rs. C-178/94, C-179/94, C-188/94, C-189/94 und C-190/94, *Dillenkofer/Bundesrepublik Deutschland*, Slg. 1996, I-4845.

Im Gemeinschaftsrecht werden zwei Haftungsbegriffe verwendet. Zum einen geht das Gemeinschaftsrecht von einer *vertraglichen* Haftung aus, die in Art. 288 I EG geregelt ist. Diese kommt im Zusammenhang mit privatrechtlichen oder öffentlich-rechtlichen Verträgen der Gemeinschaft in Betracht. Schäden, die durch fehlerhafte Verträge der EZB verursacht werden, unterliegen nach Art. 35.3 ESZB-Satzung ebenfalls der vertraglichen Haftung des Art. 288 I EG. Anwendungsfälle können beispielsweise die von der EZB mit den Kreditinstituten geschlossenen privatrechtlichen Verträge im Rahmen der geldpolitischen Geschäfte sein[13]. Aber auch die Beschaffung der für die Verwaltung erforderlichen Sachgüter, wie zum Beispiel Büromaterial oder Dienstfahrzeuge, erfolgt durch privatrechtliche Verträge[14]. Art. 24 ESZB-Satzung ermöglicht der EZB diese Handlungen. In diesem Bereich kann es daher ebenfalls zur vertraglichen Haftung der EZB nach Art. 288 I EG kommen.

Zum anderen ist unter dem Begriff der Haftung die *außervertragliche* Haftung nach Art. 288 II, III EG zu verstehen. Die außervertragliche Haftung erfaßt alle hoheitlichen Tätigkeiten der EZB, wie hoheitlich-einseitiges und schlicht-hoheitliches Handeln, sowie sonstige nicht-hoheitliche Tätigkeiten. Aber auch Realakte können die außervertragliche Haftung auslösen[15].

Die vertragliche Haftung der EZB nach Art. 288 I EG soll jedoch nicht Gegenstand der Untersuchung sein. Grund hierfür ist, daß die Haftung gem. Art. 288 I und gem. Art. 288 II, III EG nach völlig unterschiedlichen Gesichtspunkten konzipiert sind. Während sich die Haftung nach Art. 288 I EG nach den Regeln des Internationalen Privatrechts richtet[16], beruht die außervertragliche Haftung gem. Art. 288 II, III EG auf dem Europäischen Gemeinschaftsrecht. Beiden Haftungen gleichermaßen die Aufmerksamkeit schenken zu wollen, würde den Rahmen dieser Arbeit sprengen. Überdies ist der Schwerpunkt der Tätigkeit der EZB, wie z.B. Entscheidungen im Bereich der Geld- und Währungspolitik, hoheitlich geprägt. Es ist daher anzunehmen, daß vielfach die außervertragliche Haftung anzuwenden ist. Lediglich Ausführungsgeschäfte basierend auf Verträgen mit den Geschäftspartnern unterliegen der vertraglichen Haftung. Sich allein auf die außervertragliche Haftung zu konzentrieren, ermöglicht daher, ein weites Spektrum der Tätigkeit der EZB rechtlich aufarbeiten und einer haftungsrechtlichen Untersuchung zuführen zu können.

---

[13] EZB, Die einheitliche Geldpolitik, S. 10ff.; CZAJA, Haftung, S. 175ff.

[14] SMITS, in: GTE, Komm EUV/EGV, nach Art. 109m EG-Vertrag, Satzung ESZB und EZB, Art. 24, Rdn. 1ff.; HEUKELS, Contractual Liability, S. 89.

[15] Vgl. VON BOGDANDY, in: Grabitz/Hilf, EGV, Archiv-Bd. 2, Art. 215 EG-Vertrag, Rdn. 65.

[16] Vgl. HEUKELS, Contractual Liability, S. 92ff.

Damit soll die außervertragliche Haftung der EZB nach Art. 288 III EG im Mittelpunkt der Arbeit stehen. Im Rahmen der außervertraglichen Haftung kann weiterhin zwischen der Haftung für rechtmäßiges und rechtswidriges Verhalten differenziert werden. Während die außervertragliche Haftung für rechtswidriges Handeln von Anfang an anerkannt war, steckt die Haftung für rechtmäßiges Handeln noch in den Kinderschuhen[17]. Sie gibt Anlaß zu lebhafter wissenschaftlicher Diskussion, da sie vom EuGH bis heute nicht anerkannt ist und daher klare Haftungsstrukturen nicht erkennbar sind[18]. Die Haftung der EZB für rechtmäßiges Handeln untersuchen zu wollen, würde daher in mehrfacher Hinsicht auf hypothetischen Annahmen beruhen. Überdies ist davon auszugehen, daß die Haftung der EZB für rechtmäßiges Handeln in der Praxis kaum von Bedeutung sein dürfte, da sie von besonders engen Voraussetzungen abhängig sein dürfte[19]. Aus diesem Grund ist davon auszugehen, daß die Haftung der EZB für rechtswidriges Handeln praxisrelevanter ist. Ihrer Untersuchung soll daher der Vorzug gegeben werden.

Im Bereich der Haftung der EZB für rechtswidriges Handeln soll eine weitergehende Eingrenzung des Themas dahingehend erfolgen, daß auch nichthoheitliches Handeln nicht behandelt wird. Es erscheint wenig ergiebig, zu untersuchen, inwieweit die EZB beispielsweise für Unfälle haftet, die mit Dienstfahrzeugen oder durch Dachziegel, die von ihrem Dienstgebäude herabfallen, verursacht werden.

Im Mittelpunkt der Arbeit soll aufgrund dieser Erwägungen die Haftung der EZB nach Art. 288 III EG für den Bereich des hoheitlichen, rechtswidrigen Handelns stehen. Art. 288 III EG lautet folgendermaßen:

„Absatz 2 [Anm.: Gemeint ist Art. 288 II EG.] gilt in gleicher Weise für den durch die EZB oder ihre Bediensteten in Ausübung ihrer Amtstätigkeit verursachten Schaden."

---

[17] HAACK, Die außervertragliche Haftung der Europäischen Gemeinschaften für rechtmäßiges Verhalten ihrer Organe, S. 1ff.; OSSENBÜHL, Staatshaftung, S. 589f.; BRONKHORST, The Valid Legislative Act, S. 153ff.; SMIT/HERZOG, Commentary, Art. 215.08.

[18] EuG, Rs. T-113/96, *Dubois fils/Rat und Kommission*, Slg. 1998, II-125, Rdn. 57; EuG, Rs. T-184/85, *Dorsch Consult/Rat und Kommission*, Slg. 1998, II-667; GILSDORF/OLIVER, GTE, Komm EUV/EGV, Art. 215 EG-Vertrag, Rdn. 31.

[19] EuG, Rs. T-184/85, *Dorsch Consult/Rat und Kommission*, Slg. 1998, II-667, Rdn. 59: „Geht es wie in der vorliegenden Rechtssache um die Haftung der Gemeinschaft für rechtmäßiges Handeln, so würde nach der einschlägigen Rechtsprechung, falls ein solcher Grundsatz im Gemeinschaftsrecht anerkannt wäre, die Auslösung einer solchen Haftung jedenfalls das Vorliegen eines ‚außergewöhnlichen' und ‚besonderen' Schadens voraussetzen".

Mangels gerichtlicher Bewährung dieser Vorschrift wird ein Schwerpunkt der Arbeit darauf liegen, ein Haftungsmodell für die EZB zu entwerfen.

Allein aus der ersten Lektüre des Art. 288 III EG wird deutlich, daß aufgrund der Verweisung auf Absatz II die Haftung der EG nach Art. 288 II EG auch für die Haftung der EZB eine Rolle spielt. Daher soll in einem ersten Schritt das im Rahmen der außervertraglichen Haftung der EG nach Art. 288 II EG vom EuGH entwickelte Haftungsmodell vorgestellt werden. Die tatbestandlichen Voraussetzungen werden definiert und beschrieben werden müssen.

Inwieweit sie im Rahmen der Haftung der EZB nach Art. 288 III EG tatsächlich Anwendung finden können, hängt allein von der Interpretation des die beiden Absätze verbindenden Glieds „Absatz 2 gilt in gleicher Weise" ab. Hierin liegt der Schlüssel zur Festlegung der einzelnen Haftungsvoraussetzungen. Erst wenn diese Auslegungsfrage geklärt ist, kann abschließend ein Haftungsmodell für die EZB entworfen werden.

Als weiterer Schwerpunkt sollen einzelne Tätigkeitsfelder der EZB herausgegriffen und anhand des Haftungsmodells auf ihre Haftungsrelevanz untersucht werden. Hierbei werden geldpolitisch intendierte Handlungen im Vordergrund stehen. Daneben werden Überlegungen zur Haftungsrelevanz hinsichtlich von Maßnahmen im Bereich von TARGET, der Bankenaufsicht und der Wechselkurspolitik angestellt werden. Da die Auswirkungen dieser Handlungen in den volkswirtschaftlichen Bereich fallen, wird es für eine realitätsnahe Untersuchung der Haftung, insbesondere für den verursachten Schaden, sowie den Kausalzusammenhang zwischen der Handlung und dem Schaden, erforderlich sein, auch volkswirtschaftliche Zusammenhänge in ihren Grundzügen aufzuzeigen.

Soweit es für die Anschaulichkeit der Untersuchung dienlich ist, wird insbesondere auf die Lage mitgliedstaatlicher Kreditinstitute als geschädigte Rechtssubjekte abgestellt werden. Dies macht vor dem Hintergrund Sinn, daß aufgrund des traditionell bestehenden Abhängigkeitsverhältnisses des Bankensektors von Zentralbankgeld in erster Linie der Bankensektor mit der Geldpolitik der EZB in Berührung kommen wird. Es wird daher am ehesten mit Schadensersatzklagen von Kreditinstituten zu rechnen sein.

Abschließend wird in einem letzten Teil noch auf prozessuale Problemkonstellationen einzugehen sein. Zu klären ist insbesondere die Aktivlegitimation der EZB und die Passivlegitimation von Kreditinstituten und EU-Bürgern. Ebenfalls einer Erörterung bedarf die Konkurrenz der Schadensersatzklage zu anderen Rechtsbehelfen, was prozessual ein Problem des Rechtsschutzbedürfnisses darstellt. So ist beispielsweise fraglich, ob eine Schadensersatzklage gegen die EZB nach Artt. 235, 288 III EG auch dann zulässig ist, wenn die schadensverursachende Handlung auch mit der Nichtigkeitsklage nach Art. 230 EG angegangen werden könnte. Ebenso stellt sich die Frage der Zulässigkeit einer Schadensersatzklage gegen die EZB, wenn gegenüber einem Kreditinstitut eine nationale Zentralbank in Vollzug der europäischen Geldpolitik gehandelt hat.

B. Überlegungen zur Methodik der Untersuchung

Aus den Ausführungen über den Verlauf der Untersuchung wird deutlich, daß der erste Schwerpunkt in der Erstellung eines Haftungsmodells und ein zweiter Schwerpunkt auf der Untersuchung möglicher haftungsauslösender Handlungen liegt. Da dem Thema, der Haftung der EZB, bisher wenig juristische Aufmerksamkeit geschenkt wurde, eine Auseinandersetzung mit einer umfangreichen Literatur daher nicht möglich ist, stellt sich hier um so dringlicher die Frage, auf welche Weise, das heißt mittels welcher Methodik, die Problemfindung angegangen werden soll.

Die Haftung der EZB ist schon wegen ihrer Rechtsgrundlage in Art. 288 III EG eine gemeinschaftsrechtlich determinierte Rechtsfrage. Ebenso verhält es sich mit den haftungsauslösenden Handlungen der EZB, deren Rechtsgrundlagen sowohl im EG-Primärrecht als auch im Protokoll Nr. 9 zum EG-Vertrag „Protokoll über die Satzung des Europäischen Systems der Zentralbanken und der Europäischen Zentralbank", das gem. Art. 311 EG den Rang des EG-Primärrechts genießt, verankert sind. Die Haftungsvoraussetzungen, der Haftungsumfang sowie die möglichen haftungsauslösenden Handlungen ergeben sich damit ausschließlich aus dem EG-Vertrag, einem multilateralen völkerrechtlichen Vertrag. Die angeführten Punkte einer Lösung zuzuführen, kann daher nur die Auslegung dieses Vertrages leisten.

Somit bietet sich als Methodik der Rückgriff auf die Mittel der Vertragsauslegung für einen multilateralen völkerrechtlichen Vertrag an. Jedoch sollen nicht die Auslegungskanones der Artt. 31, 32 WVK angewendet werden, die freilich aufgrund der völkerrechtlichen Natur des EG-Vertrages einschlägig wären. Vielmehr soll die Auslegungsmethodik verwendet werden, die der EuGH im Rahmen des Gemeinschaftsrechts praktiziert. Der EuGH hat mittels seiner in Art. 220 EG zugewiesenen Aufgabe, das Gemeinschaftsrecht auszulegen, eine eigenständige gemeinschaftsrechtliche Interpretationsmethodik entwickelt. Die Methodik des EuGH läßt zwar völkerrechtliche Auslegungsgrundsätze nicht gänzlich außer Acht, er vermengt sie aber mit Auslegungsmethoden des Verfassungsrechts[20]. Gewichtigster Unterschied zu den Auslegungskanones der

[20] Die Frage, inwieweit im Rahmen des Gemeinschaftsrechts die völkerrechtlichen Auslegungskanones anwendbar sind, soll hier nicht aufgerollt werden. Vgl. aber dazu mit ablehnender Haltung KUTSCHER, Thesen zu den Methoden der Auslegung des

Artt. 31, 32 WVK ist hierbei die untergeordnete Rolle der historischen Auslegung[21].

Die Anwendung der Auslegungsmethodik des EuGH in dieser Arbeit rechtfertigt sich insbesondere vor dem Hintergrund, daß nach Art. 220 EG der EuGH abschließend zur Auslegung des Gemeinschaftsrechts berufen ist[22]. Ihm wird also im Falle eines Rechtsstreites über die Haftung der EZB gem. Art. 220 EG die Aufgabe zukommen, die streitentscheidenden Normen auszulegen. Dabei wird der Gerichtshof die Normen mittels seiner Auslegungsgrundsätze interpretieren. Sich in dieser Arbeit auf die Auslegungsinstrumente der Wiener Vertragsrechtskonvention zu stützen, würde bedeuten, daß man andere Auslegungsergebnisse als der EuGH erhielte. Der praktische Nutzen dieser Arbeit wäre dann erheblich geschmälert. Es erscheint daher geradezu unerläßlich, sich der Fragestellung ebenfalls mittels der Auslegungsmethodik des EuGH zu nähern. Diese soll daher im folgenden kurz umrissen werden.

I. Grundsätze des EuGH zur Auslegung des EG-Vertrages

Der EuGH verwendet in der Interpretation von Primär- und Sekundärrecht unterschiedliche Ansätze, wobei der für das Primärrecht als „objektiver" Auslegungsansatz, der für das Sekundärrecht eher als Mischung von „subjektivem" und „objektivem" Ansatz bezeichnet werden kann[23]. Da in dieser Arbeit hauptsächlich die Auslegung der Haftungsvorschrift des Art. 288 III, II EG und der Vorschriften der ESZB-Satzung von Bedeutung sein werden, sollen im folgenden die Auslegungsinstrumente für das Primärrecht vertieft dargestellt werden.

Gemeinschaftsrechts, S. I-33ff.; zustimmend hingegen BLECKMANN, Europarecht, Rdn. 537, der nur von punktuellen Abweichungen im Gemeinschaftsrecht ausgeht. OPPERMANN, Europarecht, Rdn. 680.

[21] KUTSCHER, Thesen zu den Methoden der Auslegung des Gemeinschaftsrechts, S. I-33ff.; BORCHARDT, Auslegung, S. 21ff.

[22] EuGH, Rs. 314/85, *Foto-Frost/Hauptzollamt Lübeck Ost*, Slg. 1987, S. 4199. Der EuGH ist zwar nicht ausschließlich, aber abschließend zur Auslegung des Gemeinschaftsrechts zuständig, da den nationalen Gerichten nur eine Prüfungs-, nicht hingegen eine Verwerfungskompetenz zusteht. Vgl. FISCHER, ZG 2000, S. 165.

[23] Unter „objektiven" Auslegungsgrundsätzen versteht man Methoden, die sich am objektiven Sinngehalt der Norm orientieren. Hingegen haben „subjektive" Grundsätze den historischen Parteiwillen zum Gegenstand. Vgl. BLECKMANN, Auslegungsmethoden des EuGH, S. 3; MEYER, JURA 1994, S. 455f.

Den Schwerpunkt bei der Auslegung des Primärrechts legt der EuGH auf die systematische und die teleologische Interpretation einer Norm[24]. Die Auslegung muß „auf Geist, Aufbau, Wortlaut...sowie System und Ziele des Vertrages" gegründet werden, lautet fast monoton die Rechtsprechung des EuGH[25].

Dies liegt insbesondere daran, daß eine primär anzustellende, wörtliche Auslegung oft zu keinem eindeutigen Ergebnis führt, da der bloße Vertragstext für die Bedeutung der gemeinschaftsrechtlichen Begriffe, die jedenfalls nicht mit nationalen Sinngehalten zu befrachten sind[26], vielfach wenig aufschlußreich ist. Viele Bestimmungen des Primärrechts lassen nämlich aufgrund der Tatsache, daß gem. Art. 314 EG jede mitgliedsprachliche Fassung gleichermaßen verbindlich ist, mehrere Deutungen zu.

Nur höchst hilfsweise greift der EuGH auf den subjektiven Willen der Vertragsparteien oder Auslegungserläuterungen von Gemeinschaftsorganen zurück. Selbst dann mißt der Gerichtshof diesen Einschätzungen und Sichtweisen keine absolute Bindungswirkung zu, sondern stellt sie unter den Vorbehalt der Dynamik des Gemeinschaftsrechts[27]. Sie haben lediglich Indizwirkung für die Richtigkeit einer mittels der wörtlichen, systematischen oder teleologischen Auslegung gefundenen Bedeutung[28].

Der Gesichtspunkt der Dynamik des Gemeinschaftsrechts, der sich im Widerspruch zum Völkerrecht sogar der subjektive Wille der Vertragspartner zu beugen hat[29], ist mithin ausschlaggebend für die vorrangige Stellung der systematischen und teleologischen Interpretation des Gemeinschaftsrechts.

---

[24] KUTSCHER, Thesen zu den Methoden der Auslegung des Gemeinschaftsrechts, S. I-31; BLECKMANN, Auslegungsmethoden des EuGH, S. 3; MEYER, JURA 1994, S. 456; PERNICE, in: Grabitz/Hilf, EGV, Archiv-Bd. 2, Art. 164 EG-Vertrag, Rdn. 23.

[25] EuGH, Rs. 6/72, *Continental Can/Kommission*, Slg. 1973, S. 215, Rdn. 22; ebenso EuGH, Rs. 26/62, *van Gend & Loos/Niederländische Finanzverwaltung*, Slg. 1963, S. 1, Rdn. 8, st. Rspr.

[26] EuGH, Rs. 69/79, *Jordens-Vosters/Bestuur*, Slg. 1980, S. 75, Rdn. 6; MEYER, JURA 1994, S. 456; OPPERMANN, Europarecht, Rdn. 682ff.

[27] BLECKMANN, Auslegungsmethoden des EuGH, S. 13; PERNICE, in: Grabitz/Hilf, EGV, Archiv-Bd. 2, Art. 164 EG-Vertrag, Rdn. 33.

[28] OPPERMANN, Europarecht, Rdn. 687; KUTSCHER, Thesen zu den Methoden der Auslegung des Gemeinschaftsrechts, S. I-22. Die historischen Auslegungsmittel finden lediglich als „Anregungen und Hinweise oder als Bestätigung einer bereits gefundenen Auslegung" Eingang in den Interpretationsvorgang einer Bestimmung.

[29] EuGH, Rs. 7/71, *Kommission/Französische Republik*, Slg. 1971, S. 1003, Rdn. 18/20; EuGH, Rs. 43/75, *Defrenne/Sabena*, Slg. 1976, S. 455, Rdn. 14/15; BLECKMANN, Europarecht, Rdn. 556: „Daher kann bei der Auslegung dieser Bestimmung nichts aus den Langsamkeiten und Widerständen hergeleitet werden, welche die tatsächliche Anwendung dieses wesentlichen Grundsatzes in einigen Mitgliedstaaten verzögert haben."

Durch diese Art der Auslegung nämlich kann die dynamische Verwirklichung der Integrationsziele und die dynamische Anpassung des Gemeinschaftsrechts an immer neue wirtschaftliche oder soziale Gegebenheiten am besten bewirkt werden[30].

Im Mittelpunkt der systematischen Auslegung steht der Grundsatz der Einheit der Verträge[31] und der Grundsatz der einheitlichen Anwendung der Verträge[32]. Zur Gewährleistung dieser Einheit spielen die vertragsübergreifenden Ziele eine bedeutende Rolle. Zweifellos entspricht es auch einer systematischen Auslegung, grundsätzlich davon auszugehen, daß denselben Worten im EG-Vertrag derselbe Sinn zukommt[33]. Schließlich verwendet der EuGH zur Erhellung des Sinngehalts einer Norm als weiteres Mittel der systematischen Auslegung die wertende Rechtsvergleichung sowohl zwischen den Verträgen[34] als auch zwischen den mitgliedstaatlichen Rechtsordnungen[35]. Im Bereich der außervertraglichen Haftung der EG bzw. der EZB ist diese Interpretationsmethode bereits vertraglich in Art. 288 II, III EG vorgesehen[36].

Im Rahmen der teleologischen Interpretation stützt sich der EuGH häufig auf den Effektivitätsgrundsatz[37] oder den Grundsatz der „praktischen Wirksamkeit des Gemeinschaftsrechts"[38]. Jede Norm muß demzufolge nach ihrer größtmöglichen Nutzwirkung in Bezug auf die Verwirklichung der Vertragsziele, aber auch auf die Funktionsfähigkeit der Gemeinschaft ausgelegt werden[39].

---

30 BLECKMANN, Auslegungsmethoden des EuGH, S. 10.

31 Zur Einheit der Verträge trägt auch die Bildung gemeinschaftsrechtlicher Begriffe bei, vgl. EuGH, Rs. 69/79, *Jordens-Vosters/Bestuur*, Slg. 1980, S. 75, Rdn. 6; BLECKMANN, Einheit der Europ. Gemeinschaftsrechtsordnung, S. 335ff.

32 Die Einheit der Verträge hat sich durch die Überwölbung des Gemeinschaftsrechts durch die Europäische Union noch verdichtet, so schon BLECKMANN, Einheit der Europ. Gemeinschaftsrechtsordnung, S. 336f.

33 BLECKMANN, Europarecht, Rdn. 542; MEYER, JURA 1994, S. 456.

34 Siehe jedoch KUTSCHER, Thesen zu den Methoden der Auslegung des Gemeinschaftsrechts, S. I-24, der den Vergleich zwischen den Verträgen mit dem Hinweis auf die Einheit der Verträge nicht der Rechtsvergleichung zuordnen will.

35 OPPERMANN, Europarecht, Rdn. 684.

36 Hierzu im Anschluß unter B.I.

37 St. Rspr. EuGH, Rs. 8/55, *Fédération charbonnière de Belgique/Hohe Behörde*, Slg. 1955/56, S. 199, 312.

38 St.Rspr. EuGH, Rs. 246/80, *Broekmeulen/Huisarts Registratie Commissie*, Slg. 1981, S. 2311, Rdn. 16; EuGH, verb. Rs. C-6/90 und C-9/90, *Francovich/Italienische Republik*, Slg. 1991, I-5357, Rdn. 33.

39 St. Rspr. EuGH, Rs. 8/55, *Fédération charbonnière de Belgique/Kommission*, Slg. 1955/56, S. 199, 312; KUTSCHER, Thesen zu den Methoden der Auslegung des Gemeinschaftsrechts, S. I-43.

Oftmals lassen sich jedoch teleologische und systematische Auslegungsmethoden nicht eindeutig voneinander abgrenzen. Die Übergänge sind mitunter fließend[40].

II. Vergleich von Art. 288 II, III EG mit Artt. 34, 40 KS, Art. 188 II EA

Der Auslegungsmethodik der Rechtsvergleichung hat sich der EuGH insbesondere im Bereich der außervertraglichen Haftung der Gemeinschaft bedient. Dies liegt zum einen an der Verweisung des Art. 288 II EG auf „die allgemeinen Rechtsgrundsätze, die den Rechtsordnungen der Mitgliedstaaten gemeinsam sind". Zum anderen ist der EuGH in seiner Rechtsprechung zur außervertraglichen Haftung der EG nach Art. 288 II EG stets rechtsvergleichend zwischen den Haftungsregelungen der einzelnen Verträge vorgegangen. Von Anfang an hat der EuGH seine Rechtsprechung im Bereich des Art. 288 II EG und des Art. 188 II EA trotz des unterschiedlichen Wortlauts sowie der unterschiedlichen Haftungsinhalte an seiner bestehenden Rechtsprechung zu Artt. 34, 40 KS ausgerichtet[41] und umgekehrt schließlich die Haftung aus Artt. 34, 40 KS mit dem zu Art. 288 II EG entwickelten Haftungsmodell abgeglichen[42].

Zur Begründung für diese Vorgehensweise verwies der Gerichtshof, unterstützt durch die Generalanwälte[43], immer wieder auf den Grundsatz der Rechtssicherheit, der vornehmlich durch die Einheit des angewendeten Rechts zu gewährleisten sei. Im Hinblick auf die „einheitliche Anwendung des Gemeinschaftsrechts im Bereich der außervertraglichen Haftung...sowie [der] Kohärenz des Rechtsschutzsystems der verschiedenen Verträge", so das EuG in der Entscheidung *Stahlwerke Peine-Salzgitter AG/Kommission*, „erscheint es angemessen, den Begriff des die Haftung der Gemeinschaft begründenden Fehlers im Sinne des Art. 34 I EGKS-Vertrag [Art. 34 I KS] im Hinblick auf eine rechtswidrige Norm im Lichte der Kriterien auszulegen, die der Gerichtshof in seiner Rechtsprechung zu Art. 215 II EG-Vertrag [Art. 288 II EG] entwickelt hat"[44].

---

[40] KUTSCHER, Thesen zu den Methoden der Auslegung des Gemeinschaftsrechts, S. I-42; OPPERMANN, Europarecht, Rdn. 685.

[41] SCHWARZE, Europ. Verwaltungsrecht, Bd. 1, S. 500.

[42] Vgl. EuG, T-120/89, *Stahlwerke Peine-Salzgitter AG/Kommission*, Slg. 1991, II-279, Rdn. 78; OSSENBÜHL, Staatshaftungsrecht, S. 617.

[43] GA BIANCARELLI, Schlußanträge, Rs. T-120/89, *Stahlwerke Peine-Salzgitter AG/Kommission*, Slg. 1991, I-279, 334.

[44] EuG, T-120/89, *Stahlwerke Peine-Salzgitter AG/Kommission*, Slg. 1991, II-279, Rdn. 78.

Diese Vorgehensweise rechtfertigt sich vor dem Hintergrund, daß dem EuGH in allen drei Verträgen die Zuständigkeit zufällt, die Wahrung des Rechts bei der Auslegung und Anwendung der Verträge zu sichern[45]. Diese nahezu wortgleiche Zuweisung enthält auch den Auftrag, die Kohärenz der Verträge untereinander zu sichern und ein vertragsübergreifendes, einheitliches Rechtsschutzsystem zu schaffen[46]. Dies ergibt sich auch aus dem in Art. 1 III EU verankerten Kohärenzgebot, wonach es „Aufgabe der Union ist..., die Beziehungen zwischen den Mitgliedstaaten sowie zwischen ihren Völkern kohärent und solidarisch zu gestalten“. Danach besteht die Pflicht, sich um ein einheitliches, aufeinander abgestimmtes Verhalten sowohl im Innen- als auch im Außenverhältnis[47] zu bemühen bzw. widersprüchliche Handlungen zu unterlassen[48]. Als Adressat dieser Aufgabenzuweisung wird die Europäische Union genannt[49]. Unabhängig von der noch offenen Frage, inwieweit der Europäischen Union Rechtsfähigkeit zukommt[50], sie also überhaupt Adressat sein kann, umfaßt die Europäische Union gem. Art. 1 III S. 1 EU die Europäischen Gemeinschaften, die rechtsfähig sind[51]. Damit sind jedenfalls die EG und deren Organe, mithin auch der EuGH, handlungsverpflichtet.

---

[45] Vgl. Art. 31 KS, Art. 146 EA, Art. 220 EG.

[46] EuGH, Rs. 221/88, *EGKS/Busseni*, Slg. 1990, I-495, Rdn. 10, 16.

[47] Das in Art. 1 III S. 2 EU niedergelegte Kohärenzgebot gilt insbesondere im Innenverhältnis, also zu den Mitgliedstaaten und ihren Völkern, während Art. 3 I EU das Außenverhältnis umfaßt. Vgl. HILF, in: Grabitz/Hilf, EGV, Archiv-Bd. 1, Art. A EU-Vertrag, Rdn. 22; KOENIG/PECHSTEIN, Europäische Union, 1. Auflage, S. 47f.

[48] HILF, in: Grabitz/Hilf, EGV, Archiv-Bd. 1, Art. A EU-Vertrag, Rdn. 22; MÜLLER-GRAFF, Integration 16 (1993), S. 147; PECHSTEIN/KOENIG, Europäische Union, 3. Auflage, Rdn. 133.

[49] KOENIG/PECHSTEIN, Europäische Union, 1. Auflage, S. 48.

[50] Sowohl gegen eine interne als auch eine internationale Rechtssubjektivität wenden sich HILF/PACHE, NJW 1999, S. 709; HILF in: Grabitz/Hilf, EGV, Archiv-Bd. 1, Art. A EU-Vertrag, Rdn. 25; KOENIG/PECHSTEIN, Europäische Union, 1.Auflage, S. 21ff.; DIES., Europäische Union, 3. Auflage, Rdn. 56ff.; für eine interne und internationale Rechtssubjektivität votieren VON BOGDANDY/NETTESHEIM, NJW 1995, S. 2324ff. Mit Inkrafttreten des Amsterdamer Vertrages haben sich die Indizien für eine interne und internationale Rechtssubjektivität verdichtet, so WICHARD, in: Calliess/Ruffert, EUV/EGV, Art. 1 EG, Rdn. 5ff.; HILLGRUBER, Rechtsnatur, S. 20ff., der eine interne Rechtssubjektivität bejaht; ablehnend noch STREINZ, Aufbau, Struktur und Inhalt des Vertrages von Amsterdam, S. 58f.; OPPERMANN, Europarecht, Rdn. 1681.

[51] An der Rechtssubjektivität der Europäischen Gemeinschaften hat sich auch nach dem Amsterdamer Vertrag nichts geändert. Abzulehnen ist die Auffassung, sie wären in der EU aufgegangen. So aber VON BOGDANDY/NETTESHEIM, NJW 1995, S. 2324ff.; ablehnend dazu STREINZ, Aufbau, Struktur und Inhalt des Vertrages von Amsterdam, S. 59; HILLGRUBER, Rechtsnatur, S. 16ff.

Dies führt in der Konsequenz zur einheitlichen Anwendung des Gemeinschaftsrechts im Bereich der außervertraglichen Haftung und damit letztendlich zu einem eigenständigen europäischen Haftungsmodell, das vertragsübergreifend anwendbar ist.

Teil II: Haftung der EZB nach Art. 288 III EG; Art. 35.3 S. 1 ESZB-Satzung

Nach erfolgter Analyse des Gangs der Untersuchung sowie ihrer Methodik, liegt das juristische Handwerkszeug bereit, um sich dem ersten Schwerpunkt der Arbeit zuzuwenden. Es ist dies die Erstellung eines Modells für die EZB-Haftung nach Art. 288 III EG.

Folgende Regelungen beschäftigen sich mit Haftungsfragen im Zusammenhang mit Handlungen der EZB:

Art. 288 III EG:
„Absatz 2 gilt in gleicher Weise für den durch die EZB und ihre Bediensteten in Ausübung ihrer Amtstätigkeit verursachten Schaden."

Art. 35.3 S. 1 ESZB-Satzung:
„Die EZB unterliegt der Haftungsregelung des Art. 215 [Art. 288 EG] dieses Vertrages."

Obwohl der Haftung der EZB damit zwei Artikel des EG-Vertrages bzw. der ESZB-Satzung gewidmet sind[52] – es scheint den Vertragsstaaten sichtlich ein Bedürfnis gewesen zu sein, die Frage der Haftung vertraglich festzuhalten – werden einzelne Haftungsvoraussetzungen nicht transparent. Erst die folgende genauere Analyse der Strukturen dieser Normen kann juristische Klarheit in die Komplexität der Vorschriften bringen.

A. Struktur der EZB-Haftungsnormen

Schon bei der ersten Lektüre des Normtextes des Art. 288 III EG läßt sich eines klar feststellen: Das Kernstück dieser Norm, deswegen an exponierter Stelle am Satzanfang, bildet die Verweisung auf Absatz II des Art. 288 EG. Textlich wird dies durch die Worte *„Absatz 2 gilt in gleicher Weise"* kenntlich gemacht. Zum besseren Verständnis der Verweisungskette sei deshalb auch dieser Absatz zitiert:

„Im Bereich der außervertraglichen Haftung ersetzt die Gemeinschaft den durch ihre Organe oder Bediensteten in Ausübung ihrer Amtstätigkeit verur-

---

[52] Hingegen findet die Haftung der EZB, im Gegensatz zu der der EG, in Art. 41 III der Charta der Grundrechte der EU keine Erwähnung. (Quelle: Sonderbeilage zu NJW 2000, Heft 49, S. 12ff.).

sachten Schaden nach den allgemeinen Rechtsgrundsätzen, die den Rechtsordnungen der Mitgliedstaaten gemeinsam sind."

Da in Art. 288 III EG bereits die tatbestandlichen Voraussetzungen der „EZB", „ihre Bediensteten", Handeln „in Ausübung ihrer Amtstätigkeit" und die Voraussetzung eines „verursachten Schadens" genannt werden, bezieht sich die Verweisung primär auf die nicht in Absatz III genannten Teile, nämlich die außervertragliche Haftung, den Ersatz durch die Gemeinschaft und die Haftung nach den allgemeinen Rechtsgrundsätzen, die den Rechtsordnungen der Mitgliedstaaten gemeinsam sind.

Damit sind in Absatz III drei weitere Haftungselemente hineinzulesen. Es handelt sich in Absatz II ebenso wie in Absatz III um eine außervertragliche Haftung. Diese steht im Unterschied zur vertraglichen Haftung in Absatz I.

Weiterhin erscheint, was noch genauer zu untersuchen sein wird, nicht die EZB passivlegitimiert zu sein, sondern die EG. Daher mag sich die bereits verwendete Bezeichnung der Vorschrift des Art. 288 III EG als „EZB-Haftungsvorschrift" oder sogar die den Titel der Arbeit bildende Formulierung „Haftung der EZB" als unzutreffend erweisen. Beide Termini sollen aus Verständnisgründen dennoch beibehalten, im vierten Teil der Arbeit jedoch auf ihre Richtigkeit überprüft werden.

Schließlich richtet sich die Haftung nach Art. 288 III EG ebenfalls nach den „allgemeinen Rechtsgrundsätzen, die den Rechtsordnungen der Mitgliedstaaten gemeinsam sind".

Sind die ersten beiden Elemente, die Kennzeichnung der Haftung als „außervertragliche Haftung" sowie die Frage der Passivlegitimation, für ein Haftungsmodell nur am Rande relevant, so kommt der Verweisung auf die Rechtsgrundsätze eine grundlegende Bedeutung bei der Erschließung einzelner Tatbestandsmerkmale zu.

Neben dem EG-Vertrag enthält auch die ESZB-Satzung in Art. 35.3 eine die EZB betreffende Haftungsregelung. Da die ESZB-Satzung als Protokoll Nr. 9 dem EG-Vertrag beigefügt wurde, ist sie gemäß Art. 311 EG Bestandteil des EG-Vertrages. Das bedeutet, daß ihr der gleiche Rang wie den Vorschriften des EG-Vertrages zukommt.

Sachlich bringt diese Vorschrift keine neuen Haftungsvoraussetzungen. Sie stellt überwiegend eine rein deklaratorische Wiederholung des Art. 288 III EG dar. Da Art. 288 III EG die speziellere Norm ist, wird sich die folgende Betrachtung weitestgehend an ihr zu orientieren haben.

Zwei Schlüsse läßt Art. 35.3 ESZB-Satzung dennoch zu. Zum einen richtet sich die *vertragliche* Haftung der EZB nach Art. 288 I EG, was sich erst durch die Lektüre der Satzung ergibt und anders als die *außervertraglich*e Haftung nicht bereits in Art. 288 EG festgelegt ist[53]. Zum anderen wird zwischen der Haftung der EZB und derjenigen der nationalen Zentralbanken unterschieden, die sich jeweils nach verschiedenen Rechtssystemen richtet. Diese erstmals im EG-Vertrag getroffene Unterscheidung zwischen der gemeinschaftlichen Haftung und der Haftung auf mitgliedstaatlicher Ebene wird im Zusammenhang mit der Auslegung des Begriffs „EZB" in Art. 288 III EG bei der Frage, ob Handlungen der nationalen Zentralbanken der EZB zurechenbar sind, sowie im Rahmen des Rechtsschutzbedürfnisses eine Rolle spielen.

Aufgrund der eben besprochenen Verweisungskonstellation und aufgrund der Tatsache, daß bisher noch keine Kasuistik zu Art. 288 III EG existiert, bietet es sich an, beziehungsweise ist es für eine Untersuchung der Haftung der EZB sogar unerläßlich, nun das vom EuGH im Rahmen des Art. 288 II EG entwickelte europäische Haftungsmodell vorzustellen.

A. Entwicklung eines europäischen Haftungsmodells durch den EuGH auf Grundlage des Art. 288 II EG

I. Die Haftungsvoraussetzungen des Art. 288 II EG im Überblick

Ausdrücklich sind in Art. 288 II EG nur das Vorliegen eines Schadens und das Erfordernis von Kausalität zwischen dem Schaden und dem Verhalten der Organe der EG oder einer ihrer Bediensteten, das zudem in Ausübung der Amtstätigkeit erfolgen muß, als Haftungsvoraussetzungen genannt. Auf der Rechtsfolgenseite ist lediglich die Europäische Gemeinschaft als Haftungssubjekt bezeichnet und bestimmt, daß der Schaden zu ersetzen sei.

---

[53] Insofern unzutreffend BT-Ds. 12/3334, S. 255.

Die konkrete Auslegung der genannten Begriffe und die Konkretisierung der nicht genannten Voraussetzungen, ob etwa ein rechtswidriges Verhalten, Verschulden oder eine Schutznormverletzung Haftungsvoraussetzungen bilden, mußte der EuGH aufgrund der Verweisung in Art. 288 II EG unter Rückgriff auf die „allgemeinen Rechtsgrundsätze, die den Rechtsordnungen der Mitgliedstaaten gemeinsam sind", klären[54].

Die allgemeinen Rechtsgrundsätze sind nach ganz herrschender Auffassung so auszulegen, daß nicht auf die konkreten Staatshaftungsregeln der Mitgliedstaaten verwiesen wird, sondern auf die allgemeinen Rechtsgrundsätze, die die gesamte mitgliedstaatliche Rechtsordnung und insbesondere das allgemeine Haftungsrecht beherrschen[55]. Dies legt bereits der Wortlaut nahe, der von Rechtsgrundsätzen und nicht von Grundsätzen des mitgliedstaatlichen Staatshaftungsrechts spricht[56]. Trotzdem wurden in der Praxis, vor allem durch die Generalanwälte, vielfach rechtsvergleichende Überlegungen bezüglich des mitgliedstaatlichen Staatshaftungsrechts angestellt[57].

Bei rechtsvergleichenden Untersuchungen ist der EuGH stets nach der Methode der wertenden Rechtsvergleichung vorgegangen[58]. Daraus ergibt sich, daß weder der kleinste gemeinsame Nenner an Haftungsregelungen noch die Maximallösung, die sich als die „überlegenste" darstellt, maßgeblich ist[59]. Vielmehr sollen und können vor allem die Vertragsziele, die Besonderheiten der Gemeinschaftsstruktur und das rechtsstaatliche Gebot eines effektiven Rechtsschutzes Berücksichtigung finden[60]. Diese Methode der Rechtsfindung birgt damit den

---

[54] GRABITZ, Haftung, S. 219.

[55] BELL/BRADLEY, Liability, S. 283; GRABITZ, Haftung, S. 216; VON BOGDANDY in: Grabitz/Hilf, EGV, Archiv-Bd. 2, Art. 215 EG-Vertrag, Rdn. 28; GA ROEMER, Schlußanträge, Rs. 25/62, *Plaumann/Kommission*, Slg. 1963, S. 288, 258; vgl. zum Problem der „allgemeinen Rechtsgrundsätze" insbesondere EWERT, Die Funktion der allgemeinen Rechtsgrundsätze im Schadensrecht der Europäischen Wirtschaftsgemeinschaft, 1991.

[56] GRABITZ, Haftung, S. 217.

[57] Siehe die verschiedenen Schlußanträge der Generalanwälte des EuGH, z.B. GA ROEMER, Schlußanträge, Rs. 5/71, *Schöppenstedt/Rat*, Slg. 1971, S. 975, 990f.; GA ROEMER, Schlußanträge, Rs. 25/62, *Plaumann/Kommission*, Slg. 1963, S. 288, 258; GA CAPOTORTI, Schlußanträge, verb. Rs. 83 und 94/76, 4, 15 und 40/77, *HNL/Rat und Kommission*, Slg. 1978, S. 1209, 1235, der sogar speziell auf das Amtshaftungsrecht abstellt.

[58] MUCH, Haftung, S. 728.

[59] GA GAND, Schlußanträge, verb. Rs. 5, 7 und 13 bis 24/66, *Kampffmeyer/Kommission*, Slg. 1967, S. 331, 367; WAELBROECK, in: Louis/Séché (Hrsg.), Commentaire Mégret, Bd. 10, S. 282.

[60] GILSDORF, EuR 10 (1975), S. 95f.; CZAJA, Haftung, S. 25; EuGH, verb. Rs. 14, 16, 17, 20, 24, 26, 27/60 und 1/61, *Meroni u.a./Hohe Behörde*, Slg. 1961, 350ff.; EuGH verb. Rs. C-6/90 und C-9/90, *Francovich/Italienische Republik*, Slg. 1991, I-5357, Rdn. 31ff.;

Vorteil, daß im Spannungsfeld zwischen den nationalen und europäischen Belangen die sachgerechteste Lösung gefunden werden kann[61].

Der EuGH hat in Ausfüllung der sich aus Art. 288 II EG ergebenden Befugnis zur Rechtsfortbildung nach und nach ein europäisches Haftungsinstitut entwikkelt[62]. Inwieweit der EuGH tatsächlich rechtsvergleichende Überlegungen angestellt hat, ist aus seinen Urteilen nicht ersichtlich[63]. Jedenfalls sind in ständiger Rechtsprechung seit dem Urteil *Lütticke/Kommission*[64] im Jahre 1971 folgende Elemente Grundvoraussetzungen einer Haftung:

„Nach Art. 215 Absatz 2 [Art. 288 II EG] und den allgemeinen Rechtsgrundsätzen, auf die er verweist, ist Voraussetzung für die Haftung der Gemeinschaft, daß ein Tatbestand erfüllt ist, dessen Merkmale das Vorliegen eines Schadens, das Bestehen eines Kausalzusammenhangs zwischen dem geltend gemachten Schaden und dem den Organen zur Last gelegten Verhalten und die Rechtswidrigkeit dieses Verhaltens sind[65]."

Danach ist eine Haftung der EG aus Art. 288 II EG zu bejahen, wenn vier Grundanforderungen erfüllt sind: Es muß erstens ein Verhalten eines Organs der Gemeinschaft oder eines Bediensteten vorliegen. Dieses muß zweitens rechtswidrig sein. Drittens muß beim Kläger ein Schaden eingetreten sein, welcher viertens kausal zum rechtswidrigen Verhalten ist.

Die Grenze der in Art. 288 II EG enthaltenen Ermächtigung zur Rechtsfortbildung liegt in den Rechtsordnungen der Mitgliedstaaten selbst. Das heißt, der EuGH ist nicht befugt, Prinzipien aufzustellen, die von den allgemeinen Rechts-

---

EuGH verb. Rs. C-46/93 und C- 48/93, *Brasserie du Pêcheur/Bundesrepublik Deutschland*, Slg. 1996, I-1029, Rdn. 39f., wobei zu berücksichtigen ist, daß der Gesichtspunkt des effektiven Rechtsschutzes insbesondere die Haftung der Mitgliedstaaten prägt; er läßt sich aber auch auf Art. 288 II EG übertragen, siehe GA MISCH, Schlußanträge, verb. Rs. C-6/90 und C-9/90, *Francovich/Italienische Republik*, Slg. 1991, I–5357, 5385f.

[61] FUß, Allgemeine Rechtsgrundsätze, S. 54; VON BOGDANDY, in: Grabitz/Hilf, EGV, Archiv-Bd. 2, Art. 215 EG-Vertrag, Rdn. 29.

[62] RUFFERT, in: Calliess/Ruffert, EUV/EGV, Art. 288 EG, Rdn. 3.

[63] FUß, Allgemeine Rechtsgrundsätze, S. 54; MÖSSNER, RIW 1976, S. 94; GILSDORF/OLIVER, in: GTE, Komm EUV/EGV, Art. 215 EG-Vertrag, Rdn. 12; CZAJA, Haftung, S. 23. Manche Autoren vertreten die Auffassung, daß der EuGH überhaupt nicht rechtsvergleichend tätig wurde, siehe beispielsweise CONSTANTINESCO, Das Recht der Europäischen Gemeinschaften, S. 816f.; FINES, A General Analytical Perspective, S. 33.

[64] EuGH, Rs. 4/69, *Lütticke/Kommission*, Slg. 1971, S. 325.

[65] EuGH, Rs. 4/69, *Lütticke/Kommission*, Slg. 1971, S. 325, Rdn. 10; EuG, verb. Rs. T-481/93 und T-484/93, *Exporteurs in Levende Varkens u.a./Kommission*, Slg. 1995, II-2941, Rdn. 80; EuG, Rs. T-105/96, *Pharos/Kommission*, Slg. 1998, II-285, Rdn. 47.

grundsätzen, die den Rechtsordnungen der Mitgliedstaaten gemeinsam sind, nicht abgedeckt sind[66]. Mit der Anerkennung der Haftung für normatives Unrecht im *Schöppenstedt* - Urteil handelte der EuGH hart an der Grenze dessen, was sich als allgemeine Rechtsgrundsätze den mitgliedstaatlichen Rechtsordnungen entnehmen ließ, da sich in ihnen zu diesem Thema nur ein minimaler Konsens fand. Den Ausschlag für die Anerkennung ergaben vielmehr rechtspolitische Überlegungen[67].

II. Haftungsvoraussetzungen des Art. 288 II EG in der Rechtsprechung des EuGH

Da somit die einzelnen Tatbestandsmerkmale feststehen, sind diese nachfolgend im Licht der Rechtsprechung des EuGH inhaltlich zu präzisieren. Denn erst wenn ihr rechtlicher Inhalt geklärt ist, kann untersucht werden, inwieweit sie im einzelnen auf die Haftung der EZB nach Art. 288 III EG übertragbar sind.

1. Amtstätigkeit der Organe der EG und ihrer Bediensteten

a.) 1. Zurechnungssubjekt: Organe der EG

Der Begriff des Organs in Art. 288 II EG ist weit zu verstehen. Er umfaßt neben den in Art. 7 EG genannten Organen der Gemeinschaft noch andere Institutionen[68].

Der EuGH dehnte trotz anfänglichem Zögern den Organbegriff des Art. 288 II EG auf „Einrichtungen der Gemeinschaft" aus[69]. Diese Erweiterung nahm er erstmals im Zusammenhang mit der Europäischen Investitionsbank (EIB) vor, indem er von einer Einbeziehung von „Einrichtungen der Gemein-

---

[66] GILSDORF/OLIVER, in: GTE, Komm EUV/EGV, Art. 215 EG-Vertrag, Rdn. 12; GA ROEMER, Schlußanträge, Rs. 25/62, *Plaumann/Kommission*, Slg. 1963, S. 288, 259.

[67] GA ROEMER, Schlußanträge, Rs. 5/71, *Schöppenstedt/Rat*, Slg. 1971, S. 975, 999f.; MÖSSNER, RIW 1976, S. 94; GA LÉGER, Schlußanträge, Rs. C-5/94, *The Queen/Ministry of Agriculture, Fisheries and Food, ex parte: Hedley Lomas*, Slg. 1996, I-2553, 2579.

[68] VON BOGDANDY, in: Grabitz/Hilf, EGV, Archiv-Bd. 2, Art. 215 EG-Vertrag, Rdn. 61; SMIT/HERZOG, Commentary, Art. 215.06, 2c.

[69] Vgl. WAELBROECK, in: Louis/Séché (Hrsg.), Commentaire Mégret, Bd. 10, S. 285; GILDORF/OLIVER, in: GTE, Komm EUV/EGV, Art. 215 EG-Vertrag, Rdn. 16f.

schaft wie die [der] Bank"[70] in die Haftung der Gemeinschaft nach Art. 288 II EG sprach. Zu dem Kriterium der „Einrichtung der Gemeinschaft" muß im konkreten Fall ein Handeln „im Namen und für Rechnung" der Gemeinschaft hinzutreten[71]. Von einer „Einrichtung der Gemeinschaft" ist nach dem Urteil des Gerichtshofs dann auszugehen, wenn die Institution eine „durch den Vertrag errichtete Gemeinschaftseinrichtung" ist, sie „zur Verwirklichung der Ziele der Gemeinschaft" beiträgt und somit „kraft des Vertrages in den Rahmen der Gemeinschaft"[72] fällt. Dabei kommt es nicht darauf an, ob der Institution eine eigene Rechtspersönlichkeit durch den EG-Vertrag zukommt und sie funktionell und institutionell unabhängig ist[73].

b.) 2. Zurechnungssubjekt: die Bediensteten

Daneben haftet die EG für die Amtstätigkeit ihrer Bediensteten. Unter diesen Begriff fallen nicht nur die Beamten der Gemeinschaft sondern auch alle sonstigen Bediensteten i.S.d. Beamtenstatuts und der Beschäftigungsbedingungen für die sonstigen Bediensten[74].

c.) Zurechnung von Vollzugshandlungen der nationalen Behörden

Nationale Stellen sind auch bei engster rechtlicher Einbindung in die Tätigkeit der Gemeinschaft keine Organe der EG i.S.d. Art. 288 II EG[75].

Eine Zurechnung von mitgliedstaatlichen Durchführungshandlungen ist jedoch unter drei Gesichtspunkten denkbar: zum einen, wenn mitgliedstaatliche Behörden aufgrund delegierter Befugnisse tätig werden, zum anderen, wenn nationale Behörden im Auftrag und für Rechnung der Gemeinschaft handeln. Schließlich erscheint eine Zurechnung vorstellbar, wenn zwar mitgliedstaatliche Stellen nach außen auftreten, aber eigentlich nicht von einer eigenständigen mit-

[70] EuGH, Rs. C-370/89, *Etroy/EIB*, Slg. 1992, I-6211, Rdn. 16.

[71] EuGH, Rs. C-370/89, *Etroy/EIB*, Slg. 1992, I-6211, Rdn. 12ff.

[72] EuGH, Rs. C-370/89, *Etroy/EIB*, Slg. 1992, I-6211, Rdn. 13.

[73] Für die EIB ergibt sich die Rechtspersönlichkeit aus Art. 266 I EG, Art. 13 VIII der Satzung der EIB. Zudem ist sie nach Auffassung des EuGH funktionell und institutionell unabhängig. Vgl. EuGH, Rs. 85/86, *Kommission/EIB*, Slg. 1988, S. 1281, Rdn. 29.

[74] Artt. 2, 3 VO (EWG, Euratom, EGKS) 259/68 (ABlEG L 56 vom 4.3.1968, S. 1ff.); CZAJA, Haftung, S. 31.

[75] VON BOGDANDY, in: Grabitz/Hilf, EGV, Archiv-Bd. 2, Art. 215 EG-Vertrag, Rdn. 63, 106; WAELBROECK, in: Louis/Séché, Commentaire Mégret, Bd. 10, S. 285.

gliedstaatlichen Handlung gesprochen werden kann. Dies ist beispielsweise der Fall, wenn die nationale Behörde aufgrund einer Weisung eines Gemeinschaftsorgans handelt und diese der vollziehenden Stelle kein Ermessen beläßt[76].

aa.) Zurechnung bei Vollzug des Gemeinschaftsrechts aufgrund delegierter Befugnisse

Von einer Delegation bzw. Organleihe spricht man, wenn eine Zuständigkeit durch die Übertragung einer Kompetenz eines Subjekts auf ein anderes begründet wird[77]. Der Delegatar verdoppelt dadurch seine Organstellung. Er bleibt zum einen Organ der ursprünglichen juristischen Person, zum anderen wird er, soweit er delegierte Befugnisse wahrnimmt, zum Organ des delegierenden Hoheitsträgers. Diesem sind Akte des Delegatars unmittelbar zuzurechnen, wenn der Delegatar aufgrund der delegierten Befugnisse handelt[78]. Als Folge der Delegation ist haftungsrechtlich danach zu unterscheiden, in welcher Organstellung der Delegatar im Einzelfall tätig wird.

Auf das Verhältnis zwischen Europäischer Gemeinschaft und nationaler Behörde angewendet, würde das folgendes bedeuten: Wird die nationale Stelle aufgrund von delegierten, gemeinschaftsrechtlichen Aufgaben tätig, werden ihre Handlungen der EG zugerechnet. Wird die Aufgabe fehlerhaft ausgeführt, kommt es zu einer Haftung der EG nach Art. 288 II EG.

Allerdings wurde vom EuGH stets die Annahme abgelehnt, aus den Gemeinschaftsverträgen ergebe sich, daß die nationalen Behörden bei der Durchführung von Gemeinschaftsrecht delegierte Gemeinschaftsbefugnisse wahrnehmen. Es sei vielmehr vom Grundsatz der „institutionellen und verfahrensmäßigen Autonomie" der Mitgliedstaaten auszugehen. Im Urteil *FERAM/Hohe Behörde* stellte

---

[76] Siehe dazu als Beispiele folgende Entscheidungen: EuGH, Rs. 175/84, *Krohn/Kommission*, Slg. 1986, S. 753, Rdn. 16ff.; EuGH, verb. Rs. C-104/89 und C-37/90, *Mulder u.a./Rat und Kommission*, Slg. 1992, I-3061, insb. Rdn. 8f.; EuG, verb. Rs. T-481/93 und T-484/93, *Exporteurs in Levende Varkens u.a./Kommission*, Slg. II-1995, S. 2941, insb. Rdn. 12 und 67ff.

Die Haftung der EG ablehnend EuG, Rs. T-571/93, *Lefebvre/Kommission*, Slg. 1995, II-2379, Rdn. 65ff.; EuG, Rs. T-93/95, *Laga/Kommission*, Slg. 1998, II-195, insb. Rdn. 47; EuG, Rs. T-94/95, *Landuyt/Kommission*, Slg. 1998, II-213, insb. Rdn.47.

[77] RENGELING, EuR 9 (1974), S. 223; zu den einzelnen Voraussetzungen für eine Organleihe siehe AUBIN, Die Haftung der EWG und ihrer Mitgliedstaaten, S. 102; BERGER, Einrichtungen, S. 72f.

[78] BVerfGE 63, 1, 31; AUBIN, Die Haftung der EWG und ihrer Mitgliedstaaten, S. 102; MAURER, Verwaltungsrecht, § 21, Rdn. 54.

der EuGH klar, daß ein nationaler Amtswalter bei der Durchführung von Gemeinschaftsrecht in Ausübung rein staatlicher Befugnisse tätig wird, es sei denn, er handle aufgrund einer Weisung, auf Rechnung oder im Namen der Gemeinschaft[79]. Anders stellt sich hingegen die Situation dar, wenn die Gemeinschaft besondere rechtsfähige Organisationseinheiten gründet und Aufgaben an diese delegiert. So wurden die auf der Grundlage des früheren Art. 53a EGKS-Vertrag gegründeten Brüsseler Schrottausgleichsbehörden, die dem belgischen Handelsrecht unterlagen[80], haftungsrechtlich als „Beliehene" der Hohen Behörde angesehen[81]. Die Zurechnung wird in diesem Fall damit begründet, daß die Gemeinschaft sich nicht durch Schaffung selbständiger juristischer Personen ihrer Verantwortung und Haftung entledigen können soll[82].

bb.) Zurechnung bei Vollzug des Gemeinschaftsrechts „im Namen und für Rechnung" der Gemeinschaft

Möglicherweise kann eine Zurechnung von Handlungen nationaler Behörden dann erfolgen, wenn diese „im Namen und für Rechnung" der Gemeinschaft handeln.

Diese Konstellation hat zwar der EuGH bisher nicht positiv entschieden, jedoch läßt ein obiter dictum des Gerichtshofs im Urteil *FERAM/Hohe Behörde* den Schluß zu, daß eine Zurechnung in Frage kommt, wenn die nationale Behörde „für Rechnung oder im Namen" der Gemeinschaft gehandelt hat[83]. Aus dem obiter dictum kann indes nicht entnommen werden, ob *eines* der beiden Merkmale ausreichen würde, um die Haftung im Positiven zu begründen. Insoweit könnte das Urteil des EuGH *Etroy/EIB* weiterführen, wonach Handlungen von „Einrichtungen der Gemeinschaft" der EG nur zugerechnet werden, wenn diese im konkreten Fall „im Namen *und* für Rechnung" der Gemeinschaft handeln[84].

---

[79] EuGH, Rs. 23/59, *FERAM/Hohe Behörde*, Slg. 58/59, S. 521, 1. Leitsatz; ebenso EuGH, verb. Rs. 46 und 47/59, *Meroni/Hohe Behörde*, Slg. 1962, S. 835, 858.

[80] BERGER, Einrichtungen, S. 76; HILF, ZaöRV 36 (1976), S. 561, unter Fn. 29.

[81] Vgl. EuGH, Rs. 9/56, *Meroni/Hohe Behörde*, Slg. 1958, S. 11, 37ff.; EuGH, verb. Rs. 29, 31, 36, 39 bis 47, 50 und 51/63, *Laminoirs/Hohe Behörde*, Slg. 1965, S. 1197, 1232.

[82] OSSENBÜHL, Staatshaftungsrecht, S. 581.

[83] EuGH, Rs. 23/59, *FERAM/Hohe Behörde*, Slg. 1958/59, S. 521, 536. In diesem Fall wurde eine Zurechnung der Handlung der nationalen Behörde an die EG abgelehnt. Ebenso EuGH, Rs. 33/59, *Chasse/Hohe Behörde*, Slg. 1962, S. 768, 784.

[84] EuGH, Rs. C-370/89, *Etroy/EIB*, Slg. 1992, I-6211, Rdn. 15; diesen Schluß läßt auch das Urteil EuG, Rs. T-94/95, *Landuyt/Kommission*, Slg. 1998, II-213, Rdn. 37ff., 47 zu.

Aus beiden Urteilen geht hervor, daß die europarechtlichen Vorgaben derart beschaffen sein müssen, daß man nicht von einer eigenständigen nationalen Handlung sprechen kann und der eigentlich Handlungsverantwortliche die EG ist, die deswegen auch haftungsrechtlich für die betreffende Handlung einstehen muß[85]. Der EuGH stellt im übrigen in seiner gesamten Rechtsprechung zur Zurechnung von nationalen Ausführungshandlungen entscheidend darauf ab, wie eng die nationalen Behörden mit der Gemeinschaft verbunden sind und wieviel Spielraum den nationalen Behörden für ihre Durchführungsmaßnahmen verbleibt[86].

Daher wird man davon auszugehen haben, daß die Voraussetzungen zumindest kumulativ vorliegen müssen. Bei Vorliegen nur eines Merkmales wäre die Bindung jedenfalls nicht so eng beschaffen, daß man den nationalen Stellen ein eigenverantwortliches Handeln zweifelsfrei absprechen könnte. Ob darüber hinaus noch andere Kriterien erfüllt sein müssen, die eine besonders enge Bindung indizieren, ist ungeklärt[87].

Weiterhin sprechen die allgemeinen Rechtsgrundsätze, auf die Art. 288 II EG verweist, für ein kumulatives Vorliegen der Voraussetzung „im Namen *und* für Rechnung“. So ist beispielsweise im deutschen Verwaltungsorganisationsrecht eine derartige Struktur unter dem Begriff „Mandat“ bekannt. Darunter versteht man die Beauftragung eines Hoheitsträgers (Mandatar) durch einen anderen Hoheitsträger (Mandant), dessen durch Rechtssatz zugewiesene Kompetenzen im Namen des Mandanten auszuüben[88]. Der Mandatar handelt also in fremdem Namen und auf fremde Rechnung. In der Folge werden die Handlungen des Mandatars dem Mandanten zugerechnet[89]. Zu unterscheiden davon ist die Übertragung zur eigenverantwortlichen Ausübung; in diesem Fall wird der Beauftragte im eigenen Namen tätig und haftet für rechtswidriges Verhalten.

---

[85] Vgl. auch EuG, Rs. T-94/95, *Landuyt/Kommission*, Slg. 1998, II-213, Rdn. 37ff., 47; EuG, Rs. T-93/95, *Laga/Kommission*, Slg. 1998, II-195, Rdn. 37ff., 47.

[86] Vgl. EuGH, Rs. 23/59, *FERAM/Hohe Behörde*, Slg. 58/59, S. 521, 1. Leitsatz; EuGH, Rs. 133/79, *Sucrimex/Kommission*, Slg. 1980, S. 1299, Rdn. 16ff.; EuG, verb. Rs. T-481/93 und T-484/93, *Exporteurs in Levende Varkens u.a./Kommission*, Slg. 1995, II-2305, Rdn. 71; EuG, T-94/95, *Landuyt/Kommission*, Slg. 1998, II-213, Rdn. 37ff., 47; GA MANCINI, Schlußanträge, Rs. 175/84, *Krohn/Kommission*, Slg. 1986, S. 753, 760f.

[87] Für diese Annahme würden die Urteile EuG, Rs. T-94/95, *Landuyt/Kommission*, Slg. 1998, II-213, Rdn. 37ff., 47; EuG, Rs. T-93/95, *Laga/Kommission*, Slg. 1998, II-195, Rdn. 37ff., 47 sprechen.

[88] BERGER, Einrichtungen, S. 72f.; ULE/LAUBINGER, Verwaltungsverfahrensrecht, § 10, Rdn. 18.

[89] ULE/LAUBINGER, Verwaltungsverfahrensrecht, § 10, Rdn. 18.

Damit erscheint eine Zurechnung von Handlungen nationaler Behörden an die EG möglich, wenn diese „im Namen und für Rechnung“ der EG handeln.

cc.) Zurechnung bei Vollzug des Gemeinschaftsrechts ohne Durchführungsermessen für mitgliedstaatliche Behörden

Das Verhalten der nationalen Behörden ist jedoch nach der Rechtsprechung des EuGH ausnahmsweise dann der Gemeinschaft zurechenbar, wenn die „behauptete Rechtswidrigkeit, ..., wirklich von einem Organ der Gemeinschaft ausgeht“[90], obwohl eigentlich eine nationale Behörde gehandelt hat. Dies ist immer dann der Fall, wenn den nationalen Behörden bei der Durchführung des Gemeinschaftsrechts kein eigener Ermessensspielraum verbleibt, sie also lediglich als „verlängerter Arm“ der Gemeinschaft agieren[91]. In diesem Fall kann nicht mehr von einer eigenständigen nationalen Handlung gesprochen werden. Die Rechtswidrigkeit liegt vielmehr bereits auf Gemeinschaftsebene.

So verhielt es sich beispielsweise im Urteil *Exporteur in Levende Varkens u.a./Kommission.* Die Kommission erließ eine Entscheidung, wonach Italien und den Niederlanden untersagt wurde, lebende Schweine in andere Mitgliedstaaten zu verbringen. Diese Entscheidung wurde im folgenden von den Behörden der genannten Mitgliedstaaten gegenüber den Klägern vollzogen. Den Behörden verblieb hierbei kein Entscheidungsspielraum. In seinem Urteil folgte der EuGH dem Vorbringen der klägerischen Partei und erklärte die Schadensersatzklage nach Art. 288 II EG für zulässig, „da der ... geltend gemachte Rechtsverstoß nicht einer nationalen Stelle, sondern einem Gemeinschaftsorgan zur Last liegt.“[92]

Einen Unterfall dieser Gruppe bildet die Konstellation, die der Rechtssache *Krohn/Kommission* zu Grunde lag. In diesem Urteil kam es zu einer Zurechnung einer nationalen Handlung an die Gemeinschaft, da die nationale Behörde aufgrund einer verbindlichen Weisung gehandelt hatte. Der EuGH führte bezüglich des Tatbestandsmerkmals der Amtstätigkeit eines Gemeinschaftsorgans aus, daß diese zu bejahen sei, „ ... wenn die gemeinschaftsrechtliche Regelung der Kommission nicht bloß die Möglichkeit gibt, im Rahmen einer internen Zusammenarbeit mit den nationalen Behörden, ..., ihre Ansicht über die zu erlassende

---

[90] EuGH, Rs. 175/84, *Krohn/Kommission*, Slg. 1986, S. 753, 754 (1. Leitsatz).

[91] GA MANCINI, Schlußanträge, Rs. 175/84, *Krohn/Kommission*, Slg. 1986, S. 753, 759; CAPELLI/NEHLS, EuR 32 (1997), S. 137.

[92] EuG, verb. Rs. T-481/93 und T-484/93, *Exporteurs in Levende Varkens u.a./Kommission*, Slg. 1995, II-2305, Rdn. 71.

Entscheidung zu äußern, sondern ihr vielmehr die Befugnis überträgt, diesen Behörden die Entscheidung .... vorzuschreiben."[93] Ferner muß die Weisung inhaltlich so ausgestaltet sein, daß den nationalen Behörden kein eigener Gestaltungsspielraum mehr verbleibt, durch dessen Ausnutzung die Handlung als eigenverantwortlich ergangen erscheinen könnte[94]. Für die Annahme einer Weisungskompetenz genügt es sogar, wenn einem Gemeinschaftsorgan Befugnisse gegenüber mitgliedstaatlichen Stellen eingeräumt sind, die ähnliche rechtliche Wirkungen wie Weisungen haben[95].

d.) „In Ausübung der Amtstätigkeit"

Das haftungsauslösende Verhalten muß weiterhin in den Rahmen der Amtstätigkeit der Organe bzw. der Bediensteten fallen. Der Begriff der Amtstätigkeit ist, obwohl sich der Vertrag vielfach Begriffen wie „Amtstätigkeit"[96], „in amtlicher Eigenschaft"[97] oder „Amtsfehler"[98] bedient, bis heute keiner abschließenden Definition zugeführt worden[99].

Doch kann man aus der Rechtsprechung des EuGH zu Art. 288 II EG eine gewisse Systematik ableiten. Sicher ist jedenfalls, daß vertragliche Vereinbarungen nicht unter die Amtstätigkeit i.S.d. Art. 288 II EG fallen. Dies ergibt sich aus einem Umkehrschluß zu Art. 288 I EG, der gerade eine Haftungsregelung für vertragliche Handlungen der Gemeinschaft vorsieht[100]. Eine vertragliche Vereinbarung stellt dabei ein privatrechtliches oder öffentlich-rechtliches

---

[93] EuGH, Rs. 175/84, *Krohn/Kommission*, Slg. 1986, S. 753, 754 (1. Leitsatz).

[94] EuGH, verb. Rs. 14, 16, 17, 20, 24, 26, 27/60 und 1/61, *Meroni u.a./Hohe Behörde*, Slg. 1961, 350; EuG, Rs. T-93/95, *Laga/Kommission*, Slg. 1998, II-195, Rdn. 9, 37-40, 47; EuG, Rs. T-94/95, *Landuyt/Kommission*, Slg. 1998, II-213, Rdn. 9, 37-40, 47; BORCHARDT in: Dauses (Hrsg.), Hdb. EU-WirtschaftsR, P.I., Rdn. 239; CZAJA, Haftung, S. 133ff.; VON BOGDANDY, in: Grabitz/Hilf, EGV, Archiv-Bd. 2, Art. 215 EG-Vertrag, Rdn. 63; GILSDORF/OLIVER in: GTE, Komm EUV/EGV, Art. 215 EG-Vertrag, Rdn. 27.

[95] EuGH, Rs. 175/84, *Krohn/Kommission*, Slg. 1986, S. 753; CZAJA, Haftung, S. 134. Der Aspekt spielt auch im Rahmen der Kausalität eine Rolle.

[96] Art. 288 II, III EG, Art. 188 II EA.

[97] Art. 12 lit. a des Protokolls über die Vorrechte und Befreiungen der Europäischen Gemeinschaften, BGBl. II 1965, S. 1482, geändert durch Protokoll Nr. 7 zum EUV, BGBl. II 1992, S. 1310.

[98] Art. 40 KS.

[99] GILSDORF/OLIVER, in: GTE, Komm EUV/EGV, Art. 215 EG-Vertrag, Rdn. 25; FUß, Responsabilité, S. 6; OSSENBÜHL, Staatshaftungsrecht, S. 588.

[100] GILSDORF/OLIVER, in GTE, Komm EUV/EGV, Art. 215 EG-Vertrag, Rdn. 4.

Rechtsverhältnis dar, das durch übereinstimmende Willenserklärungen zustande gekommen ist[101].

Ansonsten spricht der EuGH im Zusammenhang mit der Schadensersatzklage auch vom „Verhalten der Organe“[102]. Dies impliziert bereits ein sehr weites Verständnis der Amtstätigkeit, da er nicht auf den Begriff der „Handlung“, wie er ihn in Art. 230 EG definiert, zurückgreift[103]. Eine rechtsvergleichende Analyse der Rechtsordnungen der Mitgliedstaaten läßt sich unterstützend für ein weites Verständnis anführen[104].

Nach allgemeiner Auffassung gehört zur Amtstätigkeit jedenfalls das in dieser Arbeit interessierende hoheitliche Tätigwerden, das seinerseits in normatives und administratives Handeln zu untergliedern ist[105]. Während die Haftung der Gemeinschaft für hoheitliches, administratives Verhalten der Gemeinschaft von Anfang an anerkannt war, bejahte der EuGH eine Haftung für normatives Handeln erst 1971 im Urteil *Schöppenstedt/Rat*[106]. Zu den Rechtsformen, in denen die EG hoheitlich tätig werden kann, gehören jedenfalls die in Art. 249 II bis V EG aufgeführten Rechtsakte, also Verordnungen, Richtlinien, Entscheidungen sowie Empfehlungen und Stellungnahmen. Angesichts der weiten Definition fallen auch sonstige nicht in Art. 249 II bis V EG aufgeführte hoheitliche Tätigkeiten, wie einfache Beschlüsse und Gemeinschaftsrahmen, sowie sonstiges schlicht-hoheitliches Handeln, wie Auskünfte, unter die „Amtstätigkeit“ i.S.d. Art. 288 II EG[107].

---

[101] GA BIANCARELLI, Schlußanträge, Rs. T-120/89, *Stahlwerke Peine–Salzgitter AG/Kommission*, Slg. 1991, II-279, 301; zur vertraglichen Haftung, siehe HEUKELS, Contractual Liability, S. 89ff.

[102] EuGH, Rs. 5/68, *Sayag/Leduc*, Slg. 1968, S. 590.

[103] Dazu EuGH, Rs. 22/70, *Kommission/Rat* Slg. 1971, S. 263, 277; EuGH, Rs. 60/81, *IBM/Kommission*, Slg. 1981, S. 2639, Rdn. 9ff.; BELL/BRADLEY, Liability, S. 283.

[104] Vgl. GA GAND, Schlußanträge, Rs. 9/69, *Sayag/Leduc*, Slg. 1969, S. 338, 341.

[105] VON BOGDANDY, in: Grabitz/Hilf, EGV, Archiv-Bd. 2, Art. 215 EG-Vertrag, Rdn. 77.

[106] Zum ersten Mal hat der EuGH in der Rs. 5/71, *Schöppenstedt/Rat*, Slg. 1971, S. 975, die Haftung für normatives Unrecht zugelassen. Seitdem ist die Rechtsprechung fortgeführt und verfeinert worden. Die Gründe für die Zulassung dieser Haftung sind zahlreich. Insbesondere wird auf die mangelnde demokratische Legitimation der rechtsetzenden Organe und den unzureichenden Rechtsschutz der Marktteilnehmer gegen Verordnungen hingewiesen. Jedoch läßt sich hier kaum das Argument des allgemeinen Rechtsgrundsatzes der Mitgliedstaaten anführen. Vgl. GA ROEMER, Schlußanträge, Rs. 5/71, *Schöppenstedt/Rat*, Slg. 1971, S. 975, 990.

[107] VON BOGDANDY, in: Grabitz/Hilf, EGV, Archiv-Bd. 2, Art. 215 EG-Vertrag, Rdn. 65; SCHERMERS/WAELBROECK, Judicial Protection, § 572.

Allgemein muß das haftungsauslösende Verhalten Rechtswirkung nach außen erzeugen[108]. Für die Feststellung der Außenrechtswirkung kommt es nicht auf die Form und die Bezeichnung der Maßnahme, sondern auf ihren Inhalt an. Dieser muß sich unmittelbar auf die Interessen- und Rechtslage des Klägers auswirken[109]. Indiz hierfür ist die Bindungswirkung des jeweiligen Rechtsaktes für die vollziehende Stelle und die Tatsache, daß ihr kein Vollzugsermessen verbleibt.[110]

Deshalb ist die Rechtswirkung nach außen bei den Handlungsformen des Art. 249 II bis IV EG unproblematisch gegeben. Hingegen ist dies für Empfehlungen und Stellungnahmen, insbesondere wenn sie interne Angelegenheiten betreffen oder Rechtsakte vorbereitende Maßnahmen darstellen, aufgrund der Unverbindlichkeit im allgemeinen zu verneinen[111]. Ansonsten kommt es auf die konkrete Maßnahme im Einzelfall an.

Die schädigende Handlung muß schließlich „in Ausübung" der Amtstätigkeit erfolgen. Nach der Rechtsprechung des EuGH bezieht sich der Begriff sowohl auf die Organe der EG als auch auf die Bediensteten[112]. Das Kriterium des Handelns „in Ausübung" der Amtstätigkeit ist nur erfüllt, wenn sich die Handlungen „aufgrund einer unmittelbaren inneren Beziehung notwendig aus den Aufgaben der Organe ergeben"[113]. Dieses Kriterium gewinnt insbesondere im Zusammenhang mit Realakten an Bedeutung[114].

2. Rechtswidrigkeit

Als weiteres zwingendes Erfordernis verlangt der EuGH die Rechtswidrigkeit der Handlung[115]. Dieses Merkmal ist zwar nicht ausdrücklich in Art. 288 II EG

---

[108] BORCHARDT, in: Dauses (Hrsg.), Hdb. EU-WirtschaftsR, P.I., Rdn. 239.

[109] BORCHARDT, in: Lenz (Hrsg.), EGV-Kommentar, 2. Auflage, Art. 230 EG, Rdn. 9.

[110] STOTZ, in: Dauses (Hrsg.), Hdb. EU-WirtschaftsR, P.I., Rdn. 66ff. mit weiterführenden Beispielen.

[111] EuGH, Rs. 133/79, *Sucrimex/Kommission*, Slg. 1980, S. 1299, Rdn. 17f.; EuGH, Rs. 217/81, *Interagra/Kommission*, Slg. 1982, S. 2233, Rdn. 8; CZAJA, Haftung, S. 129; RUFFERT, in: Calliess/Ruffert, EUV/EGV, Art. 288 EG, Rdn. 6.

[112] EuGH, Rs. 9/69, *Sayag/Leduc*, Slg. 1969, S. 329, Rdn. 5/11; EuGH, verb. Rs. C-104/89 und C-37/90, *Mulder u.a./Rat und Kommission*, Slg. 1992, I-3126, Rdn. 12.

[113] EuGH, Rs. 9/69, *Sayag/Leduc*, Slg. 1969, S. 329, Rdn. 5/11.

[114] So im Urteil EuGH, Rs. 9/69, *Sayag/Leduc*, Slg. 1969, S. 329.

[115] EuGH, Rs. 4/69, *Lütticke/Kommission*, Slg. 1971, S. 325, Rdn. 10; EuGH, Rs. 55/90, *Cato/Kommission*, Slg. 1992, I-2533, Rdn. 18; GILSDORF/OLIVER, in: GTE, Komm EUV/EGV, Art. 215 EG-Vertrag, Rdn. 31; CZAJA, Haftung, S. 32; OSSENBÜHL, Staatshaftungsrecht, S. 589.

genannt, kann aber als allgemeiner Rechtsgrundsatz der Mitgliedstaaten angesehen werden[116]. Die Haftung aus Art. 288 II EG ist mithin als Unrechtshaftung konzipiert[117].

a.) Begriff der Rechtswidrigkeit

Eine Handlung ist dann als rechtswidrig anzusehen, wenn sie gegen eine höherrangige, geltende EG-Rechtsnorm verstößt[118]. Unerheblich ist hierbei der Schutzzweck der Norm und die Rechtsfolge, die durch die Verletzung der Norm ausgelöst wird, also ob die Handlung rechtswidrig oder nichtig ist[119].

b.) Qualifizierte Rechtswidrigkeit

Allerdings reicht die bloße Feststellung der Rechtswidrigkeit nicht aus, um die Haftung der Gemeinschaft auszulösen. Hinzutreten muß ein qualifizierendes Element[120]. Es handelt sich hierbei um die wichtigste Haftungsbegrenzung[121]. Dabei sind mehrere Qualifikationsstufen zu unterscheiden.

aa.) Verletzung einer Schutznorm

In jedem Falle, unabhängig davon, ob es sich um administratives oder normatives Unrecht handelt, muß die Verletzung einer Schutznorm gegeben sein[122]. Ob es sich bei der verletzten Norm um eine Schutznorm handelt, muß durch

---

[116] GILSDORF/OLIVER, in: GTE, Komm EUV/EGV, Art. 215 EG-Vertrag, Rdn. 31; CZAJA, Haftung, S. 32.

[117] EuGH, Rs. 5/71, *Schöppenstedt/Rat*, Slg. 1971, S. 975, Rdn. 11. Überlegungen in der Literatur zu einer Haftung für rechtmäßiges Handeln wurden vom EuGH noch nicht aufgegriffen. Siehe dazu unter A.

[118] GILSDORF/OLIVER, in: GTE, Komm EUV/EGV, Art. 215 EG-Vertrag, Rdn. 32; CZAJA, Haftung, S. 32; HERDEGEN, Haftung, S. 107.

[119] OSSENBÜHL, Staatshaftungsrecht, S. 590.

[120] GA ROEMER, Schlußanträge, Rs. 5/71, *Schöppenstedt/Rat*, Slg. 1971, S. 975, 995; GA CAPOTORTI, Schlußanträge, verb. Rs. 83 und 94/76, 4, 15 und 40/77, *HNL/Rat und Kommission*, Slg. 1978, S. 1209, 1227; FUß, Zur Rechtsprechung des Europäischen Gerichtshofs, S. 181; VON BOGDANDY, in: Grabitz/Hilf, EGV, Archiv-Bd. 2, Art. 215 EG-Vertrag, Rdn. 68.

[121] OSSENBÜHL, Staatshaftungsrecht, S. 590.

[122] FUß, Zur Rechtsprechung des Europäischen Gerichtshofs, S. 182.

Auslegung der Norm ermittelt werden. Eine Norm ist dann eine Schutznorm, wenn sie den Schutz der Interessen des Geschädigten bezweckt[123]. In der Praxis stellt der EuGH keine hohen Anforderungen. Zumeist ist es ausreichend, wenn die Norm in erster Linie allgemeine Interessen schützt, und der Schutz der Individualinteressen sich lediglich reflexartig ergibt[124]. Entscheidend ist, daß der Geschädigte in eine engere Beziehung zur Exekutive bzw. zur Legislative tritt als die Allgemeinheit[125]. Zu den Schutznormen gehören insbesondere die gemeinschaftsrechtlichen Grundrechte und die durch den EuGH entwickelten allgemeinen Rechtsgrundsätze, insbesondere der Grundsatz der Verhältnismäßigkeit und des Vertrauensschutzes, der Anspruch auf rechtliches Gehör und das Gebot der Gesetzmäßigkeit der Verwaltung sowie das Verbot des Ermessensmißbrauchs[126]. Den im Vertrag enthaltenen Kompetenzbestimmungen sowie den Form- und Verfahrensvorschriften spricht der EuGH den Schutznormcharakter hingegen ab[127].

bb.) „Hinreichend qualifizierte Verletzung einer höherrangigen, dem Schutz des einzelnen dienenden Rechtsnorm“

Überdies nimmt der EuGH im Falle des normativen Unrechts eine weitergehende Haftungseingrenzung vor. Er verwendet seit seinem Urteil in der Rechtssache *Schöppenstedt/Rat* hierfür folgende Formel:

> „Bei einem Rechtsetzungsakt, der wirtschaftspolitische Entscheidungen mit einschließt, kann die außervertragliche Haftung der Gemeinschaft für den Einzelpersonen etwa durch diesen Akt entstandenen Schaden nach den Vorschriften des Art. 215 Absatz 2 des Vertrages [Art. 288 II EG] nur durch eine hinreichend qualifizierte Verletzung einer höherrangigen, dem Schutz des einzelnen dienenden Rechtsnorm ausgelöst werden“[128].

---

[123] OSSENBÜHL, Staatshaftungsrecht, S. 591.

[124] GILSDORF, EuR 10 (1975), S. 98; BELL/BRADLEY, Liability, S. 284.

[125] GILSDORF/OLIVER, in: GTE, Komm EUV/EGV, Art. 215 EG-Vertrag, Rdn. 38; OSSENBÜHL, Staatshaftungsrecht, S. 591; REINISCH, EuZW 2000, S. 45.

[126] CZAJA, Haftung, S. 33. Eine Aufstellung einzelner vom EuGH im Rahmen des Art. 288 II EG anerkannten Schutznormen findet sich bei OSSENBÜHL, Staatshaftungsrecht, S. 592f.

[127] VON BOGDANDY, in: Grabitz/Hilf, EGV, Archiv-Bd. 2, Art. 215 EG-Vertrag, Rdn. 71; EuGH, Rs. C-282/90, *Vreugdenhil/Kommission*, Slg. 1992, I-1937, Rdn. 20ff.

[128] EuGH, Rs. 5/71, *Schöppenstedt/Rat*, Slg. 1971, S. 975, 3. Leitsatz.

Sinn dieser Einschränkung ist es, „daß die gesetzgebende Gewalt selbst dann, wenn ihre Handlungen richterlicher Kontrolle unterworfen sind, bei ihrer Willensbildung nicht jedesmal durch die Möglichkeit von Schadensersatzklagen behindert werden darf, wenn sie Anlaß hat, im Allgemeininteresse Rechtsnormen zu erlassen, welche die Interessen der einzelnen berühren können"[129]. Daher dürfe die Haftung für Rechtsetzungsakte nur „ausnahmsweise und unter besonderen Umständen"[130] eingreifen. Der EuGH billigt damit den gesetzgebenden Organen einen breiten Beurteilungsspielraum zu und gewährleistet in diesen Fällen nur eine zurückgenommene Kontrolldichte[131]. Dahinter verbirgt sich der Versuch des Gerichtshofs, einer Verschiebung des institutionellen Gleichgewichts zugunsten des EuGH und zu Lasten des gemeinschaftlichen Gesetzgebers entgegenzuwirken. Die Tendenz zu einer Verschiebung ist insbesondere bei einer gerichtlichen Überprüfung von wirtschaftspolitischen Handlungen gegeben. Diesen liegen zumeist komplexe wirtschaftliche Sachverhalte zugrunde und sie weisen vielfach einen prognostischen Charakter auf, wodurch ihre tatsächlichen Auswirkungen nur schwer vorhersehbar sind[132]. Gerade diese Folgen abzuschätzen, fällt jedoch typischerweise in die politische Verantwortung des Gemeinschaftsgesetzgebers. An seine Entscheidung rechtliche Maßstäbe anzusetzen, würde eine Verrechtlichung der Politik bedeuten und letztendlich zu einer Schieflage des gemeinschaftlichen institutionellen Gleichgewichts führen[133].

Mit der im Urteil *Schöppenstedt/Rat* aufgestellten und seitdem immer wiederkehrenden Formel[134] ist jedoch nicht viel gewonnen. In der Rechtsprechung des

---

[129] EuGH, verb. Rs. 83 und 94/76, 4, 15 und 40/77, *HNL/Rat und Kommission*, Slg. 1978, S. 1209, Rdn. 5.

[130] EuGH, verb. Rs. 83 und 94/76, 4, 15 und 40/77, *HNL/Rat und Kommission*, Slg. 1978, S. 1209, Rdn. 5.

[131] Anders als im EG-Vertrag fand dieses Problem in Art. 33 S.2 KS eine vertragstextliche Lösung: „Die Nachprüfung durch den Gerichtshof darf sich jedoch nicht auf die Würdigung der aus den wirtschaftlichen Tatsachen oder Umständen sich ergebenden Gesamtlage erstrekken,....., es sein denn, daß der Kommission der Vorwurf gemacht wird, sie habe ihr Ermessen mißbraucht oder die Bestimmung des Vertrages..... offensichtlich verkannt".

[132] GILSDORF, EuR 10 (1975), S. 103; EuGH, Rs. C-220/91 P, *Kommission/Stahlwerke Peine Salzgitter AG*, Slg. 1993, I-2393, Rdn. 27ff.; OSSENBÜHL, Staatshaftungsrecht, S. 594.

[133] FISCHER, ZG 2000, S. 176f.; BLANKE, Normativer Gehalt und Justitiabilität des Subsidiaritätsprinzips nach Art. 3b EGV, S. 113, spricht von einer Gefahr der „Juridifizierung der Politik und einer Politisierung der Justiz".

[134] Siehe beispielsweise EuGH, verb. Rs. 194-206/83, *Asteris/Kommission*, Slg. 1985, S. 2815, Rdn. 22; EuGH, Rs. 50/86, *Grands Moulins/EWG*, Slg. 1987, S. 4833, Rdn. 8; EuGH, Rs. C-152/88, *Sofrimport/Kommission*, Slg. 1990, I-2477, Rdn. 25; EuGH, verb. Rs. C-104/89, C-37/90, *Mulder u.a./Rat und Kommission*, Slg. 1992, I-1061, Rdn. 12; FUß, Zur Rechtsprechung des Europäischen Gerichtshofs, S. 232f.

EuGH läßt sich kaum eine einheitliche Interpretationslinie dieser Formel finden[135]. Es handelt sich vielfach um Einzelfallentscheidungen. Diese Tatsache der mangelnden Rechtssicherheit hat dem EuGH viel Kritik von seiten der Literatur eingebracht. Besonders wird die mangelnde begriffliche Schärfe der verwendeten Begriffe und die sich daraus ergebende Unvorhersehbarkeit des Ausgangs des Rechtsstreits moniert[136].

Festzuhalten ist, daß die *Schöppenstedt*-Formel mehr Fragen aufwirft, als löst. So bereiten insbesondere die Termini des Rechtsetzungsaktes, der wirtschaftspolitische Entscheidungen einschließt, und der hinreichenden qualifizierten Verletzung Interpretationsschwierigkeiten. Im folgenden soll daher versucht werden, ihren Inhalt aus der Rechtsprechung des EuGH herauszufiltern.

(1) Rechtsetzungsakt, der wirtschaftspolitische Entscheidungen einschließt

Schon der Versuch zu definieren, was einen Rechtsetzungsakt, der wirtschaftspolitische Entscheidungen beinhaltet, ausmacht, bereitet Probleme. Auch eine damit einhergehende Abgrenzung zu administrativen Akten gestaltet sich schwierig.

Der verwendete Terminus des Rechtsetzungsaktes läßt vermuten, daß er neben Normativakten auch Individualakte, wie Entscheidungen i.S.d. Art. 249 IV EG, umfaßt[137]. In der Tat legt der EuGH den Begriff sehr großzügig aus[138]. Allerdings geben verschiedene Urteile, insbesondere solche in denen Französisch die Verhandlungssprache war, Anlaß anzunehmen, daß sich die *Schöppenstedt*-Formel nur auf gesetzgeberische Akte mit abstrakt-generellem Charakter beziehen soll[139]. Dies ergibt auch die weitere Auswertung der Rechtsprechung des EuGH, nach der unter den Begriff der Rechtsetzungsakte i.S.d.

---

[135] GILSDORF, EuR 10 (1975), S. 99; FUẞ, Zur Rechtsprechung des Europäischen Gerichtshofs, S. 232f.; GILSDORF/OLIVER, in: GTE, Komm EUV/EGV, Art. 215 EG-Vertrag, Rdn. 66.

[136] HERDEGEN, Haftung, S. 124ff.; VON BOGDANDY, in: Grabitz/Hilf, EGV, Archiv-Bd. 2, Art. 215 EG-Vertrag, Rdn. 86ff.; FINES, A General Analytical Perspective, S. 21, 23; OSSENBÜHL, Staatshaftungsrecht, S. 602; GA JACOBS, Schlußanträge, Rs. C-119/88, *AERPO/Kommission*, Slg. 1990, I-2189, 2204.

[137] GILSDORF, EuR 10 (1975), S. 96.

[138] GILSDORF, EuR 10 (1975), S. 96; FUẞ, Zur Rechtsprechung des Europäischen Gerichtshofs, S. 176; FETZER, Haftung, S. 182.

[139] In den Urteilen verwendet der EuGH den Ausdruck „acte législative“, vgl. GILSDORF, EuR 10 (1975), S. 96; vgl. aber EuGH, Rs. 152/88, *Sofrimport/Kommission*, Slg. 1990, I-2477. In diesem Urteil wurden die strengen Kriterien für normatives Unrecht auf eine Durchführungsverordnung angewendet, die im wesentlichen nur einen Einzelfall betraf.

Schöppenstedt-Formel alle legislativen Akte im materiellen Sinn fallen, folglich neben Rats-Verordnungen[140], auch Durchführungsverordnungen der Kommission[141], Richtlinien[142] und sogar Entscheidungen, soweit sie an Mitgliedstaaten gerichtet sind und einen abstrakt – generellen Regelungsgehalt aufweisen[143]. Damit ist auch klargestellt, daß es nicht darauf ankommt, ob ein legislativer Akt im formellen Sinn, d.h. ein von einem Legislativorgan erlassener Akt, gegeben ist. Dieser Befund entspricht im übrigen der Systematik des Gemeinschaftsrechts, das keine Gewaltenteilung mitgliedstaatlicher Ausprägung kennt, sondern auf einem System „institutionellen Gleichgewichts" basiert[144]. So nimmt auch der Rat, der vielfach als die Legislative der Gemeinschaft betrachtet wird, eine Doppelrolle als legislatives und exekutives Organ ein[145], wohingegen das Europäische Parlament, dem in einer parlamentarischen Demokratie mitgliedstaatlicher Prägung traditionellerweise die Rolle eines Gesetzgebers zukommen müßte, nur eine untergeordnete Funktion innerhalb der gemeinschaftsrechtlichen Gesetzgebung bekleidet[146].

---

[140] Vgl. nur EuGH, Rs. 5/71, *Schöppenstedt/Rat*, Slg. 1971, S. 975; EuGH, verb. Rs. C-104/89 und 37/90, *Mulder u.a./Rat und Kommission*, Slg. 1992, I-3061.

[141] Vgl. EuGH, verb. Rs. 194-206/83, *Asteris/Kommission*, Slg. 1985, S. 2815; VON BOGDANDY, in: Grabitz/Hilf, EGV, Archiv-Bd. 2, Art. 215 EG-Vertrag, Rdn. 85.

[142] EuGH, Rs. C-63/89, *Assurances du crédit/Rat und Kommission*, Slg. 1991, I-1799, Rdn. 9ff.

[143] Vgl. EuG, verb. Rs. T-481/93 und T-484/95, *Exporteurs in Levende Varkens u.a./Kommission*, Slg. 1995, II-2305; EuG, verb. Rs. T-480/93 und T-483/93, *Antillean Rice Mills u.a./Kommission*, Slg. 1995, II-2305, Rdn. 177; offenlassend EuGH, Rs. C-55/90, *Cato/Kommission*, Slg. 1992, I-2533, Rdn. 18ff. Dies allerdings sind nur Ausnahmen. Im Grundsatz finden auf Entscheidungen die Haftungsvoraussetzungen für administratives Unrecht Anwendung, vgl. FINES, A General Analytical Perspective, S. 29; HEUKELS, CMLR 30 (1993), S. 383.

[144] EuGH, Rs. 138/39, *Roquette Frères/Rat*, Slg. 1980, S. 3333, Rdn. 33; HAHN/SIEBELT, DÖV 42 (1989), S. 233; PERNICE, in: Grabitz/Hilf, EGV, Archiv-Bd. 2, Art. 164 EG-Vertrag, Rdn. 36.

[145] GA CAPOTORTI, Schlußanträge, verb. Rs. 83 und 94/76, 4, 15 und 40/77, *HNL/Rat und Kommission*, Slg. 1978, S. 1209, 1229.

[146] Zwar zeigt sich die Tendenz, die Rechte des Europäischen Parlaments stetig zu stärken, doch hat es auch durch den Amsterdamer Vertrag nicht die Stellung eines Parlaments mitgliedstaatlicher Ausprägung erhalten. Im Falle eines Ausbaus der Stellung des Europäischen Parlaments zu einem echten Legislativorgan muß auch eine Änderung des Haftungsmodells für legislatives Unrecht in Betracht gezogen werden. Vgl. FINES, A General Analytical Perspective, S. 29; RUFFERT, in: Calliess/Ruffert, EUV/EGV, Art. 288 EG, Rdn. 8. Zur Stellung des Europäischen Parlaments nach dem Vertrag von Amsterdam, siehe SIMM/HEBER, ZG 1999, S. 336ff.

Die *Schöppenstedt*-Formel gilt damit nur für den Erlaß normativer Akte, also für Akte mit abstrakt-generellem Regelungsgehalt. Für alle übrigen Handlungen, also beispielsweise für Individualakte, die in Ausführung abstrakt-genereller Akte oder exekutiver Befugnisse ergehen[147], sowie für Auskünfte, Zusicherungen, Aufsichtsakte und Realakte ist die *Schöppenstedt*-Formel nicht anzuwenden. Sie sind bereits rechtswidrig i.S.d. Art. 288 II EG, wenn sie eine Schutznorm verletzen.

Durch den Zusatz der „wirtschaftspolitischen Entscheidung" scheint der EuGH nicht alle oben genannten normativen Akte den strengen Anforderungen der *Schöppenstedt*-Formel unterwerfen zu wollen.

Aufgrund des oben angeführten Sinn und Zwecks der *Schöppenstedt*-Formel könnte man aber annehmen, daß der Begriff nicht nur wirtschaftliche Maßnahmen im engeren Sinne umfaßt, sondern alle Bereiche, in denen politische Entscheidungen einen gesetzgeberischen Gestaltungsspielraum erfordern[148]. In der Praxis betraf die Rechtsprechung des EuGH jedoch nur Urteile im Bereich der Agrarpolitik. Es ist also fraglich, ob diese Rechtsprechung auf andere Bereiche, die, wie der EuGH anführt, durch ein „unerläßlich weites Ermessen gekennzeichnet"[149] sind, übertragbar ist. Die hier interessierende Frage, ob die Rechtsprechung des EuGH auf die EZB übertragbar ist, wird Gegenstand der Untersuchung unter Punkt Teil II: C.IV sein.

Im Ergebnis ist an dieser Stelle vorerst festzuhalten, daß jedenfalls Rechtsetzungsakte mit abstrakt-generellem Regelungsgehalt im Bereich der Wirtschaftspolitik, soweit sie einen gesetzgeberischen Gestaltungsspielraum erfordern, haftungsrechtlich nach den strengen Voraussetzungen der *Schöppenstedt*-Formel behandelt werden. Alle übrigen Handlungen werden nach dem einfachen Haftungsmodell beurteilt werden[150].

(2) Hinreichend qualifizierte Verletzung einer höherrangigen Schutznorm

Weiterhin gab die Anforderung der „hinreichend qualifizierten Verletzung einer höherrangigen Schutznorm" vielfach Anlaß zur Diskussion. Einigkeit besteht lediglich über das Verständnis der höherrangigen Schutznorm. Dieser

---

[147] VAN DER WOUDE, Liability for Administrative Acts, S. 112.

[148] FUß, Zur Rechtsprechung des Europäischen Gerichtshofs, S. 176.

[149] EuGH, verb. Rs. 83 und 94/76, 4, 15 und 40/77, *HNL/Rat und Kommission*, Slg. 1978, S. 1209, Rdn. 6.

[150] GILSDORF, EuR 10 (1975), S. 97; VAN DER WOUDE, Liability for Administrative Acts, S. 112ff., insbes. S. 114.

Begriff ist mit dem der Schutznormverletzung bei administrativem Unrecht identisch[151]. Der Zusatz „höherrangig" ist nicht als zusätzliche Anforderung zu verstehen, sondern als Hinweis auf die Normenhierarchie[152].

Schwer nachvollziehbar und deshalb viel diskutiert ist hingegen die Rechtsprechung des Gerichtshofs zur „hinreichend qualifizierten Verletzung". Zwar liefert das Urteil *HNL/Rat und Kommission*[153] bis heute gültige Maßstäbe für die Beurteilung dieser Frage, doch sind auch die dort aufgestellten Anforderungen immer wieder Gegenstand unterschiedlichster Interpretationen, wie die späteren sogenannten *Isoglucose*-Entscheidungen und das Urteil in der Sache *Mulder u.a./Rat und Kommission* beispielsweise Zeugnis geben. Danach hat der Gerichtshof das Erfordernis der „hinreichend qualifizierten Verletzung" dahingehend konkretisiert, daß es erfüllt ist, „wenn die Organe die Grenzen ihres Ermessens offenkundig und erheblich überschreiten, ohne sich auf ein öffentliches Interesse zu berufen"[154]. Indiz hierfür ist beispielsweise, daß „der Gemeinschaftsgesetzgeber die besondere Lage einer klar abgegrenzten Gruppe von Wirtschaftsteilnehmern unberücksichtigt läßt"[155]. Folgende Gesichtspunkte werden zur Begründung einer „hinreichend qualifizierten Verletzung" immer wieder herangezogen[156]:

- **Schwere des Rechtsverstoßes**: Dieses Kriterium setzt sich aus zwei Komponenten zusammen. Zum einen muß die verletzte Rechtsnorm von besonderer Bedeutung für den Betroffenen sein[157]. Dazu zählen unter anderem das Diskri-

---

[151] Eine Aufzählung der in Betracht kommenden Normen gibt das Urteil EuG, verb. Rs. T-481/93 und T-484/93, *Exporteurs in Levende Varkens u.a./Kommission*, Slg. 1995, II-2305, Rdn. 102.

[152] VON BOGDANDY: in Grabitz/Hilf, EGV, Archiv-Bd. 2, Art. 215 EG-Vertrag, Rdn. 70.

[153] EuGH, verb. Rs. 83 und 94/76, 4, 15 und 40/77, *HNL/Rat und Kommission*, Slg. 1978, S. 1209; WAELBROECK, in: Louis/Séché (Hrsg.), Commentaire Mégret, Bd. 10, S. 300.

[154] EuGH, Rs. 74/74, *CNTA/Kommission*, Slg. 1975, S. 533, Rdn. 41/43; EuG, verb. Rs. T-195/94 und T-202/94, *Quiller und Heusmann/Rat und Kommission*, Slg. 1997, II-2247, Rdn. 58; EuGH, verb. Rs. C-104/89 und C-37/90, *Mulder u.a./Rat und Kommission*, Slg. 1992, I-3061, Rdn. 16; ebenso EuGH, Rs. C-152/88, *Sofrimport/Kommission*, Slg. 1990, S. 2477, Rdn. 28; GA VON GERVEN, Schlußanträge, verb. Rs. C-104/89 und C-37/90, *Mulder u.a./Rat und Kommission*, Slg. 1992, I-3061, 3103ff.

[155] EuGH, verb. Rs. C-104/89 und C-37/90, *Mulder u.a./Rat und Kommission*, Slg. 1992, I-3061, Rdn. 16f.; EuG, verb. Rs. T-195/94 und T-202/94, *Quiller und Heusmann/Rat und Kommission*, Slg. 1997, II-2247, Rdn. 58.

[156] GA VAN GERVEN, Schlußanträge, verb. Rs. C-104/89 und C-37/90, *Mulder u.a./Rat und Kommission*, Slg. 1992, I-3061, 3103f.; WAELBROECK, in: Louis/Séché (Hrsg.), Commentaire Mégret, Bd. 10, S. 301; OSSENBÜHL, Staatshaftungsrecht, S. 599.

[157] EuGH, Rs. 238/78, *Ireks-Arkady/Rat und Kommission*, Slg. 1979, S. 2955, Rdn. 11; OSSENBÜHL, Staatshaftungsrecht, S. 599.

minierungsverbot[158] und die Grundsätze der Verhältnismäßigkeit[159] und des Vertrauensschutzes[160]. Man wird aber davon auszugehen haben, daß jede höherrangige Schutznorm für die Interessen des Einzelnen von besonderer Wichtigkeit im Vertragssystem ist[161].

Zum anderen muß es sich um einen erheblichen und unentschuldbaren Rechtsverstoß handeln[162]. Es wird damit auf Kriterien Bezug genommen, die auch in einer Verschuldensprüfung Raum hätten[163]. Bisweilen stellte der EuGH auch auf das Kriterium der Willkür ab[164]. In der Rechtsmittelentscheidung *Kommission/Stahlwerke Peine-Salzgitter AG* nahm er aber in einem obiter dictum wieder Abstand vom Kriterium der Willkür, indem er ausführte: „Die Feststellung eines an Willkür grenzenden Verhaltens [ist nicht] notwendige, textlich wiederzugebende Voraussetzung" für die Bejahung einer Haftung[165]. Eine Bestätigung dieser Rechtsprechung steht jedoch noch aus.

- **Zahl der Betroffenen**: Der Kreis der Geschädigten muß eine begrenzte und klar umrissene Gruppe darstellen, die offenbar klein sein muß[166]. Allerdings scheint der EuGH seit seiner Entscheidung *Mulder u.a./Rat und Kommission* auf das Kriterium der kleinen Anzahl von Betroffenen zu verzichten, da in diesem Fall die Zahl der geschädigten Unternehmen ca. 13.000 betrug[167]. Hingegen

---

[158] EuGH, verb. Rs. 83 und 94/76, 4, 15 und 40/77, *HNL/Rat und Kommission*, Slg. 1978, S. 1209, Rdn. 5; EuGH, verb. Rs. 64 und 113/76 und 239/78, 27, 28 und 45/79, *Dumortier Frères/Rat*, Slg. 1979, S. 3091, Rdn. 11.

[159] EuG, verb. Rs. T-481/93 und T-484/93, *Exporteurs in Levende Varkens u.a./Kommission*, Slg. 1995, II-2305, Rdn. 102.

[160] EuGH, Rs. 74/74, *CNTA/Kommission*, Slg. 1975, S. 533, Rdn. 41/43; EuGH, Rs. C-152/88, *Sofrimport/Kommission*, Slg. 1990, II-2477, Rdn. 27.

[161] GRABITZ, NJW 1978, S. 1743; DERS., Haftung, S. 225.

[162] GA VAN GERVEN, Schlußanträge, verb. Rs. C-104/89 und C-37/90, *Mulder u.a./Rat und Kommission*, Slg. 1992, I-3061, 3103; OSSENBÜHL, Staatshaftungsrecht, S. 601; RUFFERT, in: Calliess/Ruffert, EUV/EGV, Art. 288 EG, Rdn. 15.

[163] Vgl. EuG, verb. Rs. T-480/93 und T-483/93, *Antillean Rice Mills u.a./Kommission*, Slg. 1995, II-2305, Rdn. 177ff.

[164] EuGH, verb. Rs. 116/77 und 124/77, *Amylum/Rat und Kommission*, Slg. 1979, S. 3497; EuGH, Rs. 143/77, *Koninklijke Schloten-Honig/Rat und Kommission*, Slg. 1979, S. 3583.

[165] EuGH, Rs. C-220/91 P, *Kommission/Stahlwerke Peine-Salzgitter AG*, Slg. 1993, I-2393, Rdn. 51; FINES, A General Analytical Perspective, S. 25.

[166] EuGH, verb. Rs. 241, 242, 245 bis 250/78, *DGV/Rat und Kommission*, Slg. 1979, S. 3017, Rdn. 11; EuGH, Rs. 138/78, *Ireks-Arkady/Rat und Kommission*, Slg. 1979, S. 2955, Rdn. 11.

[167] GA VAN GERVEN, Schlußanträge, Rs. C-104/89 und C-37/90, *Mulder u.a./Rat und Kommission*, Slg. 1992, I-3061, 3110; HEUKELS, CMLR 30 (1993), S. 381.

Mit der Aufgabe des Erfordernisses der geringen Anzahl von Geschädigten nimmt der EuGH Abstand von einer viel kritisierten Rechtsprechung, die an den Gedanken des Sonbleibt es bei dem Erfordernis der „klar abgegrenzten Gruppe von Wirtschaftsteilnehmern“[168], welches dann zu bejahen ist, wenn im Zeitpunkt der Entscheidung die Zahl der Geschädigten bestimmbar ist[169].

- **Höhe des Schadens**: Die Marktteilnehmer sind gehalten, gewisse schädliche Auswirkungen einer Rechtsvorschrift auf ihre Wirtschaftsinteressen in vernünftigen Grenzen entschädigungslos hinzunehmen. Folglich muß der erlittene Schaden über die Grenze der wirtschaftlichen Risiken hinausgehen, die eine Betätigung in dem betroffenen Wirtschaftszweig mit sich bringt[170]. Dies ist beispielsweise dann der Fall, wenn der Schaden nicht vorhersehbar war[171].

Zusammenfassend ist damit festzuhalten, daß eine „hinreichend qualifizierte Verletzung einer höherrangigen Schutznorm“ dann zu bejahen ist, wenn das handelnde Organ die Grenzen seines Ermessens offenkundig und erheblich überschreitet. Bei der Feststellung stützt sich der Gerichtshof auf die Schwere des Rechtsverstoßes, die Anzahl der Betroffenen und die Höhe des Schadens. Er stellt damit sowohl auf die Erheblichkeit des Rechtsverstoßes ab, als auch auf die konkreten Auswirkungen des Verstoßes auf die Marktteilnehmer[172].

3. Schaden

Weiterhin ist der Eintritt eines Schadens Voraussetzung. Zwar ist der Schaden ein ausdrückliches Tatbestandsmerkmal des Art. 288 II EG, doch läßt die Norm Angaben zu Art und Umfang des Schadens vermissen. Der EuGH wird damit

---

deropfers, wie ihn das deutsche Staatshaftungsrecht kennt, angelehnt war. Vgl. OSSENBÜHL, Staatshaftungsrecht, S. 601ff.

[168] EuGH, verb. Rs. C-104/89 und C- 37/90, *Mulder u.a./Rat und Kommission*, Slg. 1992, I-3061, Rdn. 16; EuG, verb. Rs. T-195/94 und T-202/94, *Quiller und Heusmann/Rat und Kommission*, Slg. 1997, II-2247, Rdn. 58.

[169] GA VAN GERVEN, Schlußanträge, verb. Rs. C-104/89 und C-37/90, *Mulder u.a./Rat und Kommission*, Slg. 1992, I-3061, 3111.

[170] EuGH, verb. Rs. 83 und 94/76, 4, 15 und 40/77, *HNL/Rat und Kommission*, Slg. 1978, S. 1209, Rdn. 5/6; EuGH, verb. Rs. C-104/89 und C-37/90, *Mulder u.a./Rat und Kommission*, Slg. 1992, I-3061, Rdn. 13 m.w.N.

[171] EuGH, Rs. 59/83, *Biovilac/EWG*, Slg. 1984, S. 4057, Rdn. 29; EuGH, Rs. 50/86, *Grands Moulins/EWG*, Slg. 1987, S. 4833, Rdn. 21; GA VAN GERVEN, Schlußanträge, verb. Rs. C-104/89 und C-37/90, *Mulder u.a./Rat und Kommission*, Slg. 1992, I-3061, 3105.

[172] GA VAN GERVEN, Schlußanträge, verb. Rs. C-104/89 und C-37/90, *Mulder u.a./Rat und Kommission*, Slg. 1992, I-3061, 3104.

zur Rechtsfindung ein weiteres Mal auf die „allgemeinen Rechtsgrundsätze" in Art. 288 II EG verwiesen[173].

a.) Anerkannte Schadensposten

Aus diesen hat er entnommen, daß der materielle, tatsächliche Schaden mittels der Differenzmethode festgestellt werden soll[174]. Dabei wird die jetzige Vermögenslage mit derjenigen verglichen, die bestehen würde, wenn das schadenstiftende Ereignis nicht eingetreten wäre[175]. Daneben können unter engen Voraussetzungen auch zukünftige Schäden geltend gemacht werden. Der Gerichtshof verlangt in diesem Zusammenhang, daß die Schadensursache feststeht, der Schaden unmittelbar bevorsteht und mit an Sicherheit grenzender Wahrscheinlichkeit eintritt[176].

Unter den so festgestellten Schaden fällt insbesondere der *entgangene Gewinn*, wobei die Gewinnaussicht vor Eintritt des Schadens ausreichend substantiiert sein muß[177]. Die Aussicht auf Abschluß gewinnbringender Verträge oder einen Gewinn, der „auf wesentlich spekulativen Faktoren [beruht]"[178], reicht nicht aus[179].

Daneben können *Kosten* geltend gemacht werden, wie zum Beispiel nutzlos gewordene Abschlußkosten für Verträge oder im umgekehrten Fall Kosten für die Vertragsaufhebung[180].

Auch *Zinsverluste* gehören zu den vom EuGH anerkannten Schadensposten[181]. Bezüglich der Zinsen ist zwischen Zinsschadensersatzansprüchen, also

---

[173] GILSDORF/OLIVER, in: GTE, Komm EUV/EGV, Art. 215 EG-Vertrag, Rdn. 50.

[174] EuG, Rs. T-120/89, *Stahlwerke Peine-Salzgitter AG/Kommission*, Slg. 1991, II-279, Rdn. 119.

[175] EuG, Rs. T-120/89, *Stahlwerke Peine-Salzgitter AG/Kommission*, Slg. 1991, II-279, Rdn. 119; CZAJA, Haftung, S. 37.

[176] EuGH, Rs. 147/83, *Binderer/Kommission*, Slg. 1985, S. 257, Rdn. 19; RÖTTINGER, in: Lenz (Hrsg.), EGV-Kommentar, 2. Auflage, Art. 288 EG, Rdn. 9; GILSDORF/OLIVER, in: GTE, Komm EUV/EGV, Art. 215 EG-Vertrag, Rdn. 58.

[177] CZAJA, Haftung, S. 35f.

[178] EuGH, verb. Rs. 5/66, 7/66 bis 24/66, *Kampffmeyer/Kommission*, Slg. 1967, S. 332, 358; GA VAN GERVEN, Schlußanträge, verb. Rs. C-104/89 und C-37/90, *Mulder u.a./Rat und Kommission*, Slg. 1992, I-3061, 3115.

[179] BELL/BRADLEY, Liability, S. 286; GILSDORF/OLIVER, in: GTE, Komm EUV/EGV, Art. 215 EG-Vertrag, Rdn. 53.

[180] GILSDORF/OLIVER in: GTE, Komm EUV/EGV, Art. 215 EG-Vertrag, Rdn. 56.

solchen Schäden, die gerade in höheren Kreditkosten oder anderen Zinsverlusten bestehen, und Zinsen für den Schadensersatz selbst zu unterscheiden. Letztere müssen mit dem Hauptanspruch beantragt werden und werden ab dem Tag der Verkündung des Urteils berechnet[182]. In beiden Fällen aber nimmt der EuGH ohne weitere Begründung einen Zinssatz von 8% an, soweit die Zinshöhe nicht niedriger beantragt wurde[183].

Sonstige besondere Anforderungen werden an den Schaden, wie oben ausgeführt, nur im Zusammenhang mit der Haftung für Rechtsetzungsakte gestellt, was allerdings aus systematischer Sicht zu beanstanden ist, weil Fragen des Schadens bereits für die Annahme der Rechtswidrigkeit eine Rolle spielen[184]. In diesem Fall muß der Schaden eine klar umrissene Gruppe von Wirtschaftsteilnehmern treffen und der Schaden über die normalen Geschäftsrisiken hinausgehen.

b.) Art und Umfang des Ersatzanspruchs

Umstritten ist, ob Art. 288 II EG einen Anspruch auf Naturalrestitution oder auf Schadensersatz in Geld gibt[185]. Art. 288 II EG schließt zumindest im Gegensatz zu Art. 40 KS eine Naturalrestitution nicht aus, auch wenn die Möglichkeit von Schadensersatz in Form der Naturalrestitution vom EuGH bisher nicht ausdrücklich bejaht wurde[186]. Im übrigen wird in den meisten Fällen aufgrund der Art der entstandenen Schäden meist auch die Naturalrestitution auf eine Geldleistung hinauslaufen[187].

---

181 VON BOGDANDY, in: Grabitz/Hilf, EGV, Archiv-Bd. 2, Art. 215 EG-Vertrag, Rdn. 53, 119; GILSDORF/OLIVER, in: GTE, Komm EUV/EGV, Art. 215 EG-Vertrag, Rdn. 62; OSSENBÜHL, Staatshaftungsrecht, S. 609.

182 GA VAN GERVEN, Schlußanträge, verb. Rs. C-104/89 und C-37/90, *Mulder u.a./Rat und Kommission*, Slg. 1992, I-3061, 3124; VON BOGDANDY, in: Grabitz/Hilf, EGV, Archiv-Bd. 2, Art. 215 EG-Vertrag, Rdn. 119.

183 GA VAN GERVEN, Schlußanträge, verb. Rs. C-104/89 und C-37/90, *Mulder u.a./Rat und Kommission*, Slg. 1992, I-3061, 3124; EuGH, Rs. C-308/87, *Grifoni/EAG*, Slg. 1994, I-341, Rdn. 43; OSSENBÜHL, Staatshaftungsrecht, S. 609.

184 BELL/BRADLEY, Liability, S. 285; WAELBROECK, in: Louis/Séché (Hrsg.), Commentaire Mégret, Bd. 10, S. 306.

185 CZAJA, Haftung, S. 36; VON BOGDANDY, in: Grabitz/Hilf, EGV, Archiv-Bd. 2, Art. 215 EG-Vertrag, Rdn. 112, der der Auffassung ist, daß sowohl Naturalrestitution als auch Geldersatz unter Art. 288 II EG möglich sind.

186 BELL/BRADLEY, Liability, S. 286.

187 BELL/BRADLEY, Liability, S. 286; CZAJA, Haftung, S. 37.

Schadensmindernd wirkt sich eine vom EuGH vorgenommene Vorteilsanrechnung aus. Entfallene Kosten oder tatsächlich erzielte Gewinne aus Substitutionstätigkeiten vermindern den Anspruch auf Schadensersatz. Zudem muß sich der Kläger Einkünfte aus hypothetischen Substitutionstätigkeiten anrechnen lassen, die er hätte erzielen können, wenn er sich „vernünftigerweise mit solchen Tätigkeiten" befaßt hätte[188].

In diesem Zusammenhang prüft der EuGH auch, ob der Schaden auf den Kunden durch Verteuerung des Produktes hätte abgewälzt werden können und dies der gewöhnlichen Sorgfalt des Unternehmers entsprochen hätte[189]. Damit kommt eine Schadensminderung nicht nur in Betracht, wenn die höheren Kosten tatsächlich an den Kunden weitergegeben wurden, sondern der EuGH prüft vielmehr, ob der Unternehmer diesen Schritt nicht schuldhaft unterlassen hat. Gegen diese Form der Schadensminderung bestehen erhebliche Bedenken dahingehend, daß letztendlich der Marktbürger die Auswirkungen des fehlerhaften Handelns der EG trägt und daß geeignete Maßstäbe für die Beurteilung der gebotenen Sorgfalt aufgrund der Komplexität der Preisgestaltung praktisch nicht aufgestellt werden können[190].

In der Literatur wird vielfach diskutiert, ob sich der Kläger Schäden anrechnen lassen muß, die dadurch entstanden sind, daß er nicht rechtzeitig Primärrechtsschutz gesucht hat und dieser zudem dem klägerischen Begehren entsprochen hätte[191]. Die Praxis des EuGH bestätigt diese Überlegungen nicht. Die Versäumung von Primärrechtsschutz führt nach seiner Auffassung vielmehr nicht zur Schadensminderung, sondern zur Klageabweisung wegen Unzulässigkeit[192].

---

[188] EuGH, verb. Rs. C-104/89 und C-37/90, *Mulder u.a./Rat und Kommission*, Slg. 1992, I-3061, Rdn. 33.

[189] EuGH, verb. Rs. 256, 257, 265, 267/80, 5, 51/81, 282/82, *Birra Wührer/Rat und Kommission*, Slg. 1984, S. 3693, Rdn. 26f.; GA CAPOTORTI, Schlußanträge, Rs. 238/78, *Ireks-Arkady/Rat und Kommission*, Slg. 1979, S. 2976, 3006; SCHERMERS/WAELBROECK, Judicial Protection, § 624.

[190] GA CAPOTORTI, Schlußanträge, Rs. 238/78, *Ireks-Arkady/Rat und Kommission*, Slg. 1979, S. 2955, 3006; HERDEGEN, Haftung, S. 142; CZAJA, Haftung, S. 37; TOTH, The Concepts of Damage and Causality, S. 189.

[191] Vgl. nur GILSDORF/OLIVER, in: GTE, Komm EUV/EGV, Art. 215 EG-Vertrag, Rdn. 59; VON BOGDANDY, in: Grabitz/Hilf, EGV, Archiv-Bd. 2, Art. 215 EG-Vertrag, Rdn. 118.

[192] Siehe dazu ausführlich nachstehend unter Teil IV: C.

4. Kausalität

Aus dem Wort „verursacht" leitet der EuGH in ständiger Rechtsprechung ab, daß zwischen dem fehlerhaften Verhalten und dem Schaden ein „ursächlicher Zusammenhang" vorliegen muß[193]. Der Gerichtshof verlangt einen unmittelbaren Kausalzusammenhang und verfolgt damit eine subjektive Adäquanztheorie, der die Sicht eines Experten in einem bestimmten Bereich zugrunde zu legen ist[194]. Allerdings ist das Kriterium der Unmittelbarkeit nicht so eng zu fassen, wie es das deutsche Recht etwa tut. Vielmehr sollen dadurch nur „entferntere Folgen" von einer Haftung ausgenommen werden[195].

Der erforderliche Kausalzusammenhang ist nicht gegeben, wenn der gleiche Schaden auch ohne das fehlerhafte Verhalten in der gleichen Art und Weise eingetreten wäre[196]. Zudem kann der Kausalzusammenhang durch schuldhaftes Verhalten Dritter oder des Geschädigten unterbrochen werden[197]. Dies kann vor allem durch Handlungen mitgliedstaatlicher Behörden geschehen[198]. Jedoch schließt die „Tatsache, daß das vertragswidrige Verhalten eines Mitgliedstaates die Kausalkette ausgelöst hat, nicht aus, daß die nachfolgende Unterlassung der Hohen Behörde als unmittelbare Schadensursache angesprochen wird"[199].

---

[193] EuGH, Rs. C-55/90, *Cato/Kommission*, Slg. 1992, I-2533, Rdn. 18.

[194] Damit werden im Rahmen der Kausalität noch einmal Fragen des Schadens problematisiert, d.h., daß bloß mittelbare Schäden nicht nach Art. 288 II EG zu ersetzen sind, vgl. GILSDORF/OLIVER, in: GTE, Komm EUV/EGV, Art. 215 EG-Vertrag, Rdn. 108.

[195] EuGH, verb. Rs. 64 und 113/76, *Dumortier Frères/Rat*, Slg. 1979, S. 3091, Rdn. 19ff.; RUFFERT, in: Calliess/Ruffert, EUV/EGV, Art. 288 EG, Rdn. 20; BORCHARDT, in: Dauses (Hrsg.), Hdb. EU-WirtschaftsR, P.I., Rdn. 254; BARAV/PHILIP, Dictionnaire Juridique, S. 953.

[196] GA GAND, Schlußanträge, verb. Rs. 5, 7 und 13 bis 24/66, *Kampffmeyer/Kommission*, Slg. 1967, S. 331, 375; EuG, Rs. T-572/93, *Odigitria/Rat und Kommission*, Slg. 1995, II-2025, Rdn. 65.

[197] GA VAN GERVEN, Schlußanträge, verb. Rs. C-104/89 und C-37/90, *Mulder u.a./Rat und Kommission*, Slg. 1992, I-3061, 3116.

[198] Dann wird allerdings die Klage nach Art. 235 EG bereits als unzulässig abgewiesen und der Kläger auf den nationalen Rechtsweg verwiesen, vgl. EuGH, verb, Rs. C-104/89 und C-37/90, *Mulder u.a./Rat und Kommission*, Slg. 1992, I-3061, Rdn. 9; TOTH, The Concepts of Damage and Causality, S. 193.

[199] GA ROEMER, Schlußanträge, verb. Rs. 9 und 12/60, *Vloeberghs/Hohe Behörde*, Slg. 1961, S. 429, 517. Dieser Grundsatz wurde zwar im Zusammenhang mit Art. 40 KS entwickelt, er wird aber auch auf die Haftung aus Art. 288 II EG angewendet, vgl. GA GAND, Schlußanträge, verb. Rs. 5, 7 und 13 bis 24/66, *Kampffmeyer/Kommission*, Slg. 1967, S. 331, 376; TOTH, The Concepts of Damage and Causality, S. 194 m.w.N.

5. Verschulden

Problematisch ist schließlich, ob zu den im Urteil *Lütticke/Kommission* aufgestellten Grundvoraussetzungen der Haftung aus Art. 288 II EG[200] ein Verschulden des Organs oder Bediensteten der EG hinzutreten muß.

Der Vertragstext des Art. 288 II EG ermöglicht keine weiteren Schlußfolgerungen hierzu. Im Gegensatz zu Art. 40 KS wird gerade nicht der Begriff des Amts*fehlers* verwendet, der dem französischen Verwaltungsrecht entlehnt ist und deshalb neben dem Element der Rechtswidrigkeit auch Schuldelemente enthält[201]. Vielmehr spricht Art. 288 II EG von *Amtstätigkeit*, einem nationalrechtlich nicht vorbelasteten Begriff, der aus diesem Grunde deutungsoffen ist.

Der EuGH hat bis heute zu dieser Problematik nicht eindeutig Stellung genommen[202]. So taucht das Verschuldenselement in frühen Entscheidungen des EuGH zu Art. 288 II EG zwar auf[203]. Seit dem Urteil *Lütticke/Kommission* macht der EuGH die Haftung der EG aber nicht mehr von einem Verschulden abhängig[204]. Damit kann davon ausgegangen werden, daß das Vorliegen eines Verschuldens keine Voraussetzung einer Haftung nach Art. 288 II EG darstellt[205]. Fragen des Verschuldens spielen jedoch bei der Beurteilung einer „hinreichend qualifizierten Verletzung“ im Zusammenhang mit der Haftung für Rechtsetzungsakte eine Rolle[206].

6. Verjährung

Art. 43 Satzung des EuGH regelt die Verjährung der außervertraglichen Haftung. Danach verjähren Ansprüche aus Art. 288 II EG fünf Jahre nach Eintritt des Ereignisses, das ihnen zugrunde liegt. Diese Verjährungsvorschrift gilt nicht

---

[200] EuGH, Rs. 4/69, *Lütticke/Kommission*, Slg. 1971, S. 325, Rdn. 10.

[201] OSSENBÜHL, Staatshaftungsrecht, S. 617; CZAJA, Haftung, S. 40.

[202] EuGH, Rs. 267/82, *Développement SA und Clemessy/Kommission*, Slg. 1986, S. 1907, Rdn. 33.

[203] EuGH, verb. Rs. 5, 7 und 13 bis 24/66, *Kampffmeyer/Kommission*, Slg. 1967, S. 331, 342.

[204] EuGH, Rs. 4/69, *Lütticke/Kommission*, Slg. 1971, S. 325, Rdn. 10; siehe auch EuGH, Rs. 74/74, *CNTA/Kommission*, Slg. 1975, S. 533; EuG, Rs. T-113/96, *Dubois fils/Rat und Kommission*, Slg. 1998, II-125, Rdn. 47.

[205] CZAJA, Haftung, S. 40.

[206] SCHWARZE, Europ. Verwaltungsrecht, Bd. 1, S. 499; VON BOGDANDY, in: Grabitz/Hilf, EGV, Archiv-Bd. 2, Art. 215 EG-Vertrag, Rdn. 110; siehe dazu auch oben unter Teil II: B.II.2.b.)bb.)(2).

nur für Verfahren vor dem EuGH. Gem. Art. 46 Satzung des EuGH wird ihre Anwendbarkeit auch auf Verfahren vor dem EuG erstreckt.

Aus der Stellung der Regelung in der Satzung des EuGH könnte man schließen, daß die Einrede der Verjährung ihrer Rechtsnatur nach als Prozeßhindernis zu qualifizieren sein könnte. In der Tat lassen sich in der Rechtsprechung des EuGH Hinweise finden, die diese Annahme rechtfertigen könnten[207]. Indes deutet der Wortlaut der Norm („die aus außervertraglicher Haftung hergeleiteten Ansprüche verjähren ....“) auf eine anspruchsausschließende Wirkung hin. Auch hierfür lassen sich Urteile zum Beleg finden[208]. Der EuGH hat noch keine eindeutige Stellungnahme abgegeben. Doch deuten jüngere Urteile darauf hin, daß die Verjährung anspruchsausschließend wirken soll[209].

III. Zusammenfassung

Mit seiner umfangreichen Kasuistik zur Haftung der EG aus Art. 288 II EG hat sich der EuGH ein solides Handwerkszeug geschaffen. Die Haftungsvoraussetzungen, die der EuGH bereits im Fall *Lütticke/Kommission* herausgearbeitet hat, haben sich durch die stets bestätigenden Judikate zu einem gemeinschaftsrechtlichen Haftungsmodell verfestigt. Mit ihm ist der Grundstein gelegt, auch die zukünftigen Haftungsprobleme unter dem Aspekt der Rechtssicherheit und des effektiven Rechtsschutzes angemessen lösen zu können. Der EuGH sieht folgende vier Voraussetzungen als grundlegend für eine Haftung an: Ein schädigendes Verhalten in Ausübung der Amtstätigkeit, die Rechtswidrigkeit des Verhaltens, der Eintritt eines Schadens und die Kausalität zwischen dem rechtswidrigen Verhalten und dem eingetretenen Schaden.

Insbesondere mit der Rechtsprechung zum normativen Unrecht hat der EuGH ein flexibles Instrument geschaffen, um einen gerechten Ausgleich zwischen den Anforderungen des Individualrechtsschutzes und der innovativen Arbeit des Gemeinschaftsgesetzgebers herstellen zu können. Kritisch anzumerken ist je-

---

[207] Vgl. nur EuGH, verb. Rs. 5, 7 und 13 bis 24/66, *Kampffmeyer/Kommission*, Slg. 1967, S. 331, 351f.; EuGH, verb. Rs. 256, 257, 265, 267/80, 5 und 51/81 und 282/82, *Birra Wührer/Rat und Kommission*, Slg. 1984, S. 3693, Rdn. 11.; EuG, Rs. T-106/98, *Fratelli Murri/Kommission*, Slg. 1998, II-2553, Rdn. 25ff.

[208] Vgl. EuGH, Rs. 4/69, *Lütticke/Kommission*, Slg. 1971, S. 325, Rdn. 8; EuG, Rs. T-20/94, *Hartmann/Rat und Kommission*, Slg. 1997, II-595, Rdn. 76ff.

[209] Zur Qualifizierung der Einrede der Verjährung als Prozeßhindernis oder als anspruchsausschließende Einrede, siehe MÜLLER, EuZW 1999, S. 611f.

doch, daß in der Praxis gerade im Bereich der Haftung für normatives Unrecht erfolgreiche Klagen von Unionsbürgern an einer Hand abzählbar sind[210].

Einer ernsthaften Bewährungsprobe wird das Haftungsmodell sicherlich mit Beginn der Tätigkeit der EZB unterzogen werden.

C. Haftungsmodell für Handlungen der EZB nach Maßgabe des Art. 288 III EG

Im folgenden Abschnitt soll ein Haftungsmodell für die EZB entwickelt werden. Dies wäre allerdings dann nicht erforderlich, wenn die Tätigkeit der EZB unter die Haftungsnorm des Art. 288 II EG subsumierbar wäre; es könnte dann ohne weiteres auf das oben vorgestellte Haftungsmodell zurückgegriffen werden. Dies hätte zur Folge, daß der Regelungszweck des Art. 288 III EG, eine Haftung der EZB konstituieren zu wollen, leerlaufen würde. In diesem Fall wäre Art. 288 III EG rein deklaratorischer Natur.

I. Vorüberlegung

Als Vorüberlegung ist demnach der Frage nachzugehen, ob die Tätigkeit der EZB nicht unter die Haftungsregelung des Art. 288 II EG fällt. Dies hängt entscheidend davon ab, ob die EZB vom Begriff des „Organs" in Art. 288 II EG erfaßt ist.

---

[210] Vgl. dazu die Rechtsprechungsübersicht bei VON BOGDANDY, in: Grabitz/Hilf, EGV, Archiv-Bd. 2, Art. 215 EG-Vertrag, Rdn. 171; GA TESAURO, Schlußanträge, Rs. C-46/93 und C-48/93, *Brasserie du Pêcheur/Bundesrepublik Deutschland*, Slg. 1996, I-1029, 1101, dort unter Fn. 56, spricht mit kritischem Unterton von gerade acht Verurteilungen der EG aus Art. 288 II EG wegen normativem Unrecht.

Unter den Organbegriff des Art. 288 II EG fallen die in Art. 7 EG genannten Organe, also das Europäische Parlament, der Rat, die Kommission, der Gerichtshof und der Rechnungshof[211]. Da der Katalog des Art. 7 EG als abschließende Regelung anzusehen ist, ist die EZB kein Organ der EG[212]. Ebensowenig ist sie im fünften Teil des EG-Vertrages in den Vorschriften über die Organe erfaßt, woraus sich ebenfalls eine Organstellung begründen ließe. Aber auch an anderer Stelle des EG-Vertrages wird die EZB stets neben den Organen der Gemeinschaft erwähnt[213].

Die Einordnung der EZB als „Nicht-Organ" der EG ergibt sich auch aus der Struktur des EG - Vertrages. Die „Europäische Gemeinschaft" verfügt als internationale Organisation gem. Artt. 281, 282 EG über eine eigene, auch völkerrechtliche Rechtspersönlichkeit[214]. Dementsprechend handelt sie durch ihre Organe, die konsequenterweise nicht rechtsfähig sind. Der EZB wurde durch ihre Gründungsväter eine eigenständige Rechtsfähigkeit verliehen[215]; sie handelt daher durch ihre eigenen Organe[216].

Allerdings ist der EG nach der Rechtsprechung des EuGH in seinem Urteil *Etroy/EIB*[217] haftungsrechtlich auch das Verhalten anderer gemeinschaftsrechtlicher Institutionen zurechenbar.

In diesem Urteil rechnete der EuGH das Verhalten der Europäischen Investitionsbank (EIB), die gem. Art. 7 EG nicht zu den Organen der EG gehört, der EG zu und bejahte die Anwendbarkeit des Art. 288 II EG. Zur Begründung stellte er auf die Stellung der Bank als „Einrichtung der Gemeinschaft" sowie auf die Tatsache ab, daß sie „im Namen und für Rechnung der Gemeinschaft" tätig geworden war[218]. Von einer Einrichtung der Gemeinschaft ist nach Auffassung des Gerichtshofs dann auszugehen, wenn die Institution eine „durch den Vertrag errichtete Gemeinschaftseinrichtung" ist, sie „zur Verwirklichung der Ziele der Gemeinschaft" beiträgt und somit „kraft des Vertrages in den Rahmen der Gemeinschaft"[219] fällt. Schon in einem früheren Urteil qualifizierte der

---

[211] VON BOGDANDY, in: Grabitz/Hilf, EGV, Archiv-Bd. 2, Art. 215 EG-Vertrag, Rdn. 61.

[212] GRABITZ, in: Grabitz/Hilf, EGV, Archiv-Bd. 2, Art. 4 EG-Vertrag; STADLER, Handlungsspielraum, S. 93; ZILIOLI/SELMAYR, CMLR 37 (2000), S. 607.

[213] Vgl. nur Art. 111 III EG; ZILIOLI/SELMAYR, CMLR 37 (2000), S. 607.

[214] OPPERMANN, Europarecht, Rdn. 155ff.; w.N. unter Fn. 51.

[215] Art. 107 II EG, Art. 9.1 ESZB-Satzung. Der EZB kommt zudem wohl Völkerrechtsfähigkeit zu. Vgl. mit ausführlicher Begründung ZILIOLI/SELMAYR, CMLR 36 (1999), S. 282ff.

[216] Vgl. Art. 107 III EG, Art. 8 ESZB-Satzung.

[217] EuGH, Rs. C-370/89, *Etroy/EIB*, Slg. 1992, I-6211.

[218] EuGH, Rs. C-370/89, *Etroy/EIB*, Slg. 1992, I-6211, Rdn. 17.

[219] EuGH, Rs. C-370/89, *Etroy/EIB*, Slg. 1992, I-6211, Rdn. 13.

EuGH die EIB als Gemeinschaftseinrichtung[220]. Die im EG-Vertrag festgelegte funktionelle und institutionelle Unabhängigkeit ist für den EuGH dabei unerheblich[221]. Vielmehr stellt er entscheidend darauf ab, daß sie gem. Art. 267 EG „zu einer ausgewogenen und reibungslosen Entwicklung des Gemeinsamen Marktes im Interesse der Gemeinschaft" beiträgt und sie daher mit der Gemeinschaft eng verbunden ist[222]. Diese enge Verbindung ist seit den Änderungen im EG-Vertrag durch den Vertrag von Maastricht überdies textlich manifestiert, indem die Vorschriften über die EIB in den fünften Teil des EG-Vertrages mit dem Titel „Die Organe der Gemeinschaft" eingegliedert wurden.

Zu untersuchen ist daher auch im Hinblick auf die EZB, ob sie eine Gemeinschaftseinrichtung in diesem Sinne darstellt und sie „im Namen und für Rechnung" der Gemeinschaft handelt. Wäre dies zu bejahen, so würde die EG nach der *Etroy/EIB* Rechtsprechung für das Verhalten der EZB haften. Art. 288 III EG hätte dann einen rein deklaratorischen Charakter.

Die Stellung der EZB im Gemeinschaftsrecht ist bislang ungeklärt. Das Meinungsspektrum reicht von „Einrichtung der Union"[223], „Sonderorganisation des Gemeinschaftsrechts"[224], „Einrichtung sui generis"[225], bis hin zu „Gemeinschaftseinrichtung"[226] und „Quasi-Organ"[227].

Zur Klärung der Stellung der EZB im Europäischen Gemeinschaftsrecht ist auf folgende Überlegungen abzustellen: Die Vorschriften über die EZB sind nicht als „vierte Säule"[228] neben die Europäischen Gemeinschaften gestellt wor-

---

220 Vgl. EuGH, Rs. 110/75, *Mills/EIB*, Slg. 1976, S. 955, Rdn. 14

221 Die institutionelle Unabhängigkeit ergibt sich aus ihrer Rechtspersönlichkeit nach Art. 266 I EG, ihre funktionelle Unabhängigkeit aus Art. 13 VIII EIB-Satzung (BGBl II 1957, S. 753, 964, zuletzt geändert durch den Vertrag von Amsterdam vom 2.10.1997, BGBl II 1998 S. 387 und Beschluß des Rates der Gouverneure vom 5.6.1998, ABlEG L 21 vom 28.1.1999, S. 26).

222 EuGH, Rs. 85/86, *Kommission/EIB*, Slg. 1988, S. 1281.

223 SELMAYR, EuBl 1998, S. 40.

224 KÜMPEL, Bank- und Kapitalmarktrecht, Rdn. 20.100, spricht von „gesondert organisiertem Subsystem"; SELMAYR, WM 2000, S. 2433.

225 CLOOS/REINISCH/VIGNES/WEYLAND, Maastricht, S. 236; LOUIS, in: Louis/Séché, Commentaire Mégret, Bd. 6, S. 56; SMULDERS, in: GTE, Komm EUV/EGV, Art. 4 EG-Vertrag, Rdn. 3; SNYDER, EMU, S. 80.

226 HAHN/HÄDE, in: Dolzer/Vogel (Hrsg.), BK, Art. 88 GG, Rdn. 519; WEINBÖRNER, Europäische Zentralbank, S. 387.

227 CLOOS/REINISCH/VIGNES/WEYLAND, MAASTRICHT, S. 236. Zusammenfassend ZILIOLI/SELMAYR, CMLR 37 (2000), S. 598. Die EZB blieb bislang eine Antwort schuldig. Vgl. EZB, Monatsbericht, Oktober 2000, S. 54ff., die von „Sonderstatus" spricht.

228 Zum Bild des „Säulenmodells" SCHWEITZER/HUMMER, Europarecht, Rdn. 58; OPPERMANN, Zur Eigenart der EU, S. 90f. Die Vorschriften über die Europäische Wirtschafts-

den, sondern sie fanden Eingang in das Regelwerk der Europäischen Gemeinschaft. Ausdruck davon sind insbesondere die verschiedenen Klagemöglichkeiten, Art. 8 EG und die Art. 105ff. EG. Sie ist damit eine durch den EG-Vertrag errichtete Institution und bei der Erfüllung ihrer Aufgaben an dessen Vorgaben gebunden[229].

Weiterhin ergibt sich aus Art. 105 I EG, daß die EZB zwar vorrangig das Ziel der Preisstabilität zu verfolgen hat, dieses Ziel aber im Zielkatalog des Art. 2 EG unter der Formulierung „nichtinflationäres Wachstum" zu finden ist. In zweiter Linie soll die EZB die Wirtschaftspolitik in der Gemeinschaft unterstützen, um die in Art. 2 EG festgelegten Ziele zu verwirklichen. Die Aufgaben der EZB stehen damit ebenso wie die der EIB unter der Prämisse, zur Verwirklichung der Ziele der Gemeinschaft beizutragen.

Die EZB erfüllt damit augenscheinlich die oben angeführten Merkmale einer „Einrichtung der Gemeinschaft". Zweifel an dieser Einordnung könnten bei genauerem Hinsehen jedoch unter mehreren Gesichtspunkten angebracht sein. Anders als die EIB ist die EZB nach Art. 110 I 1. Spiegelstrich EG, Art. 34.1 1. Spiegelstrich ESZB-Satzung befugt, rechtsetzend in Form der Verordnung tätig zu werden. Sie tritt damit als weiteres „Legislativorgan" neben den Rat, den eigentlichen gemeinschaftsrechtlichen Gesetzgeber. Hinzu kommt, daß der Besetzungsmodus der EZB-Organe sich grundlegend von demjenigen der EIB unterscheidet. So werden die Mitglieder des Direktoriums der EZB nicht von den Mitgliedstaaten ernannt, wie das bei der Besetzung des Rats der Gouverneure der EIB der Fall ist[230], sondern in einem komplizierten Verfahren bestimmt, das einen länderübergreifenden Konsens voraussetzt[231]. In diesem Zusammenhang ist insbesondere auch auf das Amtsenthebungsverfahren hinzuweisen. Dieses liegt für die Mitglieder des Direktoriums nach Art. 11 IV ESZB-Satzung in der Hand des EuGH. Schließlich gewährleistet Art. 108 EG der EZB Weisungsunabhängigkeit und entzieht sie damit der Kontrolle und Einflußnahme durch die übrigen Organe, während der EIB vertraglich kein derartiger Status gewährt wird[232]

Unter diesen Gesichtspunkten ist die Stellung der EZB im Vergleich zu derjenigen der EIB weniger „eng" an den Kern der EG, d.h. an die in Art. 7 EG ge-

---

und Währungsunion in eine eigenständige, vierte Säule zu integrieren wurde diskutiert, schließlich aber nicht verwirklicht. Vgl. dazu ZILIOLI/SELMAYR, CMLR 37 (2000), S. 601ff.

229 LOUIS in: Louis/Séché, Commentaire Mégret, Bd. 6, S. 57; PERNICE in: Grabitz/Hilf, EGV, Archiv-Bd. 1, Art. 4a EG-Vertrag, Rdn. 1; PIPKORN, EuR 29 (1994), Beiheft 1, S. 87; SLOT, Institutional Provisions, S. 232f.; LOUIS, CDE 28 (1992), S. 279f.

230 Art. 9 I EIB Satzung (siehe Fn. 221).

231 Art. 112 II lit.b EG, Art. 11.2 ESZB-Satzung.

232 SELMAYR, WM 1999, S. 2434.

nannten Organe, gebunden. Die Konstellation ist bildhaft vergleichbar mit einem Satellitensystem, in dem die Organe der EG den Mittelpunkt des Systems „Europäische Gemeinschaft“ bilden. Darum herum kreisen die EIB in einem ersten Ring und die EZB in einem zweiten Ring. Im Ergebnis ist damit festzuhalten, daß die EZB zwar eine Stellung innerhalb des Satellitensystems „Europäische Gemeinschaft“ zukommt. Aufgrund ihrer Besonderheiten ist aber eine Einordnung als „Einrichtung der Gemeinschaft“ zumindest mit Anführungszeichen zu versehen.

Weiterhin müßte die EZB nach den oben genannten Zurechnungskriterien „im Namen und für Rechnung der EG“ handeln. Dies ist aus dem Vertragstext nicht ersichtlich. Insbesondere heißt es in Art. 105 II 1. Spiegelstrich EG, es sei grundlegende Aufgabe des ESZB, die Geldpolitik *der* Gemeinschaft festzulegen und auszuführen und nicht *für* die Gemeinschaft, was als Indiz für ein Handeln „im Namen“ der EG herangezogen werden könnte. Weiterhin verfügt die EZB nach Art. 28.1 ESZB-Satzung über eigene Finanzmittel, deren Inhaber und Zeichner die nationalen Zentralbanken sind, so daß sie ihre Aufgaben nicht „auf Rechnung“ der EG erfüllt[233].

Im Ergebnis ist damit höchst zweifelhaft, ob die Tätigkeiten der EZB nach den vom EuGH im Urteil *Etroy/EIB* aufgestellten Voraussetzungen der EG zurechenbar sind. Bereitet bereits die Qualifizierung der EZB als Gemeinschaftseinrichtung erhebliche Begründungsschwierigkeiten, so ist die zweite Voraussetzung, das Handeln „im Namen und für Rechnung der Gemeinschaft“ gänzlich zu verneinen. Eine Haftung der EG für das Verhalten der EZB über Art. 288 II EG zu schaffen, wäre damit kaum zu begründen.

Wollte man der Haftung der EZB ein solides Fundament bauen, mußte dies ausdrücklich im Vertragstext festgeschrieben werden. Dies ist mit der Einfügung des Art. 288 III EG geschehen. Art. 288 III EG weist damit nicht rein deklaratorisch auf die Haftung der EZB hin, sondern konstituiert sie. Es ist also unabdingbar, für die EZB ein eigenes Haftungsmodell auf der Grundlage des Art. 288 III EG zu entwerfen.

II. Inhalt und Umfang der Verweisungsformel „in gleicher Weise“

Kernstück der EZB-Haftungsnorm bildet die Verweisung auf Art. 288 II EG. Damit wird deutlich, daß die Haftung der EZB trotz ihrer textlich gesonderten Stellung tatbestandlich von Art. 288 II EG nicht völlig losgelöst ist. Das oben zu

---

[233] So auch ZILIOLI/SELMAYR, CMLR 37 (2000), S. 618, 622.

Art. 288 II EG ausgearbeitete Haftungsmodell wird also auch im Rahmen der Zentralbankhaftung eine Rolle spielen.

Bis zu welchem Grad das Haftungsmodell zu berücksichtigen ist, also die tatbestandlichen Voraussetzungen der Haftung aus Art. 288 II EG und ihre konkreten Ausformungen in ein EZB-Haftungsmodell einfließen können, hängt entscheidend vom Umfang der in Art. 288 III EG enthaltenen Verweisung ab. Der Umfang der Verweisung ergibt sich aus der Bestimmung des Begriffs „in gleicher Weise" in Art. 288 III EG. Um deutlich machen zu können, welche Elemente des Art. 288 II EG überhaupt durch die Verweisung Bestandteil des Art. 288 III EG werden können, bietet sich zunächst ein Vergleich des Wortlauts beider Bestimmungen an.

In beiden Bestimmungen tauchen die Begriffe „in Ausübung der Amtstätigkeit" und „verursachter Schaden" auf. Unterschiedlich ist die Nennung der Schadensverursacher. Art. 288 II EG spricht von Organen und Bediensteten, Absatz III von EZB und Bediensteten. Gänzlich nicht in Absatz III erwähnt ist der Terminus außervertragliche Haftung, die EG als Passivlegitimierte und ein Verweis auf die allgemeinen Rechtsgrundsätze, die den Rechtsordnungen der Mitgliedstaaten gemeinsam sind.

Schon aus der Gesetzestechnik der Verweisung ergibt sich, daß vornehmlich die Elemente, die Absatz III gegenüber Absatz II nicht enthält, in Absatz III mitzulesen sind. Folglich handelt es sich bei der Haftung der EZB ebenfalls um den Typus der außervertraglichen Haftung. Passivlegitimiert erscheint nach dem Vertragstext die EG und nicht die EZB[234]. Zuletzt erhält die Haftung der EZB in Absatz III durch die Verweisung ein zusätzliches Tatbestandsmerkmal, nämlich den Verweis auf die „allgemeinen Rechtsgrundsätze, die den Rechtsordnungen der Mitgliedstaaten gemeinsam sind". Wie bereits im Zusammenhang mit der Haftung der EG in Absatz II deutlich geworden ist, spielen die „allgemeinen Rechtsgrundsätze" in der Rechtsprechung des EuGH zu Haftungsfällen der EG eine besondere Rolle. Zum einen sind sie Rechtserkenntnisquelle für alle Tatbestandsvoraussetzungen, die nicht explizit in der Vorschrift genannt sind. Zum anderen wurden die ausdrücklich genannten Voraussetzungen anhand der allgemeinen Rechtsgrundsätze inhaltlich ausgestaltet. Aufgrund dieser besonderen Stellung für die Haftung der EG in Art. 288 II EG stellt sich die Frage, welche Bedeutung sie im Zusammenhang mit Absatz III haben.

Mehrere Deutungsmöglichkeiten kommen hierbei in Betracht.

Zum einen kann die Verweisung, jedenfalls bei unbekümmerter Lesart, bedeuten, daß die zu Art. 288 II EG aus den allgemeinen Rechtsgrundsätzen entwickelten Haftungsvoraussetzungen sowie die Interpretation der explizit

[234] Ausführlich zur Passivlegitimation siehe unter Teil IV: B.II.

genannten Elemente anhand der allgemeinen Rechtsgrundsätze ein derart verfestigtes Haftungsmodell darstellen, daß es ebenfalls für die EZB anzuwenden ist.

Zum anderen kann man zu dem Ergebnis kommen, daß zwar das zu Art. 288 II EG entwickelte Modell grundsätzlich auf die EZB Anwendung findet, daß aber EZB-spezifische Probleme zu berücksichtigen sind und zu Modifizierungen des oben vorgestellten Haftungsmodells führen können.

Als dritte Deutung kommt folgende Überlegung in Betracht: Aus dem Verweis des Art. 288 III EG auf die allgemeinen Rechtsgrundsätze könnte man auch schließen, daß für die Haftung der EZB die mitgliedstaatlichen Haftungsgrundsätze herangezogen werden müssen, die für die Haftung der nationalen Zentralbanken gelten.

CZAJA scheint dieser letzten Interpretationsmöglichkeit zu folgen, indem sie die Auffassung vertritt, daß sich die Haftung der EZB am Haftungsmodell der Deutschen Bundesbank zu orientieren habe. Dies begründet sie damit, daß die Deutsche Bundesbank eine der EZB sehr ähnliche Struktur aufweise. Sie genieße wie die EZB ein großes Maß an Unabhängigkeit, sie sei an das Ziel der Preisstabilität gebunden und verfüge über ein ähnliches geldpolitisches Instrumentarium. Aus dieser Vorbildfunktion schließt sie dann auf den Gleichlauf der Haftungsmodelle[235].

Trotz der tatsächlich bestehenden Gemeinsamkeiten zwischen der Struktur der EZB und der Deutschen Bundesbank ist die Auffassung CZAJAS und damit die dritte vorgestellte Deutungsmöglichkeit bei genauerer Analyse nicht haltbar. Sie widerspricht der Dogmatik des europäischen Haftungsregimes.

Zunächst ist darauf hinzuweisen, daß Art. 288 III EG erst durch den Vertrag von Maastricht eingefügt wurde und den Vertragsparteien die Rechtsprechung des EuGH zu Art. 288 II EG, also sein Haftungsmodell, bekannt war[236]. Daraus läßt sich folgern, daß die allgemeinen Rechtsgrundsätze in Art. 288 II EG im Zusammenhang mit Art. 288 III EG der gleichen Auslegung unterliegen. Die Verweisung in beiden Regelungen ist folglich als Verweis auf die allgemeinen mitgliedstaatlichen Haftungsgrundsätze und weder als Verweis auf das mitgliedstaatliche Staatshaftungsrecht noch als Verweis auf spezielle Haftungsvorschriften für die mitgliedstaatlichen Notenbanken zu verstehen.

Schon gar nicht kann aufgrund des eindeutigen Wortlauts des Art. 288 II, III EG nur ein einzelnes mitgliedstaatliches Haftungssystem, wie es CZAJA vorschlägt, ausschlaggebend sein.

---

235 CZAJA, Haftung, S. 181.

236 Absatz III wurde durch Titel II, Art. 78 EU in den EG-Vertrag eingefügt. (BGBl II 1992, S. 1251, 1280).

Der These von CZAJA läßt sich zudem der Wortlaut des Art. 35.3 ESZB-Satzung entgegenhalten. Die Vorschrift unterscheidet in ihren beiden Sätzen zwischen den die Haftung der EZB regelnden Normen und denjenigen Normen, die die Haftung der nationalen Zentralbanken bestimmen. Die nationalen Zentralbanken unterliegen folglich anderen haftungsrechtlichen Kautelen als die EZB. Weiterhin ist daraus zu entnehmen, daß die EZB gerade nach europäischen Haftungsgrundsätzen zur Verantwortung zu ziehen ist. Mitgliedstaatliche Vorschriften über eine Zentralbankhaftung können damit für die Haftung der EZB keine Rolle spielen.

Auf die mitgliedstaatlichen Regelungen über eine Zentralbankhaftung abzustellen, wäre auch insoweit ein Fehlschluß, als die Einfügung des Art. 288 III EG gerade eine Haftungsmöglichkeit schaffen sollte. Folgt man der Auffassung CZAJAS, so könnte die Gefahr bestehen, daß die Vorschrift des Art. 288 III EG leerläuft, wenn die Mitgliedstaaten ihre nationalen Zentralbanken von einer Haftung ausnehmen. Nach dem Auslegungsgrundsatz der größtmöglichen Wirksamkeit einer Norm ist ihr Leerlaufen aber gerade zu vermeiden.

Zusammenfassend ist festzustellen, daß für eine Haftung der EZB jedenfalls nicht auf die Haftung der Deutschen Bundesbank oder einer anderen nationalen Zentralbank abgestellt werden darf.

Vielmehr hat das oben dargestellte Haftungsmodell grundsätzlich auch für die EZB zu gelten[237]. Für die Übertragbarkeit spricht vor allem die vom EuGH gerade im Zusammenhang mit der außervertraglichen Haftung angeführte Kohärenz der Rechtsschutzsysteme[238]. Entsprechend dieser Prämisse hat der EuGH in Rechtsfortbildung ein vertragsübergreifendes, allgemein gültiges Haftungssystem geschaffen. Ein völlig anderes Haftungsmodell für die EZB zu schaffen, würde im Widerspruch zum Grundsatz der Kohärenz stehen.

Schließlich sind nach dem Prinzip der Einheit der Verträge gleiche Begriffe grundsätzlich gleich zu verstehen. Insbesondere wird im vorliegenden Fall der Begriff der allgemeinen Rechtsgrundsätze im selben Kontext verwendet. Aus der Unterschiedlichkeit der Zurechnungssubjekte ergibt sich nicht zwingend, daß im Hinblick auf die EZB etwas anderes gelten müßte. Vielmehr spricht gerade die allgemeine Unterwerfung der EZB unter die Gerichtsbarkeit des EuGH,

---

[237] CONSTANTINESCO, in: CKS, Traité sur l'Union Européenne, S. 179; BARAV/PHILIP, Dictionnaire Juridique, S. 947; LAGEARD, in: Lenz (Hrsg.), EGV-Kommentar, 2. Auflage, Art. 288 EG, Rdn. 11, der ohne weitere Begründung die Haftungsvoraussetzungen aus Art. 288 II EG auf Art. 288 III EG überträgt.

[238] Siehe dazu unter Teil I: B.II.

für die Anwendbarkeit der vom EuGH entwickelten Grundsätze im Rahmen der EZB-Haftung[239].

Fraglich ist jedoch, ob das oben dargestellte Haftungsmodell starr anzuwenden ist, oder ob Modifikationen möglich sind. Die Lösung hierzu ergibt sich durch Interpretation des gerade in der deutschen Fassung verwendeten Begriffs „Absatz 2 gilt in gleicher Weise". Dadurch, daß die Autoren nicht die Worte „in *derselben* Weise" benutzen, haben sie verdeutlicht, daß trotz der Anwendung des zu Art. 288 II EG entwickelten Haftungsmodells Besonderheiten im Zusammenhang mit der Haftung der EZB Berücksichtigung finden können. Gegen dieses gefundene Ergebnis sprechen auch nicht die übrigen sprachlichen Fassungen. So heißt es beispielsweise im englischen Text: „The preceding paragraph shall apply under the *same* conditions ..."[240] und nicht „*identical*" bzw. „*very same* conditions". Und in der französischen Fassung des EG-Vertrages findet man die Formulierung: „Le deuxième alinéa s`applique selon *les mêmes* conditions ..."[241] anstelle von „*identiques*". Wenngleich die übrigen Vertragssprachen die Unterscheidung nicht so scharf zu ziehen vermögen, wie es die deutsche Sprache ermöglicht, so stehen sie einer Auslegung, die sich gerade auf die deutsche Sprache stützt, auch nicht entgegen. Mithin kommt es gerade auf die in der deutschen Sprache vorhandene Unterscheidungsmöglichkeit zwischen „dieselbe" und „die gleiche" an.

Das für Art. 288 II EG bereits verfestigte Haftungsmodell ist also nicht starr zu übernehmen, sondern kann modifiziert werden, soweit dies aufgrund der besonderen Struktur der EZB erforderlich und sachgerecht ist.

Im folgenden sind nun die einzelnen Tatbestandsvoraussetzungen für die Haftung der EZB inhaltlich näher zu beleuchten. Es sind dies nach dem zu Art. 288 II EG Gesagten im Einzelnen[242]: Eine Amtstätigkeit der EZB oder ihrer Bediensteten, Rechtswidrigkeit der Amtstätigkeit, Eintritt eines Schadens, ein Kausalzusammenhang zwischen der Handlung und dem Schaden, das Vorliegen eines Verschuldens und die Tatsache, daß der Anspruch noch nicht verjährt ist.

---

[239] KOMMISSION, Erl. Vertragsentwurf, zu Art. 173 Ziff. 1 „... ist es *nur normal*, daß diese Beschlüsse (Anm.: Rechtsakte der EZB) der Kontrolle des Gerichtshofs der Europäischen Gemeinschaften unterworfen sind,..." (Quelle: KRÄGENAU/WETTER, Europäische Wirtschafts- und Währungsunion, S. 212).

[240] Quelle der englischen Fassung: COUNCIL OF THE EUROPEAN COMMUNITIES/COMMISSION OF THE EUROPEAN COMMUNITIES, Treaty on European Union, S. 87.

[241] Quelle der französischen Fassung: CONSEIL DES COMMUNAUTÉS EUROPÉENNES/COMMISSION DES COMMUNAUTÉS EUROPÉENNES, Traité sur l'Union Européenne, S. 87.

[242] Siehe dazu Teil II: B.

III. Amtstätigkeit der EZB oder ihrer Bediensteten

Die Voraussetzung der „Amtstätigkeit der EZB oder ihrer Bediensteten" ist in Art. 288 III EG ausdrücklich festgelegt. Sie gehört systematisch zu den materiell-rechtlichen Regelungen der Schadensersatzklage[243], wenngleich der EuGH eine Klage als unzulässig abweisen wird, wenn keine „Amtstätigkeit der EZB oder ihrer Bediensteten" vorliegt[244].

1. Rechtssubjekte „EZB" und „deren Bedienstete"

a.) 1. Zurechnungssubjekt: Die EZB

Anders als Absatz II spricht Absatz III nicht von „Organen der EZB", sondern nur „der EZB". Bereits aus dem Wortlaut kann damit geschlossen werden, daß Absatz III insoweit weiter ist, da die Norm bezüglich der Schadenstifter nicht auf die Organe der EZB beschränkt ist.

Es stellt sich mithin das Problem, wessen schadensbegründende Handlungen der EZB zugerechnet werden können.

Der Vertrag enthält an keiner Stelle eine ausdrückliche Zurechnungsregel. Der EuGH hat jedoch in verschiedenen Entscheidungen zu diesem Problem Stellung genommen. Aus dem Urteil *Le Pen* ist erkennbar, daß allein die Tatsache, daß rechtswidrige Handlungen in Räumlichkeiten der Gemeinschaft begangen wurden, nicht zu einer Haftung der Gemeinschaft führt[245]. Im Zusammenhang mit dem Europäischen Parlament hat er weiterhin mehrfach entschieden, daß die Handlungen der Organe des Europäischen Parlaments als Handlungen des Parlaments selber anzusehen seien, soweit sie im Zuständigkeitsbereich des Organs vorgenommen werden[246].

Aus dieser Rechtsprechung und aus dem Gedanken der Rechtssicherheit ist davon auszugehen, daß Organhandeln stets der jeweiligen Organisationseinheit

---

243 RENGELING/MIDDEKE/GELLERMANN, Rechtsschutz, Rdn. 241.

244 So zu Art. 288 II EG KIRSCHNER/KLÜPFEL, Das Gericht erster Instanz, Rdn. 63.

245 EuGH, Rs. C-201/89, *Le Pen*, Slg. 1990, I -1183, Rdn. 9f.; GA JACOBS, Schlußanträge, Rs. C-201/89, *Le Pen*, Slg. 1990, I-1183, 1192.

246 EuGH, Rs. 294/83, *Les Verts/Parlament*, Slg. 1986, S. 1339, Rdn. 20; EuGH, Rs. 34/86, *Rat/Parlament*, Slg. 1986, S. 2885, Rdn. 8; GA JACOBS, Schlußanträge, Rs. C-201/89, *Le Pen*, Slg. 1990, I- 1190, 1193.

zuzurechnen ist[247]. Dieses Ergebnis wird auch durch einen Vergleich mit der Haftung der EG aus Art. 288 II EG gestützt, wo der EG die Maßnahmen ihrer Organe zugerechnet werden. Nicht zuletzt sprechen auch die Regeln des allgemeinen Völkerrechts zur Verantwortlichkeit von Internationalen Organisationen, die im Gemeinschaftsrecht nur der Lückenschließung dienen[248], für eine Zurechnung von Organhandeln[249].

Damit ist jedenfalls von einer Zurechnung schadensbegründender Handlungen der Organe der EZB auszugehen[250]. Organe der EZB sind der EZB-Rat, das Direktorium, der Erweiterte EZB-Rat sowie der Präsident und der Vizepräsident[251].

Maßnahmen von Mitgliedern der Organe sind diesen zuzurechnen, wenn an sie Handlungsbefugnisse übertragen wurden und sie „im Namen" des jeweiligen Organs handeln[252]. Der EuGH hält eine derartige Zuweisung von Kompetenzen für eine zulässige interne Geschäftsverteilungsmaßnahme, die dem Selbstorganisationsrecht entspringt. Er spricht in diesen Fällen von einer Übertragung der Zeichnungsberechtigung[253]. Danach kann die vom EZB-Rat nach Art. 12.3 ESZB-Satzung beschlossene Geschäftsordnung eine derartige Übertragung vorsehen[254]. Im Rahmen einer konkreten Übertragung ist Art. 39 ESZB-Satzung zu beachten. Danach erfolgt sie durch den Präsidenten, der ein Direkto-

---

[247] Dies entspricht auch der Forderung des GA GAND, Schlußanträge, Rs. 9/69, *Sayag/Leduc*, Slg. 1969, S. 338, 339.

[248] Auch die EG besitzt nach allgemeiner Auffassung Völkerrechtssubjektivität und gehört zu den Internationalen Organisationen (Nachweise siehe unter Fn. 51). Damit unterliegt sie zum einen den allgemeinen Regeln des Völkerrechts. Zum anderen gebietet die Anerkennung der allgemeinen Regeln des Völkerrechts durch die mitgliedstaatlichen Verfassungen ihre Respektierung im Gemeinschaftsrecht, was aber vielfach durch die Gemeinschaftsverträge abbedungen wurde und daher im Innenbereich der Gemeinschaft nur zur Lückenschließung dienen kann, vgl. OPPERMANN, Europarecht, Rdn. 487.

[249] Zu den Grundsätzen der Zurechnung im Rahmen der Verantwortlichkeit von Internationalen Organisationen, siehe SCHRÖDER, in: Graf Vitzthum (Hrsg.), Völkerrecht, Rdn. 32, 22ff.

[250] Vgl. auch ZILIOLI/SELMAYR, CMLR 37 (2000), S. 638.

[251] SMITS, European Central Bank, S. 95ff.; WEBER, WM 1998, S. 1466ff.

[252] EuGH, Rs. C-201/89, *Le Pen*, Slg. 1990, I-1183, Rdn. 14; GA JACOBS, Schlußanträge, Rs. C-201/89, *Le Pen*, Slg. 1990, I-1183, 1193; WENIG in: Grabitz/Hilf, EGV, Archiv-Bd. 2, Art. 173 EG-Vertrag, Rdn. 8.

[253] WENIG in: Grabitz/Hilf, EGV, Archiv-Bd. 2, Art. 173 EG-Vertrag, Rdn. 8.

[254] Derzeit ist dies nicht der Fall.

riumsmitglied, einen Bediensteten oder außenstehende Personen ermächtigen kann[255].

Nicht darunter zu fassen ist die Übertragung von Befugnissen des EZB-Rates auf das Direktorium nach Art. 12.1 UAbs.2 ESZB-Satzung[256]. In sachlicher Hinsicht können alle Befugnisse des EZB-Rates dem Direktorium übertragen werden[257]. Dies sind insbesondere Entscheidungskompetenzen, da die Durchführungskompetenzen dem Direktorium, anders als in den ersten Entwürfen der ESZB-Satzung vorgesehen[258], bereits als originäre Zuständigkeiten dem Direktorium zugewiesen sind[259]. In formaler Hinsicht ist allerdings zu beachten, daß aufgrund der Tragweite einer solchen Übertragung ein ordentlicher Beschluß des EZB-Rates erforderlich ist (Art. 10.2 UAbs. III S. 1 ESZB-Satzung). Zudem ergibt sich aus dem Wort „bestimmt" in Art. 12.1 UAbs.3 ESZB-Satzung, daß die übertragenen Befugnisse enumerativ aufgeführt werden müssen. Eine Sammelübertragung ist nicht möglich. Fraglich ist, ob durch die Übertragung eine eigene Zuständigkeit des Direktoriums begründet wird. Im EG-Vertrag findet sich in Art. 202 3. Spiegelstrich EG sowie in Art. 211 UAbs. 4 EG zwischen dem Rat und der Kommission ein ähnliches Konstrukt. Der Rat wird darin ermächtigt, Durchführungsbefugnisse der Kommission zuzuteilen. Die Kommission nimmt die zugewiesenen Befugnisse dann in eigener Verantwortung wahr[260]. Angesichts der Tatsache, daß es sich in beiden Fällen um eine innergemeinschaftliche Übertragung handelt und beide Übertragungen im selben Vertragstext enthalten sind[261], erscheinen die Übertragungsvorschriften miteinander vergleichbar. Eine unterschiedliche Behandlung erscheint trotz der verschiedenen Gegenstände der Übertragung im übrigen nicht geboten.

---

[255] Gem. Art. 14.2 der Geschäftsordnung der EZB existiert ein Verzeichnis über alle vom Präsidenten ermächtigten, zeichnungsberechtigten Personen (ABlEG L 125 vom 19.5.1999, S. 34ff.); WEBER, Kompetenzverteilung, S. 72f.; COMMITTEE OF GOVERNORS, Commentary Draft Statute, S. 23.

[256] Nach Art. 14.1 der Geschäftsordnung der EZB sollen derartige Übertragungen veröffentlicht werden.

[257] WEBER, Kompetenzverteilung, S. 98; a.A. ZIMMERMANN, Nat. Zentralbanken als Bestandteile des ESZB, S. 61, die annimmt, daß nur Vollzugsbefugnisse im weiteren Sinne übertragen werden können.

[258] COMMITTEE OF GOVERNORS, Commentary Draft Statute, S. 9f.

[259] ZILIOLI, in: GTE, Komm EUV/EGV, nach Art. 109m EG-Vertrag, Satzung ESZB und EZB, Art. 12, Rdn. 2.

[260] Vgl. HUMMER, in: Grabitz/Hilf, EGV, Archiv-Bd. 2, Art. 155 EG-Vertrag, Rdn. 46, 47ff.; SCHMITT V. SYDOW, in: GTE, Komm EUV/EGV, Art. 155 EG-Vertrag, Rdn. 74f.

[261] Die ESZB-Satzung ist als 9. Protokoll zum EG-Vertrag gem. Art. 311 EG Bestandteil des EG-Vertrages, also Teil des Primärrechts.

Daraus folgt, daß das Direktorium wie die Kommission die zugeteilten Befugnisse im eigenen Namen wahrnimmt und fehlerhafte Handlungen nicht dem EZB-Rat, sondern als selbstverantwortliches Organhandeln des Direktoriums direkt der EZB zuzurechnen sind.

Ebenfalls der EZB zurechenbar sind Schäden aufgrund von Handlungen der von ihr nach Art. 9 der Geschäftsordnung der EZB[262] eingerichteten ESZB-Ausschüsse. Dem liegt der Gedanke zugrunde, daß sich die EZB durch Einrichtung von Ausschüssen und Übertragung von Aufgaben an diese nicht ihrer Verantwortung entziehen können soll[263]. Jedoch wird sich angesichts der überwiegend beratenden Tätigkeit der ESZB-Ausschüsse[264], die grundsätzlich keine Außenwirkung entfaltet, die Haftungsfrage im Zusammenhang mit deren Handlungen in der Praxis kaum stellen[265].

Im Ergebnis ist damit festzuhalten, daß der EZB jedenfalls das Handeln ihrer Organe und ihrer Ausschüsse zugerechnet wird. Ob der EZB auch Handlungen von nationalen Zentralbanken zugerechnet werden können, wird nachfolgend zu untersuchen sein[266].

b.) 2. Zurechnungssubjekt: Die Bediensteten

Nach allgemeiner Auffassung fallen unter den Begriff des Bediensteten sowohl Beamte[267] als auch sonstige Bedienstete i.S.d. der Beschäftigungsbedingungen der EZB[268] , unabhängig davon, ob sie vertraglich oder aufgrund der Beschäftigungsbedingungen angestellt sind.

c.) Zurechnung von Vollzugshandlungen der nationalen Zentralbanken an die EZB

Daneben können nach der Rechtsprechung des EuGH zu Art. 288 II EG Handlungen von anderen Personen und Einrichtungen der EG zugerechnet wer-

[262] ABlEG L 125 vom 19.5.1999, S. 34.
[263] Vgl. BERGER, Einrichtungen, S. 80; OSSENBÜHL, Staatshaftungsrecht, S. 581.
[264] Artt. 9.1, 9.3 der Geschäftsordnung der EZB.
[265] Siehe weitergehend zur Frage der Außenwirkung bei beratenden Handlungen unter Teil III: C.III.1 und zur Außenwirkung allgemein Teil II: B.II.1.d.).
[266] Siehe unter Teil II: C.III.1.c.).
[267] EuGH, Rs. 9/69, *Sayag/Leduc*, Slg. 1969, S. 329, Rdn. 3/4.
[268] WAELBROECK, in: Louis/Séché (Hrsg.), Commentaire Mégret, Bd. 10, S. 285.

den[269]. Im Zusammenhang mit der Haftung nach Art. 288 III EG ist an eine Zurechnung von Handlungen der nationalen Zentralbanken an die EZB zu denken[270].

Eine Zurechnung könnte, anders als die Haftung der Mitgliedstaaten, bereits im Vertragstext selbst vorgesehen sein. Nach Art. 14.4 S. 2 ESZB-Satzung können die nationalen Zentralbanken andere als die in der Satzung bezeichneten Aufgaben wahrnehmen. Die Ausführung derartiger Aufgaben erfolgt, wie die Vorschrift besagt, in eigener Verantwortung der nationalen Zentralbanken. Als logische Folgerung konstatiert Art. 35.3 S. 2 ESZB-Satzung, daß die nationalen Zentralbanken für ihr Tun haften. Im Umkehrschluß dazu könnte man annehmen, daß die EZB stets haftet, wenn die nationalen Zentralbanken Aufgaben des ESZB wahrnehmen. Ihre Handlungen wären also der EZB zuzurechnen.

Diese pauschale Folgerung greift jedoch zu kurz. Zum einen würde bei diesem Verständnis Art. 35.3 S. 2 ESZB-Satzung nur noch eine rein deklaratorische Funktion innehaben, da bereits der Grundsatz der rechtlichen Verantwortlichkeit der nationalen Zentralbanken für Aufgaben außerhalb des ESZB Anknüpfungspunkt für eine eigene Haftung darstellt. Hinzu kommt, daß die Maßnahmen der nationalen Zentralbanken dem nationalen Recht unterliegen und damit das nationale Staatshaftungsrecht ohnehin einschlägig ist. Zum anderen differenziert Art. 35.3 S. 2 ESZB-Satzung nicht zwischen einer Haftung innerhalb des ESZB und einer außerhalb, sondern spricht schlechthin von Haftung, wohingegen in Art. 14 ESZB-Satzung eine genaue Differenzierung hinsichtlich der Aufgaben der nationalen Zentralbanken innerhalb und außerhalb des ESZB erfolgt. Schließlich läßt sich noch ein systematisches Argument anführen. Art. 35 ESZB-Satzung steht unter dem Kapitel „Allgemeine Bestimmungen", was indiziert, daß er sich auf alle vorangegangenen Vorschriften bezieht. Sollte er nur für Aufgaben nach Art. 14.4 ESZB-Satzung anzuwenden sein, müßte Art. 35 ESZB-Satzung systematisch korrekt bei Art. 14.4 ESZB-Satzung zu finden sein. Dies ist, wie gesehen, eben gerade nicht der Fall.

Damit ist davon auszugehen, daß Art. 35.3 S. 2 ESZB-Satzung so auszulegen ist, daß er die Haftung der nationalen Zentralbanken sowohl für Tätigkeiten außerhalb des ESZB, dies allerdings nur deklaratorisch, als auch für Handlungen im Rahmen des ESZB regelt. Dies führt dazu, daß für Maßnahmen des ESZB zwei Haftungssubjekte zur Verfügung stehen, nämlich die EZB, was sich aus

---

[269] Siehe dazu Teil II: B.II.1.c.).

[270] So SELMAYR, WM 1999, S. 2435. Auf der anderen Seite könnte auch eine Zurechnung an die Mitgliedstaaten angedacht werden. Kritisch hierzu ZILIOLI/SELMAYR, CMLR 37 (2000), S. 627.

Art. 288 III EG, Art. 35.3 S. 1 ESZB-Satzung ergibt, und die nationalen Zentralbanken, was in Art. 35.3 S. 1 ESZB-Satzung geregelt ist.

Dies leitet zu der Frage über, unter welchen Voraussetzungen die EZB und unter welchen die nationalen Zentralbanken bei Handlungen innerhalb des ESZB haften und ob es im Einzelfall hier doch zu einer Zurechnung kommen kann. Kriterium für die Aufteilung der Haftung muß das Prinzip der rechtlichen Verantwortlichkeit bilden, wonach die Haftung den rechtlich Verantwortlichen zu treffen hat[271]. Das bedeutet, daß wenn die EZB die rechtlich Verantwortliche ist, diese haften muß, selbst wenn die nationalen Zentralbanken die Handlung nach außen ausgeführt haben. In diesem Fall muß das Verhalten der EZB zugerechnet werden.

Der EuGH hat bereits im Rahmen des Art. 288 II EG Konstellationen herausgearbeitet, in denen eine Handlung der nationalen Stelle nicht mehr als eigenverantwortlich angesehen werden kann und deshalb der Gemeinschaft zuzurechnen ist. Danach kommt eine Zurechnung in Betracht, wenn eine nationale Stelle als Einrichtung der Gemeinschaft zu definieren ist und diese im konkreten Fall im Namen und für Rechnung der Gemeinschaft handelt, oder, wenn Aufgaben an eine nationale Stelle delegiert wurden. Ferner können Handlungen nationaler Stellen der Gemeinschaft zugerechnet werden, wenn diese im Namen und für Rechnung der EG handeln. Schließlich sind nationale Handlungen, die auf einer fehlerhaften Weisung beruhen und den nationalen Stellen kein Vollzugsermessen belassen, zurechenbar[272].

aa.) Vollzug der Aufgaben des ESZB durch die nationalen Zentralbanken als Einrichtungen der Gemeinschaft?

Mithin wäre vorliegend zunächst zu prüfen, ob es sich bei den nationalen Zentralbanken kraft des EG-Vertrages und der ESZB-Satzung bereits um Gemeinschaftseinrichtungen handelt. Nach dem Urteil *Etroy/EIB* des EuGH ist von einer Gemeinschaftseinrichtung auszugehen, wenn die Institution „zur Verwirklichung der Ziele der Gemeinschaft" beiträgt und damit „kraft des Vertrages in den Rahmen der Gemeinschaft fällt"[273].

Vor Beginn der 3. Stufe der Währungsunion waren die nationalen Zentralbanken in die mitgliedstaatlichen Rechtsordnungen als nationale Behörden ein-

---

[271] CZAJA, Haftung, S.135.

[272] Siehe allgemein hierzu oben unter Teil II: B.II.1.c.).

[273] EuGH, Rs. C-370/89, *Etroy/EIB*, Slg. 1990, S. I-6211, Rdn. 13.

gebunden. Sie übten mitgliedstaatliche Hoheitsgewalt aus. Sie waren mithin keine Gemeinschaftseinrichtungen.

Diese Zuordnung könnte sich seit dem 1. Januar 1999 verschoben haben. Die nationalen Zentralbanken könnten aus den nationalen Rechtsordnungen herausgelöst worden sein und sich nunmehr auf Gemeinschaftsebene als Gemeinschaftseinrichtungen wiederfinden, die dementsprechend Gemeinschaftshoheit ausüben[274]. Die EZB und die nationalen Zentralbanken würden dann eine organisationsrechtliche Verwaltungseinheit unter der Bezeichnung ESZB bilden.

Dieser Vorgang wird oftmals mit der Notwendigkeit der geldpolitischen Unabhängigkeit des Systems begründet, die nur gewährleistet sei, wenn die nationalen Zentralbanken aus dem Rechtsraum der Mitgliedstaaten herausgelöst, in das ESZB eingegliedert und damit zu Gemeinschaftseinrichtungen werden. Diese Eingliederung sei Grundvoraussetzung für die sachgerechte Erfüllung der dem ESZB zugewiesenen Aufgaben, d.h. letztendlich für die Sicherung einer einheitlichen Währungspolitik erforderlich[275].

Im Ergebnis würde das für die hier relevante Frage bedeuten, daß Maßnahmen der nationalen Zentralbanken innerhalb des ESZB als gemeinschaftsrechtliche Rechtshandlungen und nicht länger als nationale Rechtshandlungen zu qualifizieren wären. Sie könnten mithin nicht mit nationalen Rechtsmitteln angegriffen werden. In der Konsequenz käme nur eine Haftung auf europäischer Ebene in Betracht. Die Handlungen wären der EZB zurechenbar, die nach Art. 288 III EG haften müßte.

Dies setzt jedoch voraus, daß die nationalen Zentralbanken tatsächlich als Gemeinschaftseinrichtungen zu qualifizieren sind.

Der Wortlaut der Vertragstexte läßt eine eindeutige Zuordnung der nationalen Zentralbanken zur mitgliedstaatlichen bzw. zur gemeinschaftsrechtlichen Rechtsordnung indes nicht zu. So spricht Art. 14.3 ESZB-Satzung von den nationalen Zentralbanken als „integraler Bestandteil“ des ESZB. Daraus könnte man einerseits ableiten, daß die nationalen Zentralbanken tatsächlich „Gemeinschaftsinstitutionen“ sind[276]. Dafür könnte auch die Bezeichnung des Systems als „Europäisches System der Zentralbanken“ (ESZB) angeführt werden, das

---

[274] SEIDEL, EuR 27 (1992), S.138; DERS., Probleme der Verfassung der Europ. Gemeinschaft als WWU, S. 425, 427, „nach ihrer Ausgliederung“, allerdings offenlassend, ob es sich nicht um eine organschaftliche Doppelstellung handelt; anders jüngst DERS., EuZW 2000, S. 552; WEBER, JZ 1994, S. 59 „aus der mitgliedstaatlichen Organisationseinheit herausgelöst“; PERNICE, in: Grabitz/Hilf, EGV, Archiv-Bd. 1, Art. 4a EG-Vertrag, Rdn. 10, „Gemeinschaftsinstitution“; SELMAYR, WM 1999, S. 2430; DERS., EuBl 1998, S. 40.

[275] SEIDEL, EuR 27 (1992), S.138; DERS., Probleme der Verfassung der Europ. Gemeinschaft als WWU, S. 429.

[276] PERNICE, in: Grabitz/Hilf, EGV, Archiv-Bd. 1, Art. 4a EG-Vertrag, Rdn. 10.

sowohl die EZB als auch die nationalen Zentralbanken umfaßt. Die nationalen Zentralbanken werden damit unter einer europäischen Bezeichnung tätig.

Andererseits kommt dem ESZB mangels Rechtsfähigkeit nicht viel mehr als die Funktion einer „Sammelbezeichnung" zu[277]. Ein gewichtiges Argument gegen die Qualifizierung der nationalen Zentralbanken als Gemeinschaftseinrichtungen ist außerdem die Tatsache, daß die nationalen Zentralbanken in Art. 8 EG unerwähnt bleiben, der das ESZB und die EZB im EG-Vertrag verankert und zugleich dem Gemeinschaftsrecht unterwirft[278]. Im Umkehrschluß werden die nationalen Zentralbanken weder im EG-Vertrag verankert noch diesem unterworfen.

Eine weitergehende Analyse der gemeinschaftsrechtlichen Regelungen zur Währungsunion ergibt zusätzliche Hinweise für die Beibehaltung des nationalstaatlichen Charakters der mitgliedstaatlichen Zentralbanken.

Die Gesamtheit dieser Vorschriften läßt den Schluß auf eine zweistufig-föderale Notenbankverfassung zu, wobei die EZB die erste und die nationalen Zentralbanken die zweite Stufe bilden[279]. Diese Konzeption entspricht der auch heute noch geltenden Einschätzung der Europäischen Gemeinschaft als einer föderativ angelegten Gemeinschaft souveräner Staaten[280], woran selbst die Schaffung der Währungsunion nichts zu ändern vermocht hat[281]. Mit einer Herauslösung der nationalen Zentralbanken aus den mitgliedstaatlichen Rechtsordnungen oder gar der Bildung eines Einheitssystems, in dem die nationalen Zentralbanken als unselbständige Filialen der EZB fortexistieren würden, wäre eine Integrationsstufe übersprungen worden. Aus dem Kooperationsmechanismus des EWS wäre ohne Zwischenschritt ein Einheitssystem entstanden. Angesichts der gemäßigt fortschreitenden Integration würde dieses System einen Fremdkörper im Recht der Europäischen Gemeinschaft darstellen[282]. Ein solches Konstrukt ist deswegen kaum vorstellbar.

---

[277] HÄDE, in: Calliess/Ruffert, EUV/EGV, Art. 105 EG, Rdn. 3; HAHN/HÄDE, in: Dolzer/Vogel (Hrsg.), BK, Art. 88 GG, Rdn. 522; a.A. SMITS, European Central Bank, S. 93f.; SEIDEL, Probleme der Verfassung der Europ. Gemeinschaft als WWU, S. 427, spricht von Organ.

[278] PERNICE, in: Grabitz/Hilf, EGV, Archiv-Bd. 1, Art. 4a EG-Vertrag, Rdn. 1.

[279] DE LAROSIÈRE, DBB/Auszüge, S. 15; GLESKE, Währungsunion, S. 896; WEBER, Kompetenzverteilung, S. 54ff.; WEINBÖRNER, Europäische Zentralbank, S. 388ff.; ZIMMERMANN, Nat. Zentralbanken als Bestandteile des ESZB, S. 41ff.

[280] MAZAN, Europäische Union, S. 91ff.; STUDT, Rechtsfragen, S. 244.

[281] BVerfGE, 89, 155, 188ff.; SEIDEL, Probleme der Verfassung der Europ. Gemeinschaft als WWU, S. 382ff.

[282] Siehe bereits den im April 1989 veröffentlichten Delors-Bericht, der als Strukturprinzip eine föderative Struktur vorschlägt, da diese der politischen Vielfalt der Gemeinschaft am

Typisch für die nicht nur zweistufig, sondern auch föderal verfaßten Zentralbanksysteme ist indes unter anderem[283], daß beide Handlungseinheiten selbständig bleiben und nicht derselben Verwaltungseinheit angehören[284]. Beispielhaft seien hier nur das US-amerikanische Federal Reserve System und das System der Bank deutscher Länder während der Nachkriegsjahre angeführt, die vielfach als Vorbilder bzw. Vergleichssysteme für das ESZB fungieren[285]. Daraus ergibt sich in der Konsequenz, daß die EZB der Verwaltungseinheit „Europäische Gemeinschaft“[286] und die nationalen Zentralbanken weiterhin der Verwaltungseinheit „Mitgliedstaat“ angehören. Auch wenn der Schluß von der Qualifizierung des ESZB als zweistufig-föderal auf die Zuordnung der nationalen Zentralbanken in die Rechtssphäre der Mitgliedstaaten nicht zwingend ist, so kommt ihm doch gerade wegen der föderalen Struktur der Europäischen Gemeinschaft starke Indizwirkung zu.

Im übrigen spricht die Zuerkennung eines Weisungsrechts an die EZB[287] (Art. 14.3 S. 1 ESZB-Satzung) für die These, daß die nationalen Zentralbanken in der mitgliedstaatlichen Rechtsordnung verblieben sind. Nach der Systematik des Gemeinschaftsrechts im Bereich des Gemeinschaftsvollzuges besteht grundsätzlich zwischen den Gemeinschaftsorganen und den Mitgliedstaaten kein Ein-

---

besten entsprechen würde. (Quelle: KRÄGENAU/WETTER, Europäische Wirtschafts- und Währungsunion, S. 151, unter Punkt 32); GLESKE, Währungsunion, S. 896; STUDT, Rechtsfragen, S. 244; DEUTSCHE BUNDESBANK, Monatsbericht, Februar 1992, S. 52; LOUIS, Project of an ECB, S. 22.

Als ein Zeichen für eine gemäßigt fortschreitende Integration auch in der Währungspolitik gilt unter anderem die Kompetenzverteilung im Rahmen der Wechselkurspolitik. Vgl. SMITS, European Central Bank, S. 390; HAHN/HÄDE, in: Dolzer/Vogel (Hrsg.), BK, Art. 88 GG, Rdn. 602.

[283] Ein anderes Kriterium ist die Besetzung der Organe der zentralen Handlungseinheit mit Mitgliedern der zentralen und der dezentralen Handlungseinheit. Vgl. GLESKE, Währungsunion, S. 896f.; vgl. zur Besetzung des Zentralbankrates der Deutschen Bundesbank § 6 II BBankG; STERN, Notenbank, S. 150f.

[284] WALTER, Federal Reserve System, S. 38, 230; HAHN, Die Währungsbanken der Welt, Bd. 1, S. 161f.; HAHN/SIEBELT, DÖV 42 (1989), S. 239ff.

[285] DE LAROSIÈRE, DBB/Auszüge Nr. 7, 1992, S. 16; HAHN/SIEBELT, DÖV 1994, S. 239ff.; WALTER, Federal Reserve System, S. 226ff.; GLESKE, Währungsunion, S. 898ff.; GOEBEL, CJEL 4 (1998), S. 277; LASTRA, Division of Responsibilities, S. 202.

[286] Die Zuordnung zur Europäischen Gemeinschaft ist nicht unumstritten. Hier genügt es jedoch festzustellen, daß die EZB jedenfalls einer europäischen Verwaltungseinheit angehört. Vgl. WEBER, Kompetenzverteilung, S. 51; WEINBÖRNER, Europäische Zentralbank, S. 387; siehe auch Ausführungen unter Teil II: C.I.

[287] Zum Begriff der Weisung in Art. 14.3 S.1 ESZB-Satzung siehe WEBER, Kompetenzverteilung, S. 181ff.

zelweisungsverhältnis[288]. Dies ist Ausfluß der besonderen Stellung der EG als Staatenverbund[289]. Eingriffe in das Recht der Mitgliedstaaten durch Organe der EG können nur im Rahmen der übertragenen Hoheitsrechte nach dem Prinzip der begrenzten Einzelermächtigung erfolgen[290]. Im übrigen bleibt die mitgliedstaatliche Souveränität und Eigenständigkeit bestehen. Ein Einzelweisungsrecht muß daher durch den Vertrag den Gemeinschaftsorganen ausdrücklich eingeräumt werden[291]. Aus dieser Systematik läßt sich für die Stellung der nationalen Notenbanken folgendes schließen:

Gem. Art. 14.3 S. 1 ESZB-Satzung unterliegen diese dem Einzelweisungsrecht der EZB. Diese Vorschrift wäre überflüssig, wenn die nationalen Notenbanken zu einer Gemeinschaftseinrichtung oder sogar zu einer Untereinheit der EZB geworden wären. In diesem Fall ergäbe sich das Weisungsrecht bereits ipso iure aus der Organisationsgewalt des ESZB, die durch die EZB durchgesetzt wird.

Des Weiteren wird aus dem Sinnzusammenhang dieser Vorschrift mit Art. 12.1 UAbs.3 ESZB-Satzung deutlich, daß sich das Weisungsrecht nicht auf die Organisation der nationalen Zentralbanken erstreckt, sondern allein auf die Durchführung der Geschäfte des ESZB[292]. Wären die nationalen Zentralbanken Gemeinschaftseinrichtungen, wäre auch deren innere Organisation dem Weisungsrecht unterworfen.

Eine Interpretation des Art. 14.3 S. 1 ESZB-Satzung als „innerdienstliches" Weisungsrecht widerspricht demzufolge der Systematik des Gemeinschaftsrechts. Die Norm wäre damit überflüssig und sinnlos. Folglich würde diese In-

---

[288] RENGELING, EuR 9 (1974), S. 234f.; STETTNER, in: Dauses, Hdb. EU-WirtschaftsR, B.III., Rdn. 47; WEBER, Kompetenzverteilung, S. 58 m.w.N.

Eine vergleichbare Struktur findet sich in der Bundesrepublik im Zusammenhang mit dem Vollzug von Bundesgesetzen. Auch hier stehen sich zwei voneinander zu trennende Rechtsträger gegenüber, der Bund und die Länder. Das dem Bund in Art. 85 III GG eingeräumte Weisungsrecht ist die logische Konsequenz. Vgl. MAURER, Verwaltungsrecht, §22, Rdn. 5f.

[289] BVerfGE 89, 155, 188.

[290] Vgl. CONSTANTINESCO, Das Recht der Europäischen Gemeinschaften, S. 512ff.; IPSEN, Gemeinschaftsrecht, S. 427ff.; KRAUßER, Das Prinzip der begrenzten Einzelermächtigung, S. 16ff.

[291] Derzeit besteht im EG-Recht nur zwischen der EZB und den nationalen Zentralbanken nach Art. 14.3 S. 1 ESZB-Satzung ein explizites Weisungsrecht. Vgl. LOUIS, CMLR 35 (1998), S. 56; WEBER, Kompetenzverteilung, S. 58; ZIMMERMANN, Nat. Zentralbanken als Bestandteile des ESZB, S. 68. Daneben kommen den Gemeinschaftsorganen aber auch Kompetenzen zu, die sich rechtlich wie Weisungen auswirken. Vgl. EuGH, Rs. 175/84, *Krohn/Kommission*, Slg. 1986, S. 753.

[292] WEBER, Kompetenzverteilung, S.183.

terpretation in eindeutigem Widerspruch zum Grundsatz des „effet utile" stehen. Es kann sich mithin nur um ein Weisungsrecht zwischen selbständigen Organisationseinheiten handeln, die verschiedenen Rechtssubjekten zugeordnet sind. Das Weisungsrecht in Art. 14.3 S. 1 ESZB-Satzung ist mithin ein weiteres Indiz dafür, daß die nationalen Notenbanken ihre Stellung im mitgliedstaatlichen Rechtsraum beibehalten haben.

Schließlich bleibt anzuführen, daß mangels gemeinschaftsrechtlicher Regelung die Organisations- und Personalhoheit über die nationalen Zentralbanken, obwohl sie zum „integralen Bestandteil" des ESZB geworden sind, bei den Mitgliedstaaten verblieben ist[293]. Ein de lege ferenda vorgeschlagenes gemeinschaftsrechtliches Statut für die nationalen Zentralbanken ist gerade nicht verwirklicht worden[294]. Auch die durch den Vertrag begründeten Anpassungsverpflichtungen ändern an dieser Bewertung nichts. Zum einen sind diese Harmonisierungen als Staatenverpflichtungen konzipiert und ergeben sich nicht unmittelbar aus dem EG-Vertrag. Derartige als Staatenverpflichtungen vorgesehene Rechtsangleichungen sind charakteristisch für das Gemeinschaftsrecht und lediglich notwendige Prämissen für die Funktionsfähigkeit der Währungsunion. Zum anderen sind Rechtsangleichungen schwerpunktmäßig im Sachbereich der Unabhängigkeit angesiedelt[295]. Sie betreffen folglich nur punktuell die Organisationsgewalt der Mitgliedstaaten[296].

Im Ergebnis lassen sich vielen Stellen des EG-Vertrages sowie der ESZB-Satzung gewichtige Hinweise entnehmen, die die Annahme rechtfertigen, daß die nationalen Zentralbanken auch weiterhin als mitgliedstaatliche Einrichtungen zu qualifizieren sind. Sie bilden damit gem. Art. 107 I EG, Art. 14.3 ESZB-Satzung mit der EZB zwar eine Handlungseinheit und sind dieser funktional

[293] HÄDE, Deutsche Bundesbank, S. 108; PERNICE, in: Grabitz/Hilf, EGV, Archiv-Bd. 1, Art. 4a EG-Vertrag, Rdn. 9; SMITS, European Central Bank, S. 92; SMULDERS, in: GTE, Komm EUV/EGV, Art. 4a EG-Vertrag, Rdn. 2; WEINBÖRNER, Europäische Zentralbank, S. 388. SELMAYR, WM 1999, S. 2430 hingegen sieht dies als rein formale Verbindung zu den Mitgliedstaaten an.

[294] SEIDEL, Probleme der Verfassung der Europ. Gemeinschaft als WWU, S. 430; ZIMMERMANN, Nat. Zentralbanken als Bestandteile des ESZB, S. 44.

[295] Aus Art. 109 i.V.m. Art. 110 EG ergibt sich die Pflicht zur Schaffung der sachlichen Unabhängigkeit der nationalen Zentralbanken. Art. 14.2 ESZB-Satzung bezieht sich auf die personelle Unabhängigkeit. Vgl. WEINBÖRNER, Europäische Zentralbank, S. 388; GEIGER, EG-Kommentar, Art. 108 EG-Vertrag.

[296] WEINBÖRNER, Europäische Zentralbank, S. 388. Übersicht über die anläßlich der Europ. Währungsunion notwendig gewordenen Änderungen des BBankG in: DEUTSCHE BUNDESBANK, Monatsbericht, Januar 1998, S. 25ff.

untergeordnet[297]. Sie behalten aber ihren Charakter als mitgliedstaatliche Institutionen bei. Die nationalen Zentralbanken sind mithin keine Gemeinschaftseinrichtungen[298]. Eine Zurechnung ihrer Vollzugshandlungen an die EZB aufgrund ihres Charakters als Einrichtungen der Gemeinschaft kommt daher nicht in Frage.

bb.) Vollzug der Aufgaben des ESZB durch die nationalen Zentralbanken aufgrund delegierter Wahrnehmungszuständigkeiten?

Weiterhin ist zu überlegen, ob die nationalen Zentralbanken als Delegatare der EZB im Rahmen der Durchführung der geld- und währungspolitischen Geschäfte tätig werden[299].

Den Ansatz dieser Überlegung bilden diejenigen Normen im Bereich der Währungsunion, die eine Übertragung von Aufgaben auf die nationalen Zentralbanken vorsehen. Dies sind insbesondere Art. 12.1 UAbs.3 und Art. 5.2 ESZB-Satzung.

Wohl berücksichtigend, daß der EuGH eine Delegation im Bereich der Durchführung von Gemeinschaftsrecht bisher abgelehnt hat[300], könnte sie dennoch im Zusammenhang mit der Durchführung der geld- und währungspolitischen Geschäfte durch die nationalen Zentralbanken anzunehmen sein. Grund hierfür ist die Tatsache, daß es sich gerade im Bereich der Währungspolitik um

---

[297] WEBER, Kompetenzverteilung, S. 146, 178; KÜMPEL, Bank- und Kapitalmarktrecht, Rdn. 20.134.

[298] Ebenso HÄDE, Deutsche Bundesbank, S. 108; DERS., in: Calliess/Ruffert, EUV/EGV, Art. 105 EG, Rdn. 23; HAHN/HÄDE, in: Dolzer/Vogel (Hrsg.), BK, Art. 88 GG, Rdn. 557; KOENIG/PECHSTEIN, Europäische Union, 1. Auflage, S. 24; KÜMPEL, Bank- und Kapitalmarkt-recht, Rdn. 20.132; LOUIS, CMLR 35 (1998), S. 73ff.; POTACS, EuR 28 (1993), S. 23; WEBER, Kompetenzverteilung, S. 57ff., 179; ZEITLER, Zentralbanken in der europäischen Integration, S. 141f., der von einem Bedeutungswandel, aber keinem Funktionsverlust der nationalen Notenbanken spricht; ZILIOLI, in: GTE, Komm EUV/EGV, nach Art. 109m EG-Vertrag, Satzung ESZB und EZB, Art. 12, Rdn. 8, spricht von „inter-subjektiven" Beziehungen zwischen den nationalen Zentralbanken und der EZB; ZIMMERMANN, Nat. Zentralbanken als Bestandteile des ESZB, S. 46ff. Insoweit juristisch unpräzise bezeichnet die EZB, Monatsbericht, Juli 1999, S.61, 67 die nationalen Zentralbanken als „operative Organe" der EZB bzw. des ESZB.

[299] Zur Delegation allgemein siehe oben unter Teil II: B.II.1.c.)aa.).

[300] Näher dazu siehe unter Teil II: B.II.1.c.)aa.).

das Sachgebiet handelt, dessen Integration am weitesten fortgeschritten ist[301]. Dies zeigt bereits Art. 14.1 ESZB-Satzung, der die nationalen Zentralbanken als „integraler Bestandteil" des ESZB, also einer europäischen Einheit bezeichnet. Mit der Annahme einer Delegation von Durchführungsbefugnissen auf die nationalen Zentralbanken würde in der Geschichte der Europäischen Gemeinschaften rechtliches Neuland betreten[302].

Als Folge einer Delegation von Aufgaben an die nationalen Zentralbanken würden diese, soweit sie delegierte Befugnisse im Bereich der Durchführung der einheitlichen Geldpolitik wahrnehmen, zu Gemeinschaftseinrichtungen und würden dementsprechend Gemeinschaftshoheit ausüben. Ansonsten blieben sie nationale Verwaltungseinrichtungen. Im Rahmen einer Delegation müßte dann haftungsrechtlich das Verhalten der nationalen Zentralbanken, soweit sie delegierte Befugnisse wahrnehmen, der delegierenden Einheit, also der EZB, zugerechnet werden. Der Fall der Delegation ist also von der im vorangegangenen Punkt durchgeführten Prüfung zu unterscheiden. Dort wurde der Frage nachgegangen, ob die nationalen Zentralbanken schon allein durch die Tatsache des Beginns der Wirtschafts- und Währungsunion zu Einrichtungen der Europäischen Gemeinschaft wurden.

Die Rechtsgrundlage einer Delegation könnten Art. 12.1 UAbs. 3 bzw. Art. 5.2 ESZB-Satzung bilden. Diese Regelungen sehen vor, daß die nationalen Zentralbanken zur Durchführung von Geschäften in Anspruch genommen werden können. Indes ist der Terminus „Inanspruchnahme" nicht eindeutig festgelegt. Neben der Deutung als Delegationsbefugnis ist auch die der Anordnung bzw. Erlaubnis zur Ausführung eigener Aufgaben möglich[303].

Da der Begriff deutungsoffen ist, muß geprüft werden, ob durch eine Inanspruchnahme der nationalen Zentralbanken Tatbestandsmerkmale einer Delegation erfüllt sind[304].

---

[301] EZB, Monatsbericht, Juli 1999, S. 61, 67, bezeichnet die nationalen Zentralbanken sogar als „operative Organe" der EZB bzw. des ESZB; SELMAYR, AöR 124 (1999), S. 377; SMITS, European Central Bank, S. 94.

[302] Siehe dazu oben unter Teil II B.II.1.c.)aa.)

[303] BÜNTEN, Staatsgewalt und Gemeinschaftshoheit, S. 123.

[304] Allgemein zu den Voraussetzungen einer Delegation vgl. BÜNTEN, Staatsgewalt und Gemeinschaftshoheit, S. 111ff.

(1) Ausschließliche Entscheidungs- und Durchführungskompetenzen der EZB als Voraussetzung einer Delegation

Grundvoraussetzung für das Bejahen einer Delegation ist, daß die EZB nach Art. 12.1 UAbs.3 bzw. Art. 5.2 ESZB-Satzung eigene Kompetenzen an die nationalen Zentralbanken überträgt. Es darf sich bei den in Frage stehenden Aufgaben also nicht um bei den Mitgliedstaaten bzw. den nationalen Zentralbanken verbliebene Zuständigkeiten handeln[305].

Ausgangspunkt einer Untersuchung über die Kompetenzverteilung zwischen der EZB und den nationalen Zentralbanken bildet Art. 105 II EG, Art. 3.1 ESZB-Satzung. Diese Vorschriften sprechen von „Aufgaben des ESZB". Das ESZB kann jedoch, da es kein Rechtssubjekt ist, sondern lediglich als „Sammelbezeichnung"[306] fungiert, nicht Zuordnungssubjekt von Aufgaben sein. Die „Sammelbezeichnung" faßt lediglich die EZB und die nationalen Zentralbanken begrifflich zusammen (Art. 107 I EG, Art. 1 ESZB-Satzung)[307]. Da sowohl die EZB als auch die nationalen Zentralbanken rechtsfähig sind[308], sie also die handlungsfähigen Bestandteile der „Sammelbezeichnung" sind, muß gedanklich der Begriff „ESZB" durch „EZB und nationale Zentralbanken" ersetzt werden. Der Vertrag könnte mithin eine gleichmäßige Verteilung der Aufgaben auf EZB und nationale Zentralbanken vorsehen. Es würde sich also um Befugnisse der EZB und der nationalen Zentralbanken handeln[309]. Eine Delegation würde daher ausscheiden.

---

[305] So jedenfalls, wenn man dem klassischen Delegationsbegriff folgt. Vgl. EuGH, Rs. 9/56, *Meroni/Hohe Behörde*, Slg. 1958, S. 11, 40; BÜNTEN, Staatsgewalt und Gemeinschaftshoheit, S. 111ff.; RENGELING, EuR 9 (1974), S. 223; SEIDL-HOHENVELDERN/LOIBL, Recht der Internationalen Organisationen, Rdn. 1405. Legt man jedoch einen neueren Delegationsbegriff zugrunde, so soll eine Delegation auch hinsichtlich fremder Kompetenzen möglich sein. Siehe dazu BERGER, Einrichtungen, S. 73, 86f.

[306] HAHN/HÄDE, in: Dolzer/Vogel (Hrsg.), BK, Art. 88 GG, Rdn. 522; SEIDEL, EuZW 2000, S. 552, bezeichnet das ESZB als „unselbständige zwischenstaatliche Einrichtung ohne Vorbild".

[307] Zur Rechtsnatur des ESZB siehe SMITS, European Central Bank, S. 92; COMMITTEE OF GOVERNORS, Commentary Draft Statute, S. 3; WEBER, Kompetenzverteilung, S. 50; HÄDE, Deutsche Bundesbank, S. 107.

[308] Die Rechtsfähigkeit der EZB ergibt sich aus Art. 107 II EG. Die Rechtsfähigkeit der nationalen Zentralbanken ergibt sich aus den mitgliedstaatlichen Rechtsordnungen. Vgl. KLEIN, Bankensysteme, S. 65 (für die Deutsche Bundesbank); STUDT, Rechtsfragen, S. 111 (für die Bank of England), S.115f. (für die Banque de France), S. 125 (für die Nederlandse Bank).

[309] So SEIDEL, EuZW 2000, S. 552.

Schon ein erster Blick auf die einzelnen nachfolgenden Befugnisnormen widerlegt jedoch die These einer gleichmäßigen Verteilung, da in vielen Normen die handlungsbefugte Instanz explizit genannt wird. Der EG-Vertrag sieht nicht eine gleichmäßige, sondern eine differenzierte Verteilung vor[310]. Die Kompetenzzuweisung an die EZB folgt dem Prinzip der begrenzten Einzelermächtigung, das gem. Art. 8 EG auch für diese gilt. Es ist nachfolgend also für jede einzelne Aufgabe zu prüfen, ob sie der EZB zusteht, um sie an die nationalen Zentralbanken delegieren zu können.

(a) Kompetenzverteilung zwischen der EZB und den nationalen Zentralbanken hinsichtlich der geld- und währungsrechtlichen Entscheidungsbefugnisse

Eine Analyse der Art. 105ff. EG, Art. 1ff. ESZB-Satzung, der Vorschriften über die Währungsunion, läßt den Schluß zu, daß ausschließlich der EZB die Entscheidungskompetenzen zustehen[311]. Dies ergibt sich daraus, daß in den einschlägigen Vorschriften nur die EZB bzw. eines ihrer Organe Erwähnung findet. Die nationalen Zentralbanken verfügen damit in diesem Bereich über keine Zuständigkeiten mehr. Damit käme eine Delegation grundsätzlich in Betracht.

Allerdings erscheint hier problematisch, ob die „Delegationsermächtigung" des Art. 12.1 UAbs. 3 bzw. Art. 5.2 ESZB-Satzung eine Delegation der Entscheidungsbefugnisse tragen würde.

Zwar läßt die ESZB-Satzung Kompetenzverschiebungen im Hinblick auf Entscheidungsbefugnisse zu. So sieht Art. 12.1 UAbs. 2 ESZB-Satzung vor, daß der EZB-Rat dem Direktorium Entscheidungsbefugnisse übertragen kann[312]. Jedoch ergibt sich aus dem nachfolgenden Absatz (Art. 12.1 UAbs. 3 ESZB-Satzung), daß die nationalen Zentralbanken nur „zur Durchführung von Geschäften" in Anspruch genommen werden dürfen. Damit steht der eindeutige Wortlaut des Vertragstextes einer Weiterübertragung von Entscheidungsbefugnissen an die nationalen Zentralbanken entgegen[313].

Im übrigen entspricht diese Interpretation der Struktur der Europäischen Währungsunion. Um ihre Funktionsfähigkeit zu sichern, sieht der Vertrag vor, daß Entscheidungen zentral von der Einrichtung „EZB" getroffen werden. Ein ande-

---

[310] Vgl. SMITS, in: GTE, Komm EUV/EGV, Art. 105 EG-Vertrag, Rdn. 4.

[311] HÄDE, Deutsche Bundesbank, S. 113; EZB, Monatsbericht, Juli 1999, S. 61; DEUTSCHE BUNDESBANK, Monatsbericht, Januar 1999, S. 21; BANQUE DE FRANCE, Bulletin, Janvier 1999, S. 79.

[312] Ausführlich hierzu siehe Teil II: C.III.1.a.).

[313] Ebenso WEBER, Kompetenzverteilung, S. 97ff.

res Ergebnis würde der mit der Währungsunion bezweckten einheitlichen Geldpolitik diametral zuwiderlaufen[314]. Damit läßt Art. 12.1 UAbs. 3 ESZB-Satzung eine Delegation von Entscheidungsbefugnissen an die nationalen Zentralbanken nicht zu.

(b) Kompetenzverteilung zwischen der EZB und den nationalen Zentralbanken hinsichtlich der Durchführungsbefugnisse

Etwas anderes könnte sich aber im Hinblick auf die Durchführungskompetenzen im Bereich der Währungspolitik ergeben. Die Zuständigkeitsverteilung soll anhand einiger ausgewählter Bereiche besprochen werden.

(aa) Geldpolitik

Im Bereich der Geldpolitik wird die Kompetenzverteilung von Art. 12.1 ESZB-Satzung und den Vorschriften des IV. Kapitels der ESZB-Satzung geregelt.

Aus der Tatsache, daß sowohl das Direktorium als auch die nationalen Zentralbanken in Art. 12.1 ESZB-Satzung im Zusammenhang mit der Durchführung der Geldpolitik genannt werden, könnte folgen, daß die Vollzugskompetenzen zwischen der EZB und den nationalen Zentralbanken aufgeteilt sind[315]. Immerhin finden die nationalen Zentralbanken sogar in Art. 18 ESZB-Satzung Erwähnung, der die Durchführung von Offenmarkt- und Kreditgeschäften regelt. In diesem Bereich könnte daher eine Art parallele bzw. konkurrierende Zuständigkeit[316] mit der Maßgabe bestehen, daß der EZB eine vorrangige Stellung zukommt[317]. Daraus würde folgen, daß sowohl die EZB als auch die nationalen

---

[314] DEUTSCHE BUNDESBANK, Monatsbericht, Januar 1999, S. 21.

[315] Es gibt keinen Grundsatz im Gemeinschaftsrecht, der besagt, daß sich die Rechtsetzungskompetenzen mit den Vollzugskompetenzen decken müssen. Es ist sogar in der Regel so, daß die Mitgliedstaaten zum Vollzug zuständig sind, auch wenn eine ausschließliche Rechtsetzungskompetenz zugunsten der Gemeinschaft besteht. Vgl. ZULEEG, in: GTE, Komm EUV/EGV, Art. 3b EG-Vertrag, Rdn. 8.

[316] Die Terminologie ist nicht eindeutig. Der EuGH bevorzugt das Begriffspaar ausschließliche und parallele Zuständigkeit. Der Begriff parallele Zuständigkeit ist nämlich nicht nationalrechtlich vorbelastet und läßt eine größere Flexibilität erkennen. Vgl. ZULEEG, in: GTE, Komm EUV/EGV, Art. 3b EG-Vertrag, Rdn. 6.

[317] WEBER, JZ 1994, S. 59; HERDEGEN, in: Maunz/Dürig/Herzog, Komm z. GG, Art. 88, Rdn. 77.

Zentralbanken zuständig wären, also eigene Aufgaben wahrnähmen[318]. Dieses Ergebnis würde auch nicht dem Ziel der Gewährleistung einer einheitlichen Geldpolitik zuwiderlaufen. Zur Sicherung der Einheitlichkeit der europäischen Geldpolitik stünde zum einen die konkrete Wahrnehmung der Durchführungsaufgaben durch die nationalen Zentralbanken sozusagen unter dem „Erlaubnisvorbehalt“ des Art. 12.1 UAbs. 3 ESZB-Satzung. Die Gewährung der Erlaubnis erfolgte nach der in dieser Vorschrift aufgestellten Grundsatzregel der Möglichkeit und Sachgerechtigkeit[319]. Zum anderen dürfen die nationalen Unterschiede bei der Umsetzung der Geldpolitik nicht überbewertet werden, zumal eine Tendenz zur Annäherung der verschiedenen Systeme festzustellen ist[320].

Dieser Interpretation der parallelen Zuständigkeiten ist aber mit dem Wortlaut des Art. 12.1 ESZB-Satzung zu begegnen. Bei genauer Lektüre wird ersichtlich, daß dem Direktorium explizit die Ausführung der Geldpolitik übertragen ist. Eine Ausnahme bildet hierzu auch nicht Art. 18.1 ESZB-Satzung. Er sieht zwar textlich eine gleichberechtigte Stellung der nationalen Zentralbanken und der EZB vor. Allerdings muß hierbei die generelle Kompetenzverteilungsnorm des Art. 12.1 ESZB-Satzung mitgelesen werden. Da in der Praxis gerade die Offenmarktgeschäfte zum Hauptinstrument der heutigen Notenbankpolitik zählen, würde bei einer anderen Interpretation der Schwerpunkt der Durchführungskompetenzen bei den nationalen Zentralbanken liegen. Dies würde aber eindeutig der allgemeinen Kompetenzregel in Art. 12.1 ESZB-Satzung widersprechen. Außerdem sind die nationalen Zentralbanken nur „unbeschadet dieses Artikels“[321] mit der Ausführung zu betrauen. Diese Formulierung verdeutlicht, daß die zuvor geregelte Kompetenzverteilung vorrangig ist. Da der Auslegung nach dem Wortlaut des Art. 12.1 ESZB-Satzung der Vorrang einzuräumen ist, stehen die Vollzugskompetenzen bezüglich der gemeinschaftlichen Geldpolitik damit ausschließlich der EZB zu[322].

Für eine Delegation dieser Durchführungskompetenzen würde schließlich Art. 12.1 UAbs. 3 ESZB-Satzung eine ausreichende Ermächtigungsgrundlage bilden.

---

318 WEBER, Kompetenzverteilung, S. 132f., 208; WEINBÖRNER, Europäische Zentralbank, S. 389f.

319 ZILIOLI, in: GTE, Komm EUV/EGV, nach Art. 109m EG-Vertrag, Satzung ESZB und EZB, Art. 12, Rdn. 28; GNAN, in: GTE, Komm EUV/EGV, nach Art. 109m EG-Vertrag, Satzung ESZB und EZB, Art. 14, Rdn. 25.

320 BOFINGER, WiDi XII/1995, S. 688; WEINBÖRNER, Europäische Zentralbank, S. 439.

321 Nämlich des Art. 12.1 ESZB-Satzung.

322 So auch HÄDE, Deutsche Bundesbank, S. 113; DERS., in: Calliess/Ruffert, EUV/EGV, Art. 105 EG, Rdn. 22; ZIMMERMANN, Nat. Zentralbanken als Bestandteile des ESZB, S. 90.

Damit ist festzuhalten, daß aufgrund der ausschließlichen Zuständigkeit der EZB im Bereich der Durchführung der Geldpolitik und der bestehenden „Delegationsermächtigung“ des Art. 12.1 UAbs. 3 ESZB-Satzung hier eine Delegation möglich erscheint.

(bb) Erhebung statistischer Daten

Anders hingegen kann sich aufgrund der Anwendbarkeit des Prinzips der begrenzten Einzelermächtigung die Zuständigkeitsverteilung in anderen Bereichen darstellen. Art. 5 ESZB-Satzung regelt die Erhebung statistischer Daten. Aus Art. 5.1 ESZB-Satzung, der allgemeine Vorgaben enthält, ergibt sich, daß die EZB „mit Unterstützung der nationalen Zentralbanken“ die erforderlichen Daten erhebt, während Art. 5.2 ESZB-Satzung regelt, daß „die in Art. 5.1 ESZB-Satzung bezeichneten Aufgaben ... soweit wie möglich von den nationalen Zentralbanken ausgeführt“ werden sollen. Aus der Zusammenschau beider Absätze ergibt sich, daß der EZB die Aufgabe der Erhebung als eigene Aufgabe zugeordnet ist. Den nationalen Zentralbanken kommt nur eine Unterstützungsfunktion zu. Folglich kommt auch in diesem Bereich eine Delegation eigener Aufgaben der EZB auf die nationalen Zentralbanken in Betracht. Die entsprechende Delegationsermächtigung findet sich hier in der Spezialregelung des Art. 5.2 ESZB-Satzung.

(cc) Errichtung effektiver Verrechnungs- und Zahlungssysteme

Nach Art. 22 ESZB-Satzung können sowohl die EZB als auch die nationalen Zentralbanken effektive Verrechnungs- und Zahlungssysteme zur Verfügung stellen[323]. Schon aus dem Wortlaut der Norm geht hervor, daß anders als in den vorgenannten Bereichen, die EZB und die nationalen Zentralbanken gleichermaßen zuständig sind[324]. Diese Zuständigkeit ist also den nationalen Zentralbanken als eigene Aufgabe verblieben. In diesen Zuständigkeitsbereich fallen,

[323] Mit Beginn der Währungsunion nimmt auch das europäische Zahlungsverkehrssystem TARGET (Trans-European Automated Real-Time Gross Settlement Express Transfer System) seine Arbeit auf. Ausführlicher zur Arbeitsweise von TARGET, siehe unter Teil III: B.I.

[324] SMITS, European Central Bank, S. 298.

neben der Errichtung von Zahlungssystemen, das Recht zur Regelung über Kontoeröffnungen sowie über deren Benutzung[325].

An diesem Ergebnis ändert auch die Tatsache nichts, daß in Art. 22 ESZB-Satzung allein der EZB die Befugnis zugewiesen ist, Verordnungen zu erlassen. Sinn und Zweck dieser Regelung ist es, eine Harmonisierung der bereits bestehenden Systeme zu erreichen[326], eine für den EG-Vertrag typische Erscheinung.

Die Befugnis zur Errichtung von Zahlungsverkehrssystemen an sich wird dadurch nicht tangiert.

Eine Delegation kommt damit mangels ausschließlicher Gemeinschaftszuständigkeit im Zusammenhang mit der Errichtung effektiver Verrechnungs- und Zahlungsverkehrssysteme nicht in Frage.

(2) Sonstige Voraussetzungen einer Delegation

Für das Vorliegen einer Delegation im Bereich der Durchführung der Geldpolitik und der Erhebung statistischer Daten spricht weiterhin, daß bereits im EG-Vertrag die national zuständige Behörde bestimmt ist, nämlich die nationalen Zentralbanken[327]. Anders als im sonstigen Gemeinschaftsrecht, in dem die Adressaten der Durchführungspflicht die Mitgliedstaaten sind, die dann eigenständig über das Durchführungsorgan entscheiden[328], ergeht im Bereich der Währungspolitik der Durchführungsbefehl kraft Vertrages an bestimmte mitgliedstaatliche Organe. Den Mitgliedstaaten ist damit das Recht zur Organauswahl entzogen.

Ferner ist die Möglichkeit eines Aufsichtsverfahrens der EZB gegen die nationalen Zentralbanken gem. Art. 237 lit.b EG, Art. 35.6 ESZB-Satzung ein Indiz für eine Delegation[329].

Als weitere Voraussetzung für das Vorliegen einer Delegation muß aber hinzukommen, daß es dem delegierenden Organ freisteht, ob und in welchem Umfang es seine Befugnisse delegiert[330]. Im Zusammenhang mit der Delegation von

---

325 SMITS, in: GTE, Komm EUV/EGV, nach Art. 109m EG-Vertrag, Satzung ESZB und EZB, Art. 22, Rdn. 5ff.

326 Das Zahlungsverkehrssystem TARGET ist ein dezentrales System, das aus den bereits bestehenden Zahlungsverkehrssystemen und einem Verbindungsnetz besteht. Vgl. DUDEN, Der Euro, S. 320.

327 BÜNTEN, Staatsgewalt und Gemeinschaftshoheit, S. 126.

328 AUBIN, Die Haftung der EWG und ihrer Mitgliedstaaten, S. 103.

329 BÜNTEN, Staatsgewalt und Gemeinschaftshoheit, S. 127f.

330 So im EG-Recht Art. 144 EG, Art. 202 3. Spiegelstrich EG, Art. 211 4. Spiegelstrich EG; SCHINDLER, Delegation, S. 100; SCHLOH, in: Dauses (Hrsg.), Hdb. EU-WirtschaftsR,

Durchführungsbefugnissen an die nationalen Zentralbanken ist jedoch von einer grundsätzlichen Übertragungspflicht auszugehen. Diese Pflicht ergibt sich aus dem in Art. 12.1 UAbs.3 ESZB-Satzung niedergelegten Prinzip der Dezentralisation, das eine spezielle Ausprägung des gemeinschaftsrechtlichen Subsidiaritätsprinzips darstellt[331]. Allerdings besteht die Verpflichtung nur dann, soweit eine Übertragung möglich und sachgerecht erscheint[332]. Die Entscheidung darüber trifft die EZB, der dabei ein Ermessen zusteht[333]. Damit besteht eine Übertragungspflicht jedenfalls, wenn eine Ermessensreduzierung auf Null vorliegt.

Entscheidend gegen eine Delegation spricht schließlich das äußere Erscheinungsbild der Ausführungsmaßnahmen der nationalen Zentralbanken. Bei einer Delegation müßten die nationalen Zentralbanken bei ihren Handlungen die Bedingungen einhalten, die bei unmittelbarer Ausführung durch das Direktorium für dieses gelten würden[334]. Dies würde bedeuten, daß die nationalen Zentralbanken an das gemeinschaftsrechtliche Verwaltungsverfahrensrecht der Artt. 253, 254 EG gebunden wären. Indes zeigt die Praxis, daß Form und Verfahren der Maßnahmen nationaler Notenbanken auch weiterhin nationalrechtlich bestimmt sind. So verfährt die Deutsche Bundesbank im Bereich der Ausführung der europäischen Geldpolitik weiterhin nach ihren, den neuen Gegebenheiten gleichwohl angepaßten Allgemeinen Geschäftsbedingungen, sowie nach

---

A.II., Rdn. 144; SCHWEITZER, in: Grabitz/Hilf, EGV, Archiv-Bd. 2, Art. 145 EG-Vertrag, Rdn. 21; HUMMER, in: Grabitz/Hilf, EGV, Archiv-Bd. 2, Art. 155 EG-Vertrag, Rdn.46; a.A. GLAESNER, EuR 21 (1986), S. 146.

[331] Die Geltung des Subsidiaritätsprinzips im ESZB ist umstritten. Aufgrund der Besonderheiten des ESZB spricht man auch vom Prinzip der Dezentralisation. Ungeachtet der Terminologie ist entscheidend, ob den nationalen Zentralbanken ein Anspruch auf Mitwirkung bei der Ausführung der Geldpolitik zuzusprechen ist. Für einen Anspruch BANQUE DE FRANCE, Bulletin, Janvier 1999, S. 79; WEBER, Kompetenzverteilung, S. 133; DEUTSCHE BUNDESBANK, Monatsbericht, Januar 1999, S. 21; COMMITTEE OF GOVERNORS, Commentary Draft Statute, S. 11; ZEITLER, Zentralbanken in der europ. Integration, S. 137; LIEBSCHER, ÖBA 1998, S. 419; PERNICE, in: Grabitz/Hilf, EGV, Archiv-Bd. 1, Art. 4a EG-Vertrag, Rdn. 15; WEBER, JZ 1994, S. 59; GALAHN, Währungsintegration, S. 226f. Gegen einen Anspruch wenden sich HAHN, Vertrag von Maastricht, S. 41f.; SMITS, European Central Bank, S. 112; HEUN, JZ 1998, S. 869; HÄDE, Deutsche Bundesbank, S. 114; EZB, Monatsbericht, Juli 1999, S. 61; ZILIOLI, in: GTE, Komm EUV/EGV, nach Art. 109m EG-Vertrag, Satzung ESZB und EZB, Art. 12, Rdn. 30f.; HAHN/HÄDE, in: Dolzer/Vogel (Hrsg.), BK, Art. 88 GG, Rdn. 579ff.

[332] Art. 12.1 UAbs.3 ESZB-Satzung a.E.

[333] ZILIOLI, in: GTE, Komm EUV/EGV, nach Art. 109m EG-Vertrag, Satzung ESZB und EZB, Art. 12, Rdn. 33.

[334] Vgl. EuGH, Rs. 9/56, *Meroni/Hohe Behörde*, Slg. 1958, S. 9, 39f.; EuGH, Rs. 10/56, *Meroni/Hohe Behörde*, Slg. 1958, S. 51, 78f.; BÜNTEN, Staatsgewalt und Gemeinschaftshoheit, S. 126ff.; AUBIN, Die Haftung der EWG und ihrer Mitgliedstaaten, S. 103.

deutschem Verwaltungsverfahrensrecht[335]. Eine Einschränkung der Verfahrensautonomie der nationalen Zentralbanken ist im übrigen auch aufgrund der Funktionsfähigkeit des ESZB nicht geboten, da die Pflicht aus Art. 10 EG zu gemeinschaftsfreundlichem Verhalten in gleicher Weise im Bereich der Währungspolitik gilt[336].

Zusammenfassend ist festzuhalten, daß es im Verhältnis EZB und nationale Zentralbanken in keinem der untersuchten Bereiche zu einer Delegation von Wahrnehmungszuständigkeiten kommen kann[337]. Ein anderes Ergebnis wäre zudem unpraktikabel, da die nationalen Zentralbanken bei der Ausführung auf europäisches Verwaltungsverfahrensrecht zurückgeworfen wären, das derzeit nur in rudimentären Ansätzen vorhanden ist und in keiner Weise für die alltägliche Verwaltungsarbeit geeignet erscheint[338].

cc.) Vollzug der Aufgaben des ESZB durch die nationalen Zentralbanken „im Namen und für Rechnung der EZB"?

Eine Zurechnung kommt weiterhin in Frage, wenn nationale Zentralbanken zwar nicht als Gemeinschaftseinrichtungen, aber als nationale Behörden „im Namen und für Rechnung" der EZB handeln. Sie würden dann die Stellung eines Mandatars[339] einnehmen.

Zu untersuchen ist hierbei, ob eine Inanspruchnahme der nationalen Zentralbanken nach Art. 12.1 ESZB-Satzung dazu führt, daß diese „im Namen und für Rechnung" der EZB handeln. Der im Text verwendete Begriff „Inanspruchnahme", der auch einer Interpretation als Befugnis zur Beauftragung offen steht, läßt keine weiteren Schlüsse zu[340]. Fraglich ist also, welche Rechtsnatur dieser

---

335 KÜMPEL, Bank- und Kapitalmarktrecht, Rdn. 20.113, 20.217; DEUTSCHE BUNDESBANK, Monatsbericht, November 1998, S. 20.

336 WEBER, Kompetenzverteilung, S. 153.

337 Ebenso LOUIS, CMLR 35 (1998), S. 56, 73ff.; WEBER, Kompetenzverteilung, S. 207ff.; KÜMPEL, Bank- und Kapitalmarktrecht, Rdn. 20.135; a.A. SMITS, European Central Bank, S. 94; SEIDEL, Braucht die EU eine einheitliche Währung?, S. 380; beide verwenden jedoch nicht den Terminus der „Delegation"; LASTRA, Division of Responsibilities, S. 207, „... the NCB act in their capacity as a constituent part of the ESCB, and not as national agencies.".

338 SCHWEITZER/HUMMER, Europarecht, Rdn. 433ff.; KEMPEN, Europäisches Wirtschaftsverwaltungsrecht, S. 7.

339 Zum Begriff des Mandats siehe oben unter Teil II: B.II.1.c.)bb.).

340 Ebenso offen ist der Begriff der englischen Fassung des Art. 12.1 UAbs.3 ESZB-Satzung „... shall have recourse to..." (Quelle der englischen Fassung: COUNCIL OF THE EUROPEAN COMMUNITIES/COMMISSION OF THE EUROPEAN COMMUNITIES, Treaty on European Union, S. 154).

Inanspruchnahme zukommt. Wie bereits ausgeführt, ist sie nicht als Delegation zu qualifizieren. In Betracht kommt aber weiterhin eine Beauftragung der nationalen Zentralbanken in der Form eines Mandats oder eine Übertragung von Durchführungsbefugnissen zur eigenverantwortlichen Ausführung im eigenen Namen[341]. Nur im letzteren Fall würden die nationalen Zentralbanken haftungsrechtlich verantwortlich sein. Entscheidend ist damit die Frage, ob die Zuständigkeiten zur Ausübung im fremden Namen oder zur Ausübung im eigenen Namen, also zur eigenverantwortlichen Wahrnehmung, übertragen werden.

Für eine eigenverantwortliche Wahrnehmung der übertragenen Aufgaben spricht die allgemeine Systematik des gemeinschaftlichen Vollzuges. Hierbei ist zwischen dem direkten gemeinschaftlichen Vollzug durch die Gemeinschaftsorgane und dem indirekten gemeinschaftlichen Vollzug durch die Mitgliedstaaten zu unterscheiden[342]. Charakteristisch für den indirekten Vollzug ist, daß die nationalen Behörden das Gemeinschaftsrecht eigenverantwortlich durchführen[343]. Hinsichtlich der Durchführung der gemeinschaftlichen Geldpolitik könnte trotz der Beauftragung der nationalen Zentralbanken von einem „indirekten" gemeinschaftlichen und damit eigenverantwortlichen Vollzug auszugehen sein[344]. Untermauern läßt sich dies mit dem Argument, daß die Ausführungshandlungen der nationalen Zentralbanken den mitgliedstaatlichen Rechtsordnungen unterliegen[345].

Auch das Selbstverständnis der nationalen Zentralbanken bei Vollzug der ESZB-Aufgaben deutet auf eine eigenverantwortliche Wahrnehmung hin. So handelt die Deutsche Bundesbank gegenüber ihren Geschäftspartnern bei Ausführung der Geldpolitik nach wie vor in eigenem Namen.

Es ist also davon auszugehen, daß die nationalen Zentralbanken nach einer Inanspruchnahme die Aufgaben im eigenen Namen ausführen[346].

Zudem handeln die nationalen Zentralbanken nicht auf Rechnung der EZB. Ein derartiger Schluß könnte sich zwar aus Art. 14.4 S. 3 ESZB-Satzung ableiten lassen, nach dem die nationalen Zentralbanken Aufgaben außerhalb des ESZB in eigener Verantwortung und in eigener Rechnung ausführen. Im Gegen-

---

[341] Siehe dazu ausführlich unter Teil II: B.II.1.c.)bb.).

[342] OPPERMANN, Europarecht, Rdn. 636ff.; KEMPEN, Europäisches Wirtschaftsverwaltungsrecht, S. 7f.

[343] Dies wird in der Literatur auch unter dem „Prinzip der institutionellen Eigenständigkeit" diskutiert, OPPERMANN, Europarecht, Rdn. 641f.; STETTNER, in: Dauses (Hrsg.), Hdb. EU-WirtschaftsR, B.III., Rdn. 30.; vgl. auch EuG, T-93/95, *Laga/Kommission*, Slg. 1998, II-195, Rdn. 33ff.; EuG, T-94/95, *Landuyt/Kommission*, Slg. 1998, II-213, Rdn. 33ff.

[344] LOUIS, Project of an ECB, S. 22.

[345] Siehe unter Teil II: C.III.1.c.)bb.)(2).

[346] So auch KÜMPEL, Bank- und Kapitalmarktrecht, Rdn. 20.135.

schluß könnte man annehmen, daß die Aufgaben des ESZB auf Rechnung der EZB ausgeführt werden. Für diesen Schluß fehlt es indes an Anhaltspunkten im Vertragstext. Art. 14.4 S. 3 ESZB-Satzung läßt nämlich offen, für wessen Rechnung die nationalen Zentralbanken bei der Durchführung der ESZB-Geschäfte handeln. Darüber geben vielmehr die Finanzvorschriften des ESZB im VI. Kapitel der ESZB-Satzung Aufschluß. Aus Art. 32 ESZB-Satzung ergibt sich, daß die nationalen Zentralbanken im Rahmen des ESZB nicht für Rechnung der EZB, sondern für Rechnung aller nationaler Zentralbanken handeln, da sie als Anteilseigner Gewinnempfänger bzw. Verlustträger der Einkünfte aus den Geschäften innerhalb des ESZB sind[347].

Die nationalen Zentralbanken handeln also nach einer Inanspruchnahme i.S.d. Art. 12.1 UAbs.3 ESZB-Satzung nicht „im Namen und für Rechnung" der EZB. Vielmehr werden ihnen die Aufgaben zu eigenverantwortlichen Wahrnehmung übertragen. Dementsprechend handeln sie im eigenen Namen. Aus den ESZB-Finanzvorschriften ergibt sich schließlich, daß die nationalen Zentralbanken jedenfalls nicht auf Rechnung der EZB handeln, sondern auf Rechnung aller Zentralbanken[348]. Für Vollzugshandlungen, die aufgrund einer Inanspruchnahme ergehen, haften also die nationalen Zentralbanken gem. Art. 35.3 ESZB-Satzung nach den mitgliedstaatlichen Rechtsordnungen.

dd.) Vollzug der Aufgaben des ESZB durch die nationalen Zentralbanken ohne eigenes Durchführungsermessen?

Wenngleich die nationalen Notenbanken weder der Gemeinschaftsebene zuzuordnen sind noch als Delegierte die Aufgaben des ESZB wahrnehmen, sondern der Rechtssphäre der Mitgliedstaaten angehören, könnte haftungsrechtlich dennoch von einer Zurechnung der Handlungen der nationalen Notenbanken an die EZB auszugehen sein. Nach der Rechtsprechung des EuGH erfolgt eine Zurechnung auch, wenn die nationalen Stellen Gemeinschaftsrecht vollziehen und ihnen die gemeinschaftsrechtlichen Vorgaben dabei keinen Umsetzungsspielraum mehr belassen[349].

Dies könnte beispielsweise der Fall sein, wenn die nationalen Zentralbanken gem. Art. 14.3 S. 1 ESZB-Satzung aufgrund von EZB-Leitlinien oder EZB-

---

[347] WEBER, Kompetenzverteilung, S. 208; STADLER, Handlungsspielraum, S. 222; a.A. HOPPE, Rechtsschutz, S. 183.

[348] Ebenso WEBER, Kompetenzverteilung, S. 209, der die Stellung der nationalen Zentralbanken mit der eines Kommissionärs vergleicht.

[349] Siehe dazu oben unter Teil II: B.II.1.c.)cc.).

Weisungen handeln. Allerdings müssen die in Frage stehenden EZB-Leitlinien und EZB-Weisungen nach der Rechtsprechung des EuGH derart beschaffen sein, daß den nationalen Zentralbanken bei ihren Ausführungshandlungen kein Gestaltungsspielraum verbleibt. Die nationalen Zentralbanken müssen als „verlängerter Arm“[350] der EZB erscheinen. Dies wirft die Frage auf, welche Regelungsdichte die EZB-Leitlinien und EZB-Weisungen des Art. 14.3 S. 1 ESZB-Satzung annehmen können.

Aus dem Nebeneinander von Ausführungsleitlinien des EZB-Rates nach Artt. 12.1 UAbs.1, 14.3 S. 1 ESZB-Satzung und Weisungen des Direktoriums nach Artt. 12.1 UAbs.2, 14.3 S. 1 ESZB-Satzung ergibt sich, daß beiden Rechtsakten eine andere Bedeutung zukommen muß.

Ausführungsleitlinien des EZB-Rates weisen Ähnlichkeiten mit gemeinschaftsrechtlichen Richtlinien auf. Dies folgt aus einem Vergleich mit Art. 31.3 ESZB-Satzung und Art. 32.2 ESZB-Satzung, die in der deutschen Fassung von Richtlinien sprechen, obwohl Leitlinien gemeint sein müssen, da die EZB nach Art. 110 EG, Art. 34 ESZB-Satzung nicht zum Erlaß von Richtlinien ermächtigt ist. Durch die Verwendung des Wortes Richtlinie sollte jedoch zum Ausdruck gebracht werden, daß inhaltlich Leitlinien den Richtlinien verwandt sein sollen. Daraus folgt, daß Leitlinien wie die gemeinschaftsrechtlichen Richtlinien allgemeine Regelungen enthalten sollen[351]. Sie geben also den Rahmen vor und belassen den nationalen Zentralbanken ein Umsetzungsermessen.

Ausnahmsweise können die EZB-Leitlinien dennoch so detaillierte Regelungen enthalten, daß das Durchführungsermessen der nationalen Zentralbanken erheblich eingeschränkt bzw. auf Null reduziert werden kann. Dies zeigt bereits der Umstand, daß EZB-Leitlinien mit den gemeinschaftsrechtlichen Richtlinien verwandt sind. Auch diese können derart detaillierte Regelungen enthalten[352]. Ebenso sprechen Sinn und Zweck der EZB-Leitlinie, eine einheitliche gemeinschaftsweite Geldpolitik auch bei einer Umsetzung durch die nationalen Notenbanken zu erreichen, für die Zulassung detaillierter Regelungen[353]. Schließlich läßt sich dieses Verständnis mit der Entstehungsgeschichte des Art. 12.1 ESZB-Satzung stützen. Art. 12.1 ESZB-Satzung wurde § 6 I S. 2 BBankG a.F. nachempfunden, was aus der Ähnlichkeit der Formulierungen erkennbar ist[354]. Es war Usus des Zentralbankrates der Deutschen Bundesbank, daß die Richtlinien

---

[350] GA MANCINI, Schlußanträge, Rs. 175/84, *Krohn/Kommission*, Slg. 1986, S. 753, 759.

[351] HAHN/HÄDE, in: Dolzer/Vogel (Hrsg.), BK, Art. 88 GG, Rdn. 594; LOUIS, CMLR 35 (1998), S. 55; SELMAYR, AöR 124 (1999), S. 375

[352] GRABITZ, in: Grabitz/Hilf, EGV, Archiv-Bd. 2, Art. 189 EG-Vertrag, Rdn. 59; OPPERMANN, Europarecht, Rdn. 551.

[353] Ebenso WEBER, Kompetenzverteilung, S. 150.

[354] WEBER, Kompetenzverteilung, S. 149.

i.S.d. § 6 I S. 2 BBankG a.F. sowohl allgemeine Regelungen als auch Detailregelungen enthalten konnten[355]. Mit der nahezu wortgetreuen Übernahme des Textes in die ESZB-Satzung haben die Vertragsstaaten auch die mögliche hohe Regelungsdichte der EZB-Leitlinien i.S.d. Art. 12.1 UAbs. 1 ESZB-Satzung akzeptiert[356].

Inhaltlich befassen sich die Leitlinien des EZB-Rates mit der Ausführung der geldpolitischen Beschlüsse. Eine weitergehende sachliche Grenze sieht der Vertrag nicht vor. EZB-Leitlinien, die die Organisation bzw. sonstige interne Angelegenheiten der nationalen Zentralbanken betreffen, sind, wie oben ausgeführt[357], nicht möglich, da diese Bereiche noch der mitgliedstaatlichen Hoheitsgewalt unterstehen.

Im Gegensatz zu EZB-Leitlinien handelt es sich bei EZB-Weisungen des Direktoriums nie um abstrakt-generelle Regelungen, sondern um Einzelweisungen im konkreten Fall. Weisungen enthalten danach ausschließlich detaillierte Regelungen[358]. Ansonsten käme es zu Wertungswidersprüchen mit der Leitlinienkompetenz des EZB-Rates. Das Direktorium könnte dann entgegen der vertraglich vorgesehenen Kompetenzverteilung die nationalen Zentralbanken weitgehender im Sinne einer generellen und dauerhaften Einengung ihres Umsetzungsspielraumes binden, als dies der EZB-Rat vorsieht[359]. Da die Einzelweisungsbefugnis geschaffen wurde, um die Funktionsfähigkeit und Effektivität der gemeinschaftlichen Geldpolitik im Einzelfall sicherzustellen, ist auch aus diesem Grund von einer Befugnis des Direktoriums zum Erlaß von detaillierten, bis in Einzelheiten gehenden Weisungen auszugehen[360].

Folglich können Weisungen im Gegensatz zu den abstrakt-generellen Ausführungsleitlinien nur detaillierte Anweisungen enthalten, die je nach Inhalt den nationalen Zentralbanken keinen Umsetzungsspielraum mehr belassen[361].

Ebenso wie die Ausführungsleitlinien des EZB-Rates können auch Weisungen nur Aspekte der Ausführung der Geldpolitik, nicht jedoch der Organisation

---

[355] GRAMLICH, Bundesbankgesetz, Art. 6, Rdn. 7, 13.

[356] WEBER, Kompetenzverteilung, S. 150.

[357] Siehe dazu oben unter Teil II: C.III.1.c.)aa.).

[358] So HAHN/HÄDE, in: Dolzer/Vogel (Hrsg.), Dolzer/Vogel, BK, Art. 88 GG, Rdn. 594; SELMAYR, AöR 124 (1999), S. 375.

[359] WEBER, Kompetenzverteilung, S. 182.

[360] So auch ZILIOLI, in: GTE, Komm EUV/EGV, nach Art. 109m EG-Vertrag, Satzung ESZB und EZB, Art. 12, Rdn. 6.

[361] LOUIS, CMLR 35 (1998), S. 55f.; ZILIOLI, in: GTE, Komm EUV/EGV, nach Art. 109m EG-Vertrag, Satzung ESZB und EZB, Art. 12, Rdn. 6. Den nationalen Zentralbanken steht ohnehin kein uneinschränkbares Umsetzungsermessen zu. Vgl. WEBER, Kompetenzverteilung, S. 145f.

der nationalen Zentralbanken regeln. Dies läßt sich bereits mit dem Wort „hierzu" in Art. 12.1 UAbs.2 ESZB-Satzung belegen[362].

Damit können sowohl EZB-Leitlinien als auch EZB-Weisungen den nationalen Zentralbanken detaillierte Vorgaben für den Vollzug der ESZB-Aufgaben geben. Ob eine EZB-Leitlinie oder eine EZB-Weisung den Gestaltungsspielraum der nationalen Zentralbanken erheblich oder sogar „auf Null" reduziert, ist im konkreten Fall durch Auslegung derselben zu ermitteln. Führt die Auslegung zu einer Ermessensreduzierung auf Null, handelt die nationale Zentralbank in Vollzug dieser Vorgaben als „verlängerter Arm"[363] der EZB. Haftungsrechtlich kommt es zu einer Zurechnung der Ausführungshandlung, soweit ihre Rechtswidrigkeit auf der fehlerhaften EZB-Leitlinie bzw. EZB-Weisung beruht.

ee.) Ergebnis

Damit ist im Ergebnis festzuhalten, daß die nationalen Zentralbanken die ihr von der EZB übertragenen Aufgaben weder als Gemeinschaftseinrichtungen noch als Delegatare wahrnehmen. Auch führen die nationalen Zentralbanken die ihnen von der EZB übertragenen Aufgaben nicht „im Namen und für Rechnung" der EZB aus. Insoweit fehlt es an einem geeigneten Anknüpfungspunkt für eine Zurechnung. Es liegt somit keine Tätigkeit der „EZB" i.S.d. Art. 288 III EG vor. Vielmehr führen die nationalen Zentralbanken diese Aufgaben eigenverantwortlich im eigenen Namen aus. Handeln sie dabei fehlerhaft, so sind die nationalen Zentralbanken haftungsrechtlich verantwortlich, Art. 35.3 S. 2 ESZB-Satzung. Ihre Haftung richtet sich nach mitgliedstaatlichem Recht.

Nur wenn die nationalen Zentralbanken aufgrund von EZB-Leitlinien oder EZB-Weisungen nach Art. 14.3 S. 1 ESZB-Satzung tätig werden, die ihnen kein Vollzugsermessen belassen, kommt eine Zurechnung deren Ausführungshandlungen an die EZB in Betracht. In diesem Fall liegt eine Tätigkeit der „EZB" i.S.d. Art. 288 III EG vor. Die Haftungsvoraussetzungen sind Art. 288 III EG zu entnehmen.

---

[362] WEBER, Kompetenzverteilung, S. 183.

[363] GA MANCINI, Schlußanträge, Rs. 175/84, *Krohn/Kommission*, Slg. 1986, S. 753, 759.

2. „In Ausübung der Amtstätigkeit“

Ebenso wie in Art. 288 II EG vorgesehen, kann eine Handlung der EZB nur dann die Haftung aus Art. 288 III EG auslösen, wenn sie „in Ausübung der Amtstätigkeit“ der EZB oder ihrer Bediensteten ergeht.

Damit ist die Frage aufgeworfen, ob unter dem Begriff der Amtstätigkeit in Art. 288 III EG dasselbe zu verstehen ist, wie oben im Rahmen der Haftung aus Art. 288 II EG dargelegt wurde, oder ob aufgrund etwaiger Besonderheiten der EZB eine andere Interpretation erforderlich ist.

Die Auslegung nach dem Wortlaut der Norm kann nur insoweit weiterhelfen, als in Absatz III, der erst durch den Vertrag von Maastricht eingefügt wurde, ebenfalls der Begriff der „Amtstätigkeit“ verwendet wurde. Diese Übereinstimmung besteht nicht nur in der deutschen Fassung, sondern in allen mitgliedstaatlichen Fassungen. Dies könnte als Indiz dafür gewertet werden, daß in beiden Absätzen dasselbe gemeint ist, insbesondere auch deshalb, da die „Amtstätigkeit“ eine der wenigen Voraussetzungen ist, die explizit genannt wird.

Einen weiteren Aspekt für ein identisches Verständnis bildet die systematische Auslegung. Zum einen gebietet die einheitliche Anwendung der Verträge, gerade wenn dieselben Begriffe, noch dazu im selben Sachgebiet – nämlich der außervertraglichen Haftung – verwendet werden, eine einheitliche Interpretation. Zum anderen kann das Ziel des EuGH, die „Kohärenz des Rechtsschutzsystems der verschiedenen Verträge bestmöglich sicherzustellen“[364] nur verwirklicht werden, wenn ein einheitliches Begriffsverständnis besteht. Dies gilt um so mehr, wenn wie hier die Auslegung der Haftungsregelungen in einem einzigen Vertrag in Frage steht[365]. Somit ist der Begriff der Amtstätigkeit in Art. 288 II EG und Art. 288 III EG identisch aufzufassen.

In Bezug auf Handlungen der EZB ergeben sich bei einem identischen Begriffsverständnis folgende Schlußfolgerungen: Haftungsauslösend sind somit ihre hoheitlich ausgeführten Tätigkeiten[366], soweit sie Rechtswirkung nach außen hervorrufen[367].

---

[364] EuG, Rs. T-120/89, *Stahlwerke Peine – Salzgitter AG/Kommission*, Slg. 1991, II-279, Rdn. 78.

[365] So auch GA BIANCARELLI, Schlußanträge, Rs. T-120/89, *Stahlwerke Peine – Salzgitter AG/Kommission*, Slg. 1991, II-279, 334 zum Verhältnis von Art. 34 und Art. 40 KS.

[366] Daneben haftet die EZB gem. Art. 288 III EG für nicht-hoheitliche Tätigkeiten, wie beispielsweise für Unfälle auf Dienstfahrten. Vgl. oben unter Teil I: A. Dieser Bereich soll in dieser Arbeit aber nicht weiter vertieft werden.

[367] Zum Erfordernis der Außenrechtswirkung siehe oben Teil II: B.II.1.d.).

Die EZB handelt jedenfalls dann hoheitlich, wenn sie sich zur Ausführung entweder Verordnungen oder Entscheidungen bedient (Art. 110 EG, Art. 34.1 ESZB-Satzung)[368]. Beiden Rechtsakten kommt zudem unproblematisch Rechtswirkung nach außen zu. Die Verordnungsbefugnis ist allerdings auf einige wenige Bereiche beschränkt. Dazu gehören die Aufgaben, die in Art. 3.1 ESZB-Satzung festgelegt sind, also insbesondere die Aufgabe, die Geldpolitik der Gemeinschaft festzulegen und auszuführen, die Berechnung und Bestimmung der Mindestreserve gem. Art. 19.1 ESZB-Satzung, die Sicherstellung effektiver Verrechnungs- und Zahlungssysteme nach Art. 22 ESZB-Satzung und Tätigkeiten, die ihr nach Art. 25.2 ESZB-Satzung im Rahmen der Bankenaufsicht übertragen werden. Schließlich kann die EZB Verordnungen erlassen, soweit sie in den Rechtsakten des Rates der EG nach Art. 107 VI EG, Art. 42 ESZB-Satzung dazu ermächtigt wird.

Daneben wird die EZB auch dann hoheitlich tätig, wenn sie gem. Art. 110 I 3. Spiegelstrich EG, Art. 34.1 3. Spiegelstrich ESZB-Satzung Empfehlungen oder Stellungnahmen abgibt. Da diese wie die Empfehlungen und Stellungnahmen in Art. 249 EG unverbindlich sind[369], wird im Rahmen der haftungsauslösenden Handlungen zu prüfen sein, ob ihnen die für eine Haftung erforderliche Außenrechtswirkung zukommt.

Weiterhin ist zu untersuchen, ob die EZB sich zur Erfüllung ihrer hoheitlichen Aufgaben auch anderer als der in Art. 110 I EG, Art. 34.1 ESZB-Satzung genannten Rechtsformen bedienen kann und diese ebenfalls als „Amtstätigkeit“ i.S.d. Art. 288 III EG einzuordnen sind.

Weitere Rechtsformen wären jedenfalls nicht denkbar, wenn der in Art. 110 I EG, Art. 34.1 ESZB-Satzung vorgesehene Katalog bezüglich der Handlungsformen abschließend wäre.

Aus dem Vergleich der Überschriften der Normen in den verschiedenen sprachlichen Fassungen des Vertragstextes läßt sich kein eindeutiges Ergebnis ersehen. Allenfalls der niederländische Vertragstext, dort heißt es „Regelgevende bevoegheden“, was in etwa Rechtsetzungsbefugnis bedeutet,[370] und der Satzungsentwurf des Committee of Governors, der von „regulatory powers“ spricht, könnten für einen abschließenden Charakter sprechen. Allerdings teilt das Committee of Governors selbst mit, daß noch viele Einzelfragen zu klären seien[371], und verweist im folgenden auf Art. 249 EG, der nach Auffassung des

[368] WEINBÖRNER, Europäische Zentralbank, S. 390; WEIKART, RiA 1993, S. 2f.
[369] HÄDE, in: Calliess/Ruffert, EUV/EGV, Art. 110 EG, Rdn. 2.
[370] SMITS, European Central Bank, S. 103.
[371] SMITS, European Central Bank, S. 103.

EuGH und der Literatur nicht abschließend ist[372]. In der deutschen Version findet sich die Bezeichnung „Rechtsakte"[373], in der französischen „Actes juridiques" und in der englischen „legal acts". Wenn man zwischen der Bezeichnung „Rechtsetzungsbefugnis" und „Rechtsakt" überhaupt einen Unterschied sehen will[374], so gehen die letzteren Fassungen von einem weiteren Verständnis aus.

Für einen abschließenden Charakter dieser Vorschriften könnte jedoch die Stellung des Art. 34.1 ESZB-Satzung im Abschnitt über die „Allgemeinen Bestimmungen" sprechen. Wie im deutschen Rechtssystem könnte hier ein allgemeiner Teil dergestalt angelegt sein, daß diese Vorschriften für alle vorherigen Bestimmungen anzuwenden sind. Das heißt, daß Maßnahmen der EZB ausschließlich in den Rechtsformen der Art. 110 EG, Art. 34.1 ESZB-Satzung zu ergehen haben.

Doch geht dieser Schluß fehl. Bereits die ESZB-Satzung selbst sieht in einigen Vorschriften bestimmte Formen für Rechtshandlungen vor, die nicht in Art. 110 EG, Art. 34.1 ESZB-Satzung erwähnt sind. Beispielsweise kann die EZB gem. Art. 14.3 ESZB-Satzung „Leitlinien und Weisungen" geben, nach Art. 18.2 ESZB-Satzung „allgemeine Grundsätze" aufstellen, gem. Art. 28.1 ESZB-Satzung „Beschlüsse" fassen und nach Art. 31.2 ESZB-Satzung ihre „Zustimmung" erteilen.

Im übrigen entspricht ein nicht abschließender Charakter der Systematik des EG-Vertrages. Dort finden sich neben den Rechtshandlungen des Art. 249 EG noch an verschiedenen Stellen andere Formen für Rechtshandlungen der EG[375].

In der Tat ist aufgrund der auffallenden Ähnlichkeit der Art. 110 I EG, Art. 34.1 ESZB-Satzung und des Art. 249 EG davon auszugehen, daß Art. 110 I EG, Art. 34.1 ESZB-Satzung dem Art. 249 EG bewußt nachempfunden wurden[376]. Dementsprechend läßt sich aus dem Umstand, daß Art. 249 EG be-

---

[372] Vgl. IPSEN, Gemeinschaftsrecht, S. 462; GRABITZ, in: Grabitz/Hilf, EGV, Archiv-Bd. 2, Art. 189 EG-Vertrag, Rdn. 30ff.

[373] Dies ist die amtliche Überschrift des Art. 34.1 ESZB-Satzung, die nichtamtliche zu Art. 110 EG lautet: „Verordnungen, Entscheidungen, Empfehlungen und Stellungnahmen der EZB".

[374] Wobei schon die Existenz eines Unterschiedes zweifelhaft ist, da ein „Rechtsakt" eine „Rechtsetzungsbefugnis" voraussetzt.

[375] Vgl. IPSEN, Gemeinschaftsrecht, S. 462; GRABITZ, in: Grabitz/Hilf, EGV, Archiv-Bd. 2, Art. 189 EG-Vertrag, Rdn. 30ff.

[376] Bis auf einige Details, wie die Richtlinienkompetenz der EG, die Aufzählung der Möglichkeiten für den Erlaß von Verordnungen oder die Erforderlichkeitsklausel bezüglich der Entscheidungen, stimmen beide Vorschriften überein. Vgl. CLOOS/REINISCH/VIGNES/WEYLAND, Maastricht, S. 261; HAHN, CMLR 28 (1991), S. 812; LOUIS, CMLR 35 (1998), S. 54; SMITS, European Central Bank, S. 102; SNYDER, EMU, S. 92; WEINBÖRNER, Europäische Zentralbank, S. 428.

züglich der Rechtshandlungen nicht abschließend ist, entnehmen, daß Art. 110 I EG, Art. 34.1 ESZB-Satzung ebenfalls keinen abschließenden Charakter haben[377]. Diese sonstigen Rechtsakte bzw. Rechtsakte sui generis können damit ebenfalls zur Ausführung hoheitlicher Tätigkeit verwendet werden. Sie kommen insbesondere im Verhältnis zwischen der EZB und den nationalen Zentralbanken vor[378]. Sie sind daher als ESZB-Binnenrecht qualifizieren. Zu dieser Gruppe von Rechtsakten gehören insbesondere die EZB-Leitlinie und die EZB-Weisung i.S.d. Art. 14.3 ESZB-Satzung sowie der EZB-Beschluß[379].

Einer Haftung der EZB auch für diese Rechtsakte würde angesichts des weiten Begriffsverständnisses der „Amtstätigkeit" an sich nichts entgegenstehen[380]. Es wird aber entscheidend darauf ankommen, ob diesen Rechtsakten des ESZB-Binnenrechts Rechtswirkung nach außen zukommt[381].

Ebenso wie bei der Haftung der Europäischen Gemeinschaft nach Art. 288 II EG ist auch im Rahmen des Art. 288 III EG erforderlich, daß die schädigende Handlung „in Ausübung der Amtstätigkeit" ergeht. Die Anforderung bezieht sich sowohl auf die EZB als auch auf die Bediensteten[382]. Das bedeutet, daß sich die schadensverursachende Handlung „aufgrund einer unmittelbaren inneren Beziehung notwendig aus den Aufgaben" des Amtsträgers ergeben muß[383].

IV. Rechtswidrigkeit

Weiterhin muß die Handlung der EZB rechtswidrig sein. Diese Voraussetzung ist nicht explizit im Normtext des Art. 288 III EG genannt. Da es sich bei

---

377 LOUIS, CMLR 35 (1998), S. 24; SMITS, European Central Bank, S. 103; a.A. SMULDERS, in: GTE, Komm EUV/EGV, Art. 108a EG-Vertrag, Rdn. 1.

378 SMITS, European Central Bank, S. 104; ZILIOLI, in: GTE, Komm EUV/EGV, nach Art. 109m EG-Vertrag, Satzung ESZB und EZB, Art. 12, Rdn. 7.

379 Ausführlich hierzu ZILIOLI, in: GTE, Komm EUV/EGV, nach Art. 109m EG-Vertrag, Satzung ESZB und EZB, Art. 12, Rdn. 6ff.; LOUIS, CMLR 35 (1998), S. 57, der darauf hinweist, daß der Ausdruck Binnenrecht irreführend ist, da zum Beispiel Leitlinien direkt zur Ausführung der gemeinschaftsrechtlichen Geldpolitik beitragen und insofern nicht mit dem klassischen Typ des Binnenrechts, wie Geschäftsordnungen oder Personalstatuten, vergleichbar sind.

380 Der EuGH spricht in diesem Zusammenhang von „Verhalten". Vgl. oben unter Teil II: B.II.1.d.).

381 Siehe dazu beispielsweise unter Teil III: A.I.3.b.)aa.).

382 GILSDORF/OLIVER in: GTE, Komm EUV/EGV, Art. 215 EG-Vertrag, Rdn. 27; VON BOGDANDY, in: Grabitz/Hilf, EGV, Archiv-Bd. 2, Art. 215 EG-Vertrag, Rdn. 64.

383 EuGH, Rs. 9/69, *Sayag/Leduc*, Slg. 1969, S. 329, Rdn. 5/11.

der Voraussetzung der Rechtswidrigkeit um ein Kernelement der gemeinschaftsrechtlichen außervertraglichen Haftung nach Art. 288 II EG handelt, ist diese Voraussetzung zweifelsohne auf die Haftung der EZB zu übertragen[384]. Dies hat insbesondere auch vor dem Hintergrund zu gelten, daß, wie ausgeführt, die beiden Haftungsmodelle grundsätzlich den gleichen Voraussetzungen zu folgen haben[385]. Danach ist die Haftung der EZB aus Art. 288 III EG genauso als Unrechtshaftung konzipiert, wie die Haftung der EG in Art. 288 II EG. Aus denselben Gründen ist ebenfalls die Verletzung einer Schutznorm zu fordern.

Zu untersuchen bleibt nur noch, ob auch die Anforderung der qualifizierten Rechtswidrigkeit in Form einer „hinreichend qualifizierten Verletzung einer höherrangigen, dem Schutz des einzelnen dienenden Norm" im Bereich der Haftung für normatives Unrecht zu erfüllen ist. Diese strenge Voraussetzung ist bisher nur bei speziellen Rechtsetzungsakten, nämlich Rechtsetzungsakten, die wirtschaftspolitische Entscheidungen einschließen, zur Anwendung gekommen[386]. Angesichts der durch den EG-Vertrag der EZB eingeräumten Befugnisse trifft die EZB keine wirtschaftspolitischen Entscheidungen, sondern solche des Währungsrechts (Art. 105 S. 1 EG, Art. 2 S. 2 ESZB-Satzung). Insbesondere aus Art. 105 EG geht hervor, daß man durch die Errichtung der EZB währungspolitische von wirtschaftlichen Belangen und deren Entscheidungsträgern trennen wollte[387]. Nur unter gewissen Voraussetzungen ist die EZB gehalten, die allgemeine Wirtschaftspolitik der Gemeinschaft zu berücksichtigen. Doch auch hier spricht der Vertrag nur von „unterstützen"[388]. Vor diesem Hintergrund scheinen die engen Voraussetzungen für eine Haftung bei normativem Unrecht nicht auf diejenigen der EZB zu passen. Denkbar ist, daß das in Art. 288 II EG geltende Haftungsmodell an diesem Punkt eine Modifizierung dahingehend erfahren muß, daß die strenge Haftung für normatives Unrecht auch auf Rechtsetzungsakte währungsrechtlicher Art zu übertragen ist. Die rechtliche Handhabe hierzu liefert die Verweisung in Art. 288 III EG, die vorsieht, daß die Haftung nach Art. 288 II eben nur „in gleicher Weise" auf die Haftung der EZB nach Art. 288 III EG übertragen werden kann.

Gegen eine entsprechende Anwendung auf die Haftung der EZB nach Art. 288 III EG spricht zunächst, daß die Haftung für normatives Unrecht ausschließlich für hochinterventionistische Bereiche der Wirtschaft, insbesondere

---

384 GILSDORF/OLIVER in: GTE, Komm EUV/EGV, Art. 215 EG-Vertrag, Rdn. 31, spricht von „unabdingbarer" Voraussetzung.

385 Siehe unter Teil II: C.II.

386 Vgl. FETZER, Haftung, S. 182. Siehe auch oben unter Teil II: B.II.2.b.)bb.).

387 WAIGEL, Unabhängigkeit, S. 173.

388 Art. 105 S.1 EG, Art. 2 S.2 ESZB-Satzung.

der Agrar- und der Montanpolitik unter dem EGKS-Vertrag, entwickelt wurde[389]. Andererseits lassen sich vereinzelt in der Rechtsprechung der Gerichte der Europäischen Gemeinschaften Hinweise finden, daß diese Rechtsprechung zur Haftung für normative Akte auch auf andere Bereiche übertragen werden kann. So führte der EuGH bereits im Urteil *HNL/Rat und Kommission* aus, daß die Haftung für normatives Unrecht auf Rechtsetzungsgebiete anzuwenden ist, die durch ein „unerläßlich weites Ermessen" gekennzeichnet sind[390]. Weiterhin wandte das EuG beispielsweise in der Rechtssache *Nölle/Rat und Kommission* auf eine Verordnung über Antidumpingmaßnahmen die Grundsätze zur Haftung für normatives Unrecht an[391]. In der Rechtsmittelentscheidung *Kommission/Stahlwerke Peine-Salzgitter AG* über die Haftung der EG nach dem EGKS-Vertrag stellt der EuGH nicht nur auf den konkreten Sachbereich ab, sondern entscheidend für die Anwendbarkeit der strengen Grundsätze erachtet er „die Komplexität der von dem Organ zu regelnden Sachlagen, die Schwierigkeiten bei der Anwendung der Vorschriften und [den] Beurteilungsspielraum ... , über den das Organ aufgrund dieser Vorschriften verfügt"[392]. Damit stellt der EuGH ähnlich wie in der Rechtssache *HNL/Rat und Kommission* auf die Weite des Ermessens ab, allerdings mit dem Unterschied, daß in der Rechtssache *Kommission/Stahlwerke Peine-Salzgitter* über die Haftung der EG nach Artt. 34 bzw. 40 KS zu entscheiden war. Im nächsten Absatz bestätigt der Gerichtshof jedoch das Vorgehen des EuG, „sich von den Prinzipien leiten [zu] lassen, die verschiedenen Fallgestaltungen gemeinsam sind, in denen das Gemeinschaftsorgan für die Regelung komplexer Sachlagen über einen weiten Beurteilungsspielraum verfügt", und bekräftigt die Möglichkeit, zur Auslegung des Artt. 34 bzw. 40 KS auf die Rechtsprechung für normatives Unrecht zu Art. 288 II EG zurückzugreifen[393].

Daraus läßt sich folgern, daß die außervertragliche Haftung nach dem EGKS-Vertrag und dem EG-Vertrag nach den gleichen Grundsätzen verläuft. Die Gemeinsamkeit der untersuchten Fälle liegt darin, daß es bei Erlaß der Rechtsetzungsakte um Ermessensentscheidungen ging, denen komplexe Sachverhalte mit schwierigen Wertungsfragen in wirtschaftlicher und technischer Hinsicht zu-

---

[389] VON BOGDANDY, in: Grabitz/Hilf, EGV, Archiv-Bd. 2, Art. 215 EG-Vertrag, Rdn. 84.

[390] EuGH, verb. Rs. 83 und 94/76, 4, 15 und 40/77, *HNL/Rat und Kommission*, Slg. 1978, S. 1209, Rdn. 6.

[391] EuG, Rs. T-167/94, *Nölle/Rat und Kommission*, Slg. 1995, II-2589, Rdn. 51.

[392] EuGH, C-220/91 P, *Kommission/Stahlwerke Peine-Salzgitter AG*, Slg. 1993, I-2393, Rdn. 29; ebenso EuGH, verb. Rs. C-363/88 und C-364/88, *Finsider/Kommission*, Slg. 1992, I-359, Rdn. 23f.

[393] EuGH, C-220/91 P, *Kommission/Stahlwerke Peine-Salzgitter AG*, Slg. 1993, I-2393, Rdn. 30.

grunde lagen. Zudem handelte es sich vielfach um vage formulierte Normen, die Auslegungs- und Anwendungsschwierigkeiten hervorriefen. Damit die zur Regelung berufenen Organe auch ihrer politischen Verantwortung gerecht werden können, ist ihnen durch den EuGH ein weiter Ermessensspielraum zugestanden worden[394]. Er spricht dann von Rechtsetzungsakten, die auf Gebieten ergehen, deren Durchführung durch ein „unerläßlich weites Ermessen" gekennzeichnet ist.

Es liegt somit der Schluß nahe, daß es für eine Anwendung der strengen Haftungsvoraussetzungen auf den Umfang des Ermessensspielraumes des handelnden Organs ankommt, nicht auf den zu regelnden Sachbereich. Für die Beurteilung des Umfangs dieses Ermessens spielen die Umstände des Handelns eine Rolle. Indizien für einen „unerläßlich weiten" Ermessensspielraum sind die Komplexität des zu regelnden Sachverhalts, der Prognosecharakter der Maßnahme und die Schwierigkeiten bei der Anwendung der Norm[395]. Eine Ausweitung des Anwendungsbereichs der Haftungsgrundsätze für normatives Unrecht auf die Währungspolitik erscheint daher möglich[396].

Schließlich spricht für eine Anwendung der Haftung für normatives Unrecht auf Handlungen der EZB auch, daß die strenge Voraussetzung für normatives Unrecht vorgesehen wurden, um die Funktionsfähigkeit der Gemeinschaftsorgane zu gewährleisten. Diese sollen „bei ihrer Willensbildung nicht jedesmal durch die Möglichkeit einer Schadensersatzklage behindert werden ..., wenn sie Anlaß [haben], im Allgemeininteresse Rechtsnormen zu erlassen, welche Interessen der einzelnen berühren können"[397]. Dieser vom EuGH angegebene Sinn und Zweck kann auch für Rechtsetzungsakte der EZB fruchtbar gemacht werden. Im Rahmen der Geldpolitik, die gem. Art. 105 I S. 1 EG, Art. 2 S. 1 ESZB-

---

[394] GA VAN GERVEN, Schlußanträge, verb. Rs. C-104/89 und C-37/90, *Mulder u.a./Rat und Kommission*, Slg. 1992, I-3061, 3103; VON BOGDANDY, in: Grabitz/Hilf, EGV, Archiv-Bd. 2, Art. 215 EG-Vertrag, Rdn. 84.

[395] Diese Kriterien spielen auch für die mitgliedstaatliche Haftung bei Verstößen gegen das Gemeinschaftsrecht eine Rolle. Vgl. VON BOGDANDY, in: Grabitz/Hilf, EGV, Archiv-Bd. 2, Art. 215 EG-Vertrag, Rdn. 140; GA LÉGER, Schlußanträge, Rs. C-5/94, *The Queen/Ministry of Agriculture, Fisheries and Food, ex parte: Hedley Lomas*, Slg. 1996, I-2553, 2595.

[396] Für eine Erweiterung der Haftungsgrundsätze für normatives Unrecht auf andere Sachbereiche FUß, Zur Rechtsprechung des Europ. Gerichtshofs, S. 176; SCHERMERS/WAELBROECK, Judicial Protection, § 604; GILSDORF/OLIVER, in: GTE, Komm EUV/EGV, Art. 215 EG-Vertrag, Rdn. 66; VAN GERVEN (Hrsg.), Tort Law, S. 404; kritisch FINES, A General Analytical Perspective, S. 30.

[397] Vgl. EuGH, Rs. 83 und 94/76, 4, 15 und 40/77, *HNL/Rat und Kommission*, Slg. 1979, S. 1209, Rdn. 5; siehe auch die Erwägungen zur Einfügung einer Haftungsklage in EGKS-Vertrag von GA BIANCARELLI, Schlußanträge, Rs. T-120/89, *Stahlwerke Peine-Salzgitter AG/Kommission*, Slg. 1991, II-279, 301ff.

Satzung der Sicherung der Preisstabilität dient, wird sie im besonderen Maße im öffentlichen Interesse tätig. Zudem ist die EZB im Gegensatz zu anderen Organen der EG durch eine vertraglich niedergelegte, umfassende Unabhängigkeit geprägt[398]. Sie führt zwar nicht dazu, daß die EZB der gerichtlichen Kontrolle durch den EuGH entzogen wäre, doch steht ihre Unabhängigkeit hierzu in einem steten Spannungsverhältnis. Gerade vor diesem Hintergrund muß die enge Voraussetzung erst recht bei Ermessensentscheidungen im Rahmen der Währungspolitik zur Geltung gelangen.

Danach sind die Haftungsgrundsätze für normatives Unrecht auf Handlungen der EZB anzuwenden, wenn folgende Voraussetzungen erfüllt sind:

Es muß sich um einen Rechtsetzungsakt der EZB, d.h. um eine abstrakt-generelle Regelung handeln. Weiterhin muß der Rechtsetzungsakt auf einem Gebiet erlassen werden, das durch ein „unerläßlich weites Ermessen" gekennzeichnet ist. Kriterien hierfür sind, daß es sich um eine Ermessensentscheidung handelt, deren Besonderheit in der Komplexität des zugrunde liegenden Sachverhalts, in ihrem Prognosecharakter und in der Schwierigkeit der anzuwenden Norm zu sehen ist.

Sind diese Anforderungen erfüllt, wird die Haftung der EZB nach Art. 288 III EG nur ausgelöst, wenn die strenge Voraussetzung für normatives Unrecht erfüllt ist, also eine „hinreichend qualifizierte Verletzung einer höherrangigen, dem Schutz des einzelnen dienenden Rechtsnorm" festzustellen ist. Für welche konkreten Rechtsakte der EZB die Haftung für normatives Unrecht greift, wird im vierten Teil untersucht werden.

Einen Überblick über Rechtswidrigkeitsgründe im Zusammenhang mit Handlungen der EZB soll die nachfolgende Darstellung verschaffen. Es werden nur solche Rechtswidrigkeitsgründe beleuchtet, die typischerweise bei Handlungen der EZB zum Tragen kommen können.

1. Verstoß gegen das Verbot des Ermessensmißbrauchs

Als Rechtswidrigkeitsgrund kommt zunächst eine fehlerhafte Ermessensausübung durch die EZB in Betracht. In verschiedenen Vorschriften, die die Währungsunion betreffen, werden der EZB, d.h. ihren Organen, bei der Erfüllung ihrer Aufgaben Ermessensspielräume eingeräumt. Textlich werden diese durch sogenannte Kann-Bestimmungen kenntlich gemacht. Sie umfassen sowohl die

[398] Vgl. Art. 108 EG, Art. 7 ESZB-Satzung.

Auswahl des zu verfolgenden Ziels, als auch die Auswahl der Mittel und der Rechtsinstrumente[399].

Stets hat der EuGH in seiner Rechtsprechung betont, daß das den Organen der EG eingeräumte Ermessen gerichtlich überprüfbar sei. Der EuGH unterscheidet hierbei zwischen Ermessensmißbrauch und sonstigen Ermessensfehlern[400]. Ein Mißbrauch des eingeräumten Ermessens liegt nach Auffassung des Gerichtshofs dann vor, „wenn aufgrund objektiver, schlüssiger und übereinstimmender Indizien anzunehmen ist, daß sie [Anm.: eine Rechtshandlung] zu anderen als zu den angegebenen Zwecken getroffen wurde“[401] bzw. dann wenn, ein für diesen Bereich vertraglich vorgesehenes Verfahren umgangen wird[402]. Speziell für die außervertragliche Haftung wurde der Pflicht zu fehlerfreier Ermessensausübung vom EuGH zusätzlich der Charakter einer Schutznorm zugesprochen[403].

Fraglich ist aber, ob der Grundsatz der richterlichen Überprüfbarkeit des Ermessens auch für die Ermessensspielräume im Bereich der Währungspolitik zu gelten hat. So könnte gerade aus dem Strukturelement der Unabhängigkeit der EZB eine eingeschränkte gerichtliche Überprüfbarkeit von Ermessensakten der EZB zu entnehmen sein. Indes unterliegen die Rechtsakte der EZB vollständig der Gerichtsbarkeit des EuGH. Der Vertrag von Maastricht sah hierzu die erforderlichen Ergänzungen im Rechtsschutzsystem der Gemeinschaft vor[404]. Bereits aus dem Wortlaut des Art. 230 EG über die Nichtigkeitsklage wird deutlich, daß auch die Ermessensausübung der EZB überprüfbar ist. Obwohl sich in Art. 288 III EG keine textliche Entsprechung findet, muß aus der Erwägung heraus, daß der Europäischen Gemeinschaft und damit einhergehend der

---

[399] EuGH, verb. Rs. 197 bis 200, 243, 245 und 247/80, *Ludwigshafener Walzmühle/Rat und Kommission*, Slg. 1981, S. 3211, Rdn. 37; WEINBÖRNER, Europäische Zentralbank, S. 436.

[400] Vgl. IPSEN, Gemeinschaftsrecht, S. 521ff.

[401] EuGH, Rs. C-323/88, *Sermes/Directeur de service des douanes Strasbourg*, Slg. 1990, I-3027, Rdn. 33. Der Ermessensbegriff im Gemeinschaftsrecht ist damit enger als im deutschen Recht. Siehe dazu BOOß, in: Grabitz/Hilf, EGV, Band 1, Art. 230 EG, Rdn. 126; BORCHARDT, in: Lenz (Hrsg.), EGV-Kommentar, 2. Auflage, Art. 230 EG, Rdn. 77.

[402] BORCHARDT, in: Lenz (Hrsg.), EGV-Kommentar, 2. Auflage, Art. 230 EG, Rdn. 77.

[403] Siehe EuGH, Rs. C-119/88, *AERPO/Kommission*, Slg. 1990, I-2189, Rdn. 19; EuG, Rs. T-489/93, *Unifruit Hellas/Kommission*, Slg. 1994, II-1201, Rdn. 40; GA JACOBS, Schlußanträge, Rs. C-119/88, *AERPO/Kommission*, Slg. 1990, I-2189, 1202.

[404] Siehe dazu HAHN/SIEBELT, in: Dauses, Hdb. EU-WirtschaftsR, F.I., Rdn. 76; KOENIG, EuZW 1993, S. 661ff. So wird in allen gemeinschaftsrechtlichen Klagearten die EZB ausdrücklich genannt: in der Nichtigkeitsklage, Art. 230 III EG, in der Untätigkeitsklage, Art. 232 IV EG, im Verfahren der Vorabentscheidung, Art. 234 I lit.b EG, in der Aufsichtsklage, Art. 237 lit.d EG.

Wirtschafts- und Währungsunion das Attribut einer „Rechtsgemeinschaft“[405] zugestanden wird, die Ausübung des Ermessens stets justitiabel sein. Damit ist auch die Überschreitung des der EZB eingeräumten Ermessens im Verfahren nach Art. 288 III EG überprüfbar.

Soweit es um die Beurteilung von komplexen wirtschaftlichen Sachverhalten geht, hat der EuGH, unabhängig davon ob es sich um normative oder administrative Maßnahmen handelte, den jeweiligen Gemeinschaftsinstitutionen einen weiten Ermessensspielraum zugesprochen. Dasselbe gilt entsprechend für Prognoseentscheidungen. Die richterliche Überprüfbarkeit ist in diesem Fall auf offensichtliche Fehler, also eine offensichtliche Überschreitung des Ermessensspielraums, und Willkürentscheidungen beschränkt[406]. Dies schließt indes eine Überprüfung der zugrunde gelegten Tatsachen und Umstände auf ihre Richtigkeit sowie die Überprüfung der Subsumtion unter die Ermächtigungsgrundlage nicht aus[407]. Zur Begründung dieser zurückgenommenen Kontrolldichte gibt der EuGH an, daß gerade in Bereichen die weitgehend vergemeinschaftet sind, der Beurteilungsspielraum vergrößert werden müsse, damit insbesondere der Gemeinschaftsgesetzgeber seiner politischen Verantwortung gerecht werden könne und das institutionelle Gleichgewicht gewahrt bleibe[408]. Zu den eigentlich politischen Aufgaben gehörten auch Einschätzungen wirtschaftlicher Sachverhalte. Diese seien dadurch gekennzeichnet, daß sie umfassende Wertungen voraussetzten, welche nicht zu eindeutigen Erkenntnissen führten. Dem Gemeinschaftsorgan müsse deshalb eine gewisse Irrtumsmarge belassen werden[409].

Wichtig zu klären ist im folgenden, ob diese eingeschränkte Überprüfbarkeit auch auf die EZB zu übertragen ist. Dies ist insbesondere deshalb fraglich, da die EZB ausschließlich währungsrechtliche Entscheidungen trifft, die Rechtsprechung des EuGH sich aber ausschließlich auf wirtschaftliche Sachverhalte

---

[405] Der Begriff der „Rechtsgemeinschaft“ geht auf eine Formulierung von Hallstein zurück. Siehe HALLSTEIN, Europäische Gemeinschaft, S. 53ff.; für die Wirtschafts- und Währungsunion siehe SELMAYR, AöR 124 (1999), S. 359ff.

[406] EuGH, Rs. 136/77, *Racke/Hauptzollamt Mainz*, Slg. 1978, S. 1245, Rdn. 4; EuGH, Rs. 138/79, *Roquette Frères/Rat*, Slg. 1980, S. 3333, Rdn. 25; EuGH, Rs. C-280/93, *Deutschland/Rat*, Slg. 1994, I-4973, Rdn. 90; EuG, T-571/93, *Lefebvre u.a./Kommission*, Slg. 1995, II-2379, Rdn. 49. Vgl. auch BLECKMANN, Ermessensfehlerlehre, S. 216.

[407] EuGH, Rs. 56 und 58/64, *Consten und Grundig/Kommission*, Slg. 1966, S. 322, 396; MÜLLER-GRAFF, Integration 21 (1998), S. 93; a.A. HOPPE, Rechtsschutz, S. 211. Im Fall des normativen Unrechts muß für eine Haftung eine „hinreichend qualifizierte Verletzung“ des Ermessens vorliegen.

[408] EuGH, Rs. C-280/93, *Deutschland/Rat,* Slg. 1994, I-4973, Rdn. 89; EuGH, Rs. C-306/93, *Winzersekt/Land Rheinland-Pfalz*, Slg. 1994, I-5554, Rdn. 21.

[409] GA VAN GERVEN, Schlußanträge, verb. Rs. C-104/89 und C-37/90, *Mulder u.a./Rat und Kommission*, Slg. 1992, I-3061, 3103; BLECKMANN, Ermessensfehlerlehre, S. 216f.

bezieht. Eine entsprechende Anwendung auf währungspolitische Entscheidungen der EZB wäre jedoch angebracht, wenn die EZB ebenfalls komplexe Sachverhalte zu regeln oder Prognoseentscheidungen zu treffen hätte, die in ihre politische Verantwortung fallen.

Gerade der Einsatz geldpolitischer Instrumente durch die EZB stellt eine Ermessensentscheidung dar, die in besonderem Maße eine Einschätzung komplexer Sachverhalte voraussetzt. Bereits die Frage, welche geldpolitische Strategie zur Anwendung kommen sollte, stand lange Zeit zur Diskussion[410]. Die EZB hat sich für ein zwei-„Säulen"-Modell entschieden[411]. Schwerpunktmäßig, als erste Säule, beobachtet sie das Geldmengenwachstum in den Mitgliedstaaten, wobei sie zur besseren sowie verständlicheren Analyse und Darstellung des Geldmengenwachstums einen Referenzwert vorgibt. Die zweite Säule bildet die Auswertung einer Reihe sonstiger Wirtschafts- und Finanzindikatoren, die die Preisstabilität beeinflussen können[412]. Das bedeutet, daß vor dem Einsatz eines geldpolitischen Instruments anhand eines Bündels von Indikatoren, das eine Vielzahl von Bereichen wie der Preisentwicklung, der Produktions-, Nachfrage- und Arbeitsmarktentwicklung, sowie der Wechselkurs- und Zahlungsbilanzentwicklung umfaßt, die monetäre Entwicklung ermittelt werden muß[413]. Für die EZB kommt hierbei die Schwierigkeit hinzu, daß noch Unsicherheiten bezüglich der Qualität und Verläßlichkeit der nun europaweit ausgerichteten Indikatoren bestehen[414].

Damit liegen den geldpolitischen Entscheidungen der EZB nicht nur komplexe wirtschaftliche Einschätzungen zugrunde, sondern sie sind, wie im folgenden zu zeigen sein wird, außerdem in hohem Maße prognostischer Natur. Um Geldwertstabilität zu gewährleisten, versucht die EZB durch den Einsatz ihrer geldpolitischen Instrumente die von ihr gewählte Strategie zu verfolgen. Dabei soll die Preisstabilität nach dem erklärten Willen der EZB mittelfristig gewährleistet werden. Die Entscheidungen der EZB sind folglich zukunftsgerichtet[415]. Sie sind

---

[410] Aufgrund der bestehenden Unsicherheiten über Bestandteile und Größe der Geldmenge in Europa erscheint eine reine Geldmengensteuerung, wie sie in Deutschland praktiziert wurde, wenig sinnvoll. Vielfach wird eine direkte Inflationssteuerung vorgeschlagen. Vgl. HEUN, JZ 1998, S. 871; MOUTOT, Operating Framework, S. 133ff.; zu den Vorarbeiten des EWI, siehe EWI, Geldpolitische Strategie, S. 1ff.

[411] EZB, Monatsbericht, Januar 1999, S. 47ff.

[412] EZB, Monatsbericht, November 2000, S. 43ff., die darauf hinweist, daß der Referenzwert nicht als monetäres Zwischenziel zu verstehen ist.

[413] Siehe dazu die verschiedenen Monatsberichte der EZB, z.B. Monatsbericht, Juli 1999, S. 9ff.

[414] EZB, Monatsbericht, Januar 1999, S. 50.

[415] EZB, Monatsbericht, Januar, 1999, S. 52.

aber nicht allein schon deswegen prognostischer Natur, sondern auch weil keine gesicherten Erkenntnisse über den Wirkungszusammenhang zwischen geldpolitischen Maßnahmen und wirtschaftlichen Größen bestehen[416]. So hat es vor allem die EZB, die die Geldpolitik für ein erst gebildetes Währungsgebiet gestaltet, mit einem komplexen Transmissionsprozeß zu tun, der „durch mehrere Kanäle mit jeweils langen, variablen und nicht vollständig vorhersehbaren Wirkungsverzögerungen" gekennzeichnet ist[417]. Eine Prognose für die Preisentwicklung im Euro-Währungsgebiet gestaltet sich angesichts der noch bestehenden Unsicherheiten bezüglich des Verhaltens der Marktteilnehmer sowie der institutionellen und strukturellen Unsicherheiten erst recht schwierig[418]. Die Entscheidungen der EZB sind im Ergebnis sowohl durch einen hohen Grad an Komplexität als auch durch ihren prognostischen Charakter gekennzeichnet.

Der EZB bei derartigen Entscheidungen einen weiten Ermessensspielraum zuzubilligen, rechtfertigt sich damit bereits aus der Vergleichbarkeit der Sachverhalte. Hier wie dort geht es um die Einschätzung komplexer Bereiche und die getroffenen Entscheidungen tragen in hohem Maße prognostische Züge[419].

Weiterhin stellt sich auch hier das Problem der Wahrung der politischen Verantwortung. Der EuGH ist zwar umfassend zur Überprüfung von Rechtsakten der EZB beauftragt, ihre Grenze findet sie jedoch auch hier im Prinzip des institutionellen Gleichgewichts. Gerade in einem Bereich wie der Währungspolitik, die fast vollkommen vergemeinschaftet ist, muß der EZB, damit sie ihrer geld- und währungs*politischen* Verantwortung gerecht werden kann, bei der Einschätzung komplexer Sachverhalte mit Prognosecharakter wie den Gemeinschaftsorganen ein weiter Ermessensspielraum zugestanden werden. Unterstützend läßt sich hier noch die umfassende Unabhängigkeit der EZB anführen. Sie ist Ausdruck dafür, daß die politische Verantwortung der EZB besonders stark ausgeprägt ist. Um hier das institutionelle Gleichgewicht zu wahren, darf die rechtmäßige Ausübung des Ermessens, soweit es sich um einen weiten Ermessensspielraum handelt, nur einer eingeschränkten gerichtlichen Kontrolle unterliegen[420].

---

416 ISSING, DBB/Auszüge, Nr. 66/1996, S. 4; BOFINGER/REISCHLE/SCHÄCHTER, Geldpolitik, S. 241ff. Ausführlich hierzu ENDLER, Europäische Zentralbank, S. 111ff., 524.

417 EZB, Monatsbericht, Januar 1999, S. 47.

418 EZB, Monatsbericht, Januar 1999, S. 55; KNAPPE, Das geldpolitische Instrumentarium, S. 147f.

419 Ebenso HAHN, Vertrag von Maastricht, S. 99; HOPPE, Rechtsschutz, S. 211; ZILIOLI, in: GTE, Komm EUV/EGV, nach Art. 109m EG-Vertrag, Satzung ESZB und EZB, Art. 12, Rdn. 18.

420 HOPPE, Rechtsschutz, S. 210.

Im Ergebnis ist festzuhalten, daß auch das der EZB eingeräumte Ermessen der Kontrolle durch den EuGH unterliegt. Allerdings ist die Kontrolle dann eingeschränkt, wenn es um Ermessensentscheidungen in komplexen Sachbereichen geht oder sie prognostische Züge tragen. Eine Ausnahme hierzu bildet die Überprüfung von Sanktionen, die durch die EZB gegenüber Kreditinstituten verhängt werden. Nach Art. 5 VO (EG) Nr.2532/98[421], der auf Art. 229 EG verweist, unterliegen sie einer unbeschränkten Ermessensnachprüfung.

Für eine Haftung aus Art. 288 III EG ist folgendes festzuhalten: Der Grundsatz der fehlerfreien Ermessensausübung ist eine Schutznorm, so daß seine Verletzung grundsätzlich haftungsauslösend ist. Jedoch wird in der Praxis die Feststellung eines Ermessensfehlers der EZB angesichts des oftmals vorliegenden weiten Ermessensspielraums wenig wahrscheinlich sein[422]. Bei einem Rechtsetzungsakt ist ein haftungsauslösender Ermessensfehler im übrigen erst dann zu bejahen, wenn die EZB die Grenzen ihres Ermessens „hinreichend qualifiziert" verletzt hat[423]. Dies ist nur dann der Fall, wenn sie diese offenkundig und erheblich überschritten hat, ohne sich auf ein öffentliches Interesse zu berufen[424].

2. Verstoß gegen die Verpflichtung, die Preisstabilität zu gewährleisten, Art. 105 I S. 1 EG, Art. 2 S. 1 ESZB-Satzung

Ebenfalls denkbar ist, daß ein Verstoß der EZB gegen ihre Verpflichtung auf die Preisstabilität aus Art. 105 I S. 1 EG, Art. 2 S. 1 ESZB-Satzung zur Rechtswidrigkeit der Handlung führt.

Voraussetzung hierfür ist zunächst, daß die Zielbestimmung der Preisstabilität überhaupt justitiabel ist. Dies ist für andere Zielbestimmungen des EG-Vertrages vom EuGH dann bejaht worden, wenn das Ziel rechtsverbindlich ist und nicht lediglich einen Programmsatz darstellt[425]. Das Ziel der Preisstabilität wird bereits in Art. 105 I S. 1 EG, Art. 2 S. 1 ESZB-Satzung erwähnt, also im die Re-

---

[421] VO (EG) des Rates Nr. 2532/98 vom 23.11. 1998 über das Recht der EZB, Sanktionen zu verhängen, ABlEG L 318 vom 27.11.1998, S. 4, 7.

[422] Ebenso HOPPE, Rechtsschutz, S. 212.

[423] RENGELING/MIDDEKE/GELLERMANN, Rechtsschutz, Rdn. 193; BORCHARDT, in: Lenz (Hrsg.), EGV-Kommentar, 2. Auflage, Art. 230 EG, Rdn. 78.

[424] Vgl. nur EuGH, Rs. 74/74, *CNTA/Kommission*, Slg. 1975, S. 533, Rdn. 41/43; siehe auch unter Teil II: B.II.2.b.)bb.).

[425] Vgl. GRABITZ, in: Grabitz/Hilf, EGV, Archiv-Band.2, Art. 2 EG-Vertrag, Rdn. 1; ZIMMERMANN, Nat. Zentralbanken als Bestandteile des ESZB, S. 119f.; ZULEEG, in: GTE, Komm EUV/EGV, Art. 2 EG-Vertrag, Rdn. 3.

gelungen über die Währungsunion eröffnenden Artikel, und zieht sich als „roter Faden“ durch die nachfolgenden Regelungen. Somit ergibt sich schon auf den ersten Blick, daß das Ziel der Preisstabilität keine bloße Absichtserklärung oder ein Programmsatz sein soll, sondern einen rechtlich verbindlichen „Verfassungssatz“[426] bilden soll[427]. Zu bedenken ist in Bezug auf das Ziel der Preisstabilität ferner seine herausragende Bedeutung für die Gemeinschaft. Es wirkt geradezu als konstituierendes Element. Ausdruck davon ist beispielsweise die Bezeichnung der EG als „Stabilitätsgemeinschaft“[428]. Dieser besonderen Bedeutung kann nur durch die Justitiabilität des Ziels ausreichend Rechnung getragen werden[429].

Ein Verstoß der EZB gegen das Prinzip der Preisstabilität ist unter zweierlei Aspekten denkbar.

Zum einen kann die Auslegung des Vertragsziels fehlerhaft sein. Hinsichtlich des Begriffs der „Preisstabilität“ handelt es sich um einen unbestimmten Rechtsbegriff, für den der Vertrag an keiner Stelle eine Legaldefinition gibt, sondern ihn inhaltlich zu füllen der EZB als Aufgabe überläßt[430]. Damit könnte sich bereits die Interpretation des Begriffs durch die EZB als rechtsfehlerhaft erweisen.

Richtschnur für eine Überprüfung von unbestimmten Rechtsbegriffen sind die Kriterien, die der EuGH zur Überprüfung von Ermessensvorschriften anwendet[431]. Anders als im deutschen Recht differenziert der EuGH nicht zwischen Ermessen auf Tatbestands- und Rechtsfolgenseite[432]. Er spricht von Ermessen immer dann, wenn den Gemeinschaftsorganen in irgendeiner Form, sei es durch unbestimmte Rechtsbegriffe, sei es durch sog. Kann-Bestimmungen, ein Gestaltungs- oder Beurteilungsspielraum zugestanden wird. Da es sich bei der in-

---

[426] Der EuGH nennt den EG-Vertrag bisweilen auch „Verfassungsurkunde einer Rechtsgemeinschaft“ siehe EuGH, Rs. 294/93, *Les Verts*, Slg. 1986, S. 1339, Rdn. 23; EuGH, Gutachten 1/91, *EWR I*, Slg. 1991, I-6079, Rdn. 21.

[427] NICOLAYSEN, Rechtsfragen, S. 39; ZULEEG, in: GTE, Komm EUV/EGV, Art. 2 EG-Vertrag, Rdn. 3; ENDLER, Europäische Zentralbank, S. 397, 508.

[428] 7. Präambelerwägung zum EU-Vertrag; Art. 4 II, III EG; BVerfGE 89, 155, 205; WEINBÖRNER, Europäische Zentralbank, S. 413.

[429] ROTH, EuR 29 (1994), Beiheft 1, S. 69; ENDLER, Europäische Zentralbank, S. 513ff.; WEINBÖRNER, Europäische Zentralbank, S. 416.

[430] ROTH, EuR 29 (1994), Beiheft 1, S. 69; ENDLER, Europäische Zentralbank, S. 519ff.; GOETZE, Tätigkeit der nationalen Zentralbanken, S. 173.

[431] EuGH, verb. Rs. 197 bis 200, 243, 245, und 247/80, *Ludwigshafener Walzmühle/Rat und Kommission*, Slg. 1981, S. 3211, Rdn. 37; BLECKMANN, Zum Ermessensmißbrauch, S. 27.

[432] MÜLLER-GRAFF, Integration 21 (1998), S. 93; zur Unterscheidung im deutschen Verwaltungsrecht siehe MAURER, Verwaltungsrecht, § 7.

haltlichen Ausgestaltung der Preisstabilität um die Beurteilung eines komplexen Sachverhalts handelt, muß der EZB ein weiter Ermessensspielraum bei der Auslegung zugestanden werden[433]. Daher kann nur eine Interpretation, die offensichtlich fehlerhaft ist oder geradezu willkürlich erscheint, vom EuGH als rechtswidrig gerügt werden.

Grenze des Interpretationsspielraumes bildet der eindeutige Wortlaut, der volkswirtschaftlich geprägt ist. In ökonomischer Hinsicht kann Preisstabilität nur bedeuten, daß die Preise der produzierten und konsumierten Güter innerhalb einer Volkswirtschaft im Durchschnitt konstant sind. Dieser Durchschnitt wird dann Preisniveaustabilität genannt, ein Begriff, der einen Zustand ohne Inflation beschreibt[434]. Eine Veränderung wird durch den Preisindex gemessen. Die Bemessung des europäischen Preisniveaus erfolgt anhand des „Harmonisierten Index der Verbraucherpreise (HIVP)“[435]. Aus einem Anstieg des Preisniveaus kann jedoch nicht unbedingt auf den realen Kaufkraftschwund der Währung geschlossen werden. Vielmehr wird durch Qualitätsverbesserungen, Substitutionseffekte, Einführung neuer Produkte und durch Sonderangebote der Preisindex bis zu 2% verzerrt[436].

Aufgrund dieser Erkenntnisse ist die EZB in keiner Weise verpflichtet, eine Preissteigerungsrate von 0% zu verfolgen[437]. Der EZB-Rat hat sich gerade angesichts des Verzerrungsfaktors und des noch unbekannten Meßfehlers im europäischen Preisindex im Oktober 1998 zu einer Definition entschlossen, nach der Preisstabilität einen Anstieg des Preisniveaus von weniger als 2% p.a. bedeutet[438]. Er folgt damit den oben dargestellten ökonomischen Erkenntnissen. Auch im Hinblick auf den noch nicht vollständig geklärten Meßfehler des HIVP hat der EZB-Rat sein Ermessen bei der heute geltenden Bestimmung des Begriffs Preisstabilität fehlerfrei ausgeübt.

---

433 Vgl. NICOLAYSEN, Rechtsfragen, S. 40; ROTH, EuR 29 (1994), Beiheft 1, S. 69; SMITS, European Central Bank, S. 186; GOETZE, Tätigkeit der nationalen Zentralbanken, S. 173; ENDLER, Europäische Zentralbank, S. 519ff.

434 BOFINGER/REISCHLE/SCHÄCHTER, Geldpolitik, S. 12; DUDEN, Der Euro, S. 268; ENDLER, Europäische Zentralbank, S. 390ff. nennt das „absolute“ Preisstabilität.

435 SCHILL, in: Lenz (Hrsg.), EGV-Kommentar, 2. Auflage, Art. 105 EG, Rdn. 3; SODAN, NJW 1999, S. 1523.

436 In Bezug auf die Deutsche Bundesbank hat der wissenschaftliche Beirat beim Bundesministerium für Wirtschaft eine Preissteigerungsrate von 2% mit dem Ziel der Preisstabilität für vereinbar erklärt. Vgl. BOFINGER/REISCHLE/SCHÄCHter, Geldpolitik, S. 19; DUDEN, Der Euro, S. 268; SCHLESINGER, Geldwertstabilität, S. 177; ZIMMERMANN, Nat. Zentralbanken als Bestandteile des ESZB, S. 111.

437 NICOLAYSEN, Rechtsfragen, S. 39; SMITS, in: GTE, Komm EUV/EGV, Art. 105 EG-Vertrag, Rdn. 11; ausführlich ENDLER, Europäische Zentralbank, S. 390ff.

438 EZB, Monatsbericht, Januar 1999, S. 51; DIES., Monatsbericht, November 2000, S. 42.

Angesichts dieser Eigeninterpretation bleibt schließlich zu klären, ob sich die EZB durch diese Definition für die Zukunft rechtlich gebunden hat. Der Gerichtshof hat bereits sehr früh den Grundsatz der Selbstbindung der Verwaltung aufgegriffen. Eine Selbstbindung entsteht danach nicht nur beim Erlaß von Einzelakten, sondern bei jeder „Verhaltensnorm ..., die einen Hinweis auf die zu verfolgende Verwaltungspraxis enthält"[439]. Jedoch steht es der Verwaltung bei ihrer Ermessensausübung stets frei, ihre Ansicht zu ändern. Bei einer willkürlichen, nicht vorhersehbaren Änderung der Verwaltungspraxis kommt allerdings die Verletzung des Grundsatzes des Vertrauensschutzes in Betracht, dem jedenfalls der für eine Schadensersatzklage erforderliche Schutznormcharakter zukommt[440]. Eine Schadensersatzklage wäre insofern also vorstellbar.

Zum anderen könnte die EZB rechtswidrig handeln, wenn sie ihre Befugnisse, soweit sie Entscheidungsspielräume enthalten, nicht nach Maßgabe der Zielbestimmung der Preisstabilität ausüben würde[441]. Insbesondere wenn die Befugnisse Ermessensspielräume vorsehen, sind nach Auffassung des EuGH diese „zielkonform" auszuüben[442].

Das bedeutet, daß die EZB verpflichtet ist, ihre Handlungen am Ziel der Preisstabilität auszurichten. Im Bereich der Währungsunion steht das Ziel der Preisstabilität in Art. 105 EG, Art. 2 ESZB-Satzung jedoch neben anderen Zielen, wie der Unterstützung der allgemeinen Wirtschaftspolitik, um die in Art. 2 EG genannten Ziele zu verwirklichen, der marktkonformen Durchführung der Geldpolitik und der in Art. 4 EG genannten Ziele. Es besteht also ein ganzes Zielbündel, nach dessen Maßgabe die EZB bei Entscheidungsspielräumen Gebrauch machen muß.

Das stellt solange kein Problem dar, als die Ziele nicht miteinander in Konflikt treten. Im Falle eines sogenannten Zielkonflikts müssen einige Ziele zeitweise zugunsten anderer Ziele zurücktreten. Damit muß eine Auswahl der Ziele getroffen werden, an denen die EZB ihre Entscheidungen im folgenden orientieren muß. Die Auswahl ist für die EZB vertraglich nach Art. 105 I S. 1 EG, Art. 2 S. 1 ESZB-Satzung durch die vorrangige Verpflichtung auf die Preissta-

---

[439] EuGH, Rs. 148/73, *Louwage/Kommission*, Slg. 1974, S. 81, Rdn. 11/18; PERNICE, in: Grabitz/Hilf, EGV, Archiv-Bd. 2, Art. 164 EG-Vertrag, Rdn. 95.

[440] EuGH, Rs. 84/78, *Tomadini/Administrazione delle Finanze dello Stato*, Slg. 1979, S. 1801, Rdn. 20ff.; SCHWARZE, Europ. Verwaltungsrecht, Bd. II, S. 1044f., 1047.

Zum Schutznormcharakter des Grundsatzes des Vertrauensschutzes siehe OSSENBÜHL, Staatshaftungsrecht, S. 592 m.w.N.

[441] SMITS, in: GTE, Komm EUV/EGV, Art. 105 EG-Vertrag, Rdn. 9.

[442] Vgl. EuGH, Rs. 1/69, *Italien/Kommission*, Slg. 1979, 277, 284; GRABITZ, in: Grabitz/Hilf, EGV, Archiv-Bd. 2, Art. 2 EG-Vertrag, Rdn. 1; ENDLER, Europäische Zentralbank, S. 397.

bilität eingeschränkt. Bei einem Zielkonflikt hat sie folglich ihre Handlungen am Ziel der Preisstabilität auszurichten[443].

Nur unter bestimmten Voraussetzungen hat die EZB ein Wahlrecht zwischen dem Ziel der Preisstabilität und den übrigen Zielen des Art. 105 I S. 1 EG[444]. So hat die EZB, soweit eine Situation der Preisstabilität besteht, nicht nur die Preisstabilität zu berücksichtigen, sondern auch die übrigen Ziele. Alle Ziele sind dann aufeinander abzustimmen. Gelingt dies nicht, so steht es im Ermessen der EZB, welche Ziele zurücktreten sollen[445]. Ebenso kann die EZB beispielsweise zwischen zwei Vorgehensweisen, die die gleichen Auswirkungen auf die Preisstabilität zeitigen, unter Berücksichtigung der übrigen Zielvorgaben eine auswählen[446].

Ob die EZB ihrer Verpflichtung auf das Ziel der Preisstabilität tatsächlich nachkommt, ist einer gerichtlichen Überprüfung nur schwer zugänglich. Insbesondere sind stabilitätsorientierten Entscheidungen der EZB dadurch Grenzen gesetzt, daß auch andere wirtschaftliche Faktoren die Preisstabilität beeinflussen[447]. Das heißt, daß eine Erfolgskontrolle nur bedingt möglich ist. Im Falle der Wahlmöglichkeit tritt der Ermessensspielraum der EZB erschwerend hinzu[448].

Kommt damit die Verletzung des Ziels der Preisstabilität sogar in zweierlei Hinsicht als Rechtswidrigkeitsgrund in Betracht, so ist fraglich, ob diesem Ziel der für eine Haftung nach Art. 288 III EG erforderliche Charakter einer Schutznorm zukommt. Der Schutznormcharakter ist nicht schon deswegen zu verneinen, weil es sich um die Verletzung eines Vertragsziels handelt. Auch Vertragszielen kann grundsätzlich Schutznormcharakter zugunsten Privater zukommen[449].

Eine Bestimmung weist nämlich immer dann Schutznormcharakter auf, wenn sie dem Schutz der Interessen des Klägers oder einer Gruppe, der der Kläger angehört, zu dienen bestimmt ist. Dabei ist auch dann von einer Schutznorm

---

[443] Vgl. SODAN, NJW 1999, S. 1523.

[444] ENDLER, Europäische Zentralbank, S. 402ff., 518f.; HÄDE, in: Calliess/Ruffert, EUV/EGV, Art. 105 EG, Rdn. 4 m.w.N.

[445] ENDLER, Europäische Zentralbank, S. 400.

[446] LOUIS, CDE 28 (1992), S. 281.

[447] SMITS, European Central Bank, S. 186; DUISENBERG, DBB/Auszüge Nr. 50/1998, S. 3.

[448] ENDLER, Europäische Zentralbank, S. 400, 518f.

[449] Für die agrarpolitischen Ziele des Art. 33 EG siehe EuGH, Rs. 281/84, *Zuckerfabrik Bedburg/Rat und Kommission*, Slg. 1987, S. 49, Rdn. 22; OSSENBÜHL, Staatshaftungsrecht, S. 593; GA LENZ, Schlußanträge, verb. Rs. 279, 280, 285 und 286/84, *Rau/Kommission*, Slg. 1987, S. 1069, 1112; zweifelnd GILSDORF/OLIVER, in: GTE, Komm EUV/EGV, Art. 215 EG-Vertrag, Rdn. 39.

auszugehen, wenn sie in erster Linie die Interessen der Allgemeinheit und nur mittelbar Individualinteressen schützen soll[450].

Die Verpflichtung auf das Ziel der Preisstabilität dient zweifellos volkswirtschaftlichen Zwecken. So führt eine anhaltende Inflation zu Veränderungen in der Einkommens- und Vermögensverteilung und zerstört in der Folge „die allgemeine ökonomische Grundlage für private Planungen und Dispositionen bei der Wahrnehmung wirtschaftlicher Freiheitsrechte"[451]. Ferner bewirkt sie einen Anstieg der längerfristigen Zinsen und einen darauf beruhenden Rückgang der Investitionstätigkeit[452]. Das Ziel der Preisstabilität dient damit einem öffentlichen Interesse. Ebenso kann nicht bezweifelt werden, daß auch der Einzelne von stabilen Preisen profitiert. Jedoch bezweckt das Erfordernis einer Schutznormverletzung, daß der einzelne Bürger in eine engere Beziehung zur Exekutive bzw. Legislative treten muß als die Allgemeinheit[453]. Dies ist vorliegend nicht der Fall, da die Gewährleistung von Preisstabilität nicht für eine spezielle Gruppe von Personen, sondern für die Gesamtheit der EU-Bürger und EU-Unternehmen von Vorteil ist. Der Zielverpflichtung auf Preisstabilität ist daher der Schutznormcharakter abzusprechen[454].

Damit erscheint die Verletzung des Ziels der Preisstabilität nicht geeignet, die Haftung der EZB aus Art. 288 III EG auszulösen. Ob sich durch eine eklatante Verletzung des Preisstabilitätsziels eine Verletzung des gemeinschaftsrechtlichen Grundrechtes auf Eigentum ableiten läßt, wird an anderer Stelle untersucht werden[455].

3. Verstoß gegen den Grundsatz einer offenen Marktwirtschaft mit freiem Wettbewerb, Art. 105 I S. 2 EG, Art. 2 S. 2 ESZB-Satzung

Auch eine Verletzung des in Art. 105 I S. 2 EG, Art. 2 S. 2 ESZB-Satzung verankerten Grundsatzes einer offenen Marktwirtschaft mit freiem Wettbewerb könnte zur Rechtswidrigkeit einer EZB-Maßnahme führen.

---

[450] Siehe dazu oben unter Teil II: B.II.2.b.)aa.).

[451] BVerfGE 89, 155, 208f.

[452] Eine Übersicht über die Vorteile einer an der Preisstabilität ausgerichteten Geldpolitik findet sich in EZB, Monatsbericht, Januar 1999, S. 44.

[453] GILSDORF/OLIVER, in: GTE, Komm EUV/EGV, Art. 215 EG-Vertrag, Rdn. 38; OSSENBÜHL, Staatshaftungsrecht, S. 591; REINISCH, EuZW 2000, S. 45.

[454] Ebenso CZAJA, Haftung, S. 187.

[455] Siehe zum gemeinschaftsrechtlichen Grundrecht auf Eigentum nachstehend unter Teil II: C.IV.4.a.).

Die Tatsache, daß der Grundsatz in Art. 105 I S. 2 EG, Art. 2 S. 2 ESZB-Satzung sowohl explizit genannt wird, als auch durch die Verweisung auf Art. 4 EG inkorporiert wird, beweist die herausragende Bedeutung dieses Grundsatzes für die Währungsunion. Auch er ist damit justitiabel[456].

Der Grundsatz bewirkt, daß die EZB verpflichtet ist, Befugnisse mit Ermessensspielräumen nach Maßgabe des Grundsatzes einer offenen Marktwirtschaft mit freiem Wettbewerb auszufüllen. Während die oben behandelte Verpflichtung auf die Preisstabilität auf das Ergebnis einer Handlung abzielt, bezieht sich der Grundsatz des freien Wettbewerbs auf die einzusetzenden Mittel. Das bedeutet, daß das Ziel der Preisstabilität mit Mitteln zu verfolgen ist, die einer offenen Marktwirtschaft mit freiem Wettbewerb entsprechen[457]. Die EZB darf also im Rahmen ihrer Geldpolitik nur solche geldpolitischen Instrumente einsetzen, die den freien Wettbewerb zwischen den Kreditinstituten nicht verzerren. Verzerrend bzw. nicht marktkonform sind Instrumente, die Elemente einer Beihilfe enthalten oder quantitative Kreditbeschränkungen darstellen[458]. Wettbewerbsneutral bzw. marktkonform hingegen ist insbesondere das Instrument der Offenmarktgeschäfte[459]. Benutzt also die EZB wettbewerbsverzerrende Instrumente, verstößt sie gegen den Grundsatz einer offenen Marktwirtschaft.

Auf wettbewerbsverzerrende Instrumente muß als „ultima ratio“ jedoch dann zurückgegriffen werden können, wenn das Ziel der Preisstabilität mit wettbewerbsneutralen Instrumenten nicht glaubwürdig und effektiv erreicht werden kann[460]. Ihr Einsatz erfordert dann eine besondere geldpolitische Rechtfertigung[461]. Bei der Einschätzung der Effektivität einzelner Instrumente ist der EZB angesichts der damit einhergehenden Bewertung komplexer währungsrechtlicher und wirtschaftlicher Zusammenhänge ein weiter Ermessensspielraum zuzugestehen. Dieser Ermessensspielraum erschwert die Überprüfung, ob das Ziel der Preisstabilität auch mit wettbewerbsneutralen Instrumenten gleich wirksam hätte erreicht werden können.

---

456 ROTH, EuR 29 (1994), S. 69.

457 HAHN/HÄDE, in: Dolzer/Vogel (Hrsg.), BK, Art. 88 GG, Rdn. 574; BLECKMANN, DVBl 1992, S. 341; GOETZE, Tätigkeit der nationalen Zentralbanken, S. 93f.

458 LOUIS, Projekt of an ECB, S. 18; DERS., CDE 28 (1992), S. 282; SMITS, in: GTE, Komm EUV/EGV, Art. 105 EG-Vertrag, Rdn. 25; STADLER, Handlungsspielraum, S. 208.

459 Ausführlich hierzu MENKHOFF, Kredit und Kapital 1998, S. 65ff.

460 EWI, Jahresbericht 1995, S. 57; STADLER, Handlungsspielraum, S. 108; HÄDE, in: Calliess/Ruffert, EUV/EGV, Art. 105 EG, Rdn. 5.

461 HAHN/HÄDE, in: Dolzer/Vogel (Hrsg.), BK, Art. 88 GG, Rdn. 574; SMITS, European Central Bank, S. 376; STADLER, Handlungsspielraum, S. 205; HÄDE, in: Calliess/Ruffert, EUV/EGV, Art. 4 EG, Rdn. 8f.

Damit ein Verstoß der EZB gegen den Grundsatz einer offenen Marktwirtschaft mit freiem Wettbewerb haftungsauslösend ist, müßte ihm schließlich der Charakter einer Schutznorm zukommen. Sinn und Zweck dieser Einschränkung ist, daß der Einzelne in eine nähere Beziehung zu den Gemeinschaftsorganen tritt als die Allgemeinheit[462]. Der hier behandelte Grundsatz muß insbesondere gegenüber den Kreditinstituten als Adressaten von Maßnahmen der EZB beachtet werden. Diese stehen damit gegenüber den übrigen Marktteilnehmern der Gemeinschaftseinrichtung „EZB" zwar näher, doch ist der Grundsatz vornehmlich ordnungspolitischer Natur[463]. Dem Grundsatz einer offenen Marktwirtschaft mit freiem Wettbewerb ist somit der Schutznormcharakter abzusprechen.

Ein Verstoß gegen den Grundsatz der offenen Marktwirtschaft mit freiem Wettbewerb ist also ebenso wie ein Verstoß gegen das Ziel der Preisstabilität nicht geeignet, die Haftung nach Art. 288 III EG auszulösen. Jedoch unterfallen von der EZB hervorgerufene Wettbewerbsverzerrungen zwischen den Kreditinstituten dem Schutz des allgemeinen Gleichheitssatzes, dessen Verletzung die Haftung nach Art. 288 III EG auslösen kann[464].

4. Verstoß gegen gemeinschaftsrechtliche Grundrechte

Ferner könnte die EZB auch dann rechtswidrig handeln, wenn sie gegen gemeinschaftsrechtliche Grundrechte verstößt, die den weitaus größten Bereich von Schutznormen bilden. Rechtsquelle der Grundrechte sind seit dem Vertrag von Amsterdam nicht mehr die ungeschriebenen allgemeinen Rechtsgrundsätze des Gemeinschaftsrechts, sondern ist allein Art. 6 II EU i.V.m. Art. 46 lit.d EU[465]. Allerdings liefert der Wortlaut dieser Normen nur dürftige Hinweise auf die inhaltliche Ausgestaltung der Grundrechte, indem er lediglich auf zwei Rechtserkenntnisquellen verweist: die gemeinsamen Verfassungsüberlieferungen der Mitgliedstaaten und die EMRK. Die konkrete Ausgestaltung, also Struktur und Inhalt, hat der EuGH anhand dieser Vorgaben in richterlicher

[462] Siehe dazu oben unter Teil II: B.II.2.b.)aa.).

[463] ROTH, EuR 29 (1994), S. 69.

[464] Siehe dazu unter Teil II: C.IV.4.c.).

[465] KINGREEN, in: Calliess/Ruffert, EUV/EGV, Art. 6 EU, Rdn. 33; a.A. STREINZ, Europarecht, Rdn. 356; OPPERMANN, Europarecht, Rdn. 493, 496. Die am 8. Dezember 2000 in Nizza feierlich proklamierte Charta der Grundrechte der EU kann derzeit aufgrund ihrer Unverbindlichkeit keine geeignete Rechtsquelle darstellen. Vgl. HILF, Sonderbeilage zu NJW 2000, Heft 49, S. 6f.

Rechtsfortbildung vorgenommen[466]. Angesichts der elliptischen Entscheidungsbegründungen des EuGH bleibt jedoch die inhaltliche Anreicherung dieser Struktur bis heute rudimentär[467].

Grundrechtsberechtigt sind zunächst alle natürlichen Personen, die Träger der Unionsbürgerschaft nach Art. 17 EG sind. Daneben sind auch juristische Personen des Privatrechts grundrechtsberechtigt, soweit die als verletzt gerügten Grundrechte wesensmäßig auf juristische Personen passen[468]. Damit können sich im Zusammenhang mit Handlungen der EZB sowohl Unionsbürger als auch die mitgliedstaatlichen Kreditinstitute, soweit sie als juristische Personen des Privatrechts einzustufen sind, auf gemeinschaftsrechtliche Grundrechte berufen. Bisher ungeklärt ist die Frage, ob auch juristische Personen des öffentlichen Rechts grundrechtsberechtigt sind[469]. Dies ist insbesondere für die vorliegende Untersuchung relevant, da es gerade in Deutschland eine Reihe von Kreditinstituten gibt, die öffentlich-rechtlich organisiert sind, und gleichermaßen als Adressaten von Maßnahmen der EZB in Betracht zu ziehen sind. Zu denken wäre hierbei an die Sparkassen[470]. Da die EZB gegenüber beiden Gruppen gleichermaßen hoheitlich tätig werden kann, ist das Verhältnis mit demjenigen zwischen der EZB und privaten Kreditinstituten vergleichbar. Nach dem Prinzip des effektiven

---

[466] Die Ermächtigungsgrundlage wurde bisher und wird vielfach in Art. 220 EG gesehen. Vgl. PERNICE, in: Grabitz/Hilf, EGV, Archiv-Bd. 2, Art. 164 EG-Vertrag, Rdn. 42; STREINZ, Europarecht, Rdn. 356. Da sich seit dem Inkrafttreten des Amsterdamer Vertrages die Zuständigkeit des EuGH nach Art. 46 lit.d EU auch auf Art. 6 II EU erstreckt, ergibt sich nun daraus zweifelsfrei die Kompetenz des EuGH zur Überprüfung gemeinschaftsrechtlicher Maßnahmen an den Grundrechten der Gemeinschaft. Siehe HUMMER, Grund- und Menschenrechtsschutz, S. 91; KINGREEN, in: Calliess/Ruffert, EUV/EGV, Art. 6 EU, Rdn. 3; WÖLKER, EuR 34 (1999), Beiheft 1, S. 109; VIOLINI, EuR 34 (1999), Beiheft 1, S. 127.

Wegweisend sind im Zusammenhang mit der Entwicklung der gemeinschaftlichen Grundrechte folgende Entscheidungen: EuGH, Rs. 11/70, *Internationale Handelsgesellschaft/Einfuhr- und Vorratsstelle für Getreide und Futtermittel*, Slg. 1970, S. 1125, Rdn. 3f.; EuGH, Rs. 4/73, *Nold/Kommission*, Slg. 1974, S. 491, Rdn. 14.

Zu Struktur und Inhalt der Gemeinschaftsgrundrechte siehe KINGREEN, in: Calliess/Ruffert, EUV/EGV, Art. 6 EU, Rdn. 64ff.

[467] NETTESHEIM, EuZW 1995, S. 106f.; KINGREEN, in: Calliess/Ruffert, EUV/EGV, Art. 6 EU, Rdn. 64.

[468] WETTER, Grundrechtscharta, S. 80; KINGREEN, in: Calliess/Ruffert, EUV/EGV, Art. 6 EU, Rdn. 51ff.

[469] WETTER, Grundrechtscharta, S. 80. In der Rs. 231/78 (EuGH, Rs. 231/78, *Kommission/Vereinigtes Königreich*, Slg. 1979, S. 1447, Rdn. 17) sprach der Gerichtshof den Mitgliedstaaten, also juristischen Personen des öffentlichen Rechts, zumindest ein Recht auf Gleichbehandlung zu.

[470] Eine Übersicht gibt GLESKE, Wettbewerb, S. 38ff.

Rechtsschutzes sowie aus der Vergleichbarkeit der Sachverhalte heraus wäre es angemessen, diesen die gleichen Abwehrrechte zuzugestehen[471].

Grundrechtsverpflichtete sind nach Art. 6 II EU i.V.m. Art. 1 III EU als „Grundlage der Union" die Europäischen Gemeinschaften[472]. Fraglich ist nun, welche Stellung die EZB im Gemeinschaftsrecht einnimmt. Da sie nicht in Art. 7 EG unter den Gemeinschaftsorganen aufgelistet wird, sondern ihr vielmehr ein eigener Artikel (Art. 8 EG) gewidmet wird, ist sie nicht zu den Organen der Gemeinschaft hinzuzurechnen. Gleichwohl nimmt sie eine Stellung innerhalb des Gemeinschaftsrechts ein[473] und mag als „Einrichtung der Gemeinschaft" bezeichnet werden[474]. Infolgedessen ist sie an das primäre Gemeinschaftsrecht und damit an die Grundrechte der Gemeinschaft gebunden[475]. Angesichts der Befugnisse der EZB müssen ihre Handlungen insbesondere im Einklang mit denjenigen Grundrechten stehen, die die wirtschaftliche Betätigung schützen. Dazu gehören das Eigentumsgrundrecht, das Grundrecht der Berufsfreiheit sowie der allgemeine Gleichheitssatz. Diese sollen im folgenden näher beleuchtet werden.

a.) Grundrecht auf Eigentum

Erstmals beschäftigte sich der EuGH in der Rechtssache *Hauer/Land Rheinland-Pfalz* mit dem Grundrecht auf Eigentum[476]. Er entwickelte darin insbesondere die Unterscheidung zwischen Enteignung und Nutzungsbeschränkung, sowie die Möglichkeit der Rechtfertigung eines Eingriffs in das Eigentumsgrundrecht[477]. Danach ist ein Eingriff gerechtfertigt, soweit die „umstrittenen

---

[471] So jedenfalls RENGELING, Grundrechtsschutz, S. 201, für die Anwendbarkeit der Warenverkehrsfreiheit auf verstaatlichte Industrien.

[472] HAHN, Vertrag von Maastricht, S. 122ff.; KINGREEN, in: Calliess/Ruffert, EUV/EGV, Art. 6 EU, Rdn. 55.

[473] HAHN/HÄDE, in: Dolzer/Vogel (Hrsg.), BK, Art. 88 GG, Rdn. 519; WEINBÖRNER, Europäische Zentralbank, S. 387; WEBER, WM 1998, S. 1465. Ausführlich zu den Zuordnungsschwierigkeiten der EZB siehe oben unter Teil II: C.I.

[474] Auch dieser bereits gemeinschaftsrechtlich belegte Begriff wird der besonderen Stellung der EZB nicht ganz gerecht. Vgl. hierzu oben unter Teil II: C.I.

[475] HAHN, Vertrag von Maastricht, S. 122ff.; ZILIOLI/SELMAYR, CMLR 37 (2000), S. 623. Nach Art. 51 der Charta der Grundrechte sind sowohl die Organe als auch *Einrichtungen* der Union als Grundrechtsverpflichtete aufgeführt. Der Begriff der Einrichtung soll sich dabei auf alle durch die Verträge oder durch Sekundärrecht geschaffene Instanzen beziehen. Vgl. Erläuterungen zur Charta, Art. 51, Beilage zu NJW 2000, Heft 49, S. 14.

[476] Vgl. Art. 37 der Charta der Grundrechte (siehe Fn.475).

[477] EuGH, Rs. 44/79, *Hauer/Land Rheinland Pfalz*, Slg. 1979, S. 3727.

Einschränkungen tatsächlich dem allgemeinen Wohl dienenden Zielen der Gemeinschaft entsprechen und ... sie nicht einen im Hinblick auf den verfolgten Zweck unverhältnismäßigen, nicht tragbaren Eingriff in die Vorrechte des Eigentümers darstellen, der das Eigentumsrecht in seinem Wesensgehalt antastet"[478]. Der EuGH rekurriert damit auf das allgemeine Schema, mit dem er eine Verletzung der Freiheitsgrundrechte überprüft[479]. Von diesem Schema ausgehend soll nun im folgenden geprüft werden, inwiefern Handlungen der EZB das Grundrecht auf Eigentum verletzen können.

aa.) Eingriff in den Schutzbereich

(1) Schutz vermögensrechtlicher Positionen mitgliedstaatlicher Kreditinstitute

Zum Schutzbereich des Grundrechts auf Eigentum gehören alle vermögenswerten Güter und Rechte, die das Privatrecht einem privaten Rechtsträger als Eigentum zuordnet[480]. Er ist damit zunächst weit zu verstehen. Der persönliche Anwendungsbereich umfaßt sowohl natürliche als auch juristische Personen der Mitgliedstaaten[481]. Damit sind grundsätzlich auch vermögensrechtliche Positionen der mitgliedstaatlichen Kreditinstitute geschützt.

Als hoheitlicher Eingriff in Eigentumspositionen der Kreditinstitute ist insbesondere die Auferlegung einer Geldleistungspflicht durch die EZB vorstellbar, welche Liquidität, Rentabiliät und Vermögensstand der Kreditinstitute verringert[482]. Hierzu zählt beispielsweise die Auferlegung einer Mindestreserve

---

[478] EuGH, Rs. 44/79, *Hauer/Land Rheinland Pfalz*, Slg. 1979, S. 3727, Rdn. 23.

[479] Siehe hierzu KINGREEN, in: Calliess/Ruffert, EUV/EGV, Art. 6 EU, Rdn. 64ff.

[480] KINGREEN, in: Calliess/Ruffert, EUV/EGV, Art. 6 EU, Rdn. 99; VON MILCZEWSKI, Der grundrechtliche Schutz des Eigentums, S. 250.

[481] VON MILCZEWSKI, Der grundrechtliche Schutz des Eigentums, S. 266ff.; KINGREEN, in: Calliess/Ruffert, EUV/EGV, Art. 6 EU, Rdn. 51, 53. Ob auch natürliche und juristische Personen aus Drittstaaten grundrechtsberechtigt sind, ist bisher nicht geklärt. Siehe KINGREEN, in: Calliess/Ruffert, EUV/EGV, Art. 6 EU, Rdn. 51.

[482] In der nur mageren Rechtsprechung zu Handlungen der Deutschen Bundesbank die Eigentumsgarantie des Art. 14 GG betreffend, standen nur Fälle zur Entscheidung, in denen einem Kreditinstitut in rechtswidriger Weise ein Bardepot auf der Grundlage des § 6a AWG i.V.m. Art. 69a-c AWG auferlegt wurde. Unter Bardepotpflicht versteht man die Verpflichtung eines Gebietsansässigen, einen Betrag in Höhe eines bestimmten Prozentsatzes der Verbindlichkeiten aus Darlehen von Gebietsfremden auf einem Konto befristet zinslos zu hinterlegen (vgl. § 6a AWG; HAHN, Währungsrecht, § 23, Rdn. 32). In der letztinstanzlichen Entscheidung vom 11. März 1982 verneinte der BGH eine Verletzung des Art. 14 GG. Zur

(Art. 19.1 ESZB-Satzung i.V.m. Art. 1ff. der VO der EG Nr. 2531/98[483], Art. 1ff. der VO der EG Nr. 2818/98[484]) und die Verhängung von Sanktionen in Form von Geldbußen bei Verletzung der Mindestreservepflicht (Art. 19.1 S. 3 ESZB-Satzung i.V.m. Art. 2 VO der EG Nr. 2532/89[485]).

In Bezug auf den Schutz des Vermögens der Kreditinstitute als solches ist davon auszugehen, daß die Belastung des Vermögens beispielsweise durch die Auferlegung von hoheitlichen Geldleistungspflichten durch die EZB nicht am gemeinschaftsrechtlichen Grundrecht auf Eigentum zu messen ist, sondern am Gleichheitssatz und dem Grundsatz der Verhältnismäßigkeit[486]. Es werden demnach nur konkrete Eigentumspositionen geschützt und nicht das Vermögen an sich. Eine andere Beurteilung dürfte jedoch dann angebracht sein, wenn die Abgabe erdrosselnd oder konfiskatorisch wirkt, da dann die Nutzung des Vermögens an sich in Frage steht[487].

Anders könnte daher der Fall zu beurteilen sein, wenn Maßnahmen der EZB in konkrete Eigentumspositionen der mitgliedstaatlichen Kreditinstitute eingreifen. Zu denken ist an einen Eingriff in kaufmännische und wirtschaftliche Positionen, wie Geschäftschancen, Marktanteile oder auch in das Unternehmen an sich.

Zu dieser Problematik sind insbesondere in den achtziger und neunziger Jahren mehrere Entscheidungen ergangen. Im Ergebnis steht der EuGH einer Einbeziehung dieser Positionen in den Schutzbereich des Eigentums ablehnend gegenüber: „Die Gewährleistung des Eigentums [kann] nicht auf den Schutz kaufmännischer Interessen ausgedehnt werden, deren Ungewißheit zum Wesen

---

Begründung gab das Gericht an, daß es sich zwar um eine hoheitliche Maßnahme in Form einer Geldleistungspflicht handle, diese aber nur das Vermögen als solches berühre, das von der Eigentumsgarantie grundsätzlich nicht erfaßt werde (vgl. BGH, WM 1982, S. 663). Ebensowenig bejahte der BGH einen Eingriff in das Institut des eingerichteten und ausgeübten Gewerbebetriebes, da die Auferlegung keine Erdrosselungswirkung habe (vgl. BGH, WM 1982, S. 663f.).

[483] VO (EG) des Rates Nr. 2531/98 vom 23. Nov. 1998 über die Auferlegung einer Mindestreservepflicht durch die EZB, ABlEG L 318 vom 27.11.1998, S. 1.

[484] VO (EG) der EZB Nr. 2818/98 vom 1. Dez. 1998 über die Auferlegung einer Mindestreservepflicht, ABlEG L 356 vom 30.12.1998, S. 1.

[485] VO (EG) des Rates Nr. 2532/98 vom 23. Nov. 1998 über das Recht der EZB, Sanktionen zu verhängen, ABlEG L 318 vom 27.11.1998, S. 4.

[486] MILCZEWSKI, Der grundrechtliche Schutz des Eigentums, S. 259; EuGH, verb. Rs. C-143/88 und C-92/89, *Zuckerfabrik Süderdithmarschen und Zuckerfabrik Soest/Hauptzollamt Itzehoe bzw. Paderborn*, Slg. 1991, I-415, Rdn. 74.

[487] KINGREEN, in: Calliess/Ruffert, EUV/EGV, Art. 6 EU, Rdn. 102.

wirtschaftlicher Tätigkeit gehört“, so der EuGH in der Entscheidung *Valsabbia/Kommission*[488].

Ähnlich entschied der EuGH im Zusammenhang mit Marktanteilen auf dem Bananenmarkt im Urteil *Deutschland/Rat*: „Kein Wirtschaftsteilnehmer kann ... ein Eigentumsrecht an einem Marktanteil geltend machen, den er zu einem Zeitpunkt ... besessen hat, da ein solcher Marktanteil nur eine augenblickliche wirtschaftliche Position darstellt, die den mit einer Änderung der Umstände verbundenen Risiken ausgesetzt ist“[489]. Dagegen bejahte der EuGH im weiteren Verlauf der Entscheidung einen Eingriff in die Berufsfreiheit, den er jedoch als gerechtfertigt ansah[490].

In späteren Urteilen sah der EuGH in gemeinschaftsrechtlichen Milchquoten eine direkte Nutzungsbeschränkung der zu einem Milchbetrieb gehörenden Produktionsmittel, die am Grundrecht auf Eigentum zu messen sei[491].

In diesen Zusammenhang fällt weiterhin die Frage nach dem Schutz der Einheit „Unternehmen“ an sich.

Dazu könnte aus einer Passage im Urteil *Valsabbia/Kommission*[492] gefolgert werden, daß der Fall einer Unternehmensstillegung anhand des gemeinschaftsrechtlichen Eigentumsgrundrechts zu messen sei. Als Bestätigung dieser Annahme könnte das Urteil *Biovilac/EWG* dienen, in dem die Kläger durch eine Kommissionsverordnung, die den Verkauf von Magermilchpulver betrifft, sowohl das Grundrecht auf Eigentum als auch des eingerichteten und ausgeübten Gewerbebetriebes als verletzt ansahen[493]. In dem genannten Urteilsspruch führte der EuGH folgendes aus:

„Mit der dritten Rüge macht die Klägerin geltend, die betreffende Regelung stelle eine Verletzung ihres Eigentumsrechts und ihres Rechts am eingerichteten und ausgeübten Gewerbebetrieb dar. ... Die Maßnahmen der Kommission seien konfiskatorischen Eingriffen vergleichbar, da sie die Rentabilität ihres Unter-

---

[488] EuGH, verb. Rs. 154, 205, 206, 226 bis 228, 263 und 264/78 sowie 39, 31, 83 und 85/79, *Valsabbia/Kommission*, Slg. 1980, S. 907, Rdn. 89; ebenso EuGH, verb. Rs. 172 und 226/83, *Hoogovens Groep/Kommission*, Slg. 1985, S. 2831, Rdn. 29.

[489] EuGH, Rs. C-280/93, *Deutschland/Rat*, Slg. 1994, I-4973, Rdn. 79.

[490] EuGH, Rs. C-280/93, *Deutschland/Rat*, Slg. 1994, I-4973, Rdn. 81.

[491] VON MILCZEWSKI, Der grundrechtliche Schutz des Eigentums, S. 100f.

[492] EuGH, verb. Rs. 154, 205, 206, 226 bis 228, 263 und 264/78 sowie 39, 31, 83 und 85/79, *Valsabbia/Kommission*, Slg. 1980, S. 907, Rdn. 89, „im übrigen ist kein Fall bekannt, in dem ein Unternehmen wegen Beachtung der Entscheidung ... hätte stillgelegt werden müssen“. Siehe auch EuGH, Rs. 258/81, *Metallurgiki Halyps/Kommission*, Slg. 1982, S. 4261, Rdn. 13.

[493] EuGH, Rs. 59/83, *Biovilac/EWG*, Slg. 1984, S. 4057; bejahend wohl RENGELING, Grundrechtsschutz, S. 46, 36; a.A. GÜNTER, Berufsfreiheit und Eigentum, S. 37.

nehmens bis zur Existenzgefährdung beeinträchtigen. Diesem Vorbringen kann nicht gefolgt werden. Die von der Kommission erlassenen Maßnahmen entziehen der Klägerin weder ihr Eigentum noch dessen freie Nutzung und tasten somit den Wesensgehalt dieser Rechte nicht an“[494].

Durch Verneinung einer Verletzung des Wesensgehalts „dieser Rechte“ könnte der EuGH implizit das Recht am eingerichteten und ausgeübten Gewerbebetrieb, also den Schutz der Wirtschaftseinheit „Unternehmen“, anerkannt haben[495]. Eine eindeutige Stellungnahme läßt sich allerdings nicht finden.

Inwieweit vermögensrechtliche Positionen der Kreditinstitute unter den Schutz des gemeinschaftsrechtlichen Eigentumsgrundrechts fallen, ist demnach differenziert zu betrachten. Nicht geschützt ist das Vermögen der Kreditinstitute. Ebensowenig sind erworbene Marktanteile bzw. zukünftige Chancen auf gewinnbringende Geschäfte vom Schutz erfaßt. Dagegen wären Maßnahmen der EZB, die einer sinnvollen wirtschaftlichen Nutzung der zum Unternehmen gehörenden Gegenstände im Wege stehen, am Grundrecht auf Eigentum zu messen. In der Praxis ist hier nur der sehr unwahrscheinliche Fall einer derart einschneidenden Geldleistungspflicht denkbar, daß ein Kreditinstitut zur Geschäftsverkleinerung gezwungen würde, was eine Stillegung hochtechnisierter EDV-Anlagen zur Folge haben könnte. Hinsichtlich eines über diese Einzelrechte hinausgehenden Schutzes der Sach- und Rechtsgesamtheit „Unternehmen“ als die eigentliche Lebensgrundlage des Unternehmers kann bis jetzt nur gemutmaßt werden[496]. Eine explizite Äußerung des EuGH hierzu steht noch aus.

(2) Schutz des Geldwertes

Gerade im Hinblick auf die primäre Aufgabe der EZB, nämlich die Sicherung der Preisstabilität, bleibt hinsichtlich des Eigentumsgrundrechts noch zu untersuchen, ob der Geldwert vom Schutzbereich der gemeinschaftsrechtlichen Eigentumsgarantie umfaßt wird[497]. Angesichts der Tatsache, daß bis Januar 1999 den Mitgliedstaaten währungsrechtliche Kompetenzen zur Inflationsbekämpfung vollumfänglich zustanden und der Euro noch eine junge Währung darstellt,

---

[494] EuGH, Rs. 59/83, *Biovilac/EWG*, Slg. 1984, S. 4057, Rdn. 21f.

[495] Vgl. WETTER, Grundrechtscharta, S. 147; a.A. GÜNTER, Berufsfreiheit und Eigentum, S. 37.

[496] Ablehnend VON MILCZEWSKI, Der grundrechtliche Schutz des Eigentums, S. 262f.; zustimmend hingegen THIEL, JuS 1991, S. 274, 279; RENGELING, Grundrechtsschutz, S. 46; WETTER, Grundrechtscharta, S. 145ff.

[497] Die Begriffe Preisstabilität und Geldwertstabilität können synonym verwendet werden. Vgl. BOFINGER/REISCHLE/SCHÄCHTER, Geldpolitik, S. 11f.

liegt dazu noch keine Rechtsprechung des EuGH vor. Als das Eigentumsgrundrecht verletzende und folglich haftungsauslösende Handlungen der EZB sind zweierlei Situationen denkbar. Zum einen könnte die EZB entgegen ihrer Verpflichtung eine Inflationsgefahr dergestalt schaffen, daß sie durch Erhöhung des Umfangs der Genehmigungen nach Art. 106 EG, Art. 16 ESZB-Satzung die „gemeinschaftliche" Notenpresse anwirft, oder trotz des Verbotes aus Art. 104 EG, Art. 21.1 ESZB-Satzung Kredite an den Sektor „Staat" vergibt. Zum anderen könnte die EZB in einer inflationären Wirtschaftslage es unterlassen, die notwendigen geldpolitischen Schritte zu unternehmen, um die Preisstabilität zu gewährleisten. In allen dargestellten Fällen würde der Euro an Wert verlieren und die Preisstabilität in Gefahr geraten.

Um eine Klärung der Frage, ob der Wert des Euro der Eigentumsgarantie unterfällt, herbeiführen zu können, ist man gem. Art. 6 II EU i.V.m. Art. 46 lit.d EU auf die Eigentumsverbürgungen der EMRK und die gemeinsamen Verfassungsüberlieferungen der Mitgliedstaaten zurückgeworfen.

Die Rechtsprechung des Europäischen Gerichtshofs für Menschenrechte liefert zur Beantwortung dieses Problems keine Anhaltspunkte[498]. Vielmehr indiziert bereits Art. 1 II 1. Zusatzprotokoll zur EMRK, daß das Vermögen als solches, auf den sich ein Geldwertverlust auswirkt, nicht geschützt wird[499].

Hingegen erging erst in jüngster Vergangenheit ein Beschluß des BVerfG zur Einbeziehung des Geldwertes in den Schutzbereich von Art. 14 GG. In der Entscheidung zur Euro-Verfassungsbeschwerde[500] stellte das BVerfG fest, daß Art. 14 I GG das Recht gewährleistet, Sach- und Geldeigentum zu besitzen, zu nutzen, es zu verwalten und über es zu verfügen[501]. Wesentlicher Inhalt dieser

[498] A.A. KINGREEN, in: Calliess/Ruffert, EUV/EGV, Art. 6 EU, Rdn. 102, der auf das Urteil EuGHMR, Nr. 17/1989/177/233 (EuGRZ 17 (1990), S. 504) verweist. Dem ist bei genauer Lektüre des Urteils entgegenzuhalten, daß Schwerpunkt des Urteils eine Prüfung des Diskriminierungsgrundsatzes aus Art. 14 EMRK bildet.

[499] Vgl. zum Schutzbereich der Eigentumsgarantie der EMRK PEUKERT, in: Frowein/Peukert, EMRK-Kommentar, Art. 1 des 1.ZP, Rdn. 4ff., 102ff.; FROWEIN, The Protection of Property, S. 516f., 528.

[500] Die Verfassungsbeschwerde richtete sich gegen die Teilnahme Deutschlands an der Europäischen Währungsunion zum 1. Januar 1999. Die Kläger wendeten sich gegen das Unterlassen der Bundesregierung, gegenüber der deutschen Bevölkerung und der Mitgliedstaaten der Europäischen Union mit der nötigen Eindeutigkeit zu erklären und zu beachten, daß Deutschland nur bei strikter Erfüllung der Konvergenzkriterien durch Deutschland und die anderen beitrittswilligen Mitgliedstaaten der Europäischen Währungsunion beitreten werde. Gerügt wurden eine Verletzung des grundrechtsgleichen Rechts aus Art. 38 I GG sowie die Grundrechte der allgemeinen Handlungsfreiheit in Art. 2 I GG und des Eigentums in Art. 14 GG. Vgl. BVerfGE 97, 350, 362.

[501] BVerfGE, 97, 350, 370.

Garantie sei es, Geld gegen Sachgüter tauschen zu können[502]. Andererseits sei „der Geldwert in besonderer Weise gemeinschaftsbezogen und gemeinschaftsabhängig .. . Er bilde[t] sich im wesentlichen auch durch das Verhalten der Grundrechtsberechtigten selbst, ... [503].“ Zusammenfassend läßt sich sagen, daß grundrechtlich nur die institutionelle Grundlage des Geldes und seine individuelle Zuordnung in den Schutzbereich des Art. 14 GG fallen, nicht hingegen der Geldwert. Aus Art. 14 GG läßt sich demnach kein Grundrecht auf eine stabile Währung ableiten[504].

Dies ist auch konsequent. Zum einen setzt sich der Binnenwert einer Währung aus verschiedenen wirtschaftlichen Faktoren, wie Preisen, Löhnen, Zinsen u.a. zusammen. Zum anderen orientiert sich der Außenwert auf den internationalen Finanzmärkten an der nationalen Wirtschaftskraft. Innerhalb dieser Gemengelage kann nur schwerlich ein Kausalzusammenhang zwischen Geldentwertung und Maßnahmen des Wirtschaftssektors „Staat“ hergestellt werden. Ein Eingriff in den Schutzbereich, auch unter Zugrundelegung des modernen Eingriffsbegriffs, könnte nicht nachgewiesen werden[505].

Auf die Beweisbarkeit eines Eingriffs kommt es aber nicht an, wenn die verfassungsrechtliche Ausgestaltung dieses Grundrechtsartikels einem Schutz von vornherein entgegensteht. Nach der Struktur des Art. 14 GG können nur solche vermögenswerten Rechtspositionen in den Schutzbereich aufgenommen werden, die vorher von der Legislative gem. Art. 14 I S. 2 GG durch Gesetz als Eigentum bestimmt wurden[506]. Danach sind zwar einzelne Vermögensrechte, wie das Sacheigentum, als Eigentumsrecht anerkannt, nicht hingegen das Vermögen als solches. Da ein Geldwertverfall das Vermögen insgesamt vermindert, kann schon aufgrund des fehlenden Schutzgutes Art. 14 GG nicht fruchtbar gemacht werden[507]. Dasselbe gilt es für den Tauschwert des Geldes zu konstatieren. Im einfachen Gesetzesrecht wird an keiner Stelle der Tauschwert einer Person als subjektives Recht zugewiesen[508]. Er ist also ebenfalls nicht vom Schutzbereich des Art. 14 GG umfaßt.

---

[502] BVerfGE, 97, 350, 371.

[503] BVerfGE, 97, 350, 371.

[504] BVerfGE, 97, 350, 371; HETTLAGE, VVDStRL 13 (1956), S. 8, der derartige Überlegungen als aus der „Traumfabrik des deutschen Staatsrechts“ bezeichnet; HAHN, Währungsrecht, § 16, Rdn. 8ff., 24, 32ff.; DEPENHEUER, in: v. Mangoldt/Klein/Stark, GG I, Art. 14, Rdn. 161.

[505] HAFFKE, Präzedenzfall, S. 15f.; a.A. WEIKART, Geldwert, S. 230; zum grundrechtlichen Begriff des Eingriffs siehe PIEROTH/SCHLINK, Grundrechte, Rdn. 238ff.

[506] PIEROTH/SCHLINK, Grundrechte, Rdn. 899ff.

[507] HAHN, Währungsrecht, §16, Rdn. 46ff.; WEIKART, Geldwert, S. 219f.

[508] WEIKART, Geldwert, S. 224.

Nur in Situationen äußerster wirtschaftlicher Störung könnte möglicherweise aus der Institutsgarantie des Geldes ein Abwehrrecht bzw. ein Anspruch auf stabilitätsorientiertes Handeln entspringen, da dann die Tauschmöglichkeit an sich in Frage steht[509]. Ansonsten würde dem von Art. 14 GG gewährleisteten Freiheitsraum zur eigenverantwortlichen Lebensgestaltung in diesem Bereich eine Absage erteilt werden[510].

Nichts anderes kann auf europäischer Ebene gelten[511]. Wie oben ausgeführt, umfaßt der Schutzbereich des europäischen Eigentumsgrundrechtes ebenfalls nicht das Vermögen, so daß ein Geldwertverfall kein geschütztes Gut treffen würde. Im übrigen muß auch hier aus praktischen, volkswirtschaftlichen Erwägungen heraus ein Kausalzusammenhang zwischen Handlungen der EZB und einem Geldwertverfall verneint werden. Die Träger europäischer Hoheitsgewalt können aufgrund der wirtschaftlichen Abhängigkeiten ebensowenig wie die Träger mitgliedstaatlicher Hoheitsgewalt einen bestimmten Geldwert grundrechtlich garantieren. Da durch die Öffnung und das Zusammenwachsen der europäischen Volkswirtschaften die ökonomischen Prozesse noch unüberschaubarer geworden sind, ist es sogar schwieriger denn je, Kausalzusammenhänge nachzuweisen[512]. Eine inflationsfördernde Maßnahme der EZB zu beweisen, ist daher praktisch unmöglich. Ein Eingriff könnte nicht festgestellt werden. Einen Kausalzusammenhang und damit einen Eingriff kann man allenfalls in dem äußerst unwahrscheinlichen Fall bejahen, daß die EZB, um bei den oben genannten Beispielen zu bleiben, in geradezu unverantwortlichem Umfang die Geldausgabe genehmigt, bzw. dem Sektor „Staat“ Kredite gewährt, so daß von einer „staatlicherseits“ verursachten Hyperinflation gesprochen werden kann.

In diesen Ausnahmefällen müßte überprüft werden, ob nicht doch der Geldwert in den Schutz des Eigentumsgrundrechts aufgenommen werden müßte. Ansatzpunkt einer derartigen Überlegung könnte wie im deutschen Verfassungsrecht die Tatsache sein, daß dann die Tauschfunktion des Geldes an sich nicht mehr besteht.

---

[509] PIEROTH/SCHLINK, Grundrechte, Rdn. 952f.; DEPENHEUER, in: v. Mangoldt/Klein/Stark, GG I, Art. 14, Rdn. 162 m.w.N.

[510] PAPIER, in: Maunz/Dürig/Herzog, Komm. z. GG, Bd. II, Art. 14, Rdn. 184.

[511] Wohl wissend, daß für gemeinschaftsrechtliche Grundrechte die gemeinsamen Verfassungsüberlieferungen der Mitgliedstaaten und nicht die deutsche Verfassung allein maßgebend sind, kann in dieser Arbeit keine umfassende rechtsvergleichende Analyse angestellt werden. Aus diesem Grund findet hier eine Beschränkung auf allgemeine Erwägungen statt.

[512] So für die deutsche Volkswirtschaft WEIKART, Geldwert, S. 202; HAFFKE, Präzedenzfall, S. 15ff.; spricht von fehlender „Monokausalität“; MÜLLER-GRAFF, Integration 21 (1999), S. 99.

bb.) Rechtfertigung

Sollte ein Eingriff in den Schutzbereich zu bejahen sein, so kann noch eine mögliche Rechtfertigung die Rechtswidrigkeit der Handlungen der EZB entfallen lassen. Ein Eingriff ist dann gerechtfertigt, wenn er der Verwirklichung eines Gemeinwohlziels dient und verhältnismäßig ist[513].

Als Gemeinwohlziel ist in diesem Zusammenhang zunächst das Ziel der Preisstabilität zu nennen. So bewirkt eine stabile Währung unter anderem nicht nur den Erhalt des Volksvermögens, sondern stellt Entscheidungen der Wirtschaft auf eine sichere Kalkulationsgrundlage. Sie ist damit Grundlage einer prosperierenden Wirtschaft und dient damit dem Gemeinwohl[514].

Daneben kommt auch die Unterstützung der „allgemeinen Wirtschaftspolitik in der Gemeinschaft" (Art. 105 I S. 1 EG; Art. 2 S. 1 ESZB-Satzung) als Rechtfertigungsgrund in Frage[515], da sich Wirtschaftspolitik inhaltlich typischerweise mit beschäftigungs-, struktur-, wachstums- und konjunkturpolitischen Fragen, also Angelegenheiten die dem allgemeinen Wohl dienen, befaßt. Durch die Präposition „in" wird deutlich, daß es keine auf den EG-Vertrag gestützte Wirtschaftspolitik gibt, sondern sich hinter dem Begriff ein Bündel verschiedener, aufeinander abgestimmter, mitgliedstaatlicher und gemeinschaftlicher Wirtschaftspolitiken verbirgt. Deren allgemeine wirtschaftliche Tendenz soll die EZB unterstützen[516]. In diesem Rahmen kann die EZB beispielsweise Maßnahmen ergreifen, die ein hohes Beschäftigungsniveau zu fördern versuchen[517].

Verfolgen Maßnahmen der EZB derartige Gemeinwohlziele, kommt eine Rechtfertigung in Betracht, sofern der Eingriff verhältnismäßig ist. Verhältnismäßig ist der Eingriff dann, wenn die Handlung zur Erreichung der Preisstabilität bzw. zur Unterstützung der allgemeinen Wirtschaftspolitik in der Gemeinschaft geeignet und erforderlich ist, sowie die verfolgten Ziele in einem angemessenen Verhältnis zum Eingriff stehen.

---

[513] Siehe dazu Kingreen, in: Calliess/Ruffert, EUV/EGV, Art. 6 EU, Rdn. 70ff.; VIOLINI, EuR 34 (1999), S. 125. Zum Grundsatz der Verhältnismäßigkeit siehe nachstehend unter Teil II: C.IV.5.

[514] Vgl. HOPPE, Rechtsschutz, S. 215.

[515] Zum Verhältnis zum Ziel der Preisstabilität siehe unter Teil II: C.IV.2.

[516] SMITS, in: GTE, Komm EUV/EGV, Art. 105 EG-Vertrag, Rdn. 14f.

[517] Zum Verhältnis von Geldpolitik und Beschäftigung siehe ENDLER, Europäische Zentralbank, S. 154ff., 402ff.

b.) Grundrecht der Berufsfreiheit

Neben dem Eigentumsgrundrecht schützt auch die vom EuGH als Grundrecht anerkannte Berufsfreiheit die wirtschaftliche Betätigung[518]. Schlagwortartig schützt das Grundrecht auf Eigentum das Erworbene, die Berufsfreiheit den Erwerb[519]. Im Zusammenhang mit der Berufsfreiheit prüft der EuGH häufig auch die Handelsfreiheit und die freie wirtschaftliche Betätigung. Inwieweit es sich hierbei um bloße Ausprägungen der Berufsfreiheit oder um eigenständige Verbürgungen handelt, geht aus der Rechtsprechung des Gerichtshofs nicht eindeutig hervor[520]. Jedenfalls kommt auch eine Verletzung dieser Schutznorm durch die EZB in Betracht, und damit in der Folge die Rechtswidrigkeit der Handlung.

aa.) Eingriff in den Schutzbereich

Was unter dem Begriff des „Berufes" zu verstehen ist, wurde vom EuGH bislang nicht bestimmt. Die dem EuGH zu diesem Thema vorgelegten Fälle betrafen ausschließlich selbständige Tätigkeiten im Bereich des Agrar- und Stahlsektors. Daraus aber den Schluß ziehen zu wollen, daß nur diese Tätigkeiten in den Schutzbereich fielen, würde einem umfassenden Grundrechtsschutz widersprechen[521]. Da vom Wesen her die Berufsfreiheit auch auf juristische Personen paßt, ist auch die Tätigkeit der Kreditinstitute geschützt. Geschützt ist die freie Berufswahl und die freie Berufsausübung[522].

Ein geradezu klassischer Aspekt der Berufsfreiheit ist das Recht auf freien Marktzugang[523]. In dieses Recht wird dann eingegriffen, wenn staatlicherseits Marktzugangshindernisse aufgestellt werden. Im hier interessierenden Bereich des Währungsrechts sind Zugangshindernisse zum Wirtschaftsfaktor Geld von Relevanz. Insbesondere ist rein theoretisch eine Situation denkbar, in der nur ein bestimmter Teil der Kreditinstitute zu Geschäften mit der EZB zugelassen wird.

---

[518] Vgl. Art. 15 und Art. 16 der Charta der Grundrechte der Union (siehe Fn. 475).

[519] KINGREEN, in: Calliess/Ruffert, EUV/EGV, Art. 6 EU, Rdn. 123.

Ob es sich hierbei um eine echte Grundrechtskonkurrenz oder eine Idealkonkurrenz zwischen diesen Grundrechten handelt, ist ungeklärt. Der EuGH benutzt in der bisherigen Rechtsprechung diese Grundrechte mitunter nebeneinander. Vgl. hierzu GÜNTER, Berufsfreiheit und Eigentum, S. 240; BEUTLER, in: GTE, Komm EUV/EGV, Art. F EU-Vertrag, Rdn. 74.

[520] GÜNTER, Berufsfreiheit und Eigentum, S. 23; KINGREEN, in: Calliess/Ruffert, EUV/EGV, Art. 6 EU, Rdn. 123.

[521] GÜNTER, Berufsfreiheit und Eigentum, S. 18.

[522] KINGREEN, in: Calliess/Ruffert, EUV/EGV, Art. 6 EU, Rdn. 126.

[523] KINGREEN, in: Calliess/Ruffert, EUV/EGV, Art. 6 EU, Rdn. 128.

Eine Nichtzulassung zu Zentralbankgeld würde einen schweren Eingriff in die Tätigkeit eines Kreditinstituts darstellen. Da der EZB das Notenemissionsmonopol zukommt, kann eine adäquate und zuverlässige Versorgung der Kreditinstitute letztendlich nur durch sie erfolgen[524]. Ohne Zulassung ist damit der Betrieb eines Kreditinstituts nicht denkbar. Eine Nichtzulassung würde demnach einen Eingriff in die Berufswahl darstellen[525].

Ähnlich könnte sich die Situation darstellen, wenn sich die EZB bei einem größeren Liquiditätsengpass eines Kreditinstituts weigern würde, als „lender of last resort"[526] kurzfristig mit der Gewährung eines Zentralbankkredits einzuspringen. In diesem Zusammenhang würde sich bei einer näheren Prüfung das Problem stellen, ob überhaupt ein Anspruch des Kreditinstituts auf die Gewährung des Kredits besteht.

Auch im Zusammenhang mit Geldleistungspflichten, wie der Auferlegung einer Mindestreserve, ist ein Eingriff in die Berufsfreiheit unter dem Gesichtspunkt des Schutzes kaufmännischer Interessen möglich[527]. Die Auferlegung einer Geldleistungspflicht stellt einen Eingriff in die Komponente der Berufsausübung dar. In der Entscheidung *Bundesrepublik Deutschland/Rat* hat der EuGH bezüglich der Bananenmarktordnung festgestellt, daß erworbene Marktanteile bzw. die Wettbewerbsstellung eines Unternehmens durch das gemeinschaftliche Grundrecht der Berufsfreiheit geschützt werden[528].

---

[524] BOFINGER/REISCHLE/SCHÄCHTER, Geldpolitik, S. 224.

[525] Den Zugang zu ständigen Fazilitäten oder Offenmarktoperationen auszusetzen, wäre als Sanktion der EZB im Falle einer gravierenden Verletzung der Mindestreservepflicht denkbar. Siehe dazu KÜMPEL, Bank- und Kapitalmarktrecht, Rdn. 20.220; EZB, Die Einheitliche Geldpolitik, S. 59.

[526] Der Begriff beschreibt die Tätigkeit einer Zentralbank als „Bank der Banken". Droht einem Kreditinstitut der Konkurs, so kann die Zentralbank, um Unruhen auf den Finanzmärkten zu vermeiden, als letzte Möglichkeit dem Institut einen Kredit gewähren. Auch die EZB kann diese Funktion wahrnehmen. Allerdings findet sich keine ausdrückliche Rechtsgrundlage. Zur Debatte als Rechtsgrundlage stehen Art. 18.1 ESZB-Satzung und Art. 22 ESZB-Satzung. Vgl. SMITS, European Central Bank, S. 269; LASTRA, Division of Responsabilities, S. 208ff.

[527] VON MILCZEWSKI, Der grundrechtliche Schutz des Eigentums, S. 262ff.; eine eingehendere Untersuchung hinsichtlich der Mindestreserve folgt unter Teil III:A.II.3.a.)bb.)(1)(b).

[528] EuGH, Rs. 280/93, *Deutschland/Rat*, Slg. 1994, I-4973, Rdn. 81.

bb.) Rechtfertigung

Die grundrechtliche Verbürgung der Berufsfreiheit „ist aber weit davon entfernt, uneingeschränkten Vorrang zu genießen; [sie] muß ebenfalls im Hinblick auf die soziale Funktion der geschützten Tätigkeit gesehen werden“[529].

Ein Eingriff in die Berufsfreiheit ist folglich gerechtfertigt, „sofern diese Beschränkungen tatsächlich dem Gemeinwohl dienenden Zielen der Gemeinschaft entsprechen und nicht einen im Hinblick auf den verfolgten Zweck unverhältnismäßigen, nicht tragbaren Eingriff darstellen, der die so gewährleisteten Rechte in ihrem Wesensgehalt antastet“[530]. Damit greift der EuGH auf die Rechtfertigungssystematik für andere Grundrechte zurück. Ebenso wie hinsichtlich des gemeinschaftlichen Eigentumsgrundrechts kommt auch hier als Rechtfertigung sowohl das Ziel der Preisstabilität als auch die Unterstützung der allgemeinen Wirtschaftspolitik in Frage[531]. Der Eingriff muß ferner verhältnismäßig sein[532].

Im Unterschied zu den allgemeinen Rechtfertigungsstrukturen werden im Bereich des Grundrechts der Berufsfreiheit ihre beiden Komponenten, Berufswahl und Berufsausübung, unterschiedlichen Anforderungen für eine Rechtfertigung unterworfen. Dabei sind Eingriffe in die Berufsausübung leichter zu rechtfertigen, als Eingriffe in die Berufswahl[533]. Eine genaue Trennung zwischen Berufswahl und Berufsausübung ist jedoch vielfach nicht möglich; die Übergänge sind fließend[534].

c.) Allgemeiner Gleichheitssatz

Der allgemeine Gleichheitssatz, der das dritte im Zusammenhang mit Handlungen der EZB relevante Grundrecht darstellt, verbietet, daß „vergleichbare Sachverhalte in unterschiedlicher Weise behandelt und dadurch bestimmte Betroffene gegenüber anderen benachteiligt werden, ohne daß dieser Unterschied in der Behandlung durch das Vorliegen objektiver Unterschiede von einigem

---

529 EuGH, Rs. 44/79, *Hauer/Land Rheinland-Pfalz*, Slg. 1979, S. 3727, Rdn. 32; EuG, Rs. T-113/96, *Dubois et Fils/Rat und Kommission*, Slg. 1998, II-125, Rdn. 73, 76.

530 EuGH, Rs. C-280/93, *Deutschland/Rat*, Slg. 1994, I-4973, Rdn. 78.

531 Siehe dazu schon unter Teil II: C.IV.4.a.)bb.).

532 Zum Grundsatz der Verhältnismäßigkeit siehe nachstehend unter Teil II: C.IV.5.

533 Vgl. EuGH, Rs. C-306/93, *SMW Winzersekt/Land Rheinland-Pfalz*, Slg. 1994, I-5555, Rdn. 25.

534 KINGREEN, in: Calliess/Ruffert, EUV/EGV, Art. 6 EU, Rdn. 132.

Gewicht gerechtfertigt wäre"[535]. In dieser kurzen Formel hat der EuGH sämtliche inhaltlichen Anforderungen zusammengestellt.

Es ergibt sich demnach eine dreistufige Prüfung. Zunächst ist die Vergleichbarkeit der Sachverhalte anhand von Vergleichsgruppen festzustellen. In einem zweiten Schritt müssen sich objektive Umstände finden lassen, die eine Differenzierung rechtfertigen könnten. Bei der Auswahl dieser Kriterien steht den Gemeinschaftsorganen, wie der EuGH betont, vielfach ein weiter Beurteilungsspielraum zu, der nur eine eingeschränkte gerichtliche Überprüfung zuläßt[536]. Schließlich muß ein angemessenes Verhältnis zwischen der Differenzierung und den objektiven Umständen bestehen. Der Grundsatz der Verhältnismäßigkeit ist anzuwenden[537].

Daneben gibt es noch eine Reihe vertraglich festgelegte spezielle Diskriminierungsverbote, wie das hinsichtlich der Staatsangehörigkeit gem. Art. 12 EG[538].

Innerhalb der Währungsunion ergibt sich die Bindung der EZB an den Gleichheitssatz nicht nur aus der allgemeinen Bindung an die gemeinschaftlichen Grundrechte, sondern auch aus dem in Art. 105 I EG festgehaltenen Grundsatz „einer offenen Marktwirtschaft mit freiem Wettbewerb". Daraus läßt sich ableiten, daß es Aufgabe der EZB ist, die Wettbewerbslage nicht zugunsten des einen Kreditinstitutes oder zu Lasten eines anderen zu beeinflussen. Das bedeutet, daß die EZB verpflichtet ist, im Rahmen ihrer Einflußsphäre die gleiche Freiheit und die gleichen Wettbewerbschancen zu gewährleisten, also den allgemeinen Gleichheitssatz zu wahren[539].

Verstöße gegen den allgemeinen Gleichheitssatz sind im Zusammenhang mit einer unterschiedlichen Behandlung einzelner Kreditinstitute hinsichtlich der Preise für Dienstleistungen der EZB, wie beispielsweise TARGET, denkbar. Des weiteren könnte aus einer unterschiedlichen Behandlung der Kreditinstitute hinsichtlich des Zugangs zu Zentralbankgeld ein Verstoß resultieren[540]. Aber

---

[535] EuGH, verb. Rs. 17 und 20/61, *Klöckner-Werke AG und Hoesch AG/Hohe Behörde*, Slg. 1962, S. 653, 692, st. Rspr. Vgl. auch Art. 20 und 21 der Charta der Grundrechte der Union (siehe Fn. 475).

[536] KINGREEN, in: Calliess/Ruffert, EUV/EGV, Art. 6 EU, Rdn. 182.

[537] Die Anwendbarkeit des Verhältnismäßigkeitsgrundsatzes ist noch nicht geklärt, siehe PERNICE, in: Grabitz/Hilf, EGV, Archiv-Bd. 2, Art. 164 EG-Vertrag, Rdn. 63; KINGREEN, in: Calliess/Ruffert, EUV/EGV, Art. 6 EU, Rdn. 183.

[538] Weiterführend zum Verhältnis des allgemeinen Gleichheitssatzes zu seinen vertraglichen Ausprägungen siehe ZULEEG, Betrachtungen zum Gleichheitssatz, S. 473ff.; KISCHEL, EuGRZ 24 (1997), S. 1ff.

[539] MOUTOT, Operating Framework, S. 137.

[540] KNAPPE, Das geldpolitische Instrumentarium, S. 146.

auch unterschiedliche Konditionen für die Ausführung geldpolitischer Geschäfte könnten vom EuGH als gleichheitswidrig erkannt werden. Ein Beispiel für gleichheitswidrige Geschäftskonditionen sind unterschiedliche Bonitätsanforderungen für refinanzierungsfähige Sicherheiten. Schließlich können eine spezifische Auferlegung der Mindestreserve und sonstiger Geldleistungspflichten gegen den Gleichheitsgrundsatz verstoßen[541].

Einen Verstoß gegen das spezielle Diskriminierungsverbot der Staatsangehörigkeit nach Art. 12 EG könnte eine differenzierte Behandlung der Kreditinstitute nach ihrer mitgliedstaatlichen Zugehörigkeit darstellen. Art. 12 EG ist entgegen seines Wortlauts – er spricht von Staats*an*gehörigkeit, nicht von Staats*zu*gehörigkeit – auch auf juristische Personen und damit auf Kreditinstitute anzuwenden. Diese Interpretation legen zum einen die übrigen Vertragssprachen nahe[542], zum anderen der Sinn und Zweck der Vorschrift, da gerade mitgliedstaatliche Unternehmen, also juristische Personen, im europäischen Binnenmarkt tätig sind[543]. Zudem bezieht sich in Art. 183 Nr. 4 EG der Begriff der Staatsangehörigkeit selbst in der deutschen Fassung des EG-Vertrages ausdrücklich sowohl auf natürliche als auch auf juristische Personen.

Fraglich ist jedoch, unter welchen Voraussetzungen die Staatszugehörigkeit juristischer Personen i.S.d. Art. 12 EG zu bejahen ist. Als einzige vertragliche Regelung zu dieser Problematik bestimmt Art. 48 EG, daß eine Gesellschaft, um sich auf die Niederlassungsfreiheit berufen zu können, nach einer mitgliedstaatlichen Rechtsordnung gegründet sein und in der Gemeinschaft entweder durch ihren satzungsmäßigen Sitz, durch ihre Hauptverwaltung oder ihre Hauptniederlassung ansässig sein muß. Da Art. 48 EG nicht nur die Voraussetzungen für eine Gemeinschaftszugehörigkeit beinhaltet, sondern auch die Niederlassungsfreiheit des Art. 43 EG auf juristische Personen erstreckt, erscheint es systemgerecht, die in Art. 48 EG aufgestellten Voraussetzungen auf die mitgliedstaatliche Zugehörigkeit i.S.d. Art. 12 EG zu übertragen[544]. Damit richtet sich die Bestimmung der Staatszugehörigkeit von Kreditinstituten nach Art. 48 EG.

---

541 HOPPE, Rechtsschutz, S. 217; SELMAYR, AöR 124 (1999), S. 393f.

542 Nur die deutsche Sprache unterscheidet zwischen Staatsangehörigkeit für natürliche Personen und Staatszugehörigkeit für juristische Personen. Beispielsweise verwenden die französische Fassung des Art. 12 EG den Begriff „nationalité" und die englische „nationality", und meinen damit sowohl Staatsangehörigkeit als auch Staatszugehörigkeit.

543 VON BOGDANDY, in: Grabitz/Hilf, EGV, Archiv-Bd. 1, Art. 6 EG-Vertrag, Rdn. 32.

544 ZULEEG, in: GTE, Komm EUV/EGV, Art. 6 EG-Vertrag, Rdn. 11.

Als Differenzierungsgrund ist insbesondere das Ziel der Preisstabilität denkbar[545]. Die Ungleichbehandlung ist dann gerechtfertigt, wenn sie überdies verhältnismäßig ist.

5. Verstoß gegen den Grundsatz der Verhältnismäßigkeit

Neben der Prüfung auf der Rechtfertigungsebene bei Grundrechtsverletzungen ist der Grundsatz der Verhältnismäßigkeit auch als eigenständige Rechtmäßigkeitsvoraussetzung für jede gemeinschaftsrechtliche Handlung zu prüfen[546]. Er gehört im Bereich der Schadensersatzklage zu der Gruppe von Normen, die neben den Grundrechten am häufigsten gerügt wird[547]. Ein Handeln der EZB wider diesen Grundsatz kann ebenfalls die Rechtswidrigkeit der Handlung nach sich ziehen.

Der Grundsatz der Verhältnismäßigkeit ist nicht nur als allgemeiner Rechtsgrundsatz der Gemeinschaft anerkannt. Seit dem Vertrag von Maastricht ist er zudem in Art. 5 III EG verankert[548]. Damit ist die Gemeinschaft umfassend, d.h. sowohl die Legislative als auch die Exekutive, an den Verhältnismäßigkeitsgrundsatz gebunden. Diese Bindung wird oftmals noch durch Gebrauch der Worte „erforderlich" oder „notwendig" in den Einzelvorschriften des EG-Vertrages verdeutlicht.

Nach der Rechtsprechung des EuGH ist das Prinzip der Verhältnismäßigkeit dann gewahrt, wenn die Handlungen „zur Erreichung der zulässigerweise mit der fraglichen Regelung verfolgten Ziele geeignet und erforderlich sind. Dabei ist, wenn mehrere geeignete Maßnahmen zur Auswahl stehen, die am wenigsten belastende zu wählen; ferner müssen die auferlegten Belastungen in angemessenem Verhältnis zu den angestrebten Zielen stehen"[549]. Diese Aussage läßt einen

---

[545] HOPPE, Rechtsschutz, S. 217.

[546] Der Gerichtshof prüft in der Tat vielfach den Grundsatz der Verhältnismäßigkeit, ohne auf andere subjektive Rechte Bezug zu nehmen, vgl. nur EuGH, Rs. 265/87, *Schräder/Hauptzollamt Gronau*, Slg. 1989, S. 2237; SCHWARZE, Europ. Verwaltungsrecht, Bd. 2, S. 740 spricht von „grundrechtsähnlicher Wirkung"; PACHE, NVwZ 1999, S. 1036.

[547] GILSDORF, EuR 10 (1975), S. 103.

[548] VON BOGDANDY/NETTESHEIM in: Grabitz/Hilf, EGV, Archiv-Bd. 1, Art. 3b EG-Vertrag, Rdn. 4; CALLIESS in: Calliess/Ruffert, EUV/EGV, Art. 5 EG, Rdn. 45f.; PACHE, NVwZ 1999, S. 1034f. Vgl. auch Art. 52 I der Charta der Grundrechte (siehe Fn. 475).

[549] EuGH, Rs. 265/87, *Schräder/Hauptzollamt Gronau*, Slg. 1989, S. 2237, Rdn. 21; ebenso EuGH, Rs. 281/84, *Zuckerfabrik Bedburg/Rat und Kommission*, Slg. 1987, S. 49, Rdn. 36; EuGH, verb. Rs. 279, 280, 285 und 286/84, *Rau/Kommission*, Slg. 1987, S. 1069, Rdn. 34, st. Rspr.

strengen Prüfungsstandard vermuten. Jedoch hat der EuGH beispielsweise im Verfahren *Vereinigtes Königreich/Rat* dem Rat bei der Beurteilung der Geeignetheit und Erforderlichkeit einer Maßnahme einen weiten Ermessensspielraum zuerkannt, da es sich um ein Gebiet handelt[550], „auf dem der Gesetzgeber sozialpolitische Entscheidungen zu treffen und komplexe Abwägungen zu tätigen hat“[551]. Besteht ein solch weiter Ermessensspielraum, ist nur zu prüfen, ob die Maßnahme offensichtlich ungeeignet zur Verwirklichung des angestrebten Ziels ist, offensichtlich nicht erforderlich oder offensichtlich unangemessen ist[552].

Damit eine haftungsauslösende Rechtsverletzung in Frage kommt, müßte der Grundsatz der Verhältnismäßigkeit weiterhin eine höherrangige Schutznorm darstellen. Im Rang steht der Grundsatz der Verhältnismäßigkeit als allgemeiner Rechtsgrundsatz – und explizit in Art. 5 III EG – auf der Stufe des Primärrechts. Damit ist auch klargestellt, daß das gesamte abgeleitete Gemeinschaftsrecht am Grundsatz der Verhältnismäßigkeit zu messen ist[553]. Die Funktion des Verhältnismäßigkeitsgrundsatzes ist es, staatliche Macht zu begrenzen und damit subjektive Rechtspositionen, insbesondere die Grundrechte, des Einzelnen zu schützen. Folgerichtig hat der EuGH frühzeitig den Grundsatz der Verhältnismäßigkeit zur Schutznorm i.S.d. Art. 288 II EG erklärt[554].

Da die EZB als „Einrichtung der Gemeinschaft“[555] anzusehen ist, ist auch sie gem. Art. 5 III EG an den Grundsatz der Verhältnismäßigkeit gebunden. Zudem wird in diversen Vorschriften die EZB betreffend, die Rechtmäßigkeit einer Maßnahme an die Voraussetzung der Erforderlichkeit, also eine der Anforde-

---

Weiterführend zu den einzelnen Voraussetzungen siehe von Bogdandy/Nettesheim, in: Grabitz/Hilf, EGV, Archiv-Bd. 1, Art. 3b EG-Vertrag, Rdn. 50ff.

[550] In der Rechtssache *Vereinigtes Königreich/Rat* handelte es sich um den Erlaß der Richtlinie 93/104 auf der Grundlage des Art. 118a II EG-Vertrag (durch den Amsterdamer Vertrag wurde Art. 118a II EG-Vertrag durch Art. 137 II EG ersetzt, vgl. Krebber, in: Calliess/Ruffert, EGV/EUV, Art. 137 EG, Rdn. 1), die den Schutz der Sicherheit und Gesundheit der Arbeitnehmer betraf. Vgl. EuGH, Rs. C-84/96, *Vereinigtes Königreich/Rat*, Slg. 1996, I-5755.

[551] EuGH, Rs. C-84/96, *Vereinigtes Königreich/Rat*, Slg. 1996, I-5755, Rdn. 58; ebenso für eine Maßnahme in der Agrarpolitik EuGH, verb. Rs. 279, 280, 285 und 286/84, *Rau/Kommission*, Slg. 1987, S. 1069, Rdn. 34.

[552] Vgl. nur EuGH, Rs. 179/84, *Bozetti/Invernizzi*, Slg. 1985, S. 2301, Rdn. 30; EuGH, Rs. C-280/93, *Deutschland/Rat*, Slg. 1994, I-4973, Rdn. 88ff.; Fischer, ZG 2000, S. 175; Pache, NVwZ 1999, S. 1039.

[553] Schwarze, Europ. Verwaltungsrecht, Bd. II, S. 699ff.

[554] EuG, Rs. T-489/93, *Unifruit Hellas/Kommission*, Slg. 1994, II-1201, Rdn. 69ff.

[555] Zur Begrifflichkeit siehe Teil II: C.I.

rungen der Verhältnismäßigkeit geknüpft[556]. Aus Gründen der Rechtsstaatlichkeit und aus der Stellung des Verhältnismäßigkeitsgrundsatzes als allgemeiner Rechtsgrundsatz kann er im Zusammenhang mit Maßnahmen der EZB keine andere inhaltliche Ausprägung erfahren als im übrigen Gemeinschaftsrecht. Damit gelten die oben dargestellten Voraussetzungen für eine Überprüfung des Verhältnismäßigkeitsgrundsatzes auch für eine Kontrolle von EZB-Handlungen. Kommt es zu einem Verstoß, ist die Handlung rechtswidrig und eine Haftung der EZB nach Art. 288 III EG denkbar.

Aufmerksam zu machen ist noch auf die Tatsache, daß Maßnahmen der EZB eine Fülle komplexer währungsrechtlicher und wirtschaftlicher Abwägungen vorausgehen[557]. Zu fragen ist hierbei, ob auch in der Währungspolitik den zuständigen Organen ein weiter Ermessensspielraum bei der Einschätzung der Geeignetheit und Erforderlichkeit einer Maßnahme zuzugestehen ist. Daraus würde dann eine nur eingeschränkte gerichtliche Überprüfbarkeit des gemeinschaftsrechtlichen Verhältnismäßigkeitsgrundsatzes in Bezug auf die EZB resultieren. Wie sich aus einer Analyse der Rechtsprechung des EuGH ergibt, ist zwar zumeist nur im Bereich der Agrarpolitik den zuständigen Gemeinschaftsorganen ein weiter Ermessensspielraum bezüglich der Einschätzung der Geeignetheit und Erforderlichkeit ihrer Handlungen zugestanden worden, doch lassen sich zuweilen auch Fälle aus anderen Bereichen finden[558]. Alle analysierten Fälle sind dadurch gekennzeichnet, daß die Gemeinschaft auf einem Gebiet tätig wurde, das durch komplexe Abwägungsvorgänge gekennzeichnet ist[559]. Da insoweit die Sachlage vergleichbar ist und der EuGH diese Rechtsprechung nicht auf eine spezifische Politik der Europäischen Gemeinschaft beschränkt hat, ist es angemessen, die eingeschränkte Verhältnismäßigkeitskontrolle auch in der Währungspolitik anzuwenden, wenn die EZB im Einzelfall komplexe geld- und währungsrechtliche Entscheidungen zu treffen hat. Die Verhältnismäßigkeitsprüfung ist dann eine Willkürprüfung. Eine Handlung der EZB ist nur rechtswidrig und damit haftungsauslösend, wenn die Maßnahme, offensichtlich ungeeignet, offensichtlich nicht erforderlich oder offensichtlich unangemessen ist.

---

[556] Vgl. Art. 110 EG, Art. 5.3 ESZB-Satzung, Art. 12.1 ESZB-Satzung spricht von „notwendig".

[557] Siehe dazu Teil II: C.IV.1.

[558] Zum Bereich der Agrarpolitik siehe z.B.: EuGH, Rs. 138/78, *Stölting/Hauptzollamt Hamburg-Jonas*, Slg. 1979, S. 713; EuGH, Rs. 114/76, *Beta Mühle/Crows Farm*, Slg. 1977, S. 1211; zu Aspekten der Arbeitszeitgestaltung EuGH, Rs. C-94/86, *Vereinigtes Königreich/Rat*, Slg. 1996, I-5755, Rdn. 55ff.

[559] VON BOGDANDY/NETTESHEIM in: Grabitz/Hilf, EGV, Archiv-Bd. 1, Art. 3b EG-Vertrag, Rdn. 50.

6. Verstoß gegen Form- und Verfahrensvorschriften

Von besonderem Interesse für eine Untersuchung der Rechtswidrigkeit im Rahmen des Art. 288 III EG sind schließlich die von der EZB einzuhaltenden Form- und Verfahrensvorschriften. Gerade das undurchsichtige Kompetenz- und Verfahrensgewirr in den Vorschriften über die Währungsunion könnte einen steten Quell von fehlerhaften Handlungen darstellen[560].

Hier kommen im allgemeinen zuständigkeitswidriges Handeln, verfahrensfehlerhaftes Handeln im engeren Sinne und Fehler bezüglich der vorgeschriebenen Form in Frage.

Hinsichtlich des Bereiches des kompetenzwidrigen Handelns von Organen der EG hat der EuGH festgestellt, „daß das System der Verteilung der Zuständigkeiten auf die verschiedenen Organe der Gemeinschaft die Beachtung des vom Vertrag vorgesehenen institutionellen Gleichgewichts sicherstellen, nicht aber den einzelnen schützen soll"[561]. Mithin führen Verstöße gegen die Kompetenzordnung des Gemeinschaftsrechts mangels ihres Schutznormcharakters nicht zu einer Haftung[562].

Im Rahmen der EZB findet eine Kompetenzaufteilung zwischen den Organen EZB-Rat und Direktorium statt. Damit folgt der Aufbau der EZB dem für föderale Zentralbanken typischen sogenannten Zwei-Organ-Prinzip[563]. Unbeschadet dieser Tatsache sehen der EG-Vertrag sowie die ESZB-Satzung eine unterschiedliche Gewichtung der beiden Organe vor. So kommt dem EZB-Rat die Stellung eines obersten Entscheidungsorganes zu[564]. Trotzdem besteht ein gewisses Maß an gegenseitiger Kontrolle, nach europarechtlicher Terminologie ein institutionelles Gleichgewicht[565]. Gerade weil dem Direktorium im Gegensatz zur Kommission Durchführungsbefugnisse kraft Vertrages zustehen, dienen die Kompetenzvorschriften im Bereich der Währungspolitik erst recht der Sicherung

---

[560] So zum übrigen Gemeinschaftsrecht siehe GILSDORF/OLIVER, in: GTE, Komm EUV/EGV, Art. 215 EG-Vertrag, Rdn. 41.

[561] So EuGH, Rs. C-282/90, *Vreugdenhil/Kommission*, Slg. 1992, I-1937, Rdn. 20; a.A. GA LENZ, Schlußanträge, verb. Rs. 279, 280, 285 und 286/84, *Rau/Kommission*, Slg. 1987, S. 1069, 1114.

[562] GILSDORF/OLIVER, in: GTE, Komm EUV/EGV, Art. 215 EG-Vertrag, Rdn. 42.

[563] WEBER, Kompetenzverteilung, S. 63.

[564] WEBER, Kompetenzverteilung, S. 83ff.; a.A. ZILIOLI, in: GTE, Komm EUV/EGV, nach Art. 109m EG-Vertrag, Satzung ESZB und EZB, Art. 12, Rdn. 5.

[565] WEINBÖRNER, Europäische Zentralbank, S. 381f.; ZILIOLI, in: GTE, Komm EUV/EGV, nach Art. 109m EG-Vertrag, Satzung ESZB und EZB, Art. 12, Rdn. 5.

des Gleichgewichts beider Organe[566]. Der Charakter einer Schutznorm kommt bezüglich der Kompetenzverteilung innerhalb der EZB somit noch weniger in Frage.

Dasselbe gilt entsprechend für andere Verfahrensverstöße. So bewirken Abstimmungsfehler des EZB-Rates bzw. des Direktoriums ebensowenig die Haftung der EZB aus Art. 288 III EG wie Verstöße gegen Regelungen der Geschäftsordnung.

Problematisch sind hingegen Verstöße gegen die die Gemeinschaftsorgane treffende Begründungspflicht. Aus Art. 110 II UAbs.4 EG, Art. 34.2 UAbs.3 ESZB-Satzung i.V.m. Art. 253 EG ergibt sich auch für die EZB die Pflicht, Verordnungen und Entscheidungen mit Begründungen zu versehen. Für diese Pflicht muß festgehalten werden, daß sie neben dem öffentlichen Interesse, nämlich dem Gerichtshof die Ausübung der Rechtmäßigkeitskontrolle zu ermöglichen[567], auch dem Individualinteresse zu dienen bestimmt ist[568]. Dennoch führt eine fehlende Begründung nicht zur Haftung der EG nach Art. 288 II EG, da der erforderliche Kausalzusammenhang zwischen ihr und dem eingetretenen Schaden fehlt[569]. Die Begründung kann aber, soweit sie bei einem Rechtsetzungsakt unzureichend ist oder sogar fehlt, Anhaltspunkte dafür liefern, ob eine „hinreichend qualifizierte Verletzung einer höherrangigen Schutznorm" vorliegt[570]. Eine fehlende oder eine mangelhafte Begründung kann als Indiz für die Schwere des Rechtsverstoßes, die Anzahl der Betroffenen und die Höhe des Schadens herangezogen werden[571].

---

[566] ZILIOLI, in: GTE, Komm EUV/EGV, nach Art. 109m EG-Vertrag, Satzung ESZB und EZB, Art. 12, Rdn. 3.

[567] EuGH, Rs. 106/81, *Kind/EWG*, Slg. 1982, S. 2885, Rdn. 14; FISCHER, ZG 2000, S. 185.

[568] EuGH, Rs. 24/62, *Bundesrepublik Deutschland/Kommission*, Slg. 1963, S. 141, 155; GILSDORF, EuR 10 (1975), S.100.

[569] EuGH, Rs. 106/81, *Kind/EWG*, Slg. 1982, S. 2885, Rdn. 14; EuGH, Rs. C-119/88, *AERPO/Kommission*, Slg. 1990, I-2189, Rdn. 20; EuG, Rs. T-489/93, *Unifruit Hellas/Kommission*, Slg. 1994, II-1201, Rdn. 41; VAN DER WOUDE, Liability for Administrative Acts, S. 124. Zum Kausalzusammenhang siehe ausführlich nachstehend unter Teil II: C.VI.

[570] OSSENBÜHL, Staatshaftungsrecht, S. 601; VON BOGDANDY, in: Grabitz/Hilf, EGV, Archiv-Bd. 2, Art. 215 EG-Vertrag, Rdn. 92.

[571] EuGH, Rs. 238/78, *Ireks-Arkady/Rat und Kommission*, Slg. 1979, S. 2955, Rdn. 11; EuGH, Rs. C-104/89 und C-37/90, *Mulder u.a./Rat und Kommission*, Slg. 1992, I-3061, Rdn. 16f.

7. Ergebnis

Im Ergebnis bleibt festzuhalten, daß eine Maßnahme der EZB dann rechtswidrig ist, wenn sie gegen eine Schutznorm verstößt. Im Bereich des normativen Unrechts der EZB ist die strenge Anforderung einer „hinreichend qualifizierten Verletzung einer höherrangigen Schutznorm" anzuwenden. Voraussetzung hierfür ist, daß es sich um einen Rechtsetzungsakt handelt, der abstrakt-generelle Regelungen enthält und in einem Kompetenzbereich ergeht, auf dem die EZB komplexe Wertungen mit Prognosecharakter zu tätigen hat.

Als Schutznormen kommen die gemeinschaftsrechtlichen Grundrechte auf Eigentum, der Berufsfreiheit und des allgemeinen Gleichheitssatzes, das Verbot des Ermessensmißbrauchs und der Grundsatz der Verhältnismäßigkeit in Betracht. Dagegen kann aus der Verpflichtung der EZB auf die Preisstabilität in Art. 105 I S. 1 EG, Art. 2 S. 1 ESZB-Satzung und auf den Grundsatz der offenen Marktwirtschaft mit freiem Wettbewerb in Art. 105 I S. 2 EG, Art. 2 S. 2 ESZB-Satzung keine drittschützende Wirkung hergeleitet werden. Die Vorschriften dienen ausschließlich einem volkswirtschaftlichen und damit allgemeinen öffentlichen Interesse. Ebensowenig können Vorschriften, die Kompetenz- und Verfahrensregelungen für die EZB treffen, als Schutznormen herangezogen werden, da sie nur die Wahrung des institutionellen Gleichgewichts bezwecken.

Erschwerend für die richterliche Feststellung, daß eine Handlung der EZB rechtswidrig i.S.d. Art. 288 III EG ist, dürfte sich der Umstand auswirken, daß der EZB aufgrund der Komplexität der zu treffenden Entscheidungen sowie deren Prognosecharakter ein weites Entschließungs- und Auswahlermessen zuzugestehen ist, das nur einer eingeschränkten Kontrolle zugänglich ist. So ist selbst bei der Überprüfung des Verhältnismäßigkeitsgrundsatzes durch den EuGH nicht ausgeschlossen, daß er der EZB für die Einschätzung der Geeignetheit und Erforderlichkeit einer Handlung einen weiten Ermessensspielraum zubilligt. Diesen wird der EuGH erst als überschritten ansehen, wenn die Maßnahme zur Erreichung des Ziels offensichtlich ungeeignet oder offensichtlich nicht erforderlich ist.

V. Schaden

Schließlich setzt Art. 288 III EG schon ausweislich seines Wortlautes den Eintritt eines Schadens voraus. Darin stimmen Art. 288 III EG und Absatz II EG wörtlich überein. Damit wird dasselbe Wort im selben Vertrag im selben Zusammenhang verwendet. Nach der systematischen Auslegung des EG-Vertrages weist dies darauf hin, daß beide Begriffe gleich zu verstehen sind. Damit gelten die vom EuGH für den Schadensbegriff des Art. 288 II EG aufgestellten Anforderungen auch für die Haftung der EZB aus Art. 288 III EG.

Um einen klareren Überblick gewinnen zu können, soll im folgenden exemplarisch auf mögliche Schadenspositionen der mitgliedstaatlichen Kreditinstitute eingegangen werden.

Besonders häufig werden die Kreditinstitute einen Schaden in Form eines Zinsausfalls oder eines entgangenen Gewinns geltend machen. Dieser kann beispielsweise daraus resultieren, daß durch die Auferlegung einer Geldleistungspflicht, wie der Mindestreserve, die Kreditinstitute gehindert sind, dieses Geld anderweitig gewinnbringend anlegen zu können[572].

Weiterhin sind Einbußen als Schaden anerkannt, die ein Unternehmen dadurch erleidet, daß ein Konkurrenzunternehmen durch eine Subvention eine günstigere Ausgangsposition erlangt[573]. Ähnlich liegt der Fall, wenn ein Kreditinstitut beispielsweise unter Verstoß gegen den allgemeinen Gleichheitssatz dadurch benachteiligt wird, daß ein Konkurrenzunternehmen sich zu günstigeren Konditionen mit Zentralbankgeld versorgen kann. Dies hat zur Folge, daß das begünstigte Institut diesen Vorteil an die Kunden weitergeben kann und dadurch an Attraktivität gewinnt. Zu dieser Fallgruppe gehören auch Einbußen, die durch eine den allgemeinen Gleichheitssatz verletzende Preisgestaltung für in Anspruch genommene Dienstleistungen entstehen[574].

Schadensmindernd ist in allen Fällen die bereits erfolgte oder mögliche Abwälzung des Schadens auf den Kunden zu erwägen. Gerade Zinsausfallschäden und sonstige Einbußen können leicht an den Kunden durch eine Erhöhung der Kreditzinsen bzw. Bankgebühren weitergegeben werden. Wie bereits im Zusammenhang mit der Haftung der EG nach Art. 288 II EG dargestellt, ist auch hier zu kritisieren, daß die Praxis des EuGH letztendlich dazu führt, daß die Bankkunden die Folgen eines rechtswidrigen Verhaltens der EZB zu tragen ha-

---

[572] Ein Zinsausfallschaden wurde gegen die Deutsche Bundesbank im Streit um die Nachhaltung eines Bardepots geltend gemacht. Vgl. BGH, WM 1982, S. 663.

[573] So der EuGH im Fall der Gewährung von Subventionen an einen Konkurrenten in der Rs. 63-69/72, *Werhahn/Rat*, Slg. 1973, S. 1229; ebenso EuGH, Rs. 153/73, *Holtz und Willemsen/Rat und Kommission*, Slg. 1974, S. 675; EuGH, verb. Rs. 256, 257, 265, 267/80, 5 und 51/81 und 282/82, *Birra Wührer u.a./Rat und Kommission*, Slg. 1984, S. 3693.

[574] SMITS in: GTE, Komm EUV/EGV, Art. 105 EG-Vertrag, Rdn. 25 spricht von versteckten Beihilfen.

ben, was in einem eklatanten Widerspruch zum Grundsatz der Haftung des rechtlich Verantwortlichen steht[575].

VI. Kausalität

Ebenso wie die Voraussetzung des Schadens ist auch die Voraussetzung eines kausalen Zusammenhangs zwischen der rechtswidrigen Handlung und dem eingetretenen Schaden textlich in Art. 288 III EG festgehalten. Auch insoweit sind Art. 288 II EG und Absatz III EG identisch. Gerade deswegen erscheint es auch hier angemessen, gleiche Anforderungen an die Kausalität zu stellen. Damit ist ein unmittelbarer Kausalzusammenhang zwischen der rechtswidrigen Handlung der EZB und dem eingetretenen Schaden zu fordern. Dabei soll die Anforderung der „Unmittelbarkeit" verhindern, daß auch entferntere Folgen mit der Schadensersatzklage nach Artt. 235, 288 III EG liquidiert werden können[576].

Relativ einfach läßt sich ein Kausalzusammenhang zwischen Handlungen der EZB und Schäden der Kreditinstitute nachweisen. Nicht zuletzt sind die Kreditinstitute die Adressaten der Maßnahmen der EZB. Ob auch ein Kausalzusammenhang zwischen Handlungen der EZB und wirtschaftlichen Nachteilen von EU-Bürgern bestehen kann, erscheint angesichts des Erfordernisses eines unmittelbaren Kausalzusammenhangs wenig wahrscheinlich. Sie tragen wohl nur die „entfernteren Folgen" eines rechtswidrigen Verhaltens der EZB[577].

VII. Verschulden

Schließlich bleibt zu klären, ob eine Haftung nach Art. 288 III EG an das Erfordernis eines Verschuldens geknüpft ist. Im Zusammenhang mit Haftungsklagen nach Art. 288 II EG macht der EuGH die Haftung seit dem Urteil *Lütticke/Kommission* nicht mehr vom Vorliegen eines Verschuldens abhängig[578]. Damit ist aufgrund des Prinzips der Kohärenz der Rechtsschutzsysteme davon auszugehen, daß auch die Haftung der EZB nach Art. 288 III EG verschuldensunabhängig ist.

---

[575] Siehe dazu oben unter Teil II: B.II.3.b.).

[576] RUFFERT, in: Calliess/Ruffert, EUV/EGV, Art. 288 EG, Rdn. 20.

[577] Vgl. CZAJA, Haftung, S. 187.

[578] Siehe dazu unter Teil II: B.II.5.

Allerdings ist darauf hinzuweisen, daß der EuGH im Bereich der Haftung für normatives Unrecht bei der Prüfung des Vorliegens einer hinreichend qualifizierten Verletzung auf Verschuldensmerkmale zurückgreift[579].

VIII. Verjährung

Da somit alle tatbestandlichen Voraussetzungen einer Haftung der EZB für rechtswidrige Handlungen behandelt sind, ist schließlich die Frage der Verjährung eines Haftungsanspruchs zu erörtern..

Art. 43 Satzung des EuGH spricht allgemein von einer Verjährung der Ansprüche aus außervertraglicher Haftung. Da durch die Verweisung des Art. 288 III EG auf Absatz II dessen Bestandteile in Absatz III inkorporiert werden, ist die Haftung der EZB ebenfalls als außervertragliche Haftung konzipiert[580]. Damit richtet sich die Verjährung derartiger Ansprüche ebenfalls nach Art. 43 Satzung des EuGH. Danach verjähren Ansprüche aus außervertraglicher Haftung „in fünf Jahren nach Eintritt des Ereignisses, das ihnen zugrunde liegt".

IX. Zusammenfassung des II. Teils

Insgesamt ist festzuhalten, daß auf der Grundlage des Art. 288 II EG durch die Rechtsprechung des EuGH ein europäisches Haftungsmodell entstanden ist. Dieses ist auf Grund der Verweisungssystematik des Art. 288 III EG auch maßgeblich für eine Haftung der EZB. Die Wendung „Absatz II gilt in *gleicher* Weise" macht aber deutlich, daß Modifizierungen im Haftungsmodell der EZB möglich sind, soweit dies aufgrund spezifischer Besonderheiten der EZB notwendig erscheint. Die grundsätzliche Anwendbarkeit des in Art. 288 II EG geltenden Haftungsmodells in Absatz III steht ferner im Einklang mit dem Gedanken des effektiven Rechtsschutzes und der vom EuGH geforderten Kohärenz der Rechtsschutzsysteme.

Danach sind folgende Voraussetzungen für die Haftung der EZB nach Art. 288 III EG zu prüfen:

Zunächst muß eine „Amtstätigkeit der EZB oder ihrer Bediensteten" vorliegen. Unter den Begriff fallen nicht nur Handlungen der Organe und Bedienste-

---

[579] Im Urteil *Antillean Rice Mills/Kommission* prüft das EuG eine hinreichend qualifizierte Verletzung unter dem Punkt „Verschulden" (EuG, verb. Rs. T-480/93 und T-483/93, *Antillean Rice Mills/Kommission*, Slg. 1995, I-2305, Rdn. 177).

[580] Siehe dazu unter Teil II: C.II.

ten der EZB. Nach dem hier gefundenen Ergebnis können Tätigkeiten der nationalen Zentralbanken der EZB zugerechnet werden, soweit sie aufgrund einer rechtswidrigen EZB-Leitlinie oder EZB-Weisung handeln und ihnen bei Ausführung derselben kein eigener Handlungsspielraum mehr verbleibt.

Weiterhin muß die Handlung „rechtswidrig" i.S.d. Art. 288 III EG sein. Hierbei ist zwischen administrativen und normativen Handlungen der EZB zu unterscheiden. Während bei ersteren die Verletzung einer Schutznorm ausreichend ist, muß bei letzteren eine „hinreichend qualifizierte Verletzung einer höherrangigen, dem Schutz des einzelnen dienenden Rechtsnorm" zu bejahen sein. Von einer normativen Handlung der EZB ist auszugehen, wenn es sich um einen Rechtsetzungsakt handelt, der abstrakt-generelle Regelungen enthält und dessen Erlaß ein unerläßlich weites Ermessen voraussetzt. Kriterien für das Vorliegen dieses Ermessens ist insbesondere die Komplexität des zu beurteilenden Sachverhalts, der Prognosecharakter der Entscheidung und Schwierigkeiten bei der Anwendung der Norm.

Schließlich muß ein Schaden eingetreten sein und zwischen der Handlung und dem Schaden muß ein unmittelbarer Kausalzusammenhang bestehen.

Ebenso wie in Art. 288 II EG ist bei der Haftung der EZB ein Verschulden nicht erforderlich.

Der Anspruch aus Art. 288 III EG verjährt gem. Art. 43 Satzung des EuGH in fünf Jahren nach Eintritt des Schadensereignisses.

Teil III: Mögliche haftungsauslösende Handlungen der EZB

Eine Untersuchung der Haftung der EZB kann nicht allein mit der Vorstellung eines Haftungsmodells bewältigt werden. Das gewonnene Ergebnis muß im Gegenteil für die Praxis fruchtbar gemacht werden. Angesichts der vielfältigen Tätigkeiten der EZB ist es in dieser Studie jedoch nicht möglich, alle Handlungsfelder der EZB auf eventuelle haftungsauslösende Fehler zu untersuchen. Die erfolgte Auswahl beschränkt sich auf die geldpolitischen Befugnisse der EZB, die Bereitstellung des Zahlungsverkehrssystems TARGET, Aufgaben im Bereich der Bankenaufsicht und der Wechselkurspolitik. Die einzelnen, ausgewählten Handlungsfelder werden zum besseren Verständnis zunächst unter dem Punkt „allgemeine Charakteristika" vorgestellt werden.

Ebenso selbstverständlich ist, daß sich eine Untersuchung haftungsauslösender Handlungen der EZB zu diesem frühen Zeitpunkt ihrer Inbetriebnahme nur mit hypothetischen Fehlern befassen kann. Um überhaupt Nutzen für die Praxis aus der Untersuchung ziehen zu können, wird es insbesondere Aufgabe sein, die einzelnen Maßnahmen unter allgemeinen Gesichtspunkten, wie z.B. typischen Fehlerquellen, unter die oben herausgearbeiteten Haftungsvoraussetzungen zu subsumieren.

Es ist also jeweils zunächst zu prüfen, ob eine „Amtstätigkeit der EZB oder ihrer Bediensteten" vorliegt. Daran wird sich eine Erörterung darüber anschließen, unter welchen Umständen diese Amtstätigkeit „rechtswidrig" i.S.d. Art. 288 III EG sein kann. Hierfür ist zu unterscheiden, ob die Haftungsvoraussetzungen für administratives oder für normatives Unrecht anzuwenden sind, was von der Rechtsnatur der jeweiligen Maßnahme abhängt[581]. Dabei bestimmt sich die Rechtsnatur einer Handlung nicht nur nach der äußeren Form. Entscheidend kommt es auf ihren jeweiligen Gegenstand und Inhalt an[582]. So ist es durchaus möglich, daß ein als Verordnung ergangener Rechtsakt, also eine Rechtsnorm, sich als Entscheidung, somit als ein Individualakt, entpuppt. Die Bezeichnung indiziert lediglich die Rechtsnatur. Führt die Überprüfung eines Rechtsaktes zum Beispiel dazu, daß die EZB eine Verordnung nach Art. 110 I 1. Spiegelstrich EG, Art. 34.1 1. Spiegelstrich ESZB-Satzung erlassen hat, da sie abstrakt-generelle Regelungen enthält, bedeutet das für die Prüfung der Rechtswidrigkeit, daß sie in die Gruppe des normativen Unrechts fällt. Hin-

[581] Siehe zur Unterscheidung zwischen administrativem und normativem Unrecht unter Teil II: B.II.2.

[582] Vgl. nur EuGH, Rs. 147/83, *Binderer/Kommission*, Slg. 1985, S. 257, Rdn. 11f.; HETMEIER, in: Lenz (Hrsg.), EGV-Kommentar, 2. Auflage, Art. 249 EG, Rdn. 5.

gegen greift die Haftung für administratives Unrecht, wenn die EZB beispielsweise eine Entscheidung i.S.d. Art. 110 I 2. Spiegelstrich EG, Art. 34.1 2. Spiegelstrich ESZB-Satzung erläßt. Kommt man schließlich zum Ergebnis, daß ein EZB-Beschluß vorliegt, so ist er, wenn er abstrakt-generelle Regelungen trifft, dem normativen Unrecht, wenn er konkret-individuelle enthält, dem administrativen Unrecht zuzuordnen. Eine rechtswidrige EZB-Leitlinie zieht, wenn sie einen abstrakt-generellen Regelungsgehalt aufweist, die Haftung für normatives Unrecht nach sich. Bereits dieser kurze Überblick verdeutlicht, daß es entscheidend von der Rechtsnatur einer Maßnahme abhängt, ob die strenge Voraussetzung für normatives Unrecht greift oder ob die einfachere für administratives Unrecht anzuwenden ist. Wegen dieser besonderen Bedeutung und aus Gründen der Übersichtlichkeit – die Prüfung der Rechtsnatur kann angesichts der vielfach noch ungeklärten Fragen im Zusammenhang mit EZB-Maßnahmen einen beträchtlichen Raum einnehmen – soll der Klärung der Rechtsnatur vorweg ein eigener Punkt gewidmet werden.

Für das Tatbestandsmerkmal der Rechtswidrigkeit ist sowohl bei administrativem als auch bei normativem Unrecht weiterhin von Interesse, welche Schutznormen durch das jeweilige Verhalten der EZB verletzt werden könnten. Auch hier kann nur auf für das Verhalten der EZB typische Schutznormen Bezug genommen werden. Die im Punkt „allgemeine Charakteristika" gemachten Ausführungen werden für die Auffindung und Prüfung der Schutznormen Anhaltspunkte liefern können.

Schließlich wird noch das Vorliegen eines kausalen Schadens zu prüfen sein. Allerdings soll auf dieses Tatbestandsmerkmal nur eingegangen werden, wenn nicht die Voraussetzungen der „Amtstätigkeit der EZB oder ihrer Bediensteten" oder deren „Rechtswidrigkeit" offensichtlich zu verneinen sind.

Jede untersuchte Handlung wird mit einem Ausblick auf ihre Haftungsrelevanz abgerundet werden.

A. Handlungen der EZB im Bereich der Geldpolitik

Hauptaufgabe einer Zentralbank ist es, die Geldpolitik, deren Funktion darin besteht, ein geldpolitisches Ziel, hier die Preisstabilität bzw. geldpolitische Zwischenziele, mit dem Einsatz verschiedener geldpolitischer Instrumente zu gestalten.

In der volkswirtschaftlichen Diskussion werden vier Instrumente als grundlegend für eine optimale geldpolitische Arbeit einer Zentralbank angesehen. Es sind dies Offenmarktgeschäfte, eine Absorptionsfazilität, eine Spitzenrefinanzierungsfazilität und die Mindestreserve[583]. Der EZB stehen Instrumente aus allen vier genannten Kategorien zur Verfügung[584].

Im Rahmen dieser Untersuchung sollen indes nur zwei Gruppen auf ihre Haftungsrelevanz untersucht werden, die Offenmarktgeschäfte und die Mindestreservepolitik der EZB. Diese Beschränkung macht unter dem Gesichtspunkt Sinn, daß auf eine Haftung der EZB für rechtswidrige Maßnahmen im Zusammenhang mit der Absorptionsfazilität und der Spitzenrefinanzierungsfazilität die im folgenden herausgearbeiteten Haftungsmodalitäten für Offenmarktgeschäfte entsprechend angewendet werden können. Dies ergibt sich aus der Ähnlichkeit der drei Instrumente hinsichtlich ihrer Struktur und damit ihrer Rechtsnatur. So beruht die Inanspruchnahme der beiden Fazilitäten, ebenso wie die Ausführung der Offenmarktgeschäfte, auf zwischen der EZB und den Kreditinstituten abgeschlossenen privatrechtlichen Verträgen. Zudem spielt der Zinssatz bei allen drei Instrumenten eine herausragende Rolle[585].

Die Auswahl erfolgte ferner nach der Charakterisierung der Instrumente als „wettbewerbsneutral“ und „wettbewerbsverzerrend“[586]. Dabei wird das Instrument der Offenmarktoperationen gemeinhin als „wettbewerbsneutral“ bezeichnet, da die Zentralbank auf der Ebene der Gleichrangigkeit mit den Kreditinstituten agiert. Demgegenüber stellt die Mindestreservepolitik ein „wettbewerbsverzerrendes“ Instrument dar, da die Zentralbank hoheitlich tätig wird[587]. Diese grundlegende Unterscheidung wirkt sich auch auf die Haftung aus, wie sich im folgenden zeigen wird.

I. Akte der Offenmarktpolitik, Art. 18.1 1. Spiegelstrich ESZB – Satzung

1. Allgemeine Charakteristika

Unter den Offenmarktgeschäften versteht man grundsätzlich den Kauf und Verkauf von Wertpapieren durch die Zentralbank für eigene Rechnung am offe-

---

583 EWI, Jahresbericht 1995, S. 55; KNAPPE, Geldpolitische Instrumente, S. 148f.; HAHN/HÄDE, in: Dolzer/Vogel (Hrsg.), BK, Art. 88 GG, Rdn. 569.

584 Siehe hierzu EZB, Monatsbericht, Mai 1999, S. 34ff.

585 Vgl. zur rechtlichen Ausgestaltung der drei Instrumente, EZB, Die einheitliche Geldpolitik, S. 10ff.; HARTENFELS, WM 1999, Beilage 1, S. 42.

586 Siehe zu diesen Begriffen oben unter Teil II: C.IV.3.

587 STADLER, Handlungsspielraum, S. 199, 205; ISSING, Geldpolitik, S. 110; SMITS, European Central Bank, S. 264.

nen Markt[588]. Dementsprechend gibt Art. 18.1 1. Spiegelstrich ESZB-Satzung der EZB die Ermächtigung „auf den Finanzmärkten tätig [zu werden], indem sie auf Gemeinschaft- oder Drittlandswährungen lautende Forderungen und börsengängige Wertpapiere sowie Edelmetalle endgültig.... oder im Rahmen von Rückkaufsvereinbarungen" kauft oder verkauft oder entsprechende Darlehensgeschäfte tätigt. Im Gegensatz zur Praxis der Deutschen Bundesbank sieht Art. 18.1 ESZB-Satzung auch Darlehensgeschäfte als Teil der Offenmarktgeschäfte an[589]. Damit verfügt die EZB über eine umfassende Rechtsgrundlage im Bereich der Offenmarktgeschäfte. Ebenso steht ihr frei, ob sie anbietend oder nachfragend am Geld– oder Kapitalmarkt tätig werden will. Auch die Form der Ausführung ist sowohl hinsichtlich der Geschäftsart, also hinsichtlich der Frage, ob die Offenmarktgeschäfte beispielsweise als definitive Käufe bzw. Verkäufe von Vermögenswerten oder als Pensionsgeschäfte durchgeführt werden müssen, als auch hinsichtlich der für die Geschäfte zu verwendenden Vermögenswerte durch die Regelung des Art. 18.1 ESZB-Satzung nicht beschränkt[590].

In den von der EZB verlautbarten „Allgemeinen Regelungen für die geldpolitischen Instrumente und Verfahren des ESZB" werden vier Gruppen von Offenmarktgeschäften gebildet: Hauptrefinanzierungsgeschäfte, längerfristige Refinanzierungsgeschäfte, Feinsteuerungsoperationen und strukturelle Operationen[591]. Für alle vier Geschäfte sehen die „Allgemeinen Regelungen" verschiedene Ausführungsformen vor. Befristete Transaktionen können in allen vier Gruppen zur Anwendung kommen, während die Emittierung von Schuldverschreibungen nur im Rahmen der strukturellen Operationen stattfindet. Feinsteuerungsoperationen können neben befristeten Transaktionen noch in Form von definitiven Käufen bzw. Verkäufen, Devisenswapgeschäften oder als Hereinnahmen von Termineinlagen durchgeführt werden[592]. Befristete Transaktionen, die in allen vier Gruppen Verwendung finden, bilden also das Schwerpunktgeschäft.

---

[588] ISSING, Geldpolitik, S. 81; DEUTSCHE BUNDESBANK, Geldpolitik, S. 110.

[589] Der Kreis der Offenmarktgeschäfte ist durch die Einbeziehung der Kreditgeschäfte größer als ehemals der der Deutschen Bundesbank. Vgl. HAHN/HÄDE, in: Dolzer/Vogel (Hrsg.), BK, Art. 88 GG, Rdn. 570; STADLER, Handlungsspielraum, S. 197.

[590] Eine Übersicht über die möglichen Vermögenswerte gibt STADLER, Handlungsspielraum, S. 197.

[591] EZB, Die einheitliche Geldpolitik, S. 11ff.; HÄDE, in: Calliess/Ruffert, EUV/EGV, Art. 105 EG, Rdn. 15.

[592] Eine ausführliche Beschreibung der einzelnen Geschäftsarten gibt die EZB, Die einheitliche Geldpolitik, S. 10ff.

Ziel der Offenmarktgeschäfte der EZB ist es, den Zinssatz am europäischen Geldmarkt[593] und damit die Geldmenge zu steuern, die wiederum Einfluß auf das Preisniveau und somit auf das Ziel der Preisstabilität hat[594]. Dieser Wirkungszusammenhang erklärt sich aus dem traditionell bestehenden Abhängigkeitsverhältnis des Bankensektors von Zentralbankgeld. Während die Zentralbank üblicherweise über das Geldschöpfungsmonopol verfügt[595], müssen die Banken die Forderungen ihrer Kunden oder gewährte Kredite irgendwann mit Bargeld, das letztlich nur bei der Zentralbank erhältlich ist, begleichen[596]. Das bedeutet, daß die Banken sich letztendlich bei der Notenbank verschulden müssen[597]. Senkt nun die Zentralbank den Zinssatz für ihre Offenmarktgeschäfte, so steigt die Nachfrage der Kreditinstitute nach einem Notenbankkredit, um ihrerseits dem Nichtbankensektor vermehrt Kredite gewähren zu können. Die Geldmenge nimmt zu. Im umgekehrten Fall der Erhöhung des Zinssatzes wird die Geldmenge abnehmen[598]. Die Zentralbank steuert also mit den Offenmarktgeschäften unter Ausnutzung der Marktkräfte die Liquidität des Bankensektors und damit indirekt das Preisniveau und die Preisstabilität.

In der Praxis versucht die EZB die Geldmarktsätze und die Liquidität im Markt hauptsächlich mittels Hauptrefinanzierungsoperationen zu steuern, die sie in Form von befristeten Transaktionen ausführt[599]. Die befristeten Transaktionen

---

593 Unter Geldmarkt versteht man den Markt für Zentralbankgeld. Akteure sind hier die Geschäftsbanken und die Zentralbank. Er dient der Versorgung des Bankensektors mit Zentralbankgeld. Vgl. DUDEN, Der Euro, S. 155.

594 BOFINGER/REISCHLE/SCHÄCHTER, Geldpolitik, S. 248ff. Der Zusammenhang zwischen der Geldmenge und Inflationsrate kann mittels der „Potentialformel" dargestellt werden, vgl. BOFINGER/REISCHLE/SCHÄCHTER, Geldpolitik, S. 253; ENDLER, Europäische Zentralbank, S. 91ff.; zum Ansatzpunkt der Geldpolitik siehe auch KÜMPEL, Bank- und Kapitalmarktrecht, Rdn. 20.163ff.

595 So auch die EZB, was sich aus Art. 106 EG ergibt. Vgl. auch KÜMPEL, Bank- und Kapitalmarktrecht, Rdn. 20.166ff.

596 ISSING, Geldpolitik, S. 73; DEUTSCHE BUNDESBANK, Geldpolitik, S. 32f.

597 Die Banken können sich auch Geld am Interbankenmarkt besorgen, bzw. können den Bedarf zunächst auch mit primären und sekundären Liquiditätsreserven decken. Vgl. ISSING, Geldpolitik, S. 73; BOFINGER/SCHÄCHTER/REISCHLE, Geldpolitik, S. 386; KÜMPEL, Bank- und Kapitalmarktrecht, Rdn. 20.167.

598 Der Wirkungszusammenhang besteht nur in der Theorie so eindeutig. In der volkswirtschaftlichen Wirklichkeit stellt sich der Wirkungszusammenhang um ein vielfaches komplexer dar. Siehe dazu bereits unter Teil II: C.IV.1. Ebenso FAZ-Bericht vom 28. März 2000, S. 31.

599 Vgl. KÜMPEL, Bank- und Kapitalmarktrecht, Rdn. 20.176ff.; HARTENFELS, WM 1999, Beilage 1, S. 42.

werden entweder als Pensionsgeschäfte[600] oder als Pfandkredite[601] abgeschlossen. Bei Pensionsgeschäften stellt der Zinssatz die Differenz zwischen dem Kauf- und dem Rückkaufpreis des Vermögenswertes dar. Bei Pfandkrediten ergibt sich der jeweilige Zinssatz aus der Laufzeit des Kredites und dem festen Zins auf den Kreditbetrag[602]. Je nach Höhe dieses Zinssatzes verteuert oder verbilligt sich das Zentralbankgeld für den Bankensektor. Dieser Impuls wird von den Kreditinstituten am Geldmarkt tendenziell durch eine Erhöhung bzw. durch eine Senkung der Kreditzinsen an den Nicht-Bankensektor weitergegeben[603]. Der Zinssatz für das Hauptrefinanzierungsgeschäft ist das wichtigste Aktionsparameter der EZB. Er übernimmt die Rolle eines Leitzinses[604].

2. Rechtsnatur

a.) Rechtsnatur der Ausführungsgeschäfte

Die die Offenmarktpolitik ausführenden Geschäfte, also insbesondere die oben genannten Pensionsgeschäfte und Pfandkredite, werden mit den mitgliedstaatlichen Kreditinstituten vertraglich abgeschlossen[605]. Da die EZB an den Grundsatz der offenen Marktwirtschaft mit freiem Wettbewerb gebunden ist (Art. 105 I EG, Art. 2 ESZB-Satzung) tritt sie hierbei wie ein privater Marktteilnehmer auf. EZB und nationale Kreditinstitute stehen sich als Geschäftspartner

---

[600] Die EZB versteht unter Pensionsgeschäften eine Vereinbarung, wonach „das Eigentum an dem Vermögenswert ... auf den Gläubiger übertragen [wird], und die Parteien ... gleichzeitig [vereinbaren], das Geschäft durch eine Rückübertragung des Vermögenswertes auf den Schuldner zu einem zukünftigen Zeitpunkt wieder umzukehren". Vgl. EZB, Die einheitliche Geldpolitik, S. 10.

[601] Für einen Pfandkredit „wird ein rechtswirksames Sicherungsrecht an den als Pfänder hinterlegten Vermögenswerten eingeräumt, wobei aber unter der Annahme, daß der Schuldner seine Verpflichtung erfüllen wird, das Eigentum an dem Vermögenswert beim Schuldner verbleibt." Vgl. EZB, Die einheitliche Geldpolitik, S. 10.

[602] EZB, Die einheitliche Geldpolitik, S. 11.

[603] KNAPPE, Das geldpolitische Instrumentarium, S. 147; KOHLHAUSSEN, ZfgK 1999, S. 920f.; BOFINGER/REISCHLE/SCHÄCHTER, Geldpolitik, S. 393.

[604] KNAPPE, Das geldpolitische Instrumentarium, S. 149; DUDEN, Der Euro, S. 221. Der Zinssatz der Hauptrefinanzierungsoperationen bewegt sich zwischen dem Zinssatz der Einlagefazilität und dem der Spitzenrefinanzierungsfazilität, siehe EZB, Monatsbericht, Januar 1999, S. 20f. Diese Rolle nahm zu Zeiten der Geldpolitik der Deutschen Bundesbank der Wertpapierpensionssatz ein. Vgl. hierzu BOFINGER, Mindestreserve, S. 301.

[605] EZB, Die einheitliche Geldpolitik, S. 10ff.

gegenüber. Die Verträge sind damit privatrechtlich ausgestaltet[606]. In rechtlicher Hinsicht unterliegen sie den jeweiligen mitgliedstaatlichen Rechtssystemen[607]. Um privatrechtlich tätig werden zu können, steht der EZB in jedem Mitgliedstaat die „weitestgehende Rechts- und Geschäftsfähigkeit, die juristischen Personen nach dessen Rechtsvorschriften zuerkannt ist", zu[608].

b.) Rechtsnatur der Festlegung des Zinssatzes

Eine andere Beurteilung kann sich indes für die übrigen Geschäftsbedingungen ergeben, zu denen die Refinanzierung mittels Offenmarktgeschäften möglich ist. Die für die Kreditinstitute bedeutendste Kondition ist der Zinssatz, zu der die EZB bereit ist, Zentralbankgeld zu stellen[609]. Da dem Zinssatz der befristeten Transaktionen im Rahmen der Hauptrefinanzierungsgeschäfte die Rolle eines Leitzinses zukommt, soll seine Rechtsnatur im folgenden geklärt werden.

Neben der Einstufung der Zinssatzfestlegung als allgemeine Geschäftsbedingung privatrechtlicher Art kommt auch eine Einordnung in die gemeinschaftsrechtlichen, also hoheitlichen Rechtsformen in Frage.

aa.) Einordnung als privatrechtliche „allgemeine Geschäftsbedingung"

Gegen das Vorliegen einer allgemeinen Geschäftsbedingung spricht jedoch insbesondere, daß die Zinssätze nicht individuell vereinbart bzw. abbedungen werden können, was aber bei allgemeinen Geschäftsbedingungen grundsätzlich möglich wäre[610]. Die EZB übt unmittelbaren Druck auf die von Zentralbankgeld abhängigen Banken dadurch aus, daß sie nur zu dem von ihr bestimmten Zinssatz bereit ist, Geschäfte abzuschließen[611]. Der Zinssatz ist nicht verhandelbar.

---

[606] CZAJA, Haftung, S. 175; vgl. auch KÜMPEL, Bank- und Kapitalmarktrecht, Rdn. 20.158.

[607] EZB, Die einheitliche Geldpolitik, S. 10f.

[608] Art. 9.1 ESZB-Satzung.

[609] Zur Funktion und Bedeutung des Zinssatzes siehe unter Teil III: A.I.1.

[610] Im Falle von allgemeinen Geschäftsbedingungen könnte nach deutschem Recht gem. § 4 AGBG durch Individualvereinbarung ein anderer Zinssatz vereinbart werden. Einer derartigen Individualvereinbarung dürfte jedoch die Bindung der EZB an den gemeinschaftsrechtlichen, allgemeinen Gleichheitssatz entgegenstehen. Zum allgemeinen Gleichheitssatz siehe unter Teil II: C.IV.4.c.); für die Deutsche Bundesbank siehe GRAMLICH, Europäische Zentralbank, S. 162.

[611] So HAHN, Währungsrecht, §20, Rdn. 6, für die Zinsfestsetzung der Deutschen Bundesbank.

Für einen hoheitlichen Charakter sprechen zudem Art. 110 I 1. Spiegelstrich EG, Art. 34.1 1. Spiegelstrich ESZB-Satzung, da sie vorsehen, daß die Festlegung der Geldpolitik, mithin auch die Bestimmung des Leitzinses[612], in Verordnungsform ergehen kann. Weiterhin läßt sich Art. 12.1 UAbs.1 ESZB-Satzung anführen, der dem EZB-Rat die Befugnis verleiht, „Entscheidungen in bezug auf .... Leitzinssätze" zu treffen. Der EG-Vertrag sieht damit hoheitliche Rechtsformen vor. Somit ist die grundsätzliche Befugnis des EZB-Rates, die Rechtsform der Leitzinsfestlegung frei zu wählen, auf diese Rechtsformen beschränkt[613].

Selbst wenn dem EZB-Rat die Wahlfreiheit zwischen allgemeinen Geschäftsbedingungen und hoheitlichen Rechtsformen zustehen würde, käme eine Überprüfung der Wahl am Verhältnismäßigkeitsgrundsatz zu demselben Ergebnis, nämlich, daß die Wahlfreiheit auf die hoheitlichen Rechtsformen beschränkt ist. Die Anwendbarkeit des Verhältnismäßigkeitsgrundsatzes ergibt sich sowohl aus der Verordnungsermächtigung in Art. 110 I 1. Spiegelstrich EG, Art. 34.1 1. Spiegelstrich ESZB-Satzung als auch aus der Befugnis zum Erlaß einer Entscheidung i.S.d. Art. 12.1 ESZB-Satzung und Art. 5 III EG[614]. Bei einer Prüfung könnte man zu dem Ergebnis gelangen, daß allgemeine Geschäftsbedingungen als das mildere Mittel anzusehen sind, da ihnen die Zwangswirkung fehlt[615]. Indes sind diese nicht gleich geeignet, den Anforderungen an eine gemeinschaftsrechtliche Geldpolitik gerecht zu werden. Zum einen würde sich das Problem stellen, welcher mitgliedstaatlichen Rechtsordnung die allgemeinen Geschäftsbedingungen der EZB unterfallen sollen, da das Gemeinschaftsrecht kein Zivilrechtssystem enthält. Im Falle einer Klage gegen eine bestimmte Festlegung könnten dann mitgliedstaatliche Kreditinstitute zum Teil, je nach der anzuwendenden Rechtsordnung bevorzugt bzw. benachteiligt sein. Ebenso würde es dem Bestreben, eine einheitliche Geldpolitik zu gewährleisten, zuwider laufen, wenn gerade die Festlegung der Leitzinssätze, also eines der wichtigsten Aktionsparameter der EZB, der mitgliedstaatlichen Gerichtsbarkeit unterliegen würde. Schon aus dem Grundsatz der Rechtssicherheit heraus erscheint es daher angemessen, entscheidende Eckpunkte der Geldpolitik, wie die Festlegung des Leitzinses, den hoheitlichen Rechtsformen des Gemeinschaftsrechts zu unter-

---

612 STADLER, Handlungsspielraum, S. 154.

613 HETMEIER, in: Lenz (Hrsg.), EGV-Kommentar, 2. Auflage, Art. 249 EG, Rdn. 2.

614 FISCHER, ZG 2000, S. 174; HOPPE, Rechtsschutz, S. 171, 187; zur Anwendbarkeit des Grundsatzes der Verhältnismäßigkeit auf Rechtsakte der EZB siehe Teil II: C.IV.5.

615 Vgl. Protokoll Nr. 6 zum Amsterdamer Vertrag wonach gemäß dem Grundsatz der Verhältnismäßigkeit bei gleicher Geeignetheit die Richtlinie der Verordnung oder die Rahmenrichtlinie einer detaillierteren Regelung vorzuziehen ist. (Quelle: BGBl II 1998, S. 429ff.).

werfen und damit der gemeinschaftsrechtlichen Kontrolle des EuGH anzuvertrauen[616].

Damit ist als Zwischenergebnis festzuhalten, daß die Festlegung der Leitzinsen durch die EZB in den hoheitlichen Rechtsformen des Gemeinschaftsrechts ergeht[617]. Privatrechtliche Handlungsformen wie allgemeine Geschäftsbedingungen scheiden aus den oben genannten Gründen hingegen aus.

bb.) Einordnung in die Rechtsformen des Gemeinschaftsrechts

Klärungsbedürftig ist im weiteren Verlauf der Bestimmung der Rechtsnatur der Leitzinsfestlegung, in welcher konkreten Rechtsform des Gemeinschaftsrechts die Leitzinsfestlegung durch die EZB ergeht. Soweit sich die Rechtsnatur der Leitzinsfestlegung durch Auslegung des EG-Vertrages ergibt, verbleibt der EZB kein Wahlrecht zwischen verschiedenen Rechtsformen[618].

Art. 18.1 ESZB-Satzung, welcher der EZB die Befugnis verleiht, am offenen Markt Geschäfte zu tätigen, ist nicht zu entnehmen, welche Rechtsnatur dem Erlaß der Zinssätze zukommt. Hingegen spricht Art. 12.1 ESZB-Satzung, wie bereits ausgeführt, davon, daß der EZB-Rat „Entscheidungen in Bezug .. auf Leitzinssätze" treffen kann. Damit könnte aufgrund des parallelen Wortlautes eine Entscheidung i.S.d. Art. 110 I 2. Spiegelstrich EG, Art. 34.1 2. Spiegelstrich ESZB-Satzung und damit eine EG-Entscheidung i.S.d. Art. 249 EG gemeint sein. Andererseits läßt der Wortlaut des Art. 18.1 ESZB-Satzung auch eine Interpretation als nicht förmlichen EZB-Beschluß zu, da in einigen sprachlichen Fassungen des EG-Vertrages textlich nicht zwischen der Rechtsform der Entscheidung und des EZB-Beschlusses unterschieden wird. In Betracht kommt zudem eine Leitzinsfestlegung in Verordnungsform, da aus Art. 110 I 1. Spiegelstrich EG, Art. 34.1 1. Spiegelstrich ESZB-Satzung i.V.m. Art. 3.1 1. Spiegelstrich ESZB-Satzung hervorgeht, daß Verordnungen auch zur Festlegung und Ausführung der Geldpolitik, zu deren Kernelementen die Festlegung der Leitzinsen zählt, erlassen werden können.

Als Rechtsform kommt daher die der Entscheidung, des EZB-Beschlusses oder der Verordnung in Betracht. Die Klärung der Rechtsnatur hängt von der Frage nach dem Verhältnis dieser Vorschriften zueinander ab.

---

616 So auch die Überlegung bei SMITS, European Central Bank, S. 108.

617 CZAJA, Haftung, S. 176, die aber nicht zwischen den allgemeinen Grundsätzen nach Art. 18.2 ESZB-Satzung und der konkreten Festsetzung des Zinssatzes unterscheidet.

618 Vgl. HETMEIER, in: Lenz (Hrsg.), EGV-Kommentar, 2. Auflage, Art. 249 EG, Rdn. 2.

(1) Einordnung als Verordnung i.S.d. Art. 110 I 1. Spiegelstrich EG, Art. 34.1 1. Spiegelstrich ESZB-Satzung

Aus der Zusammenschau der Art. 110 I 1. Spiegelstrich EG, Art. 34.1 1. Spiegelstrich ESZB-Satzung i.V.m. Art. 3.1 1. Spiegelstrich ESZB-Satzung und Art. 12.1 UAbs.1 ESZB-Satzung läßt sich entnehmen, daß der Regelungsgegenstand des erstgenannten Normenkomplexes genereller Natur ist, da allgemein von Festlegung und Ausführung der Geldpolitik gesprochen wird. Demgegenüber stellt Art. 12.1 UAbs.1 ESZB-Satzung die speziellere Regelung dar, weil nicht auf den Sammelbegriff „Geldpolitik" abgestellt wird, sondern Teilaspekte der Geldpolitik genannt und einer bestimmten Rechtsform zugeordnet werden. So sieht die Vorschrift die Rechtsform der „Entscheidung" für die Festlegung der Leitzinsen vor. Somit indiziert dieser Befund, daß für den Zinssatz der Hauptrefinanzierungsoperationen als einer der Leitzinsen der EZB die Rechtsform der „Entscheidung" vertraglich bestimmt wurde[619].

Gegen die Annahme einer Verordnung läßt sich ferner ein praktisches Argument anführen. Da es für eine effektive Geldpolitik entscheidend auf einen raschen Vollzug der Leitzinsfestlegung ankommt, erweist sich die äußerst zeitintensive Veröffentlichung von Verordnungen im Amtsblatt der Europäischen Gemeinschaft, die nach Art. 110 II UAbs.4 EG, Art. 34.2 UAbs.3 ESZB-Satzung i.V.m. Art. 254 EG auch für EZB-Verordnungen verpflichtend ist, eher als Hemmnis, denn als Ausdruck von Rechtssicherheit. Die Rechtsform der Verordnung erscheint deshalb nur geeignet, grundlegende Organisationsprozesse rechtlich zu fixieren, nicht jedoch um dem geldpolitischen Tagesgeschäft, das von Schnellebigkeit gekennzeichnet ist, eine rechtliche Grundlage zu verleihen[620]. Angesichts der Tatsache, daß bisher keine Leitzinsfestlegung im Amtsblatt der Europäischen Gemeinschaft veröffentlicht worden ist, scheint die EZB für ihre bisherigen Leitzinsfestsetzungen nicht die Rechtsform der Verordnung gewählt zu haben. Somit kann auch aus der Praxis nicht auf einen Verordnungscharakter der Leitzinsfestlegung geschlossen werden.

Im Ergebnis liegt der Schluß nahe, daß die Festsetzung der Leitzinsen nicht in Form einer Verordnung ergeht, sondern in der einer „Entscheidung" i.S.d. Art. 12.1 UAbs.1 ESZB-Satzung.

---

[619] ZILIOLI, in: GTE, Komm EUV/EGV, nach Art. 109m EG-Vertrag, Satzung ESZB und EZB, Art. 12, Rdn. 18; a.A. HOPPE, Rechtsschutz, S. 192.

[620] So wohl auch WEINBÖRNER, Europäische Zentralbank, S. 428; a.A. HOPPE, Rechtsschutz, S. 241f., der für eine Einordnung als gemeinschaftsrechtliche Verordnung plädiert mit der Begründung, es handele sich um eine abstrakt-generelle Regelung, der Außenrechtswirkung zukomme.

(2) Einordnung als Entscheidung i.S.d. Art. 110 I 2. Spiegelstrich EG, Art. 34.1 2. Spiegelstrich ESZB-Satzung

Mit dieser Erkenntnis ist jedoch noch kein Ergebnis erreicht, da offen bleibt, wie der Begriff der „Entscheidung" i.S.d. Art. 12.1 UAbs.1 ESZB-Satzung auszulegen ist. In Betracht kommt, wie bereits ausgeführt, eine Entscheidung nach Art. 110 I 2. Spiegelstrich EG, Art. 34.1 2. Spiegelstrich ESZB-Satzung oder auch ein EZB-Beschluß, der ein ESZB-internes Rechtsinstrument darstellt[621].

Auffallend ist zunächst, daß Art. 110 I EG und Art. 34.1 ESZB-Satzung bewußt Art. 249 EG nachempfunden worden sind, der die förmlichen Rechtsakte der Gemeinschaft enthält. Diesen Schluß läßt bereits die parallel ausgestaltete Terminologie der Normen zu. Daraus wird allgemein gefolgert, daß die in Art. 110 I EG, Art. 34.1 ESZB-Satzung genannten Rechtsakte zu den Rechtsakten des Art. 249 EG identisch sind[622].

Bereits der Wortlaut der zitierten Normen könnte damit die Lösung enthalten, da er eine Qualifizierung der Leitzinsfestlegung als Entscheidung i.S.d. Art. 110 I 2. Spiegelstrich EG, Art. 34.1 2. Spiegelstrich ESZB-Satzung nahelegt. Hier wie dort verwendet nämlich der deutsche Vertragstext den bereits gemeinschaftsrechtlich geprägten Terminus „Entscheidung". Damit könnte, nach dem oben Gesagten, der Entscheidung nach Art. 12.1 UAbs.1 ESZB-Satzung der Charakter einer Entscheidung i.S.d. Art. 249 EG zukommen. Dieser Lösungsansatz entspräche im übrigen der Systematik des Gemeinschaftsrechts. Danach ist die Rechtsform der Entscheidung nach Art. 249 EG in der Regel dann zu wählen, wenn dies im Vertrag explizit vorgesehen ist[623]. Die textliche Übereinstimmung der vier genannten Normen erscheint wenigstens in der deutschen Fassung auf den ersten Blick bewußt gewählt worden zu sein, da diese an anderer Stelle die Rechtsform „Beschluß" wählt.

Bei genauerer Prüfung ist zudem festzustellen, daß der Terminus „Entscheidung" in denjenigen Regelungen der deutschsprachigen Fassung der ESZB-Satzung gewählt wurde, deren Anwendung Wirkung außerhalb des ESZB ent-

---

[621] POTACS, EuR 28 (1993), S. 32, Fn. 59; LOUIS, CMLR 35 (1998), S. 55.

[622] Zur Vergleichbarkeit des Art. 110 I EG, Art. 34.1 ESZB-Satzung und der Rechtsakte in Art. 249 EG siehe unter Teil II: C.III.2; SMITS, European Central Bank, S. 102; ZILIOLI, in: GTE, Komm EUV/EGV, nach Art. 109m EG-Vertrag, Satzung ESZB und EZB, Art. 12, Rdn. 7; ZILIOLI/SELMAYR, CMLR 37 (2000), S. 630.

[623] IPSEN, Gemeinschaftsrecht, S. 462; BOCKEY, Entscheidung, S. 82ff.; SCHMIDT, in: GTE, Komm EUV/EGV, Art. 189 EG-Vertrag, Rdn. 42.

faltet[624]. So hat insbesondere die Festsetzung des Leitzinses Auswirkung auf die Liquidität der Kreditinstitute, da nur zu diesem Zinssatz die Versorgung mit Zentralbankgeld mittels Offenmarktgeschäften möglich ist. Hingegen lassen sich andere Rechtsformen, wie beispielsweise EZB-Beschlüsse, ausschließlich im Innenverhältnis zwischen EZB und nationalen Zentralbanken finden. In diesem Zusammenhang sei nur auf Art. 12.3 ESZB-Satzung hingewiesen, der der EZB die Befugnis verleiht, eine Geschäftsordnung zu beschließen. Daher spricht gerade die Tatsache, daß die Festsetzung der Leitzinsen von besonderem Interesse für die Kreditinstitute ist, für eine gemeinschaftsrechtliche Entscheidung i.S.d. Art. 110 I 2. Spiegelstrich EG, Art. 34.1 2. Spiegelstrich ESZB-Satzung, zumal sie das typische gemeinschaftsrechtliche Instrument ist, um behördenexterne Rechtsverhältnisse zu regeln[625].

Anhand der Wortlautinterpretation gelangt man damit zu dem Ergebnis, daß die Festlegung der Leitzinsen in Form der Entscheidung nach Art. 110 I 2. Spiegelstrich EG, Art. 34.1 2. Spiegelstrich ESZB-Satzung, also als typische gemeinschaftsrechtliche Entscheidung, getroffen wird. Allerdings hat sich diese Interpretation bisher nur auf die deutschsprachige Fassung des EG-Vertrages bezogen. Sie kann aber nur Bestand haben, wenn auch die übrigen Fassungen dieselbe Interpretation zulassen. So verwendet beispielsweise sowohl der englische als auch der französische Vertragstext einheitlich „decision“[626] bzw. „décision“[627]. Beide Vertragstexte unterscheiden damit nicht zwischen der Rechtsform der Entscheidung und des EZB-Beschlusses. Jedoch spricht dies nicht gegen das mittels der deutschen Sprache gefundene Ergebnis, da die englische und französische Sprache keine derartige Unterscheidung ermöglichen, sondern einheitlich für Entscheidung und Beschluß das Wort „decision“ bzw. „décision“ vorsehen.

Doch wird bei genauer Betrachtung die Unterscheidung gerade in der deutschen Fassung nicht konsequent durchgehalten. In Artt. 6.1, 12.5 ESZB-Satzung, die ebenfalls von Entscheidungen sprechen, muß nämlich richtigerwei-

---

[624] ZILIOLI, in: GTE, Komm EUV/EGV, nach Art. 109m EG-Vertrag, Satzung ESZB und EZB, Art. 12, Rdn. 13f.; EZB, Monatsbericht, November 1999, S. 54 unterscheidet zwischen Entscheidungen und internen Entscheidungen.

[625] Siehe zum Merkmal der Außenwirkung bzw. der Rechtswirkung von Entscheidungen nach Art. 249 EG, GRABITZ, in: Grabitz/Hilf, EGV, Archiv-Bd. 2, Art. 189 EG-Vertrag, Rdn. 72; HETMEIER, in: LENZ (Hrsg.), EGV-Kommentar, 2. Auflage, Art. 249 EG, Rdn. 3.

[626] Quelle des englischen Vertragstextes: COUNCIL OF THE EUROPEAN COMMUNITIES/COMMISSION OF THE EUROPEAN COMMUNITIES, Treaty on EU, S. 148ff.

[627] Quelle des französischen Vertragstextes: CONSEIL DES COMMUNAUTÉS EUROPÉENNES/COMMISSION DES COMMUNAUTÉS EUROPÉENNES, Traité sur l'Union Européenne, S. 148ff.

se von einem Beschluß ausgegangen werden[628]. Ebenso verhält es sich mit Art. 30.1 und Art. 30.3 ESZB-Satzung im Bereich der Finanzvorschriften des ESZB, die dem Innenverhältnis zuzuordnen sind, aber trotzdem von Entscheidung sprechen. Dem oben mittels der deutschen Fassung gefundenen Lösungsansatz kann daher nur Indizwirkung zukommen. Zunächst muß vielmehr für jede einzelne Handlung untersucht werden, ob die ESZB-Satzung von einer Entscheidung oder einem EZB-Beschluß ausgeht[629].

Gegen eine Einordnung der Leitzinsfestlegung als Entscheidung könnte bereits die gegenwärtige Praxis der EZB sprechen, die Leitzinsentscheidung lediglich zu veröffentlichen, nicht aber an die Adressaten bekanntzugeben. Im Gegensatz zu EZB-Verordnungen müssen zwar die EZB-Entscheidungen nicht im Amtsblatt der Gemeinschaft veröffentlicht werden. Dies entbindet die EZB allerdings nicht von der Pflicht, ihre Entscheidungen gem. Art. 110 II UAbs.4 EG, Art. 34.2 UAbs.3 ESZB-Satzung i.V.m. Art. 254 III EG den Adressaten bekanntzugeben. Für die Bekanntgabe sehen zwar weder der EG-Vertrag noch die ESZB-Satzung bestimmte Modalitäten vor. Sie ist jedoch so zu gestalten, daß die Entscheidung dem Adressaten zugeht und dieser die Möglichkeit zur Kenntnisnahme hat[630]. Dies wird jedoch durch eine Veröffentlichung nicht erreicht[631]. Die Praxis der EZB, die Zinssätze im Internet und über die mitgliedstaatlichen Wirtschaftsdienste zu veröffentlichen, gibt den Adressaten damit zwar eine ausreichende Möglichkeit zur Kenntnisnahme, das Erfordernis des Zugangs wird dadurch nicht erfüllt. Die Bekanntgabemodalitäten der Leitzinssätze sprechen also bereits gegen eine Einordnung als gemeinschaftsrechtliche Entscheidung.

Indes ist nach der Rechtsprechung des EuGH für eine Typisierung von Handlungen im Schwerpunkt auf den Gegenstand und Inhalt des Rechtsaktes abzustellen, die Wahl eines bestimmten Verfahrens, also auch die Art der Bekanntgabe, kann nur Indizwirkung haben[632].

---

628 Vgl. SMITS, European Central Bank, S. 105, Fn. 402.

629 SMITS, European Central Bank, S. 105f.

630 Vgl. RUFFERT, in: Calliess/Ruffert, EUV/EGV, Art. 254 EG, Rdn. 7ff.; HETMEIER, in: Lenz (Hrsg.), EGV-Kommentar, 2. Auflage, Art. 254 EG, Rdn. 4.

631 RUFFERT, in: Calliess/Ruffert, EUV/EGV, Art. 254 EG, Rdn. 7; GORNIG/TRÜE, JZ 1993, S. 888; BOCKEY, Entscheidung, S. 110f.

632 EuGH, Rs. 147/83, *Binderer/Kommission*, Slg. 1985, S. 257, Rdn. 11; ebenso EuG, Rs. T-481/93 und T-484/93, *Exporteurs in Levende Varkens u.a./Kommission*, Slg. 1995, II-2305, Rdn. 86; SCHMIDT, in: GTE, Komm EUV/EGV, Art. 189 EG-Vertrag, Rdn. 25; BOCKEY, Entscheidung, S. 35.

Es ist folglich zu untersuchen, ob die Leitzinsfestlegung nach Gegenstand und Inhalt den Wesensmerkmalen der gemeinschaftsrechtlichen Entscheidung entspricht.

Kernmerkmal der Entscheidung i.S.d. Art. 249 EG ist ihr Einzelfallcharakter, der an zwei Merkmalen festgemacht werden kann: Die individuelle Geltung und die Regelung eines Einzelfalls[633]. Da der EG-Vertrag neben Art. 249 EG auch in Art. 230 IV EG auf einen individuellen Adressatenkreis abstellt und Art. 254 III EG für die Wirksamkeit der Entscheidung eine individuelle Bekanntgabe vorsieht, ist bei einer Untersuchung der Schwerpunkt auf das erstere Merkmal zu legen[634]. Das zweite Merkmal dient bei Abgrenzungsschwierigkeiten der Klarstellung. Den begrifflichen Gegenpol zur Entscheidung bildet im Gemeinschaftsrecht als abstrakt-generelle Regelung die Figur der Rechtsnorm[635].

Aus der Formulierung des Art. 110 II UAbs.2 EG, Art. 34.2 UAbs.2 ESZB-Satzung, die Entscheidung sei für diejenigen verbindlich, „an die sie gerichtet ist", läßt sich, wie bei Art. 249 EG, auf ihre individuelle Geltung schließen. Das bedeutet, daß auch der Adressatenkreis einer vom EZB-Rat erlassenen Entscheidung im Zeitpunkt des Erlasses individualisierbar sein muß[636]. Im Unterschied zur Entscheidung gem. Art. 249 EG müssen die Adressaten von EZB-Entscheidungen jedoch nicht im einzelnen bezeichnet sein. Dies ergibt sich aus dem Wort „gerichtet" im Gegensatz zu dem in Art. 249 IV EG verwendeten Begriff „bezeichnet". Es genügt daher, wenn der Adressatenkreis aus dem Inhalt der EZB-Entscheidung hervorgeht oder gattungsmäßig bezeichnet ist[637]. Da in der bisherigen Praxis der EZB in keiner Leitzinsfestsetzung ein Adressatenkreis angegeben wurde, wird es vornehmlich darauf ankommen, ob der Adressatenkreis sich konkludent aus der Festsetzung ergibt.

Als Adressaten der Leitzinsentscheidung kommen insbesondere Rechtssubjekte in Betracht, die außerhalb der Organisationseinheit „Europäische Gemeinschaft" stehen. Adressaten der Leitzinsentscheidungen könnten daher die bei der EZB zugelassenen Geschäftspartner sein. Die Entscheidung der EZB über die Leitzinsen nach Art. 12.1 UAbs.1 ESZB-Satzung könnte ihnen gegenüber als „Sammelentscheidung"[638] ergehen, also als Bündel einer Vielzahl individueller Entscheidungen.

---

633 GRABITZ: in Grabitz/Hilf, EGV, Archiv-Bd. 2, Art. 189 EG-Vertrag, Rdn. 65, 71.

634 BOCKEY, Entscheidung, S. 35.

635 Vgl. BOCKEY, Entscheidung, S. 34.

636 So für die Entscheidung i.S.d. Art. 249 IV EG GRABITZ, in: Grabitz/Hilf, EGV, Archiv-Bd. 2, Art. 189 EG-Vertrag, Rdn. 71; BOCKEY, Entscheidung, S. 36f.

637 SCHMIDT, in: GTE, Komm EUV/EGV, Art. 189 EG-Vertrag, Rdn. 44.

638 EuGH, Rs. 113/77, *Toyo/Rat*, Slg. 1979, S. 1185, Rdn. 11.

Allerdings ist nach der Rechtsprechung des EuGH gegenüber einem gattungsmäßig bestimmbaren oder konkludent aus der Entscheidung zu entnehmenden Adressatenkreis die individuelle Geltung nur gegeben, wenn er während der Geltungsdauer der Entscheidung nicht mehr erweiterbar ist[639]. Dies ist nicht der Fall, wenn die Entscheidung an eine Tätigkeit anknüpft, die „jederzeit von jedem ausgeübt werden kann“[640]. Die Aufnahme der Tätigkeit eines Kreditinstituts steht zwar beispielsweise in Deutschland nach § 32 KWG unter einem Erlaubnisvorbehalt, der Antragsteller hat jedoch einen Anspruch auf Erteilung der Erlaubnis, wenn er alle gesetzlichen Voraussetzungen für die Aufnahme erfüllt[641]. Die Erteilung der Erlaubnis steht also nicht im Ermessen des Bundesaufsichtsamtes für Kreditwesen. Insbesondere darf das Bundesaufsichtsamt die Erteilung der Erlaubnis nicht von der Marktsituation abhängig machen[642]. Das bedeutet, daß zwar zum Zeitpunkt der Leitzinsfestsetzung eine bestimmte Zahl von Kreditinstituten besteht. Die Gruppe der Kreditinstitute stellt aber keinen mit Sicherheit abgeschlossenen Adressatenkreis dar. Aufgrund der Tatsache, daß die EZB bei ihren Leitzinsfestsetzungen keine Geltungsdauer angibt, ist erst recht nicht absehbar, ob sich die Zahl der Kreditinstitute vergrößert. Der Adressatenkreis der Entscheidung über die Leitzinsen ist folglich zu keinem Zeitpunkt in sich geschlossen[643]. Damit ist der Festsetzung der Leitzinsen die individuelle Geltung im Hinblick auf die mitgliedstaatlichen Kreditinstitute als Adressatenkreis abzusprechen. Ihnen gegenüber hat sie vielmehr allgemeine Geltung.

Ferner könnte, bei unbefangener Lesart des Art. 12.1 ESZB-Satzung, auch das Direktorium als Adressat der Leitzinsfestsetzung in Betracht kommen. Nach Art. 12.1 UAbs.2 ESZB-Satzung führt das Direktorium die Geldpolitik gemäß den Leitlinien und Entscheidungen des EZB-Rates aus. Das bedeutet, daß das Direktorium auch die Entscheidung des EZB-Rates über die Leitzinsfestsetzung vollzieht.

Diese Schlußfolgerung würde jedoch ein Novum im System des EG-Vertrages darstellen. Bisher ließen die Regelungen des Vertragswerkes nur EG-Bürger oder Mitgliedstaaten als Adressaten einer Entscheidung zu. Sie stellte ein typisches Instrument der Exekutive dar[644]. Dies wird auch durch die im EG-Vertrag enthaltenen Verfahrensregelungen, wie die Pflicht zur Begründung nach

---

639 SCHMIDT, in: GTE, Komm EUV/EGV, Art. 189 EG-Vertrag, Rdn. 44; BOCKEY, Entscheidung, S. 36.

640 EuGH, Rs. 25/62, *Plaumann/Kommission*, Slg. 1963, S. 213, 239.

641 CLAUSSEN, Bank- und Börsenrecht, S. 35.

642 CLAUSSEN, Bank- und Börsenrecht, S. 35.

643 So für die Diskontsatzfestsetzung der Deutschen Bundesbank, HAHN, Währungsrecht, § 20, Rdn. 8.

644 OPPERMANN, Europarecht, Rdn. 563; BOCKEY, Entscheidung, S. 43.

Art. 253 EG oder zur Bekanntgabe nach Art. 254 EG zum Ausdruck gebracht. Diese Vorschriften bezwecken, dem Adressaten effektiven Rechtsschutz zu ermöglichen. Ihren Anforderungen unterliegen aus demselben Grund nach Art. 110 II UAbs.4 EG, Art. 34.2 UAbs.3 ESZB-Satzung auch die Entscheidungen der EZB. Da die Entscheidung der EZB nach Art. 110 I 2. Spiegelstrich EG, Art. 34.1 2. Spiegelstrich ESZB-Satzung durch die Charakteristika der klassischen Entscheidung i.S.v. Art. 249 EG geprägt ist, müssen auch im Rahmen der Währungspolitik Entscheidungen Rechtswirkung im Außenverhältnis entfalten. Dies wäre nicht der Fall, soweit man das Direktorium als Adressaten ansehen würde.

Selbst unter Berücksichtigung des Grundsatzes des effektiven Rechtsschutzes kommt man zu keinem anderen Ergebnis. Sieht man das Direktorium als Adressaten der Leitzinsentscheidung an, entfällt dieser Grundsatz, da in einem internen Organstreit nur solche Regelungen Streitgegenstand sein können, die das Direktorium in seinen Rechten verletzen könnten. Dies ist bei der Festsetzung der Leitzinsen durch den EZB-Rat nicht der Fall. Denkbar sind insoweit lediglich Kompetenzstreitigkeiten zwischen dem EZB-Rat und dem Direktorium[645]. Damit geht zwar aus dem Vertragstext das Direktorium als Adressat hervor. Daraus aber Schlußfolgerungen auf die Entscheidungsqualität der Leitzinsfestlegung ziehen zu wollen, wäre angesichts des Charakters der gemeinschaftsrechtlichen Entscheidung als exekutivische Handlungsform systemfremd.

Als Zwischenergebnis ist festzuhalten, daß der Leitzinsfestlegung durch den EZB-Rat die für eine gemeinschaftsrechtliche Entscheidung individuelle Geltung fehlt.

Ebenso führt die Analyse des oben genannten zweiten Merkmals, nämlich des Einzelfallcharakters, zu einem negativen Ergebnis.

Das Merkmal des Einzelfallcharakters besagt, daß die Entscheidung i.S.d. Art. 249 EG einen konkreten Lebenssachverhalt regelt. Die Festsetzung des Leitzinses erfolgt zwar ad hoc aufgrund einer bestimmten währungspolitischen Situation und wirtschaftlichen Gesamtlage, der Leitzins wird jedoch einer noch ungewissen Anzahl zukünftiger Geschäfte zu Grunde gelegt[646]. Indiz hierfür ist die Praxis der EZB, in ihren Leitzinsfestsetzungen keine Geltungsdauer zu bestimmen. Die Leitzinsfestlegung hat damit einen abstrakten Regelungsgehalt[647]. Ein Einzelfallcharakter ist zu verneinen.

---

[645] Zu einem EZB-internen Organstreitverfahren, siehe WEBER, Kompetenzverteilung, S. 104.

[646] HAHN, Währungsrecht, § 20, Rdn. 8.

[647] HOPPE, Rechtsschutz, S. 189; so auch für die Leitzinsfestsetzungen der Deutschen Bundesbank, HAHN, Währungsrecht, § 20, Rdn. 8f.

Zusammenfassend handelt es sich bezüglich der Leitzinsfestsetzungen durch die EZB um abstrakt-generelle Regelungen, also um Rechtsnormen. Sie fallen aber weder in die Kategorie der Verordnung noch können sie als Entscheidungen i.S.d. Art. 249 EG qualifiziert werden.

(3) Einordnung als EZB-Beschluß

Damit kommt schließlich nur noch die Einordnung als EZB-Beschluß in Betracht.

Das Regelungsinstrument des EZB-Beschlusses sieht der EG-Vertrag insbesondere zur Organisation des ESZB selbst vor. Zweck des EZB-Beschlusses ist es, dem EZB-Rat eine Möglichkeit zu geben, flexibel und schnell die Funktionsfähigkeit des ESZB sicherstellen zu können. Aus diesem Grund ist sein Erlaß weder an die Bedingungen des Art. 110 II EG, Art. 34.2 ESZB-Satzung geknüpft, noch unterliegt sein Inhalt bestimmten Anforderungen[648]. Er ist als interner Rechtsakt Teil des ESZB-Binnenrechts[649]. Der EZB-Beschluß kann sowohl abstrakt-generelle Regelungen als auch konkret-individuelle, also Einzelfallregelungen, enthalten[650]. Beispielhaft für einen EZB-Beschluß mit Rechtsnormcharakter sei nur Art. 12.3 ESZB-Satzung genannt, der den EZB-Rat ermächtigt, eine Geschäftsordnung zu beschließen. Der oben festgestellte Rechtsnormcharakter der Leitzinsfestlegung stünde damit einer Einordnung als EZB-Beschluß nicht entgegen.

Für die Einordnung der „Entscheidung" nach Art. 12.1 ESZB-Satzung über die Festsetzung der Leitzinsen als EZB-Beschluß spricht im übrigen auch die Systematik des Art. 12.1 ESZB-Satzung. Danach führt das Direktorium die Geldpolitik gemäß den „Leitlinien und Entscheidungen" des EZB-Rates aus. Aus der Systematik des Art. 12.1 ESZB-Satzung heraus kann es sich hierbei nur um diejenigen „Entscheidungen" handeln, die der EZB-Rat im Rahmen des Art. 12.1 UAbs.1 ESZB-Satzung erlassen hat. Sie sind somit an das Direktorium gerichtet und tragen Merkmale des ESZB-Binnenrechts[651]. Die Entscheidung über die Leitzinsen i.S.d. Art. 12.1 ESZB-Satzung hat damit interne Wirkung.

---

[648] ZILIOLI, in: GTE, Komm EUV/EGV, Art. 109m EG-Vertrag, Satzung des ESZB und EZB, Art. 12, Rdn. 9.

[649] ZILIOLI, in: GTE, Komm EUV/EGV, Art. 109m EG-Vertrag, Satzung ESZB und EZB, Art. 12, Rdn. 6.

[650] EZB, Monatsbericht, November 1999, S. 66.

[651] Zum Begriff siehe ZILIOLI, in: GTE, Komm EUV/EGV, nach Art. 109m EG-Vertrag, Satzung ESZB und EZB, Art. 12, Rdn. 9.

Sie ist in der hier vorgenommenen Terminologie daher als EZB-Beschluß einzuordnen[652].

c.) Rechtsnatur der allgemeinen Grundsätze nach Art. 18.2 ESZB-Satzung

Neben der Festlegung der konkreten Bedingungen für ihre Offenmarktgeschäfte ist die EZB berechtigt, gem. Art. 18.2 ESZB-Satzung allgemeine Grundsätze für diese festzulegen. Bezüglich der Rechtsnatur dieser Grundsätze gibt Art. 18.2 ESZB-Satzung jedoch keinen Aufschluß.

Obwohl der Gedanke nahe liegt, handelt es sich hier ebenso wie bei der Leitzinsfestsetzung nicht um allgemeine Geschäftsbedingungen privatrechtlicher Art, da die allgemeinen Grundsätze i.S.d. Art. 18.2 ESZB-Satzung insbesondere die nationalen Zentralbanken bei der Ausführung ihrer Offenmarktgeschäfte binden[653]. Allgemeine Geschäftsbedingungen werden hingegen gegenüber Geschäftspartnern, also Rechtssubjekten außerhalb der Organisationseinheit „Europäische Gemeinschaft“, benutzt. Die allgemeinen Grundsätze sind daher vielmehr dem ESZB-Binnenrecht zuzuordnen, da die Adressaten Bestandteile des ESZB sind.

Daher kommen die Rechtsformen der Art. 110 I EG, Art. 34.1 ESZB-Satzung ebenfalls nicht in Betracht, da sie ihre Wirkung außerhalb des ESZB entfalten[654].

Da es sich um ESZB-Binnenrecht handelt, kommen vielmehr die zur Organisation des ESZB neu geschaffenen Rechtsinstrumente in Betracht, wie die des EZB-Beschlusses, der EZB-Weisung und der EZB-Leitlinie[655].

EZB-Leitlinien enthalten im Gegensatz zur EZB-Weisung abstrakt-generelle Regelungen. Sie sind allgemeiner Natur[656]. Hingegen ist die Weisung ein Rechtsinstrument, das vornehmlich detaillierte Anweisungen an die nationalen Zentralbanken enthält. Die Rechtsnatur des EZB-Beschlusses nimmt eine Zwitterstellung ein. Er kann sowohl abstrakt-generelle Regelungen enthalten, als auch Einzelfallentscheidungen[657].

---

652 Die EZB hat nach ihren eigenen Angaben erst eine Entscheidung nach Art. 110 I 2.Spiegelstrich EG, Art. 34.1 2.Spiegelstrich ESZB-Satzung getroffen. Die Festsetzung der Zinssätze erscheint in der Übersicht überhaupt nicht. Siehe EZB, Monatsbericht, November 1999, S. 55.

653 ZILIOLI, in: GTE, Komm EUV/EGV, nach Art. 109m EG-Vertrag, Satzung ESZB und EZB, Art. 18, Rdn. 25.

654 OPPERMANN, Europarecht, Rdn. 535ff.

655 LOUIS, CMLR 35 (1998), S. 55ff.; EZB, Monatsbericht, November 1999, S. 53ff.

656 Siehe zur Unterscheidung unter Teil II: C.III.1.c.)dd.).

657 Siehe dazu oben unter Teil III: A.I.2.b.)bb.)(3).

Inhaltlich umfassen die allgemeinen Grundsätze des Art. 18.2 ESZB-Satzung in allgemeiner, abstrakter Form die Geschäftskonditionen, zu denen die EZB bereit ist, Offenmarktgeschäfte abzuschließen. Sie gelten für eine Vielzahl von Offenmarktgeschäften. Sie haben also einen abstrakt-generellen Regelungsgehalt[658]. Damit scheidet die Qualifizierung als Weisung aus. In Betracht kommt die Rechtsnatur der EZB-Leitlinie oder des EZB-Beschlusses[659]. Da die allgemeinen Grundsätze auch an die nationalen Zentralbanken gerichtet sind und diese gem. Art. 14.3 S. 1 ESZB-Satzung insbesondere gemäß den EZB-Leitlinien der EZB zu handeln haben, ist von der Einordnung als EZB-Leitlinie auszugehen.

Dieses hier gefundene Ergebnis stimmt ferner mit der Praxis der EZB überein. So hat die EZB bereits im September 1998 eine EZB-Leitlinie erlassen, die in allgemeiner Form das geldpolitische Instrumentarium und das Verfahren des ESZB festlegt[660]. Da der EG-Vertrag nur wenige technische Vorgaben für die Durchführung geldpolitischer Geschäfte enthält, wie die Eröffnung von Konten bei der EZB bzw. den nationalen Zentralbanken[661] und die Stellung ausreichender Sicherheiten durch die Geschäftspartner[662], verblieb der EZB ein weiter Ermessensspielraum bei der näheren Ausgestaltung ihrer Verfahren[663]. Bezüglich der Offenmarktgeschäfte i.S.d. Art. 18.1 ESZB-Satzung bestimmt sie in dieser EZB-Leitlinie Kriterien für die Zulassung der Geschäftspartner, verschiedene Geschäftsarten sowie zentralbankfähige Sicherheiten und stellt damit Regelungen allgemeiner Art auf.

Damit sind die allgemeinen Grundsätze i.S.d. Art. 18.2 ESZB-Satzung als EZB-Leitlinie einzuordnen.

---

658 WEBER, Kompetenzverteilung, S. 101.

659 So auch WEBER, Kompetenzverteilung, S. 120; SELMAYR, AöR 124 (1999), S. 375.

660 EZB, Die einheitliche Geldpolitik, S. 7ff.; EZB, Monatsbericht, November 1999, S. 57f.; SELMAYR, AöR 124 (1999), S. 375; KÜMPEL, Bank- und Kapitalmarktrecht, Rdn. 20.160.

661 Art. 17 ESZB-Satzung.

662 Art. 18.1 2.Spiegelstrich ESZB-Satzung.

663 KNAPPE, Das geldpolitische Instrumentarium, S. 145.

3. Haftung der EZB nach Art. 288 III EG

a.) Haftung für fehlerhafte Ausführungsgeschäfte

Da die Ausführungsgeschäfte vertraglich gestaltet werden[664], kommt für sie eine außervertragliche Haftung nach Art. 288 III EG nicht in Frage. Sie unterfallen vielmehr der vertraglichen Haftung aus Art. 35.3 ESZB-Satzung i.V.m. Art. 288 I EG. Für Klagen wegen einer Vertragsverletzung durch die EZB sind also die mitgliedstaatlichen Gerichte zuständig[665]. Die Klagen sind gegen die EZB zu richten, da sie Vertragspartner ist. Sind in einem derartigen Verfahren Fragen über die Gültigkeit und Auslegung von Handlungen der EZB strittig, so können diese nach Art. 234 I lit. b EG im Vorabentscheidungsverfahren vor dem EuGH einer verbindlichen Klärung zugeleitet werden[666].

Im übrigen werden nach dem Grundsatz der Dezentralisation in Art. 12.1 UAbs.4 ESZB-Satzung[667] die Ausführungsgeschäfte überwiegend von den nationalen Zentralbanken getätigt[668], so daß nach Art. 35.3 S. 2 ESZB-Satzung grundsätzlich die Haftungsregime der Mitgliedstaaten auf sie anzuwenden sind.

b.) Haftung für fehlerhafte EZB-Leitzinsbeschlüsse

Hingegen kommt für die Festlegung des Zinssatzes, da es sich um einen hoheitlichen Rechtsakt der EZB in Form eines EZB-Beschlusses handelt[669], eine Haftung nach Art. 288 III EG grundsätzlich in Frage. Es ist daher im folgenden zu prüfen, inwieweit ein fehlerhafter EZB-Leitzinsbeschluß unter die Tatbestandsmerkmale des Art. 288 III EG subsumierbar ist.

---

[664] Zur Rechtsnatur der Ausführungsgeschäfte, siehe oben unter Teil III: A.I.2.a.).

[665] SMULDERS, in: GTE, Komm EUV/EGV, Art. 106 EG-Vertrag, Rdn. 11.

[666] SMULDERS, in: GTE, Komm EUV/EGV, Art. 106 EG-Vertrag, Rdn. 11.

[667] Siehe aus der Vielzahl der juristischen Äußerungen beispielsweise WEINBÖRNER, Europäische Zentralbank, S. 392ff.; ZILIOLI, in: GTE, Komm EUV/EGV, nach Art. 109m EG-Vertrag, Satzung ESZB und EZB, Art. 12, Rdn. 29ff.; GOETZE, Tätigkeit der nationalen Zentralbanken, S. 89ff.; HAHN/HÄDE, in: Dolzer/Vogel, BK, Art. 88 GG, Rdn. 575ff.

[668] HÄDE, Deutsche Bundesbank, S. 114ff.; GOETZE, Tätigkeit der nationalen Zentralbanken, S. 91; KÜMPEL, Bank- und Kapitalmarktrecht, Rdn. 20.111ff.

[669] Siehe zur Klärung der Rechtsnatur oben unter Teil III: A.I.2.b.).

aa.) Amtstätigkeit der EZB oder ihrer Bediensteten

Als erstes Tatbestandsmerkmal müßte eine „Amtstätigkeit der EZB oder ihrer Bediensteten“ zu bejahen sein. Der Begriff der „Amtstätigkeit“ in Art. 288 III EG umfaßt, wie beschrieben, jedes „Verhalten der Organe“, soweit es eine unmittelbare innere Beziehung zu seinen Aufgaben aufweist[670]. Die Leitzinsfestsetzung ergeht durch Beschluß des EZB-Rates. Sie ist daher als Organhandlung der EZB zuzurechnen. Angesichts des weiten Begriffsverständnisses steht einer Einordnung des EZB-Leitzinsbeschlusses als „Amtstätigkeit“ auch nicht entgegen, daß es sich um einen Rechtsakt des ESZB-Binnenrechts handelt[671], sofern ihm Außenrechtswirkung zukommt[672].

Die Rechtswirkung des EZB-Beschlusses nach außen kann jedoch grundsätzlich nicht schon deswegen verneint werden, weil es sich um ESZB-Binnenrecht handelt. Die Form und die Rechtsnatur einer Handlung spielen für die Frage der Rechtswirkung nach außen nur eine untergeordnete Rolle. Grundsätzlich kann also auch einer EG-internen Handlung Außenrechtswirkung zukommen, es sei denn, sie ist als reiner Organisationsakt anzusehen[673]. Vielmehr ist von der Rechtswirkung einer Handlung nach außen dann auszugehen, wenn sich der Rechtsakt unmittelbar auf die Interessen- und Rechtslage des außerhalb der EG stehenden Klägers auswirkt[674]. Die Handlung darf also nicht vorbereitender Natur sein. Sie muß vielmehr den internen Entscheidungsprozeß abschließen[675]. KRÜCK nennt dies eine „Willenskundgebung von einer gewissen Förmlichkeit, Nachdrücklichkeit und Endgültigkeit“[676].

---

670 Siehe allgemein zu den einzelnen Voraussetzungen unter Teil II: B.II.1 und unter Teil II: C.III.

671 Vgl. oben unter Teil II: C.III.2.

672 Zum Erfordernis der Außenrechtswirkung des haftungsauslösenden Verhaltens siehe oben unter Teil II: B.II.1.d.).

673 Vgl. BOOß, in: Grabitz/Hilf, EGV, Band 1, Art. 230 EG, Rdn. 16, 19; CREMER, in: Calliess/Ruffert, EUV/EGV, Art. 230 EG, Rdn. 18; HETMEIER, in: Lenz (Hrsg.), EGV-Kommentar, 2. Auflage, Art. 249 EG, Rdn. 3.

674 So GA ROEMER, Schlußanträge, verb. Rs. 8 bis 11/66, *Cimenteries/Kommission*, Slg. 1967, S. 99, 138, der darauf abstellt, ob die „Rechtswirkungen geeignet sind, erhebliche Interessen zu beeinträchtigen“; HETMEIER, in: Lenz (Hrsg.), EGV-Kommentar, 2. Auflage, Art. 249 EG, Rdn. 16.

675 BOCKEY, Entscheidung, S. 44f.; HETMEIER, in: Lenz (Hrsg.), EGV-Kommentar, 2. Auflage, Art. 249 EG, Rdn. 16; WENIG, in: Grabitz/Hilf, EG, Archiv-Bd. 2, Art. 173 EG-Vertrag, Rdn. 12f.

676 KRÜCK, in: GTE, Komm EUV/EGV, Art. 173 EG-Vertrag, Rdn. 10.

So hat der EuGH den von der Kommission im Zusammenhang mit Art. 88 I EG aufgestellten Gemeinschaftsrahmen, in denen sie für verschiedene Arten staatlicher Beihilfen ihre Form der Aufsicht intern vorab festlegt, Außenrechtswirkung zugebilligt[677]. Zur Begründung verwies der EuGH auf den Umstand, daß sich die Kommission durch den Erlaß selbst gebunden habe. Für die Bindungswirkung dieses Gemeinschaftsrahmens spreche, daß die Kommission einen Termin festgelegt habe, an dem sie ihn überprüfen will, sich also in der Zeit vorher an diesen binden wolle[678]. Zudem spricht der Sinn und Zweck des Erlasses eines Gemeinschaftsrahmens, nämlich das Beihilfeverfahren transparenter zu gestalten, für eine Bindungswirkung. Der Zweck wäre konterkariert, wäre die Kommission nicht an den Gemeinschaftsrahmen gebunden, da die Entscheidungen der Kommission nicht mehr berechenbar wären[679].

Ferner bejahte das EuG im Fall *Exporteurs in Levende Varkens u.a./Kommission* die Rechtswirkung für Dritte. In dieser Rechtssache erklärte das EuG, daß die an die Mitgliedstaaten Italien und die Niederlande gerichtete Entscheidung für die Kläger[680] Rechtswirkung habe, da sie für die Mitgliedstaaten verbindlich war und ihnen kein Umsetzungsermessen bei der Verhängung eines Exportverbotes für lebende Schweine gegenüber den inländischen Unternehmen zugestand[681]. Das heißt, daß die Entscheidung der EG über das Exportverbot bereits das Exportverbot für die Kläger implizierte, sie also damit bereits durch die EG-Entscheidung in seiner Rechts- und Interessenlage betroffen waren. Damit stellt das EuG fest, daß auch dann, wenn eigentlich erst ein Vollzugsakt den Betroffenen konkrete Rechtsfolgen auferlegt, bereits der Ausgangsakt ihnen gegenüber Rechtswirkungen haben kann. Voraussetzung hierfür ist, daß die zuständige Behörde zum Vollzug des Ausgangsaktes verpflichtet ist und dieser ihr für den Vollzug keinen Umsetzungsspielraum beläßt.

Für die Frage nach der Außenrechtswirkung des EZB-Leitzinsbeschlusses läßt sich hieraus folgendes schließen:

Die Leitzinsfestsetzung durch den EZB-Rat steht am Ende eines Entscheidungsprozesses, in dessen Verlauf verschiedene makroökonomische Indikatoren

---

677 EuGH, Rs. C-135/93, *Spanien/Kommission*, Slg. 1995, I-1651, Rdn. 29; CREMER, in: Calliess/Ruffert, EUV/EGV, Art. 230 EG, Rdn. 15; HETMEIER, in: Lenz (Hrsg.), EGV-Kommentar, 2. Auflage, Art. 249 EG, Rdn. 3.

678 EuGH, Rs. C-135/93, *Spanien/Kommission*, Slg. 1995, I-1651, Rdn. 25ff.; so auch schon EuGH, Rs. 22/70, *Kommission/Rat*, Slg. 1971, S. 263, Rdn. 34ff., insbes. 52/54; JESTEDT/HÄSEMEYER, EuZW 1995, S. 789.

679 JESTAEDT/HÄSEMEYER, EuZW 1995, S. 789f.

680 Die Kläger waren in diesen Mitgliedstaaten ansässige Unternehmen.

681 EuG, verb. Rs. T-481/93 und T-484/93, *Exporteurs in Levende Varkens u.a./Kommission*, Slg. 1995, II-2305, Rdn. 87f.

ausgewertet wurden. Der EZB-Beschluß schließt diesen Prozeß ab und bindet die EZB für die Zukunft[682].

Nach Art. 12.1 UAbs.2 ESZB-Satzung wird der so festgelegte Leitzins durch das Direktorium bzw. durch die nationalen Zentralbanken den Offenmarktoperationen mit den Geschäftspartnern des ESZB, also den mitgliedstaatlichen Kreditinstituten, zugrunde gelegt. Die Vorgaben des EZB-Rates sind mithin für die ausführenden Stellen verbindlich. Ihnen verbleibt kein Umsetzungsermessen[683].

Den Verträgen zwischen der EZB und den Geschäftspartnern wird damit bereits durch den Leitzinsbeschluß eine bestimmte Vorgabe gemacht, die der Dispositionsbefugnis der Vertragspartner entzogen ist. Aufgrund der Abhängigkeit der Kreditinstitute von Zentralbankgeld wirkt sich die Leitzinsfestsetzung der EZB direkt auf die Vertragsfreiheit der Kreditinstitute aus. Diese Wirkung ist überdies beabsichtigter Ansatzpunkt für die Geldpolitik der EZB, da die Geschäfte mit den Kreditinstituten das maßgebliche Medium darstellen, mit dem die Geldpolitik der EZB verwirklicht werden soll[684]. Je nach den Vorgaben der EZB verbilligt oder verteuert sich die Refinanzierung des Bankensektors. Damit wirkt sich bereits der EZB-Leitzinsbeschluß auf die Interessen- und Rechtslage der Kreditinstitute aus. Ihm kommt mithin Außenrechtswirkung gegenüber den Kreditinstituten zu.

Insgesamt ist festzuhalten, daß der Leitzinsbeschluß als Willensakt des EZB-Rates einzustufen ist, der darauf gerichtet ist, Außenrechtswirkung gegenüber den Kreditinstituten hervorzurufen[685].

Der EZB-Leitzinsbeschluß ist damit aus der Sicht der Kreditinstitute als „Amtstätigkeit der EZB oder ihrer Bediensteten" i.S.d. Art. 288 III EG zu qualifizieren.

---

[682] Der EZB-Leitzinsbeschluß kann nur in dem für den EZB-Rat vorgesehenen Beschlußverfahren geändert werden, das in Art. 10 ESZB-Satzung, Artt. 2 bis 4 der Geschäftsordnung der Europäischen Zentralbank geregelt ist. (Quelle der Geschäftsordnung: ABlEG L 125 vom 19.5. 1999, S. 34ff.).

[683] So auch POTACS, EuR 28 (1993), S. 35.

[684] Siehe hierzu oben unter Teil III: A.I.1.

[685] So auch ZILIOLI, in: GTE, Komm EUV/EGV, nach Art. 109m EG-Vertrag, Satzung ESZB und EZB, Art. 12, Rdn. 13 für Leitlinien und Weisungen i.S.d. Art. 14.3 S.1 ESZB-Satzung; SELMAYR, WM 1999, S. 2439; WEBER, Kompetenzverteilung, S. 158ff., 211ff.; a.A. EZB, Monatsbericht, November 1999, S. 64, die eine unmittelbare Rechtswirkung der sonstigen Rechtsinstrumente, wie Leitlinien, Weisungen und Beschlüsse, generell ablehnt; STADLER, Handlungsspielraum, S. 135, dort Fn. 155.

bb.) Rechtswidrigkeit

Hinsichtlich der Haftungsvoraussetzung der Rechtswidrigkeit des EZB-Leitzinsbeschlusses ergibt sich die Schwierigkeit, ob für ihre Bejahung „eine hinreichend qualifizierte Verletzung einer höherrangigen, dem Schutz des einzelnen dienende Rechtsnorm" erforderlich ist, also die Grundsätze des EuGH für normatives Unrecht greifen[686]. Voraussetzung hierfür ist nach der Rechtsprechung des EuGH ein Rechtsetzungsakt, der „wirtschaftspolitische Entscheidungen" einschließt. Dies muß hinsichtlich des EZB-Leitzinsbeschlusses verneint werden, da er währungspolitischer Natur ist.

Nach dem Sinn und Zweck der strengen Voraussetzung einer Haftung für normatives Unrecht und dem Grundsatz der Einheitlichkeit der Verträge ist diese Rechtsprechung jedoch nicht auf wirtschaftspolitische Bereiche zu beschränken, wie die Rechtsprechung des EuGH suggerieren mag. Sie ist vielmehr auch auf solche Rechtsetzungsgebiete zu übertragen, die durch ein „unerläßlich weites Ermessen" gekennzeichnet sind[687]. Damit können auch Akte der Geldpolitik, sofern sie als „Rechtsetzungsakte" im Sinne dieser Rechtsprechung zu verstehen sind und ihr Erlaß durch ein „unerläßlich weites Ermessen" gekennzeichnet ist, der Haftung für normatives Unrecht unterliegen.

Der Begriff des „Rechtsetzungsaktes" ist nach der Rechtsprechung des EuGH nicht formell zu bestimmen, sondern materiell danach, ob der Rechtsakt einen abstrakt-generellen Regelungsgehalt aufweist[688]. Unerheblich für die Bestimmung ist die äußere Form des Rechtsaktes. Die Haftung für normatives Unrecht ist mithin nicht auf fehlerhafte Verordnungen beschränkt. Damit kann auch der EZB-Beschluß über die Leitzinsfestsetzung einen derartigen Rechtsetzungsakt darstellen, sofern er abstrakt-generell ist. Aufgrund des unbestimmten Adressatenkreises und der Vielzahl der Geschäfte, der der Leitzins zugrunde gelegt wird, ist dies zu bejahen[689]. Die Festlegung des Zinssatzes ist mithin ein „Rechtsetzungsakt".

Entscheidend für die Anwendung der Haftungsmaßstäbe für normatives Unrecht ist weiterhin, ob die Festlegung des Zinssatzes durch ein „unerläßlich weites Ermessen" gekennzeichnet ist. Der EZB ist gem. Art. 12.1 UAbs.1 ESZB-Satzung, Art. 18.1 ESZB-Satzung ein Ermessen bei der Bestimmung des Leitzinses eingeräumt. Dies ergibt sich aus den Wörtern „gegebenenfalls" in Art. 12.1 UAbs.1 ESZB-Satzung und „kann" in Art. 18.1 ESZB-Satzung. Für

---

[686] Siehe hierzu oben unter Teil II: C.IV.

[687] Siehe hierzu allgemein oben unter Teil II: C.IV.

[688] Siehe hierzu oben unter Teil II: C.IV.

[689] Vgl. oben unter Teil III: A.I.2.b.)bb.)(2).

die Bestimmung der Weite dieses Ermessens ist als Kriterium auf die Komplexität des zu beurteilenden Sachverhaltes, den Prognosecharakter der Maßnahme und der Schwierigkeit bei der Anwendung der Norm abzustellen[690].

Durch die Festlegung eines Leitzinses bezweckt die Zentralbank, die Geldmarktsätze und damit die Liquidität der Kreditinstitute zu steuern. Endziel ichrer Operationen ist die Gewährleistung der Preisstabilität, wozu sie nach Art. 105 EG verpflichtet ist. Im Vorfeld eines EZB-Leitzinsbeschlusses sind der Wirkungszusammenhang zwischen Offenmarktgeschäften und der Preisstabilität, die Preisentwicklung und sonstige wirtschaftliche Größen zu analysieren. Der konkret bestimmte Leitzinssatz ist das Ergebnis einer Auswertung dieser Größen, das einer Einordnung in die Kategorie von „richtig“ oder „falsch“ nur in extremen Ausnahmefällen zugänglich ist. Die EZB hat es bei der Festlegung des Leitzinssatzes also mit einem komplexen währungsrechtlichen Sachverhalt zu tun. Überdies zeigt sich die Wirkung eines EZB-Leitzinsbeschlusses erst in der Zukunft[691]. Gerade die Abschätzung der zukünftigen Wirkung erschwert eine Leitzinsfestlegung am Anfang der Währungsunion. Grund hierfür ist die Tatsache, daß zu diesem frühen Zeitpunkt noch keine ausreichenden Erfahrungswerte über die Wirkungszusammenhänge existieren[692]. Der EZB-Leitzinsbeschluß ist damit auch in hohem Maße prognostischer Natur.

Die Aufgabe der Sicherung der Preisstabilität kann daher nur dann sinnvoll bewältigt werden, wenn der EZB bei ihrer Entscheidung über die Leitzinsen ein weiter Ermessensspielraum zugestanden wird. Die EZB-Leitzinsfestlegung ist damit einem Bereich zuzuordnen, der durch ein „unerläßlich weites Ermessen“ geprägt ist.

Mithin ist der EZB-Leitzinsbeschluß ein Rechtsetzungsakt in einem Gebiet, das durch ein „unerläßlich weites“ Ermessen gekennzeichnet ist. Auf ihn sind die Haftungsgrundsätze für normatives Unrecht anzuwenden. Das bedeutet, daß der EZB-Beschluß über den Leitzins nur rechtswidrig ist, wenn eine „hinreichend qualifizierte Verletzung einer höherrangigen Schutznorm“ vorliegt.

---

[690] EuGH, Rs. C-220/91 P *Kommission/Stahlwerke Peine-Salzgitter AG*, Slg. 1993, I-2393, Rdn. 29; siehe auch Teil II: C.IV.

[691] Analysten gehen davon aus, daß die Wirkung von geldpolitischen Instrumenten auf die Preisstabilität erst nach Ablauf von ein oder zwei Jahren sichtbar wird. Vgl. DEUTSCHE BUNDESBANK, Monatsbericht, März 2000, S. 18.

[692] DEUTSCHE BUNDESBANK, Monatsbericht, März 2000, S. 18f.

(1) Verletzung einer höherrangigen Schutznorm

Als höherrangige Schutznormen kommen im vorliegenden Kontext insbesondere eine Verletzung der gemeinschaftsrechtlichen Grundrechte auf Eigentum, der Berufsfreiheit und des allgemeinen Gleichheitssatzes in Betracht[693].

(a) Verstoß gegen das Grundrecht auf Eigentum

Im Hinblick auf das gemeinschaftsrechtliche Eigentumsgrundrecht wird es in der Regel bereits an einem Eingriff in den Schutzbereich fehlen.

Eine Erhöhung des Zinssatzes bewirkt zunächst, daß sich die Refinanzierung für den Bankensektor verteuert[694]. Sie tangiert damit zunächst nur das vom Schutzbereich des Grundrechts nicht umfaßte Vermögen der Kreditinstitute. Erst unter der Prämisse, daß der Zinssatz eine erdrosselnde Wirkung hervorruft, könnte ein Eingriff zu bejahen sein. Dies würde aber geradezu absurd hohe Zinssätze der EZB voraussetzen, was ein kaum vorstellbares Szenario darstellt.

Ebenso wird sich nur ein anormal hoher Zinssatz auf die Rentabilität und Nutzbarkeit der Betriebsgegenstände auswirken, was als Eingriff in den Schutzbereich zu werten wäre[695].

Eine Verletzung des gemeinschaftsrechtlichen Eigentumsgrundrechts erscheint unter diesen Gesichtspunkten in der Realität fast völlig ausgeschlossen.

(b) Verstoß gegen das Grundrecht auf Berufsfreiheit

Ähnlich verhält es sich mit dem Grundrecht auf Berufsfreiheit. In Betracht kommt insbesondere ein Eingriff in die Komponente der Berufsausübung der Kreditinstitute[696].

Im Rahmen der Offenmarktgeschäfte tritt die EZB gegenüber den Kreditinstituten als Geschäftspartner auf, wobei sie ihre Geschäfte nur zu dem von ihr festgelegten Zinssatz abschließt. Sieht die EZB einen ungünstigen Zinssatz vor, so können die Kreditinstitute sich zunächst auch am Interbankenmarkt mit Liquidität versorgen. Die Zinsregelung betrifft mithin die Kreditinstitute nicht un-

---

693 Allgemein zu diesen Grundrechten siehe oben unter Teil II: C.IV.4.

694 Siehe hierzu unter Teil III: A.I.1.

695 Siehe zum Schutzbereich des Eigentumsgrundrechts oben unter Teil II: C.IV.4.a.)aa.).

696 Zum Schutzbereich des Grundrechts der Berufsfreiheit, siehe oben unter Teil II: C.IV.4.b.)aa.). MÖSCHEL, Wirtschaftsrecht, S. 196.

mittelbar. Jedoch steuert die EZB durch ihr Geschäftsgebaren die Geldmarktsätze. Strebt die EZB deren Erhöhung an, setzt die EZB den Leitzins herauf und bewirkt eine nachfragebedingte Steigerung der Zinsen am Interbankenmarkt. So wirkt sich eine Erhöhung des Leitzinses zumindest indirekt negativ auf das Vermögen der Kreditinstitute aus. Ob angesichts der Tatsache, daß sich die EZB bei Offenmarktgeschäften bewußt den Gesetzen des Marktes bedient, überhaupt ein Eingriff vorliegt, ist äußerst fraglich[697]. Kommt man dennoch zu einem derartigen Ergebnis, würde es sich um einen mittelbaren Eingriff in die Berufsausübung der Kreditinstitute handeln. Da der EuGH sich bisher nicht zum Schutz vor mittelbaren Eingriffen in die Berufsausübung geäußert hat[698], ist eine Verletzung der Berufsfreiheit durch EZB-Leitzinsbeschlüsse derzeit abzulehnen.

(c) Verstoß gegen den allgemeinen Gleichheitssatz

Schließlich kommt ein Verstoß gegen den allgemeinen Gleichheitssatz in Betracht. Da der Leitzins in allen an der Währungsunion teilnehmenden Ländern den Geschäften mit den Kreditinstituten zu Grunde gelegt wird, kann insofern keine Ungleichbehandlung vorliegen.

(d) Ergebnis

Im Ergebnis ist festzuhalten, daß der EZB-Beschluß über die Leitzinsen im allgemeinen bereits nicht in gemeinschaftsrechtliche Grundrechte eingreifen wird. Ist doch ein Eingriff feststellbar, so ist zu prüfen, ob der Eingriff nicht durch das Allgemeinwohlziel der Preisstabilität gerechtfertigt ist[699]. Insbesondere im Hinblick auf die Prüfung der Verhältnismäßigkeit eines Eingriffs wird eine Abwägung der Interessen zumeist zugunsten der Preisstabilität ausfallen, zumal der EZB aufgrund der Komplexität des Sachgebiets sowie des Prognosecharakters des EZB-Leitzinsbeschlusses bei der Beurteilung der Geeignetheit und Erforderlichkeit ein weiter Ermessensspielraum zuzugestehen ist.

---

[697] HOPPE, Rechtsschutz, S. 216, der von „spürbarer Auswirkung" spricht. CZAJA, Haftung, S. 176.

[698] KINGREEN, in: Calliess/Ruffert, EUV/EGV, Art. 6 EU, Rdn. 129.

[699] Zur Rechtfertigung eines Eingriffs siehe oben unter Teil II: C.IV.4.a.)bb.) und Teil II: C.IV.4.b.)bb.).

(2) Hinreichend qualifizierte Verletzung einer höherrangigen Schutznorm

Im Hinblick auf das Erfordernis der „hinreichend qualifizierten Verletzung" der Schutznorm muß die EZB das Ermessen, das ihr bei der Leitzinsfestsetzung zuzugestehen ist, „offenkundig und erheblich" überschreiten. Kriterien hierfür sind die Schwere des Rechtsverstoßes, die Anzahl der Betroffenen und die Höhe des Schadens[700].

Das erste Merkmal wäre beispielsweise erst dann erfüllt, wenn die EZB sich bei ihrem Vorgehen auf kein öffentliches Interesse beruft, also beispielsweise geldpolitische Geschäfte ausschließlich zur Erwirtschaftung eines eigenen Gewinns ausführt. Weiterhin wäre ein besonders schwerer Rechtsverstoß anzunehmen, wenn die Zweck-Mittel-Relation in einem krassen, offensichtlichen Mißverhältnis steht. Aber auch dann, wenn die besondere Lage einer klar abgegrenzten Gruppe von Kreditinstituten von der EZB völlig unberücksichtigt gelassen wurde oder wenn der Schaden über das übliche wirtschaftliche Risiko hinausgeht, wird das Tatbestandsmerkmal der „hinreichend qualifizierten Verletzung" zu bejahen sein.

Insgesamt ist davon auszugehen, daß die EZB geradezu willkürlich einen Leitzins festlegen müßte, um eine „hinreichend qualifizierter Verletzung einer höherrangigen Schutznorm" herbeizuführen. Dies läßt den Schluß zu, daß die Rechtswidrigkeit eines EZB-Leitzinsbeschlusses i.S.d. Art. 288 III EG eine Rarität sein wird.

cc.) Eintritt eines kausalen Schadens

Ein etwaiger Schaden der Kreditinstitute könnte in der Kostensteigerung liegen, da sie sich nur über höhere Zinsen refinanzieren können[701]. Allerdings werden die Kreditinstitute versuchen, diese Kosten an ihre Kunden durch eine Anhebung der Kreditzinsen oder sonstiger Gebühren für die ihrerseits erbrachten Dienstleistungen weiterzugeben. Nach der derzeitigen Rechtsprechung nimmt der EuGH in diesem Fall eine Vorteilsanrechnung vor, die zu einer Schadensminderung führt[702]. Doch selbst wenn die Kosten nicht auf die Kunden ab-

[700] Vgl. nur EuGH, verb. Rs. C-104/89 und C-37/90, *Mulder u.a./Rat und Kommission*, Slg. 1992, I-3061, Rdn. 16. Siehe hierzu auch oben allgemein unter Teil II: B.II.2.b.)bb.) und bezogen auf die EZB unter Teil II: C.IV.

[701] Ausführlich zum Tatbestandsmerkmal des Schadens siehe unter Teil II: B.II.3 und Teil II: C.V.

[702] Siehe dazu oben unter Teil II: B.II.3.b.).

gewälzt wurden, sondern das Kreditinstitut es schuldhaft unterlassen hat, die Kosten weiterzugeben, nimmt der EuGH eine Schadensminderung vor[703].

Schließlich muß ein unmittelbarer kausaler Zusammenhang zwischen der rechtswidrigen Leitzinsfestsetzung und dem eingetretenen Schaden bestehen. Das Erfordernis der Unmittelbarkeit bezweckt, daß entferntere Folgen von einer Haftung ausgeschlossen bleiben[704]. Im Hinblick auf den Schaden der Kreditinstitute erscheint der erforderliche Kausalzusammenhang fraglich. Ein unmittelbarer Kausalzusammenhang ist schon deswegen zu verneinen, da der Schaden indirekt über eine Erhöhung der Zinsen am Interbankenmarkt hervorgerufen wird. Ob es sich hierbei bereits um eine „entferntere" Folge handelt, muß angesichts der rudimentären Rechtsprechung des EuGH zu diesem Problem offen bleiben.

dd.) Ergebnis

Mithin bleibt als Ergebnis folgendes festzuhalten: Schadensersatzklagen nach Artt. 235, 288 III EG gegen fehlerhafte EZB-Leitzinsbeschlüsse werden in der überwiegenden Anzahl von Fällen keine Aussicht auf Erfolg haben.

Klagen werden meistens bereits an der Hürde der Rechtswidrigkeit scheitern. Grund hierfür ist der weite Ermessensspielraum, der der EZB angesichts der Komplexität der zu treffenden Entscheidung und deren Prognosecharakter bei Erlaß des EZB-Leitzinsbeschlusses einzuräumen ist[705]. Im Rahmen der Grundrechtsprüfung wird deswegen der Grundsatz der Verhältnismäßigkeit solange als gewahrt anzusehen sein, wie die EZB sich auf das Allgemeinwohlziel der Preisstabilität beruft und die Zweck-Mittel-Relation kein offensichtliches und krasses Mißverhältnis aufweist.

Als weitere Schwierigkeit für eine Schadensersatzklage von Kreditinstituten wird sich die Voraussetzung eines kausalen Schadens erweisen. Zum einen wird der EuGH auf die Figur der Vorteilsanrechnung zurückgreifen, da die entstandenen Mehrkosten an den Nicht-Bankensektor weiter gegeben werden konnten bzw. hätten weiter gegeben werden können. Zum anderen ist fraglich, ob der erlittene Schaden überhaupt kausal ist.

---

[703] Vgl. nur EuGH, verb. Rs. 256, 257, 265, 267/80, 5, 51/81, 282/82, *Birra Wührer/Rat und Kommission*, Slg. 1984, S. 3693, Rdn. 26f. Ausführlich hierzu unter Teil II: B.II.3.b.).

[704] Vgl. Ruffert in: Calliess/Ruffert, EUV/EGV, Art. 288 EG, Rdn. 20; CZAJA, Haftung, S. 38f.

[705] Ebenfalls skeptisch hinsichtlich des Erfolges von Klagen gegen die EZB, HAHN, Vertrag von Maastricht, S. 100.

c.) Haftung für fehlerhafte allgemeine Grundsätze nach Art. 18.2 ESZB-Satzung

Da die allgemeinen Grundsätze nach Art. 18.2 ESZB-Satzung in Form einer EZB-Leitlinie, also ebenso wie der EZB-Leitzinsbeschluß hoheitlich ergehen, kommt eine Haftung nach Art. 288 III EG in Betracht[706].

Erste Voraussetzung für eine Haftung der EZB ist, daß die Aufstellung der allgemeinen Grundsätze eine „Amtstätigkeit der EZB oder ihrer Bediensteten" darstellt. Für die Aufstellung allgemeiner Grundsätze ist nach Art. 18.2 ESZB-Satzung die „EZB" zuständig. Die Satzung enthält sich also einer konkreten Zuweisung an den EZB-Rat oder das Direktorium. Damit ist nach der Grundsatzregelung des Art. 12.1 UAbs.1 ESZB-Satzung der EZB-Rat für den Erlaß der allgemeinen Grundsätze zuständig[707], womit wiederum eine der EZB zurechenbare Organhandlung vorliegt.

Wie ausgeführt, werden die allgemeinen Grundsätze in der Rechtsform der EZB-Leitlinie erlassen. Sie sind aufgrund des weiten Verständnisses des Begriffs der „Amtstätigkeit" als solches anzusehen, wenn sie Außenwirkung haben[708].

Allerdings stellen sie, da sich sowohl das Direktorium als auch die nationalen Zentralbanken gem. Art. 12.1 UAbs.2 ESZB-Satzung bei der Ausführung der gemeinschaftlichen Geldpolitik an diese zu halten haben, ESZB-Binnenrecht dar.

Damit stellt sich auch in diesem Zusammenhang das Problem, ob die allgemeinen Grundsätze gegenüber den Kreditinstituten Außenrechtswirkung entfalten. Dies wäre dann der Fall, wenn sich die allgemeinen Grundsätze unmittelbar auf die Interessen- und Rechtslage der Kreditinstitute auswirken würden. Auf die Form oder die Rechtsnatur der Handlung kommt es für die Frage der Außenrechtswirkung nicht an. Die unmittelbare Außenrechtswirkung ist jedoch in Anlehnung an die Rechtsprechung des EuGH jedenfalls dann abzulehnen, wenn der ausführenden Stelle für den Vollzug des Rechtsaktes ein Ermessensspielraum verbleibt[709]. Diese Voraussetzung hängt von der konkreten Gestaltung der EZB-

---

[706] Siehe hierzu oben unter Teil II: C.III.2 und Teil III: A.I.2.c.).

[707] WEBER, Kompetenzverteilung, S. 101; POTACS, Europäische Zentralbankenverfassung, S. 37.

[708] Siehe zum Erfordernis der Außenrechtswirkung oben unter Teil II: B.II.1.d.) und Teil II: C.III.2

[709] EuGH, Rs. 222/83, *Gemeinde Differdange/Kommission*, Slg. 1984, S. 2889, Rdn. 12; EuGH, verb. Rs. 103-109/78, *Société des Usines des Beauport/Rat*, Slg. 1979, S. 17, Rdn. 20ff.

Leitlinie ab. Sie wird aber in der Regel allgemein formulierte Regelungen enthalten, die ein Vollzugsermessen belassen[710]. Die Außenrechtswirkung wird damit bei den meisten EZB-Leitlinien i.S.d. Art. 18.2 ESZB-Satzung zu verneinen sein[711].

Derzeit enthält die EZB-Leitlinie „Allgemeine Regelungen für die geldpolitischen Instrumente und Verfahren des ESZB", die auf der Grundlage des Art. 18.2 ESZB-Satzung erging, Verfahrensregelungen in nur allgemeiner Form, so daß den ausführenden Stellen ein Ermessensspielraum verbleibt[712]. Ihnen kommt entsprechend den obigen Überlegungen somit keine Außenrechtswirkung gegenüber den Kreditinstituten zu. Eine „Amtstätigkeit der EZB oder ihrer Bediensteten" ist demnach zu verneinen.

Eine Klage nach Artt. 235, 288 III EG gegen die EZB scheitert damit bereits am ersten Tatbestandsmerkmal. Da angesichts des allgemein gehaltenen Regelungsgehaltes von EZB-Leitlinien detaillierte Regelungen eine Ausnahme darstellen, ist eine weitere Überprüfung des Haftungstatbestandes nicht von praktischer Bedeutung und soll deshalb ausgespart bleiben.

II. Akte der Mindestreservepolitik, Art. 19.1 ESZB-Satzung

Als zweites geldpolitisches Instrument soll die Mindestreservepolitik untersucht werden. Da die Mindestreservepolitik ein administratives Lenkungsinstrument darstellt, ist zu erwarten, daß die Haftung der EZB in diesem Sachbereich Abweichungen zu der oben geprüften Haftung für rechtswidrige Leitzinsbeschlüsse aufweisen wird.

1. Allgemeine Charakteristika

Gem. Art. 19.1 ESZB-Satzung besteht für die EZB die Möglichkeit, den in den Mitgliedstaaten niedergelassenen Kreditinstituten eine Mindestreserve auf-

---

[710] Vgl. KÜMPEL, Bank- und Kapitalmarktrecht, Rdn. 20.162.

[711] STADLER, Handlungsspielraum, S. 153, dort Fn. 155; LOUIS, CMLR 35 (1998), S. 56; ZILIOLI, in: GTE, Komm EUV/EGV, nach Art. 109m EG-Vertrag, Satzung ESZB und EZB, Art. 12, Rdn. 10f.; a.A. EZB, Monatsbericht, November 1999, S. 64, die eine unmittelbare Rechtswirkung von Leitlinien für Dritte generell verneint. Widersprüchlich erscheint hierzu die Veröffentlichung bestimmter Leitlinien, da „ihre Inhalte für Marktteilnehmer und die Allgemeinheit von Interesse" seien. EZB, Monatsbericht, November 1999, S. 65.

[712] Vgl. KÜMPEL, Bank- und Kapitalmarktrecht, 20.162.

zuerlegen[713]. Das Reservepflichtverhältnis wird hoheitlich begründet, was sich aus den in Art. 19.1 S. 1 ESZB-Satzung verwendeten Worten „kann .. verlangen" ergibt[714]. Es handelt sich mithin um ein rein administratives Lenkungsinstrument[715].

Zweck der Mindestreserve war ursprünglich, eine Mindestliquidität der Banken zum Schutz ihrer Geschäftspartner sicherzustellen. Mittlerweile fungiert sie ausschließlich als geldpolitisches Instrument[716]. Für eine effektive Geldpolitik werden traditionell folgende drei Funktionen der Mindestreserve herausgestellt: Schaffung einer Abhängigkeit des Bankensystems von der Notenbank, Steuerung der Bankenliquidität und Sicherung eines stabilen Geldschöpfungsmultiplikators[717]. Aus heutiger Sicht werden jedoch diese Funktionen vielfach auf den Prüfstand hinsichtlich ihres geldpolitischen Nutzens gestellt[718]. Die Mindestreserve verliert zusehends an Bedeutung[719].

Hauptsächliches Aktionsparameter ist die Veränderung des Mindestreservesatzes. Durch die Erhöhung bzw. Senkung des Mindestreservesatzes erhöhen bzw. verringern sich die Pflichtreserven der Kreditinstitute bei der EZB. Dies wirkt sich tendenziell auf die Bankenliquidität und damit ihr Geldschöpfungspotential aus. Durch eine Erhöhung des Mindestreservesatzes verringert sich das Geldschöpfungsvolumen der Kreditinstitute und mithin die Geldmenge, was die von der EZB gewünschten Effekte auf die Preisstabilität hervorrufen soll. Auf Seiten der Kreditinstitute hat eine Erhöhung des Mindestreservesatzes eine vermögenswerte Belastung zur Folge. Das als Mindestreserve bei der Zentralbank stillgelegte Geld steht den Kreditinstituten nicht mehr für ihre Geschäfte zur Verfügung. Sie müssen sich daher, soweit sie nicht auf Überschußreserven zurückgreifen können, bei der Zentralbank oder auf dem Interbankenmarkt verschulden. Dies führt zu zusätzlichen Kosten. In der Geldtheorie wird die

---

[713] ISSING, Geldpolitik, S. 110.

[714] So die Auslegung des identisch formulierten § 16 I S. 1 BBankG a.F. von MÖSCHEL, Wirtschaftsrecht, S. 123.

[715] STADLER, Handlungsspielraum, S. 205; SMITS, European Central Bank, S. 275; KÜMPEL, Bank- und Kapitalmarktrecht, Rdn. 20.217.

[716] ISSING, Geldpolitik, S. 107.

[717] Siehe hierzu ausführlich BOFINGER/REISCHLE/SCHÄCHTER, Geldpolitik, S. 409ff.; DEUTSCHE BUNDESBANK, Geldpolitik, S. 128.

[718] So BOFINGER, Mindestreserve, S. 295ff.

[719] Vgl. dazu DEUTSCHE BUNDESBANK, Geldpolitik, S. 130ff.; HAHN, Währungsrecht, § 19, Rdn. 39; ISSING, Geldpolitik, S. 110f.

Mindestreserve deshalb auch als „Sondersteuer“ [720] bzw. „Geldschöpfungsbremse“[721] bezeichnet.

Wegen ihres interventionistischen Charakters bestanden für die Einführung der Mindestreserve im ESZB aufgrund der Bindung an den Grundsatz der Marktkonformität - auf dessen Beachtung eigens in Art. 19.1 ESZB-Satzung durch die Formulierung „vorbehaltlich des Art. 2 [ESZB-Satzung]“[722] nochmals hingewiesen wird – erhöhte Begründungsanforderungen[723]. Das EWI ist deshalb in seinen Vorbereitungsarbeiten bereits ausführlich auf den geldpolitischen Nutzen einer Mindestreservepflicht eingegangen[724].

Nach Auffassung der EZB soll das Instrument der Mindestreserve insbesondere zwei Aufgaben erfüllen. In erster Linie soll das Mindestreservesystem die Geldmarktsätze stabilisieren. Diese Stabilisierung wird dadurch erreicht, daß das Mindestreservesoll innerhalb einer Mindestreserveerfüllungsperiode gehalten werden muß und so das Mindestreserveguthaben auch als Liquiditätspuffer für die Kreditinstitute fungieren kann[725]. Im Falle eines Liquiditätsbedarfs greifen sie also auf Reserven zurück und fragen nicht auf dem Geldmarkt Geld nach. In der Folge bleibt der Geldmarktzins tendenziell stabil. Die zweite Aufgabe besteht darin, daß das Liquiditätsdefizit des Euro-Bankensystems vergrößert werden und in der Folge eine stabile Nachfrage der Kreditinstitute nach Zentralbankgeld geschaffen werden soll, was die Feinsteuerung der Geldmarktsätze durch andere geldpolitische Operationen erleichtert[726].

---

[720] ISSING, Geldpolitik, S. 110; ähnlich BOFINGER/REISCHLE/SCHÄCHTER, Geldpolitik, S. 414.

[721] DEUTSCHE BUNDESBANK, Geldpolitik, S. 129.

[722] Bemerkenswert ist hierbei, daß der Passus im Satzungsentwurf der Präsidenten der Zentralbanken für Art. 19 ESZB-Satzung nicht vorgesehen war. Dessen spätere Einfügung unterstreicht daher die besondere Bedeutung dieses Grundsatzes für die Arbeit der EZB. Quelle des Satzungsentwurfs: KRÄGENAU/WETTER, Europäische Wirtschafts- und Währungsunion, S. 212ff.

[723] Siehe dazu unter Teil II: C.IV.3.

[724] Vgl. EWI, Jahresbericht 1995, S. 54f.

[725] EZB, Monatsbericht, Mai 1999, S. 35.

[726] EZB, Monatsbericht, Mai 1999, S. 36. Derart beschaffen war auch die Funktion der Mindestreserve im Zusammenhang mit der Geldpolitik der Deutschen Bundesbank, siehe DEUTSCHE BUNDESBANK, Geldpolitik, S. 128f. Kritisch zu diesen Funktionen äußert sich BOFINGER, Mindestreserve, S. 295, 322f. Er weist darauf hin, daß die Vorteile der Mindestreserve sich nur im Hinblick auf die spezifische Geldpolitik der Deutschen Bundesbank einstellten. Er wendet sich gegen eine Mindestreserve für das ESZB, bevor nicht ihr Nutzen für die Feinsteuerung des europäischen Geldmarktes feststeht. Dieselben Effekte könnten seiner

2. Rechtsnatur

a.) Rechtsnatur der EZB - Mindestreserveregelung über Berechnung und Bestimmung des Mindestreservesolls nach Art. 19.1 S. 2 ESZB-Satzung

Die Mindestreserveregelung für die EZB ist nur teilweise Bestandteil des EG-Primärrechts. Die Regelung des Art. 19.1 ESZB-Satzung mag zwar auf den ersten Blick der EZB die Befugnis verleihen, eine Mindestreservepflicht einzuführen. Die Entscheidungskompetenz über wesentliche Komponenten, wie die Basis der Mindestreserven und die höchstens zulässigen Relationen zwischen diesen Mindestreserven und ihrer Basis, liegt jedoch nach Art. 19.2 ESZB-Satzung beim ECOFIN-Rat[727].

Für die Berechnung und Bestimmung des Mindestreservesolls ist hingegen der EZB-Rat ermächtigt, selbst rechtsetzend in Form von Verordnungen i.S.d. Art. 110 I 1. Spiegelstrich EG, Art. 34.1 1. Spiegelstrich ESZB-Satzung tätig zu werden. In der VO (EG) 2818/98 hat er von dieser Ermächtigung Gebrauch gemacht[728]. Bei der Bestimmung der Rechtsnatur dieser Verordnung kommt es jedoch nicht auf die äußere Form, sondern auf ihren Gegenstand und Inhalt an[729].

Die Verordnung VO (EG) 2818/98 enthält u.a. Regelungen allgemeiner Art über den Kreis der mindestreservepflichtigen Institute, die mindestreservepflichtigen Forderungen und, eine Neuheit gegenüber der ehemaligen Mindestreserveregelung der Deutschen Bundesbank[730], eine Vorschrift über die Ver-

---

Meinung nach auch durch sog. „standing facilities" zu einem festen Zinssatz hervorgerufen werden.

[727] Diese spezielle Zusammensetzung des Rates der Europäischen Gemeinschaften für seine Befugnisse in Titel VII des EG-Vertrages wurde in der Erklärung Nr. 3 zum Vertrag von Maastricht beschlossen. (BGBl II 1992, S. 1319).

Nach dem Satzungsentwurf der Zentralbankpräsidenten sollte die Rechtsetzungsbefugnis im Bereich der Mindestreserve der EZB alleine zustehen. In der nun geltenden Fassung sahen sie eine Gefahr für ihre funktionelle Unabhängigkeit sowie für die flexible Handhabung der Mindestreservepolitik. Quelle des Entwurfs: KRÄGENAU/WETTER, Europäische Wirtschafts- und Währungsunion, S. 212ff.; SMITS, European Central Bank, S. 277.

[728] ABlEG L 356 vom 30.12.1998, S. 1ff.

[729] Zur Rechtsnatur des Mindestreservesatzes im Rahmen der Geldpolitik der Deutschen Bundesbank vgl. HAHN, Währungsrecht, § 20, Rdn. 10; SAMM, Die Stellung der Deutschen Bundesbank, S. 200ff.; MÖSCHEL, Wirtschaftsrecht, S. 123ff.; GRAMLICH, Bundesbankgesetz, § 16, Rdn. 71.

[730] Siehe §§ 19 I Nr.4, 16 BBankG a.F. und die ehemaligen Anweisungen der Deutschen Bundesbank über Mindestreserven.

zinsung des Mindestreserveguthabens. Der Mindestreservesatz wurde in Art. 4 VO (EG) 2818/98 je nach Verbindlichkeit auf 2% bzw. auf 0% festgelegt.

Soweit eine Verordnung nach Art. 19.1 ESZB-Satzung derartige Vorschriften enthält, regelt sie abstrakt und in allgemeiner Weise das ESZB-Mindestreservesystem. Zudem ist sie darauf angelegt, für eine unbestimmte Vielzahl von Mindestreserveerfüllungsperioden zu gelten. Sie ist damit abstrakt-genereller Natur und hat folglich Rechtsnormcharakter. Da sie die Rechte und Pflichten der Kreditinstitute im Rahmen der Mindestreserve regelt, hat sie, wie typischerweise Verordnungen der EG, Rechtswirkung nach außen.

Ihre Rechtsnatur ist mithin tatsächlich als Verordnung i.S.d. Art. 110 I 1. Spiegelstrich EG, Art. 34.1 1. Spiegelstrich ESZB-Satzung zu qualifizieren[731].

b.) Rechtsnatur der Ausführungsakte

Zu untersuchen ist weiterhin die Rechtsnatur der Ausführungsakte. Als solche kommen die individuelle Berechnung der Mindestreserve, die von einem Kreditinstitut innerhalb einer Mindestreserveerfüllungsperiode zu halten ist, sowie die Einforderung der errechneten Mindestreserve in Betracht. Hält ein mindestreservepflichtiges Kreditinstitut die ihr durch die oben genannten Verordnungen auferlegte Mindestreservepflicht nicht ein, so kann die EZB nach dem in Art. 1ff. der VO (EG) 2157/99[732] festgelegten Verfahren Sanktionen verhängen. Auch deren Rechtsnatur ist zu klären.

aa.) Berechnung und Einforderung der Mindestreserve

Soweit die Mindestreservepflicht normativ derart ausgestaltet ist, daß ein konkreter Vollzugsakt entbehrlich ist, geht auch die Frage nach der Rechtsnatur

---

Die Verzinsung der Mindestreserveguthaben in der Europäischen Währungsunion scheint bereits in Art. 32.4 ESZB-Satzung angelegt zu sein. Siehe hierzu SMITS, European Central Bank, S. 275; LOUIS, in: Louis/Séché (Hrsg.), Commentaire Mégret, Bd. 6, S. 81; POTACS, Europäische Zentralbankenverfassung, S. 39.

731 HOPPE, Rechtsschutz, S. 236ff.; für die Anweisungen der Deutschen Bundesbank über Mindestreserven und die Festlegung der Mindestreservesätze durch die Deutsche Bundesbank, HAHN, Währungsrecht, § 20, Rdn. 10ff.; OPPERMANN/TIEMANN, Verschuldensmaßstäbe bei Amtshaftung, S. 47f.

732 ABlEG L 264 vom 12.10.1999, S. 21. Diese Verordnung konkretisiert die vom ECOFIN-Rat erlassene Verordnung VO (EG) 2532/98 (ABlEG L 318 vom 27.11. 1998, S. 4).

des Vollzugsaktes ins Leere[733]. Ist jedoch die Mindestreserveregelung vollzugsbedürftig, so läßt sich eine konkrete Vollzugsregelung weder im EG-Vertrag noch in der ESZB-Satzung finden. Zur Lösung ist damit, wie schon bei der Bestimmung der Rechtsnatur der Leitzinsen, zunächst die Zuständigkeitsregelung des Art. 12.1 ESZB-Satzung heranzuziehen. Nach der in dieser Norm vorgesehenen Aufgabenverteilung ist für die Durchführung der Geldpolitik nicht der EZB-Rat, sondern das Direktorium zuständig. Damit fällt auch der Vollzug der Mindestreserve in den Kompetenzbereich des Direktoriums[734].

Allerdings bestimmt, anders als Art. 12.1 UAbs.1 ESZB-Satzung für den EZB-Rat, Art. 12.1 UAbs.2 ESZB-Satzung nicht die für das Direktorium in Frage kommenden Handlungsformen. In Betracht kommen daher privatrechtliche Handlungsformen sowie hoheitliche Handlungsformen des Gemeinschaftsrechts.

Da sich die Mindestreserve als ein interventionistisches Instrument darstellt, die EZB und die Kreditinstitute also in einem Über/Unterordnungsverhältnis stehen, scheiden privatrechtliche Handlungsformen von vornherein aus. Vielmehr kommen angesichts der Außenwirkung der Einforderung und Berechnung der Mindestreserve die Rechtsformen der Art. 110 I EG, Art. 34.1 ESZB-Satzung in Frage. Dabei scheidet die Form der Verordnung angesichts der abschließenden Aufzählung der Anwendungsbereiche in Art. 110 I 1. Spiegelstrich EG, Art. 34.1 1. Spiegelstrich ESZB-Satzung, die jedenfalls nicht die Einforderung der Mindestreserve erwähnen, ebenfalls aus. Auch die Rechtsform der Empfehlung ist abzulehnen, da die EZB nach Sinn und Zweck der Mindestreservepolitik als dirigistisches Steuerungsmittel nur verbindlich gegenüber den Kreditinstituten tätig werden kann[735]. Damit ist zu prüfen, ob die Einforderung und Berechnung der Mindestreserve als gemeinschaftsrechtliche Entscheidung i.S.v. Art. 110 I 1. Spiegelstrich EG, Art. 34.1 1. Spiegelstrich ESZB-Satzung einzuordnen ist.

---

[733] Die Mindestreserve war bei der Deutschen Bundesbank ohne besonderen Vollzugsakt zu unterhalten. Vgl. OPPERMANN/TIEMANN, Verschuldensmaßstäbe bei Amtshaftung, S. 46, 48. Nach der derzeitigen Regelung des Art. 5 VO (EG) 2818/98 (ABlEG L 356 vom 30.12.1998, S.1) erscheint ein Vollzugsakt bezüglich der bei der EZB zu unterhaltenden Mindestreserven ebenfalls entbehrlich. Hierzu SMITS, European Central Bank, S. 278.

[734] Aufgrund der bei den nationalen Zentralbanken vorhandenen Infrastruktur ist zu erwarten, daß die Mindestreservepolitik gem. Art. 12.1 UAbs.4 ESZB-Satzung von den nationalen Zentralbanken ausgeführt wird. Für diesen Zweck können gem. Art. 17 ESZB-Satzung Mindestreservekonten bei den nationalen Zentralbanken geführt werden. Vgl. GOETZE, Tätigkeit der nationalen Zentralbanken, S. 118; POTACS, Europäische Zentralbankenverfassung, S. 39; HERDEGEN, in: Maunz/Dürig/Herzog, Komm z. GG, Bd. 2, Art. 88 GG, Rdn. 77.

[735] HOPPE, Rechtsschutz, S. 238.

Voraussetzung hierfür ist die individuelle Geltung sowie die Regelung eines Einzelfalls[736]. Die Einforderung der für ein Kreditinstitut spezifisch errechneten Mindestreserve ist an das jeweilige mitgliedstaatliche Kreditinstitut adressiert. Sie hat damit individuelle Geltung. Ebenso regelt sie einen Einzelfall, da die Mindestreserve für eine spezifische Mindestreserveerfüllungsperiode berechnet und eingefordert wird.

Damit entspricht die Einforderung und Berechnung der Mindestreserve den Merkmalen einer gemeinschaftsrechtlichen Entscheidung i.S.d. Art. 110 I 2. Spiegelstrich EG, Art. 34.1 2. Spiegelstrich ESZB-Satzung[737].

bb.) Verhängung von Sanktionen

Stellt die EZB einen Verstoß eines mindestreservepflichtigen Kreditinstituts gegen die ihm auferlegte Mindestreservepflicht fest, so kann die EZB dieses mit Sanktionen belegen. Die konkrete Verhängung einer Sanktion erfolgt nach dem in VO (EG) 2532/98[738] und VO (EG) 2157/99[739] festgelegten Verfahren. Dieses beginnt nach Art. 3 I VO (EG) 2532/98 mit der Entscheidung des Direktoriums darüber, ein Übertretungsverfahren einzuleiten. Die Entscheidung ist dem Institut mitzuteilen. Diese Entscheidung hat insbesondere die einzelnen Vorwürfe und den Hinweis zum Inhalt, daß Sanktionen verhängt werden können. Gegebenenfalls kann in ihr verfügt werden, daß die zur Last gelegte Übertretung einzustellen ist[740]. Zugleich werden dem betroffenen Institut die Beschwerdepunkte mitgeteilt[741]. Das Übertretungsverfahren wird durch eine weitere Entscheidung des Direktoriums abgeschlossen, die feststellt, ob eine Übertretung erfolgt ist, und möglicherweise Sanktionen verhängt. Die Entscheidung ist an das betroffene Institut zu übermitteln und zu begründen[742].

Fraglich ist mithin, welche Rechtsnatur der Entscheidung über die Verfahrenseinleitung, der Mitteilung der Beschwerdepunkte sowie der abschließenden Entscheidung zukommt.

---

736 Zu den Merkmalen einer Entscheidung siehe statt vieler HETMEIER, in: Lenz, (Hrsg.), EGV-Kommentar, 2. Auflage, Art. 249 EG, Rdn. 15; SCHWEITZER/HUMMER, Europarecht, Rdn. 375ff.

737 HOPPE, Rechtsschutz, S. 239; SMITS, European Central Bank, S. 278.

738 ABlEG L 318 vom 23.11.98, S. 4ff.

739 ABlEG L 264 vom 12.10.99, S. 21.

740 Art. 3 I VO (EG) 2532/98.

741 Art. 3 I VO (EG) 2532/98.

742 Art. 3 IV, V VO (EG) 2532/98.

Die drei Rechtsakte könnten aufgrund ihrer individuellen Geltung als Entscheidungen i.S.d. Art. 110 I 2. Spiegelstrich EG, Art. 34.1 2. Spiegelstrich ESZB-Satzung zu qualifizieren sein. Dafür spricht auch der 9. Erwägungsgrund der VO (EG) 2532/98. Dieser erklärt Art. 192 EG-Vertrag (jetzt Art. 256 EG), der sich auf Entscheidungen i.S.d. Art. 249 IV EG bezieht, für anwendbar. Zudem erfüllen die Rechtsakte jeweils das Kriterium des Einzelfallcharakters, da sie im Rahmen eines konkreten Übertretungsverfahrens ergehen. Da die abschließende Entscheidung den Verstoß gegebenenfalls feststellt und dem Kreditinstitut möglicherweise konkrete Geldbußen auferlegt, hat sie auch Rechtswirkung nach außen[743]. Zweifel an der Rechtswirkung nach außen könnten jedoch an der das Verfahren einleitenden Entscheidung und der Mitteilung der Beschwerdepunkte bestehen.

Zur Rechtswirkung von verfahrenseinleitenden Handlungen und Mitteilungen von Beschwerdepunkten hat der EuGH unter anderem im Fall *IBM/Kommission* ausführlich Stellung genommen[744]. Bezüglich des Schreibens der Kommission, ein wettbewerbsrechtliches Verfahren gegen IBM einzuleiten, und der daraufhin erfolgten Mitteilung der Beschwerdepunkte hat der EuGH eine Außenrechtswirkung verneint[745]. Zur Begründung stellte der EuGH darauf ab, daß diese Handlungen gegenüber der abschließenden Entscheidung lediglich vorbereitende Maßnahmen darstellten. Die Wirkungen dieser Handlungen gingen nicht über die einer Verfahrenshandlung hinaus, da sie sich nicht auf die Rechtsstellung des Unternehmens, abgesehen von seiner verfahrensrechtlichen Lage, auswirkten. Durch die Einleitung des Verfahrens kämen ihm lediglich gewisse Anhörungsrechte zu. Hingegen werde das Unternehmen nicht zu einer Unterlassung oder Veränderung seiner Geschäftspraktiken veranlaßt[746]. Erst der das Verfahren abschließenden Entscheidung komme deshalb die erforderliche Rechtswirkung zu[747]. Gegen dieses System spreche im übrigen nicht der Grundsatz des effektiven Rechtsschutzes, da im Zuge eines Urteils über die Rechtmäßigkeit der abschließenden Entscheidung auch etwaige Mängel der vorbereitenden Handlungen überprüft würden[748].

---

743 Zur Rechtswirkung von Entscheidungen siehe BOCKEY, Entscheidung, S. 43ff., insb. S. 45.

744 EuGH, Rs. 60/81, *IBM/Kommission*, Slg. 1981, S. 2639; siehe auch EuG, verb. Rs. T-10, 11, 12, 15/92 *Cimenteries CBR u.a./Kommission*, Slg. 1992, II-2667.

745 EuGH, Rs. 60/81, *IBM/Kommission*, Slg. 1981, S. 2639, 2. Leitsatz.

746 EuGH, Rs. 60/81, *IBM/Kommission*, Slg. 1981, S. 2639, Rdn. 18ff.

747 EuGH, Rs. 60/81, *IBM/Kommission*, Slg. 1981, S. 2639, Rdn. 12.

748 EuGH, Rs. 60/81, *IBM/Kommission*, Slg. 1981, S. 2639, Rdn. 12.

Unter Zugrundelegung dieses Urteils muß die Wirkung und Rechtsnatur der Einleitungsentscheidung und der Begründungsmitteilung im Lichte ihrer Funktion innerhalb dieses Verfahrens beurteilt werden[749].

Durch die Mitteilung des Direktoriums an das betroffene Kreditinstitut, ein Übertretungsverfahren gem. Art. 3 I VO (EG) 2532/98 einzuleiten, erwachsen ihm entsprechende Verfahrensrechte. So hat das Kreditinstitut gem. Art. 3 III S. 1 VO (EG) 2532/98 das Recht, von der EZB oder den nationalen Zentralbanken angehört zu werden, und einen Anspruch auf Einräumung einer Frist von mindestens dreißig Tagen, um Entlastungsgründe darlegen zu können (Art. 3 III S. 2 VO (EG) 2532/98). Zudem steht dem Institut nach Art. 6 III VO (EG) 2157/99 das Recht zu, einen Rechtsbeistand hinzuzuziehen. Insofern wirkt sich die Entscheidung bloß auf die verfahrensrechtliche Lage des Kreditinstituts aus. Sie legt dem Kreditinstitut weder Pflichten auf, noch gibt sie über dessen tatsächlichen Verstoß Aufschluß. Sie hat daher nach den oben dargelegten Kriterien keine Rechtswirkung nach außen. Nur wenn die einleitende Entscheidung nach Art. 3 I a.E. VO (EG) 2532/98 dem Kreditinstitut zugleich die Verpflichtung auferlegt, die Verstöße abzustellen, kommt ihr Außenrechtswirkung zu.

Erst durch die das Verfahren abschließende, begründete Entscheidung des Direktoriums darüber, ob das Kreditinstitut eine Übertretung begangen hat und ob deshalb Sanktionen zu verhängen sind, wird das Übertretungsverfahren abgeschlossen (Art. 3 IV VO (EG) 2532/98). Erst diese Maßnahme hat die erforderliche Außenrechtswirkung. Damit sind die das Übertretungsverfahren einleitende Entscheidung sowie die Begründungsmitteilung nicht als Entscheidungen i.S.d. Art. 110 I 2. Spiegelstrich EG, Art. 34.1 2. Spiegelstrich ESZB-Satzung anzusehen.

Dieser Schlußfolgerung kann auch nicht der eindeutige Wortlaut des Art. 1 VO (EG) 2532/98 entgegengehalten werden, der von „Entscheidung" über die Einleitung eines Übertretungsverfahrens spricht. Der im Normtext verwendete Begriff Entscheidung wird nämlich auch im Zusammenhang mit der Einleitung eines Übertretungsverfahrens durch die nationalen Zentralbanken verwendet[750]. Da diese aber keine Gemeinschaftsinstitutionen darstellen und sich deswegen zur Erfüllung ihrer Aufgaben nach wie vor der mitgliedstaatlichen Rechtsformen bedienen[751], kann es sich im Kontext der Einleitung des

---

[749] EuGH, Rs. 60/81, *IBM/Kommission*, Slg. 1981, S. 2639, Rdn. 13. Die Heranziehung eines Urteils aus dem Bereich des wettbewerbsrechtlichen Verfahrens rechtfertigt sich auch daraus, daß der EZB-Rat im 5.Erwägungsgrund zu VO (EG) 2157/99 seine Untersuchungsbefugnisse mit denjenigen der Kommission in der Wettbewerbspolitik vergleicht.

[750] Art. 3 I S.2 VO (EG) 2532/98; vgl. auch SMITS, in: GTE, Komm EUV/EGV, nach Art. 109m EG-Vertrag, Satzung ESZB und EZB, Art. 19, Rdn. 11.

[751] Vgl. Teil II: C.III.1.c.)bb.)(2).

Übertretungsverfahrens nicht um eine Entscheidung gemeinschaftsrechtlichen Typs handeln. Im übrigen ist darauf zu verweisen, daß die Bezeichnung des Rechtsaktes im Normtext lediglich ein Indiz für seine Rechtsnatur darstellt. Entscheidend ist vielmehr sein materieller Gehalt[752].

Im Ergebnis bleibt daher festzuhalten, daß weder die Mitteilung, ein Übertretungsverfahren einzuleiten, noch die Mitteilung über die Beschwerdegründe aufgrund ihrer vorbereitenden Funktion als Entscheidungen i.S.d. Art. 110 I 2. Spiegelstrich EG, Art. 34.1 2. Spiegelstrich ESZB-Satzung anzusehen sind. Nur der das Übertretungsverfahren abschließenden Entscheidung gem. Art. 3 IV VO (EG) 2532/98 kommt Entscheidungsqualität im Sinne der Art. 110 2. Spiegelstrich EG, Art. 34.1 2. Spiegelstrich ESZB-Satzung zu[753].

3. Haftung der EZB nach Art. 288 III EG

Im folgenden soll die Mindestreservepolitik der EZB auf ihre Haftungsrelevanz untersucht werden. Es ist damit Aufgabe, die Verordnung des EZB-Rates nach Art. 19.1 S. 1 ESZB-Satzung und die Ausführungsakte, also die Berechnung und Einforderung der Mindestreserve sowie die Verhängung von Sanktionen, unter den Haftungstatbestand des Art. 288 III EG zu subsumieren.

a.) Haftung für fehlerhafte Verordnungen über die Berechnung und Bestimmung des Mindestreservesolls nach Art. 19.1 S. 2 ESZB-Satzung

Damit ist zunächst die Haftung der EZB wegen fehlerhaften Erlasses einer Verordnung auf der Grundlage des Art. 19.1 S. 2 ESZB-Satzung zu klären. Aus Gründen der Anschaulichkeit soll dafür an den jeweils geeigneten Stellen beispielhaft auf die Verordnung der EZB über die Auferlegung einer Mindestreservepflicht, VO (EG) 2818/98[754], Bezug genommen werden.

---

752 Hetmeier, in: Lenz (Hrsg.), EGV-Kommentar, 2. Auflage, Art. 249 EG, Rdn. 2; Schmidt, in: GTE, Komm EUV/EGV, Art. 189 EG-Vertrag, Rdn. 42.

753 So wohl auch Smits, in: GTE, Komm EUV/EGV, nach Art. 109m EG-Vertrag, Satzung ESZB und EZB, Art. 19, Rdn. 9, der aber nicht zwischen der das Übertretungsverfahren einleitenden und der es abschließenden Entscheidung differenziert.

754 ABlEG L 356 vom 30.12.1998, S. 1ff.

aa.) Amtstätigkeit der EZB oder ihrer Bediensteter

Auf der Grundlage der in Art. 19.1 S. 2 ESZB-Satzung enthaltenen Ermächtigung werden Verordnungen i.S.d. Art. 110 I 1. Spiegelstrich EG, Art. 34.1 1. Spiegelstrich ESZB-Satzung zur Berechnung und Bestimmung des Mindestreservesolls vom EZB-Rat erlassen. Ihr Erlaß ist damit als Organhandlung der EZB zuzurechnen und als „Amtstätigkeit der EZB" i.S.d. Art. 288 III EG zu qualifizieren.

bb.) Rechtswidrigkeit

Für die Frage der Rechtswidrigkeit ist in einem ersten Schritt zu klären, ob die Verordnung der Haftung für normatives oder administratives Unrecht zuzuordnen ist.

Wegen des abstrakt-generellen Regelungsgehalts der Mindestreserveverordnung könnten für sie die strengen Rechtswidrigkeitsmaßstäbe des normativen Unrechts zur Anwendung kommen. Voraussetzung hierfür ist, daß es sich um einen Rechtsetzungsakt handelt, dessen Erlaß ein „unerläßlich weites" Ermessen erfordert.

Von einem „Rechtsetzungsakt" ist auszugehen, wenn ein Rechtsakt abstrakt-generelle Regelungen enthält. Diese Anforderung wird regelmäßig durch die Mindestreserveverordnung erfüllt sein.

Bei der Untersuchung, ob die Mindestreserveverordnung auf einem Rechtsetzungsgebiet ergeht, das durch ein „unerläßlich weites" Ermessen gekennzeichnet ist, ist zunächst zu prüfen, ob der EZB bei Erlaß der Mindestreserveverordnung ein Ermessen zusteht. Dies ist nach Art. 19.1 ESZB-Satzung der Fall. Für die Bestimmung des Umfangs des Ermessens ist insbesondere auf die Komplexität des zu regelnden Sachverhalts, den prognostischen Charakter der Maßnahme und die Schwierigkeiten bei der Anwendung der Norm abzustellen[755].

Im Mittelpunkt der Untersuchung des Ermessensumfangs muß die Funktion der Mindestreserve stehen. Sie ist ein Steuerungsmittel der Geldpolitik und dient mithin der Sicherung der Preisstabilität nach Art. 105 I S. 1 EG, Art. 2 ESZB-Satzung. Bereits die Untersuchung der Wirkung der Mindestreserve auf die Preisstabilität kann auf keine gesicherten Erkenntnisse zurückgreifen, sondern ist mit einer komplexen Analyse des Wirkungszusammenhangs verbunden, mit

[755] Siehe dazu unter Teil II: C.IV.

der eine Beurteilung der wirtschaftlichen und währungsrechtlichen Situation einhergeht[756]. Zudem ist zu berücksichtigen, daß die Wirkung der Mindestreserve erst in der Zukunft mit einer Zeitverzögerung von ein bis zwei Jahren zu erwarten ist[757]. Es handelt sich mithin um eine Prognoseentscheidung. Überdies ist gerade im Hinblick auf die Mindestreservepolitik der EZB zweifelhaft, ob sich der gewünschte Effekt, nämlich die Feinsteuerung mittels anderer geldpolitischer Instrumente zu erleichtern[758], auch im vergrößerten Währungsraum einstellt, da dieser Effekt von der spezifisch von der Deutschen Bundesbank betriebenen Geldpolitik abhängig war[759]. Der Einsatz der Mindestreserve setzt daher auch komplexe währungsrechtliche Wertungen voraus, die zu keinem eindeutigen Ergebnis führen. Die Entscheidung über das „ob" und „wie" der Mindestreservepolitik erfordert daher einen weiten Ermessensspielraum.

Damit ist die Mindestreserveverordnung ein Rechtsetzungsakt, der in einem Gebiet ergeht, das durch ein „unerläßlich weites" Ermessen gekennzeichnet ist. Er unterliegt folglich der Haftung für normatives Unrecht.

Zudem sprechen Sinn und Zweck der strengen Voraussetzung einer Haftung für normatives Unrecht für das gefundene Ergebnis. Danach sollen die Gemeinschaftsorgane, wenn sie rechtsetzend im Allgemeininteresse tätig werden, nicht jedesmal der Gefahr einer Schadensersatzklage unterliegen. Dieser Zweck muß gerade im Hinblick auf die EZB gelten, da die EZB bei Erlaß einer Mindestreserveverordnung rechtsetzend tätig wird und die Verordnung auf das Ziel der Preisstabilität nach Art. 105 I S. 1 EG, Art. 2 S. 1 ESZB-Satzung ausgerichtet ist, womit sie also im Interesse des Allgemeinwohls handelt.

Mindestreserveverordnungen, wie zum Beispiel die VO (EG) 2818/98, lösen mithin die Haftung der EZB nach Art. 288 III EG nur aus, wenn sie eine höherrangige Schutznorm hinreichend qualifiziert verletzen[760].

---

[756] Vgl. auch die Ausführungen im Zusammenhang mit der Haftung für einen fehlerhaften EZB-Leitzinssatzbeschluß in Teil III: A.I.3.b.)bb.). Siehe auch die Entscheidung des BVerwG (BVerwGE 41, 334, 345, 349), das der Deutschen Bundesbank hinsichtlich der Gestaltung der Mindestreserve einen Ermessensspielraum zugebilligt hat. Ebenso GRAMLICH, Soft Law, S. 164.

[757] DEUTSCHE BUNDESBANK, Monatsbericht, März 2000, S. 18f.

[758] Zu den einzelnen Zwecken der Mindestreservepolitik der EZB siehe oben unter Teil III: A.II.1.

[759] BOFINGER, Mindestreserve, S. 322f.

[760] Vgl. Teil II: C.IV.

(1) Verletzung einer höherrangigen Schutznorm

Als höherrangige Schutznormen kommen vor allem die gemeinschaftsrechtlichen Grundrechte in Betracht. Aufgrund ihres hoheitlichen Charakters und ihrer geldentziehenden Wirkung ist gerade die Mindestreserve ein grundrechtssensibler Bereich[761]. Aus diesem Grund soll der Schwerpunkt der Rechtswidrigkeitsprüfung auf den Grundrechten, die den Schutz der wirtschaftlichen Betätigung gewährleisten, liegen.

(a) Verstoß gegen das Grundrecht auf Eigentum

Wegen ihrer geldentziehenden Wirkung ist damit primär ein Verstoß gegen das gemeinschaftsrechtliche Grundrecht auf Eigentum zu untersuchen.

Da jedoch die Auferlegung einer Mindestreserve zunächst nur zu einer Verringerung des Vermögens der Kreditinstitute führt, kann das Eigentumsgrundrecht in Ermangelung eines Schutzgutes nicht fruchtbar gemacht werden[762].

Angenommen, das Vermögen würde in den Schutzbereich fallen, so zum Beispiel, wenn die Mindestreserve eine erdrosselnde Wirkung hätte[763], würde es sich nicht um die Eingriffsform einer Enteignung, sondern um die einer Nutzungsbeschränkung handeln, da es sich bei der Mindestreserve lediglich um eine vorübergehende „Geldstillegung" handelt und nicht um einen endgültigen Geldentzug[764].

Um einen Eingriff in den Schutzbereich nach der derzeitigen Rechtslage bejahen zu können, müßte die Mindestreservepflicht derart einschneidend sein, daß nicht nur das Vermögen der Kreditinstitute betroffen wäre, sondern sie gezwungen wären, ihr Geschäft zu verkleinern, was zu Nutzungsausfällen beispielsweise von EDV-Anlagen führen würde. Unter diesen Voraussetzungen würde es sich um eine Maßnahme handeln, die eine sinnvolle Nutzung der zum Unter-

---

[761] Vgl. CZAJA, Haftung, S. 177.

[762] Das Vermögen an sich wird vom gemeinschaftsrechtlichen Grundrecht auf Eigentum nicht geschützt. Siehe oben unter Teil II: C.IV.4.a.)aa.).

[763] KINGREEN, in: Calliess/Ruffert, EUV/EGV, Art. 6 EU, Rdn. 102.

[764] MÖSCHEL, Wirtschaftsrecht, S. 163.
Im übrigen werden die bei der EZB zu haltenden Mindestreserven gem. Art. 8 VO (EG) 2818/98 (ABlEG L 356 vom 30.12.1998, S.1) verzinst.

nehmen gehörenden Gegenstände unmöglich macht, und die nach der Rechtsprechung des EuGH am Grundrecht auf Eigentum zu messen wäre[765].

Ein derartiges Szenario ist allerdings in der Praxis nicht zu erwarten. Zum einen verliert das Instrument der Mindestreserve zunehmend an Bedeutung. Zum anderen müßte es sich um einen überaus hohen Mindestreservesatz handeln. Einem solchen Gebaren der EZB ist derzeit schon aufgrund des in Art. 4 I VO (EG) 2531/98 des EG-Rates[766] festgelegten Mindestreservehöchstsatzes von 10% ein Riegel vorgeschoben. Bei den von der EZB in Art. 4 VO (EG) 2818/98 festgelegten Sätzen von 0% bzw. 2% ist ein Eingriff in den Schutzbereich des Grundrechts auf Eigentum jedenfalls nicht festzustellen.

Damit kommt ein Verstoß einer Mindestreserveverordnung gegen das gemeinschaftsrechtliche Grundrecht auf Eigentum unter den jetzigen Umständen nicht in Betracht.

(b) Verstoß gegen das Grundrecht der Berufsfreiheit

Ferner ist wegen der Zwangswirkung der Mindestreserve ein Eingriff in die Berufsfreiheit der mindestreservepflichtigen Kreditinstitute denkbar[767].

Die Tätigkeit eines Kreditinstituts stellt einen „Beruf" im Sinne dieses Grundrechts dar, die sowohl unter dem Aspekt der Berufsausübung als auch dem der Berufswahl vom Grundrecht der Berufsfreiheit geschützt ist[768].

Im Zusammenhang mit der Mindestreserveregelung ist an einen Eingriff in den Aspekt der freien Berufsausübung zu denken, da sie nur einen Teilbereich der Tätigkeit von Kreditinstituten betrifft, ohne gleichzeitig die freie Berufswahl einzuschränken[769]. Die Grenze zum Eingriff in die Berufswahl der Kreditinstitute wäre erst dann überschritten, wenn die Mindestreservepflicht so einschneidend wäre, daß sie die Einstellung der Tätigkeit der Kreditinstitute zur Folge hätte bzw. die Aufnahme des Betriebs eines Kreditinstitutes verhindern würde. In der Praxis erscheint diese Situation angesichts des Bedeutungsverlustes der

---

[765] Siehe zum Schutzbereich des gemeinschaftsrechtlichen Grundrechts auf Eigentum oben unter Teil II: C.IV.4.a.)aa.).

[766] Gem. Art. 19.2 ESZB-Satzung ist der EG-Rat ermächtigt, eine Verordnung über den Rahmen der Mindestreservepolitik zu erlassen. Von der Ermächtigung hat er in der VO (EG) 2531/98 (ABlEG L 318 vom 27.11.1998, S.1ff.) Gebrauch gemacht. Vgl. SMITS, in: GTE, Komm EUV/EGV, nach Art. 109m EG-Vertrag, Satzung ESZB und EZB, Art. 19, Rdn. 18ff.

[767] SMITS, in: GTE, Komm EUV/EGV, nach Art. 109m EG-Vertrag, Satzung ESZB und EZB, Art. 19, Rdn. 21.

[768] Siehe dazu unter Teil II: C.IV.4.b.)aa.); HOPPE, Rechtsschutz, S. 215.

[769] Vgl. MÖSCHEL, Wirtschaftsrecht, S. 196.

Mindestreserve und angesichts der niedrigen Reservesätze jedoch nicht wahrscheinlich.

Die Mindestreserve greift in die freie Berufsausübung der Kreditinstitute dergestalt ein, daß Kreditinstitute unverzinsliche bzw. unterhalb der Marktsätze verzinste Guthaben unterhalten müssen[770]. Dies hat zur Folge, daß dieses Geld den Kreditinstituten nicht nur nicht für ihre eigenen Geschäfte zur freien Verfügung steht, sondern sie sich, soweit sie nicht Überschußreserven halten, bei der Notenbank verschulden müssen, was zu zusätzlichen Kosten führt[771].

Wie bereits im Rahmen der Erstellung eines Haftungsmodells für die EZB herausgearbeitet wurde, kann dieser Eingriff jedoch gerechtfertigt sein[772]. Ähnlich wie im Zusammenhang mit der Rechtfertigung bezüglich eines Eingriffs in Art. 12 GG[773] hängen auch im europäischen Gemeinschaftsrecht die Voraussetzungen an die Rechtfertigung von der Art des Eingriffs ab. Danach unterliegen Eingriffe in die Berufsausübung geringeren Anforderungen als Eingriffe in die Berufswahl.

Als Rechtfertigung ist hier auf den Zweck der Mindestreserveregelung zu verweisen. Sie dient der EZB als geldpolitisches Instrument zur Sicherung der Preisstabilität, Art. 105 I S. 1 EG; Art. 2 ESZB-Satzung. Die Mindestreserve kann der EZB aufgrund der direkten Zugriffsmöglichkeit auf den Wirtschaftsfaktor Geld Vorteile hinsichtlich der Steuerung ihrer Geldpolitik bieten[774]. Dieser Effekt wiederum dient dem Gemeinwohlziel der Preisstabilität[775], so daß die Auferlegung einer Mindestreserve, wenn sie diesem Ziel dient und dem Grundsatz der Verhältnismäßigkeit entspricht, gerechtfertigt erscheint[776]. Soweit die Reservesätze so niedrig wie zur Zeit sind, wird eine Güterabwägung im Rahmen der Verhältnismäßigkeit zugunsten der Preisstabilität ausfallen. Zudem ist der EZB bei der Einschätzung der Geeignetheit und Erforderlichkeit der jeweiligen Ausgestaltung der Mindestreserve angesichts der Komplexität des Sachverhalts

[770] Nach Art. 8 VO (EG) 2818/98 wird das Mindestreserveguthaben zum durchschnittlichen Zinssatz des ESZB für die Hauptrefinanzierungsoperationen verzinst.

[771] ISSING, Geldpolitik, S. 108; HOPPE, Rechtsschutz, S. 246, insofern unzutreffend, da er in der Mindestreservepflicht nur eine mittelbare Beschränkung der freien Berufsausübung sieht.

[772] Siehe hierzu oben unter Teil II: C.IV.4.b.)bb.).

[773] Siehe hierzu grundlegend BVerfGE 7, 377, 405ff.

[774] KOHLHAUSSEN, ZfgK 1999, S. 921.

[775] Zur Bindung der Geldpolitik der EZB an die Sicherung der Preisstabilität siehe oben unter Teil II: C.IV.2.

[776] So auch BVerwGE 41, 334, 358, das die Mindestreserveregelung nach § 16 I BBankG a.F. mit Art. 12 I GG für vereinbar hält.

ein weiter Ermessensspielraum zuzugestehen[777]. Zur Zeit besteht für die EZB nach Art. 2 II VO (EG) 2818/98 sogar die Möglichkeit, Kreditinstitute im Fall der Unverhältnismäßigkeit der Mindestreserve von der Mindestreservepflicht zu entbinden, so daß auch insoweit keine Bedenken hinsichtlich der Verhältnismäßigkeit der Mindestreserveverordnung bestehen.

Im Ergebnis ist unter Zugrundelegung der derzeitigen Verhältnisse in der Mindestreserveregelung kein Verstoß gegen das Grundrecht der Berufsfreiheit zu sehen.

(c) Verstoß gegen den Allgemeinen Gleichheitssatz

Im Zusammenhang mit dem geldpolitischen Instrument der Mindestreserve muß nicht nur ihre Einführung an sich, sondern auch ihre konkrete Ausgestaltung am Grundsatz der Marktkonformität ausgerichtet sein[778]. Da ein Verstoß gegen diesen Grundsatz nicht haftungsauslösend wirkt, ist vornehmlich ein Verstoß gegen den gemeinschaftsrechtlichen, allgemeinen Gleichheitssatz zu prüfen[779].

Bereits die Heranziehung von nur bestimmten Unternehmen des Bankensektors zur Mindestreserve könnte gegen den gemeinschaftsrechtlichen Gleichheitssatz verstoßen.

Eine Ungleichbehandlung kann deshalb bereits in einer Definition des Begriffs der mindestreservepflichtigen Kreditinstitute, wie ihn beispielsweise Art. 2 VO (EG) 2818/98 trifft, zu sehen sein. Nach Art. 2 VO (EG) 2818/98 unterliegen die Kreditinstitute und ihre Zweigstellen, soweit sie unter die Definition des Art. 1 1.Gedankenstrich der Ersten Bankrechtskoordinierungsrichtlinie[780] zu subsumieren sind, der Mindestreserve. Dieser Kreis ist damit weit gefaßt. Er umfaßt alle gebietsansässigen Unternehmen, deren Tätigkeit darin besteht, Einlagen oder andere rückzahlbare Gelder des Publikums entgegenzunehmen und Kredite für eigene Rechnung zu gewähren. Damit unterliegen alle Kreditinstitute herkömmlichen Sinns, sonstige monetäre finanzielle Institute, aber auch Bausparkassen und Geldmarktfonds der Mindestreserve[781]. Unberücksichtigt hinge-

---

[777] Siehe dazu unter Teil II: C.IV.5.

[778] SMITS, in: GTE, Komm EUV/EGV, nach Art. 109m EG-Vertrag, Satzung ESZB und EZB, Art. 19, Rdn. 2; DERS., European Central Bank, S. 275.

[779] Zum Grundsatz der Marktkonformität siehe Teil II: C.IV.3.

[780] ABlEG L 322 vom 17.12.1977, S. 30.

[781] DEUTSCHE BUNDESBANK, Informationsbrief zur WWU, Nr.2, S. 12, 14; GOETZE, Tätigkeit der nationalen Zentralbanken, S. 116f.; SMITS in: GTE, Komm EUV/EGV, nach Art. 109m EG-Vertrag, Satzung ESZB und EZB, Art. 19, Rdn. 12ff., 17.

gen läßt die Definition sogenannte nicht-monetäre Finanzinstitute, also Kreditvermittler, und Kreditinstitute in Mitgliedstaaten, für die eine Ausnahmeregelung gilt, sowie diejenigen im Vereinigten Königreich[782]. Diese Gruppe von Instituten erlangt Wettbewerbsvorteile dadurch, daß sie nicht der Mindestreserve unterliegen und damit mit einem Kostenfaktor weniger belastet ist. Sie kann deswegen ihre Finanzprodukte als kostengünstige Substitute gegenüber denjenigen der durch die Mindestreserve belasteten Kreditinstitute am Markt anbieten. Die mindestreservepflichtigen Kreditinstitute sind ihr gegenüber benachteiligt[783]. Es könnte also eine Ungleichbehandlung vorliegen[784]. Diese hat die EZB dadurch abzumildern versucht, daß gem. Art. 8 VO (EG) 2818/98 das Mindestreserveguthaben zum durchschnittlichen Zinssatz der EZB für Hauptrefinanzierungsgeschäfte verzinst wird und der Mindestreservesatz niedrig gehalten wird[785]. Eine etwaige Ungleichbehandlung ist dadurch jedoch nicht aufgehoben, da die Kreditinstitute das Mindestreserveguthaben möglicherweise anderweitig zu einem höheren Zinssatz als dem in Art. 8 VO (EG) 2818/98 vorgegebenen angelegt hätten. Die der Mindestreserve unterliegenden Institute sind also trotzdem mit zusätzlichen Kosten belastet.

Die Ungleichbehandlung gegenüber den nicht-monetären Finanzinstituten könnte rechtmäßig sein, wenn die Differenzierung gerechtfertigt ist. Dies ist der Fall, wenn sich objektive Umstände von einigem Gewicht für eine Differenzierung finden lassen[786]. Da die Mindestreservepolitik ein Instrument zur Sicherung der Preisstabilität darstellt, also die Ausgestaltung einen komplexen währungs-

---

[782] Vgl. KOHLHAUSSEN, ZfgK 1999, S. 922; siehe auch VO (EG) 2531/98 vom 23.11.1998 (ABlEG L 318 vom 27.11.98, S. 1ff.), 2. Erwägungsgrund.

Eine Ausnahmeregelung i.S.d. Art. 122 I EG besteht nur noch für Schweden. Dänemark bleibt aufgrund der ihr in Protokoll Nr. 26 zum EG-Vertrag eingeräumten Nichtteilnahme-Option der EWWU fern. Ebenso nimmt das Vereinigte Königreich gem. Protokoll Nr. 25 zum EG-Vertrag nicht an der EWWU teil. Vgl. Entscheidung des Rates 98/317/EG vom 3. Mai 1998 gem. Art. 109 j IV EG-Vertrag (jetzt Art. 121 EG), ABlEG L 139 vom 11.5.1998, S. 30ff. Zum Beitritt Griechenlands zur EWWU zum 1. Januar 2001 siehe Entscheidung des Rates 2000/427/EG vom 19. Juni 2000, ABlEG L 167 vom 7.7.2000, S. 19ff.

[783] ISSING, Geldpolitik, S. 110; HAHN, Währungsrecht und öffentliches Kreditwesen, S. 270f.

[784] Der EuGH stellt in derartigen Konstellationen zur Ermittlung von gleichen Sachverhalten insbesondere auf das Kriterium der Austauschbarkeit der Produkte ab. Vgl. nur EuGH, verb. Rs. 117/76 und 16/77, *Ruckdeschel/Hauptzollamt Hamburg St. Annen*, Slg. 1977, S. 1753, Rdn. 9.

[785] EZB, Monatsbericht, Mai 1999, S. 36; KOHLHAUSSEN, ZfgK 1999, S. 922.

[786] Zur Prüfung des allgemeinen Gleichheitssatzes siehe oben unter Teil II: C.IV.4.c.).

rechtlichen Sachverhalt betrifft, ist dem EZB-Rat bei der Auswahl der Differenzierungsgründe ein weiter Ermessensspielraum zuzugestehen[787].

Zulässiger Differenzierungsgrund für eine Ungleichbehandlung ist die Gewährleistung der Preisstabilität durch die EZB. Das bedeutet im Hinblick auf den Zweck des Instruments der Mindestreserve, nämlich die Kontrolle über das Geldschöpfungsvolumen der Kreditinstitute[788], daß solche Kreditinstitute, die maßgeblich die Geldschöpfung durch ihre Tätigkeit beeinflussen, der Mindestreservepflicht unterworfen werden können, hingegen Kreditinstitute, deren Geschäftsgebaren wenig bis gar keinen Einfluß auf die Geldmenge hat, von der Mindestreserve ausgenommen werden können[789].

Die Haupttätigkeit von Kreditvermittlern liegt beispielsweise im Bereich der Vermittlung von Geschäften, damit auch von Krediten, deren Kapital von Kreditinstituten stammt, die bereits der Mindestreserve unterliegen. Da das „Kreditvermögen" dieser Finanzinstitute vom Kapital der Kreditinstitute abhängt, bewirkt die lediglich vermittelnde bzw. verwaltende Tätigkeit keine relevante Vergrößerung der Geldmenge. Im Gegensatz zur Kreditgewährung durch Kreditinstitute hat folglich die Tätigkeit der Kreditvermittler nur geringen bis gar keinen Einfluß auf die Preisstabilität[790]. Angesichts dieses Wirkungszusammenhangs erscheint es objektiv gerechtfertigt, diese Unternehmen von der Mindestreservepflicht auszunehmen[791].

Gegenüber Kreditinstituten für die eine Ausnahmeregelung gilt, sowie für diejenigen im Vereinigten Königreich ist bereits das Vorliegen einer Ungleichbehandlung zu verneinen. Voraussetzung für vergleichbare Sachverhalte ist, daß die Ungleichbehandlung von derselben Rechtsetzungsgewalt hervorgerufen wurde[792]. Dies ist hier nicht der Fall, da die oben genannte Gruppe gem.

---

787 Das Zugeständnis eines weiten Ermessensspielraumes hinsichtlich der Auswahl der Differenzierungsgründe ist nicht ungewöhnlich. In der Agrarpolitik hat der EuGH den Gemeinschaftsorganen mehrmals diesbezüglich einen weiten Beurteilungsspielraum zugestanden. Vgl. KINGREEN, in: Calliess/Ruffert, EUV/EGV, Art. 6 EU, Rdn. 182.

788 Zum Zweck der Mindestreserve siehe oben unter Teil III: A.II.1.

789 So für eine Mindestreservebestimmung der Deutschen Bundesbank, BVerwGE 41, 334, 345f. Vgl. auch SMITS, European Central Bank, S. 279.

790 BVerwGE 41, 334, 346: „Daß Kreditinstitute, die nach der Art ihrer Geschäfte keinen oder nur geringen Einfluß auf den Geldumlauf und das Kreditvolumen in der Volkswirtschaft nehmen oder deren Kreditgewährung für die Währungsstabilität ungefährlich ist, ohne Verstoß gegen den Gleichbehandlungsgrundsatz von der Reservepflicht freigestellt werden können, bedarf keiner Darlegung,... ."

791 So für die Mindestreserveregelung der Deutschen Bundesbank, HAHN, Währungsrecht und öffentliches Kreditwesen, Rdn. 20; GRAMLICH, Bundesbankgesetz, Art. 16, Rdn. 13.

792 So für den in Art. 3 GG niedergelegten Gleichheitssatz PIEROTH/SCHLINK, Grundrechte, Rdn. 431.

Art. 122 III EG; Art. 43.1 ESZB-Satzung nicht der Mindestreservepolitik der EZB, sondern derjenigen der jeweiligen nationalen Zentralbank unterliegt[793]. Als übergeordnete Rechtsetzungsgewalt kann insoweit auch nicht die EG herangezogen werden, da die Handlung der EZB nicht der EG zugerechnet werden kann. Es fehlt insofern schon an einem geeigneten Anknüpfungspunkt[794]. Gegenüber der zweiten Gruppe von Kreditinstituten kann daher der allgemeine gemeinschaftsrechtliche Gleichheitssatz von Kreditinstituten, die der Mindestreserve der EZB unterliegen, nicht geltend gemacht werden.

Schließlich müssen sich auch Befreiungstatbestände, wie beispielsweise Art. 2 II VO (EG) 2818/98, am Gleichheitssatz messen lassen. Die Vorschrift räumt der EZB unter Gewährung eines Ermessensspielraumes die Möglichkeit ein, Kreditinstitute von der Mindestreservepflicht zu befreien. Den Ermessensspielraum hat sie unter Beachtung des allgemeinen Gleichheitssatzes, was sich hier ausdrücklich aus dem Normtext ergibt, auszufüllen. Als objektive Rechtfertigung kann auch hier der Einfluß eines Kreditinstituts auf den Geldumlauf und damit auf die Preisstabilität herangezogen werden[795]. Ebenso ist es gerechtfertigt, ein Institut, das einem Abwicklungsverfahren oder Sanierungsverfahren unterliegt, von der Mindestreserve ausnehmen zu können[796].

(d) Ergebnis

Im Ergebnis ist mithin festzuhalten, daß Mindestreserveverordnungen der EZB, insbesondere soweit sie wie die derzeit geltende VO (EG) 2818/98 ausgestaltet sind, nicht gegen die geprüften Grundrechte verstoßen. Eine Änderung dieses Befundes erscheint unter dem Gesichtspunkt des zunehmenden Bedeutungsverlustes der Mindestreservepolitik in nächster Zukunft wenig wahrscheinlich.

---

[793] Nur in England und Schweden verfügt die nationale Zentralbank über das Instrument der Mindestreserve. In Dänemark wird es nicht angewendet. Vgl. STUDT, Rechtsfragen, S. 115 (England), 135 (Dänemark), 139; KLEIN, Bankensysteme, S. 241 (Schweden).

[794] Siehe zur Zurechnung von Handlungen der EZB an die EG oben unter Teil II: C.I.

[795] So jedenfalls BVerwGE 41, 334, 344. Siehe dazu die Regelung der EZB, Art. 2 II lit.b VO (EG) 2818/98.

[796] Art. 2 II lit.a VO (EG) 2818/98.

(2) Hinreichend qualifizierte Verletzung einer höherrangigen Schutznorm

Angenommen, eine Untersuchung käme zu einer Verletzung dieser Grundrechte, müßte für die Bejahung der Rechtswidrigkeit i.S.d. Art. 288 III EG zusätzlich eine „hinreichend qualifizierte Verletzung" derselben feststellbar sein.

Diese Anforderung ist nur erfüllt, wenn der EZB-Rat bei Erlaß der Verordnung seine Befugnisse „offenkundig und erheblich" überschreitet. Der EuGH stützt sich bei der Prüfung auf Kriterien wie die Schwere des Rechtsverstoßes, die Anzahl der Betroffenen und die Höhe des Schadens[797].

Hinsichtlich der Schwere des Rechtsverstoßes spielt eine Rolle, ob unentschuldbar und erheblich gegen eine Schutznorm verstoßen wurde, ohne gleichzeitig eine annehmbare Begründung zu geben[798]. Dies wird zu verneinen sein, wenn sich die EZB bei Erlaß einer Mindestreserveverordnung auf das Ziel der Preisstabilität beruft. Erst wenn die Maßnahme offenkundig nicht diesem Ziel dient, also beispielsweise zur eigenen Gewinnerzielung verwendet wird, wird man einen schweren Rechtsverstoß bejahen können. Schließlich wird es in den meisten Fällen nicht zu einem Schaden kommen, der über die wirtschaftlichen Risiken der Kreditinstitute hinausgeht, da die Mindestreserve als geldpolitisches Instrument im Kreditgewerbe üblich ist und damit zu den wirtschaftlichen Belastungen gehört, mit denen ein Kreditinstitut rechnen muß. Der Schaden geht erst dann über das normale, wirtschaftliche Risiko hinaus, wenn die Mindestreserve eine unzumutbare Höhe erreichen würde.

Damit wird deutlich, daß eine „hinreichend qualifizierte Verletzung" nur in Extremsituationen, in der Praxis der EZB kaum vorkommenden Fällen, zu bejahen sein wird. Im Ergebnis wird daher der EuGH bei der Prüfung der Rechtswidrigkeit im Zusammenhang mit einer Mindestreserveverordnung der EZB nur in absoluten Ausnahmefällen zu einer Bejahung derselben gelangen.

cc.) Eintritt eines kausalen Schadens

Schließlich ist zu überprüfen, ob durch eine rechtswidrige Mindestreserveregelung ein kausaler Schaden bei den Kreditinstituten eintreten kann.

Hierbei ist zu differenzieren zwischen den Mindereinnahmen aufgrund der Wettbewerbsvorteile nicht mindestreservepflichtiger Kreditinstitute und den Mehrkosten, die durch die zusätzliche Verschuldung, sei es bei der EZB, sei es

---

[797] RUFFERT, in: Calliess/Ruffert, EUV/EGV, Art. 288 EG, Rdn. 15; siehe dazu auch unter Teil II: C.IV.

[798] Siehe dazu unter Teil II: B.II.2.b.)bb.)(2).

bei anderen Kreditinstituten, verursacht werden. Als weiterer Schadensposten können auch Zinsverluste geltend gemacht werden, die dadurch entstehen, daß die Kreditinstitute ihre Mindestreserveguthaben nicht zu einem höheren Zinssatz anlegen können[799].

Allerdings wird es, wie bereits hinsichtlich der Schadenspositionen infolge von fehlerhaften EZB-Leitzinsbeschlüssen, zu einer Vorteilsanrechnung kommen, soweit der Schaden an die Kunden durch eine Erhöhung der Kosten weitergegeben wurde, beziehungsweise soweit eine Weitergabe des Schadens an die Kunden schuldhaft unterlassen wurde[800].

Im Gegensatz zur oben behandelten Haftung der EZB für rechtswidrige EZB-Leitzinsbeschlüsse ist hier der Schaden der Kreditinstitute unmittelbar kausal zur rechtswidrigen Mindestreserveverordnung[801]. Dies ist nicht zuletzt Ausfluß des besonderen Charakters der Mindestreserve als Instrument der „Eingriffsverwaltung“. Schwierigkeiten können sich jedoch hinsichtlich der Nachweisbarkeit ergeben. Gerade die Mindereinnahmen aufgrund von Wettbewerbsnachteilen können auch auf anderen Faktoren als der Mindestreservepflicht beruhen.

dd.) Ergebnis

Zusammenfassend läßt sich über die Schadensersatzklage nach Artt. 235, 288 III EG wegen einer rechtswidrigen EZB-Mindestreserverordnung heute schon sagen, daß sie praktisch keine Aussicht auf Erfolg haben wird. Dies liegt insbesondere daran, daß die als Schutznormen geprüften Grundrechte nur im Ausnahmefall gegen eine Mindestreserveverordnung Schutz gewähren. Selbst wenn die Verletzung der Grundrechte oder anderer hier nicht geprüfter Schutznormen in Betracht zu ziehen ist, muß für eine Haftung eine „hinreichend qualifizierte Verletzung“ dieser Schutznormen festzustellen sein, was der EuGH nur bejaht, wenn die EZB ihre Befugnisse „offenkundig und erheblich“ überschreitet. In der Praxis bedeutet das, daß nur Willkürakte der EZB zu einer Haftung nach Art. 288 III EG führen werden.

---

[799] Zu den vom EuGH anerkannten Schadensposten siehe unter Teil II: B.II.3.a.).

[800] Zur Vorteilsanrechnung bei Schäden aus rechtswidrigen Leitzinsbeschlüssen siehe unter Teil III: A.I.3.b.)cc.).

[801] Siehe oben unter Teil III: A.I.3.b.)cc.).

b.) Haftung für fehlerhafte Ausführungsakte

aa.) Haftung für Entscheidungen bzgl. der Berechnung und Einforderung der Mindestreserve

Im Zusammenhang mit der Haftung nach Art. 288 III EG für Vollzugsakte im Bereich der Mindestreservepolitik steht insbesondere eine Untersuchung der Haftungsrelevanz von Entscheidungen über die Berechnung und Einforderung der Mindestreserve im Vordergrund.

Damit müßte zunächst die Berechnung und Einforderung der Mindestreserve eine „Amtstätigkeit der EZB oder ihrer Bediensteten" darstellen. Mangels spezieller Regelung ist nach Artt. 12.1 UAbs.2, 11.6 ESZB-Satzung das Direktorium zuständig[802]. Es handelt sich damit um ein Organhandeln, das der EZB zuzurechnen ist.

Ebenso ist das Erfordernis einer „Amtstätigkeit" erfüllt. Soweit die Berechnung und Einforderung eines Vollzugsaktes bedarf, erfolgt der Vollzug gegenüber mindestreservepflichtigen Instituten in Form der gemeinschaftsrechtlichen Entscheidung i.S.d. Art. 110 I 2. Spiegelstrich EG, Art. 34.1 2. Spiegelstrich ESZB-Satzung[803]. Sie fallen daher zweifelsohne unter die „Amtstätigkeit" der EZB.

In Bezug auf das Erfordernis der Rechtswidrigkeit ist das „einfache" Haftungsmodell heranzuziehen, da die Vollzugsakte in der gemeinschaftsrechtlichen Terminologie den administrativen Akten zuzuordnen sind. Das bedeutet, daß sie lediglich eine Schutznorm verletzen müssen.

In der Praxis kann die Rechtswidrigkeit einer Berechnungs- und Einforderungsentscheidung beispielsweise darauf beruhen, daß bestimmte Verbindlichkeiten eines mindestreservepflichtigen Kreditinstituts unzutreffenderweise in die Berechnung des Reserve-Solls Eingang finden. Zu berücksichtigen ist hierbei jedoch, daß zumeist die aufgelisteten Typen von Verbindlichkeiten[804], die die Mindestreservebasis ausmachen, auslegungsbedürftig sind[805]. Rechtlich gesehen handelt es sich um unbestimmte Rechtsbegriffe, bei deren Auslegung der EZB eine Ermessen zusteht[806]. Die Einbeziehung einer Verbindlichkeit in die Be-

---

[802] Nach Artt. 12.1 , 11.6 ESZB-Satzung ist für Entscheidungen der EZB-Rat und für den Vollzug das Direktorium zuständig. Vgl. WEINBÖRNER, Europäische Zentralbank, S. 376f., 380.

[803] Siehe unter Teil III: A.II.2.b.)aa.).

[804] Vgl. die Regelung des Art. 3 VO (EG) 2818/98.

[805] OPPERMANN/TIEMANN, Verschuldensmaßstäbe bei Amtshaftung, S. 52.

[806] Siehe zur Auslegung von unbestimmten Rechtsbegriffen oben unter Teil II: C.IV.2.

rechnung der Mindestreservebasis kann also nur dann rechtswidrig sein, „wenn aufgrund objektiver, schlüssiger und übereinstimmender Indizien anzunehmen ist, daß [die Einbeziehung der Verbindlichkeit] zu anderen Zwecken als zu den angegebenen getroffen wurde“[807]. Soweit also die Ermächtigungsgrundlage die Auslegung durch die EZB stützt, die Entscheidung sachlich vertretbar erscheint, wird die Einbeziehung von bestimmten Verbindlichkeiten nicht ermessensmißbräuchlich sein. Da dem Grundsatz der fehlerfreien Ermessensausübung Schutznormcharakter zukommt[808], wäre das Tatbestandsmerkmal der rechtswidrigen Handlung erfüllt.

Daneben ist auch an eine Verletzung der als Schutznormen anerkannten gemeinschaftsrechtlichen Grundrechte zu denken. Für die Rechtswidrigkeit i.S.d. Art. 288 III EG genügt die bloße Verletzung dieser Schutznormen. Zu denken wäre hierbei insbesondere an das gemeinschaftsrechtliche Grundrecht der Berufsfreiheit und den allgemeinen Gleichheitssatz. Eine eingehendere Prüfung erscheint an dieser Stelle jedoch unter zweierlei Gesichtspunkten entbehrlich. Zum einen hängt der Ausgang einer solchen Prüfung maßgeblich vom konkreten Fall ab. Zum anderen wurden bereits die wesentlichen Aspekte einer Grundrechtsprüfung im Zusammenhang mit der Mindestreserveverordnung der EZB behandelt[809]. Insbesondere die Ausführungen zum Schutzbereich der verschiedenen Grundrechte können entsprechend angewendet werden.

Der kausale Schaden wäre zum einen in den Mehrkosten zu sehen, den das Kreditinstitut dadurch erleidet, daß es ein höheres Mindestreserveguthaben unterhalten muß, und daher gezwungen ist, sich auf dem Geldmarkt bzw. bei der EZB zu refinanzieren. Zum anderen können auch Zinsverluste der Kreditinstitute geltend gemacht werden, die dadurch entstehen, daß das Kreditinstitut das durch die Mindestreserve gebundene Kapital nicht zu einem höheren Zinssatz

---

Die Auslegung der in § 16 I BBankG a.F. beschriebenen Verbindlichkeiten war bereits Gegenstand eines gerichtlichen Verfahrens. Der Hess. VGH unterstrich in seinem Urteil, daß belastende Eingriffsregelungen eng auszulegen sind. Seien aber zwei Auslegungsmöglichkeiten denkbar, so sei derjenigen der Vorzug zu geben, die zu einem wirtschaftlich sinnvollen und zweckmäßigen Ergebnis führe. (Hess. VGH , WM 1986, 1312, 1313, vgl. auch BVerwG, WM 1997, S. 1138ff.). GRAMLICH, Soft Law, S. 164, gestand der Bundesbank bei der Interpretation des § 16 I BBankG eine gewisse Beurteilungsprärogative kraft Sachverstand zu.

[807] Vgl. nur EuGH, Rs. C-232/88, *Sermes/Directeur de service des douanes Strasbourg*, Slg. 1990, I-3027, Rdn. 33.; BORCHARDT, in: Lenz (Hrsg.), EGV-Kommentar, 2. Auflage, Art. 230 EG, Rdn. 77.

[808] Vgl. Teil II: C.IV.1.

[809] Siehe oben unter Teil III: A.II.3.a.)bb.)(1).

anlegen kann. Nach der Rechtsprechung des EuGH würde der Schaden unter den Posten des entgangenen Gewinns zu subsumieren sein[810].

Wie bereits hinsichtlich der Haftung wegen einer rechtswidrigen Mindestreserveverordnung erörtert wurde, ist der Schaden aufgrund des hoheitlichen Charakters der Mindestreservepolitik unmittelbar durch die Berechnung und Einforderung der Mindestreserve verursacht worden und damit kausal i.S.d. Art. 288 III EG[811].

Im Ergebnis ist in Bezug auf die Haftung der EZB für fehlerhafte Entscheidungen, die der Berechnung und Einforderung der Mindestreserve dienen, festzuhalten, daß eine Haftung im Einzelfall durchaus möglich erscheint. Insbesondere wenn Verbindlichkeiten in rechtswidriger Weise zur Berechnung des Mindestreservesolls herangezogen werden, ist eine Haftung denkbar. Dies hängt nicht zuletzt damit zusammen, daß die Berechnung und Einforderung einen Individualakt darstellt, den der EuGH erleichterten Anforderungen für eine Haftung unterwirft.

bb.) Haftung für Entscheidungen über die Verhängung von Sanktionen nach Art. 3 IV VO (EG) 2532/98

Schließlich ist die Entscheidung über die Verhängung von Sanktionen nach Art. 3 IV VO (EG) 2532/98 aufgrund ihrer Eingriffswirkung haftungsrelevant.

Anders als bei den vorangegangenen Untersuchungen ist vor einer Prüfung der Tatbestandsmerkmale ein Blick auf die Zulässigkeit einer derartigen Schadensersatzklage zu werfen. Der Klage könnte das Rechtsschutzbedürfnis fehlen, da als einfacherer Weg gegen die Sanktionsentscheidung Nichtigkeitsklage gem. Art. 230 IV EG vor dem EuGH erhoben werden könnte. Hat die Nichtigkeitsklage Erfolg, so erklärt der Gerichtshof die Entscheidung gem. Art. 231 EG für nichtig. Die Sanktionen werden aufgehoben und, soweit sie bereits vollzogen sind, rückgängig gemacht[812]. Das heißt, gezahlte Geldbußen werden zurückerstattet. Insofern sind die Schadensersatzklage nach Artt. 235, 288 III EG und die Nichtigkeitsklage nach Art. 230 EG auf dasselbe Ziel angelegt, da beide Klagearten auf die Zahlung eines Geldbetrages, nämlich die Rückzahlung der Geldbuße, gerichtet sind. Fraglich ist also, in welchem Verhältnis die Nichtigkeitsklage nach Art. 230 EG zur Schadensersatzklage nach Artt. 235, 288 III EG steht.

---

[810] Siehe oben unter Teil II: B.II.3.a.).
[811] Vgl. oben unter Teil III: A.II.3.a.)cc.).
[812] Für die Nichtigkeitsklage ergibt sich die Folgenbeseitigung aus Art. 233 EG.

Die Konkurrenz der Klagen hat der EuGH in seiner Rechtsprechung folgendermaßen aufgelöst: In einem ersten Schritt hat er die Schadensersatzklage nach Art. 235 i.V.m. 288 II EG zum selbständigen Rechtsbehelf erklärt. Das bedeutet, daß die Erhebung einer Nichtigkeitsklage nach Art. 230 EG nicht Voraussetzung für die Erhebung einer Schadensersatzklage ist. In einem zweiten Schritt hat der EuGH die Schadensersatzklage aber dann für unzulässig erklärt, wenn der Kläger versucht, im Wege der Schadensersatzklage die Anforderungen der Nichtigkeitsklage i.S.d. Art. 230 EG zu umgehen[813]. Die Schadensersatzklage ist demnach auf die Verfolgung echter Schadensersatzansprüche beschränkt[814].

Im vorliegenden Fall kann das Rechtsschutz suchende Kreditinstitut versucht sein, nach Ablauf der Anfechtungsfrist für die Sanktionsentscheidung von zwei Monaten (gem. Art. 230 V EG) eine Schadensersatzklage nach Art. 235 i.V.m. Art. 288 III EG anzustrengen, also die Nichtigkeitsklage zu umgehen. Geht es dem Kläger nur um die Rückgängigmachung der Sanktion, wird eine Schadensersatzklage als unzulässig abgewiesen werden[815].

Anders hingegen liegt der Fall dann, wenn das betroffene Kreditinstitut weitergehende Schäden geltend machen will. Hier ist die Schadensersatzklage nach Art. 288 III EG einschlägig. Inwieweit eine Haftung möglich ist, wird im folgenden untersucht.

Die Sanktionsentscheidung ist aufgrund der Zuständigkeit des Direktoriums nach Art. 3 IV VO (EG) 2532/98 als „Amtstätigkeit der EZB oder ihrer Bediensteten" zu qualifizieren.

Die Überprüfung der Rechtswidrigkeit der Sanktionsentscheidung richtet sich aufgrund ihres Individualcharakters nach dem einfachen Haftungsmodell für administratives Unrecht. Es genügt daher die bloße Verletzung einer Schutznorm[816]. Da es sich um eine Maßnahme mit Eingriffscharakter handelt, kommt als Schutznorm neben den gemeinschaftsrechtlichen Grundrechten auch der Grundsatz der Verhältnismäßigkeit, auf dessen Beachtung in Art. 2 II VO (EG) 2532/98 eigens hingewiesen wird, in Frage. So ist es beispielsweise eine Frage der Verhältnismäßigkeit, welchen Prozentsatz über dem Spitzenrefinanzierungssatz bezogen auf den Betrag der Mindestreserveunterschreitung das Kreditinstitut an die EZB zu zahlen hat[817] oder ob das Kreditinstitut vielmehr

---

[813] Ausführlich zum Verhältnis von Nichtigkeitsklage nach Art. 230 EG und Schadensersatzklage nach Art. 235 EG nachstehend unter Teil IV: C.I.

[814] OSSENBÜHL, Staatshaftungsrecht, S. 568.

[815] Zur Zuständigkeit der europäischen Gerichtsbarkeit siehe nachstehend unter Teil IV: A.

[816] Siehe hierzu unter Teil II: B.II.2.

[817] Der Höchstsatz beträgt 5 Prozentpunkte über dem Spitzenrefinanzierungssatz, siehe Art. 7 I lit.a VO (EG) 2531/98 (ABlEG L 318 vom 17.11.98, S. 1ff.). Der Rat hat ferner in Art. 2 VO (EG) 2532/98 Obergrenzen für Geldbußen festgelegt.

eine unverzinsliche Einlage vom bis zu Dreifachen des Betrags der Mindestreserveunterschreitung zu halten hat[818].

Als kausaler Schaden kann der Zinsverlust geltend gemacht werden, der dadurch entstanden ist, daß der betreffende Betrag dem Kreditinstitut nicht für seine Geschäfte zur Verfügung stand, sowie die Mehrkosten, die dadurch entstanden sind, daß sich das Kreditinstitut auf dem Geldmarkt refinanzieren mußte.

Schadensmindernd nimmt der EuGH auch in dieser Konstellation eine Vorteilsanrechnung vor, soweit das Kreditinstitut den Verlust an die Kunden tatsächlich weitergegeben hat bzw. es schuldhaft unterlassen hat, den Schaden auf sie abzuwälzen[819].

Die erforderliche Kausalität zwischen den oben genannten Schadenspositionen und der Sanktionsentscheidung ist unproblematisch gegeben, da die Sanktionsentscheidung eine direkte Eingriffswirkung hat.

Zusammenfassend ist besonders zu betonen, daß es sich bei der Sanktionsentscheidung um eine individuelle, exekutive Handlung handelt, die der Haftung der EZB nach Art. 288 III EG für administratives Unrecht unterliegt. Für ihre Rechtswidrigkeit ist daher lediglich die Verletzung einer Schutznorm erforderlich. Hierbei kommt vor allem die Verletzung des Grundsatzes der Verhältnismäßigkeit in Betracht. Der Erfolg einer Schadensersatzklage wegen einer rechtswidrigen Sanktionsverhängung ist deswegen nicht von vornherein auszuschließen. Die Schadensersatzklage wird jedoch häufig in einem Konkurrenzverhältnis zur Nichtigkeitsklage aus Art. 230 EG stehen. In dieser Situation ist zu beachten, daß die Schadensersatzklage auf die Geltendmachung echter Schadensersatzansprüche beschränkt ist. Geht es dem Kläger ausschließlich um die Rückgängigmachung der Sanktion, so ist die Erhebung der Schadensersatzklage aufgrund des fehlenden Rechtsschutzbedürfnisses unzulässig.

---

[818] Art. 7 lit.a VO (EG) 2531/98.

[819] Siehe dazu unter Teil II: B.II.2.

B. Handlungen der EZB im Bereich von TARGET

Mit der Untersuchung über die Haftung der EZB im Rahmen der Sicherstellung effektiver Zahlungssysteme gem. Art. 22 ESZB-Satzung mag ein bis heute wenig beleuchteter Aspekt in Angriff genommen werden. Ausschlaggebend für die folgende Untersuchung ist eine praktische Erwägung. Die Geldpolitik einer Zentralbank ist nur so effektiv wie das jeweilige Zahlungssystem leistungsfähig ist. Nur ein funktionierendes Zahlungssystem gewährleistet einen stabilen Finanzmarkt und im weiteren, daß die geldpolitischen Impulse über das gesamte Bankensystem gleichmäßig verbreitet und regional unterschiedliche Geldmarktsätze vermieden werden[820]. Man spricht deshalb auch von einem Leistungsdreieck, bestehend aus den Eckpunkten Stabilität der Finanzmärkte, effektive Geldpolitik und funktionierendes Zahlungsverkehrssystem[821].

Zahlungsverkehrssysteme bergen jedoch stets das Risiko, daß im Falle ihres Ausfalls Forderungen nicht rechtzeitig beglichen werden. Dies kann zu Schadensersatzforderungen führen, was im folgenden untersucht werden wird. Der besonders enge Zusammenhang zwischen einem effektiven Zahlungsverkehrssystem und der Geldpolitik wird auch aus der ESZB-Satzung deutlich, da die Vorschrift über die Zahlungssysteme (Art. 22 ESZB-Satzung) in das Kapitel über die geldpolitischen Instrumente integriert wurde[822].

I. *Allgemeine Charakteristika*

Am Beginn der Währungsunion mußte ein Zahlungssystem bereit stehen, das eine effektive Geldpolitik ermöglichen konnte und zugleich die Gewähr bot, stets verfügbar zu sein[823]. Zu diesem Zweck wurde TARGET, eine Abkürzung, die für Trans-European Automated Real-Time Gross Settlement Express Transfersystem steht, als ein europaweites Echt-Zeit Brutto Zahlungssystem geschaf-

---

[820] EZB, Monatsbericht, November 1999, S. 50; SCHNELTING, Europäische Zentralbank, S. 75; ZEITLER, ZfgK 1999, S. 432.

[821] Zu den Zusammenhängen von Geldpolitik, Finanzmarktstruktur und Zahlungsverkehrssystem siehe ausführlich HEINBÜCHER/SCHIEBER, Finanzmarktstrukturen, S. 326ff., 339.

[822] SMITS, in: GTE, Komm EUV/EGV, nach Art. 109m EG-Vertrag, Satzung ESZB und EZB, Art. 22, Rdn. 1.

[823] Vor Beginn der Währungsunion wurde der Zahlungsverkehr innerhalb der EU über Korrespondenzbankverbindungen, über konzerneigene Bankniederlassungen bzw. verschiedene private Zahlungssysteme abgewickelt. Vgl. DUDEN, Der Euro, S. 320.

fen[824]. TARGET stellt ein dezentrales Zahlungssystem dar. Es besteht aus den nationalen Systemkomponenten, den sogenannten RGTS[825], und einer Verbindungsstruktur. Die Verbindungsstruktur umfaßt ein Kommunikationsnetz und weitere Einrichtungen[826].

TARGET soll gerade der Abwicklung von grenzüberschreitenden Zahlungen im Zusammenhang mit geldpolitischen Geschäften dienen[827] sowie die Stabilität und Effizienz des grenzüberschreitenden Zahlungsverkehrs steigern[828]. Die Stabilität eines Zahlungsverkehrssystems läßt sich daran bemessen, ob die typischen Zahlungsverkehrsrisiken, wie das Liquiditäts-, Kredit- und Systemrisiko so weit wie möglich minimiert werden können. Diese Risiken treten bei Zahlungsunfähigkeit eines Teilnehmers auf. Der Zahlungsausfall eines Teilnehmers kann einen „Dominoeffekt" auslösen, so daß aufgrund des Verrechnungsmodus auch andere Teilnehmer zahlungsunfähig werden, was schließlich in einem Zusammenbruch des Zahlungsverkehrssystems enden kann[829].

Der EZB fällt die Aufgabe der Überwachung und des Testens des Systems zu[830]. So hat die EZB vor Beginn der Währungsunion eine Reihe von Simultantests durchgeführt, um sicherzustellen, daß das System den technischen Anforderungen genügt und den selbst gesetzten Leistungsstandards entspricht[831]. Ebenso umfassend wurde das TARGET System auf die Umstellung auf das Jahr 2000 vorbereitet[832].

Die Benutzung von TARGET steht den Kreditinstituten offen, die unter Art. 1 1. Spiegelstrich der Ersten Bankrechtskoordinierungsrichtlinie fallen, und anderen Unternehmen, die bestimmte Voraussetzungen erfüllen[833]. Eine Neuheit

---

[824] Unter Brutto-Zahlungssystem versteht man ein System, bei dem einzelne Zahlungen vor der Weiterleitung dem Zentralbankkonto des Auftraggebers belastet werden. Siehe ZEITLER, ZfgK 1999, S. 432; HARTENFELS, WM 1999, Beilage 1, S. 18.

[825] Die Abkürzung steht für Real-Time Gross Settlement System. Vgl. dazu Art. 1 der ECB-Guideline of 16 November 1998 on a Trans-European Automated Real-Time Gross Settlement Express Transfer System („TARGET"), ECB/1998/NP13 und Annex 1 (nicht veröffentlicht).

[826] SMITS, in: GTE, Komm EUV/EGV, nach Art. 109m EG-Vertrag, Satzung ESZB und EZB, Art. 22, Rdn. 15; DUDEN, Euro, S. 320f.; HARTENFELS, WM 1999, Beilage 1, S. 18.

[827] EZB, Monatsbericht, November, 1999, S. 51.

[828] EZB, Monatsbericht, November, 1999, S. 50; EWI, Jahresbericht 1994, S. 87.

[829] Ausführlich zu den Zahlungsverkehrsrisiken FRANKE, Notenbank und Finanzmärkte, S. 270.

[830] Vgl. Art. 7 der ECB-Guideline of 16 November 1998 (siehe Fn. 825); DEUTSCHE BUNDESBANK, Informationsbrief zur WWU, Nr. 8, Juli 1997, S. 6.

[831] EZB, Jahresbericht 1999, S. 83.

[832] EZB, TARGET – Facts, Figures, Future, S. 6.

[833] Vgl. Art. 3 lit.a der ECB-Guideline of 16 November 1998 (siehe Fn. 825).

gegenüber den früheren, auf das Gebiet eines Mitgliedstaates begrenzten Zahlungssystemen, die nur den Institutionen mit Sitz in dem jeweiligen Mitgliedstaat zur Verfügung standen, besteht darin, daß nach einem Beschluß der EZB vom 7. Juli 1998 auch nationale Zentralbanken und Kreditinstitute, deren Sitz außerhalb der Währungsunion liegt, unter bestimmten Bedingungen an TARGET teilnehmen können[834]. Die Konditionen sind in einer Vereinbarung zwischen der EZB und allen mitgliedstaatlichen Zentralbanken, also auch denjenigen, die nicht an der Währungsunion teilnehmen, geregelt[835]. Für die Nutzung erheben die EZB und die nationalen Zentralbanken Gebühren[836].

II. Rechtsnatur

Um im weiteren Verlauf auf die Haftung der EZB nach Art. 288 III EG im Zusammenhang mit TARGET eingehen zu können, muß vorweg die Rechtsnatur der Bereitstellung von TARGET untersucht werden, da, wie bereits in der Untersuchung der Haftung der EZB für fehlerhafte geldpolitische Geschäfte ersichtlich wurde, von der Rechtsnatur der Handlung die Einordnung in die Kategorie des normativen bzw. administrativen Unrechts abhängt.

Bereits Art. 105 II 4. Spiegelstrich EG, Art. 3.1 4. Spiegelstrich ESZB-Satzung weist dem ESZB die grundlegende Aufgabe zu, „das reibungslose Funktionieren der Zahlungssysteme zu fördern", ohne dabei eine konkrete Zuständigkeit, sei es der EZB oder der nationalen Zentralbanken, vorzusehen. Erst Art. 22 ESZB-Satzung gibt der EZB und gleichermaßen den nationalen Zentralbanken die Befugnis, „effiziente und zuverlässige Verrechnungs- und Zahlungssysteme" zur Verfügung zu stellen[837].

Aus Art. 22 ESZB-Satzung, insbesondere aus dem Wort „gewährleisten", ergibt sich bereits, daß der EZB die Aufsicht über ein europaweites Zahlungsverkehrssystem zukommt. Aufsichtstätigkeiten der gemeinschaftsrechtlichen Organe und Einrichtungen sind dem EG-Vertrag nicht fremd. Insbesondere für die Kommission stellt die Aufsicht nach Art. 211 1. Spiegelstrich EG eine Hauptaufgabe dar. Die Aufsichtstätigkeit ist dem administrativen Bereich zuzu-

---

[834] Quelle: DEUTSCHE BUNDESBANK, Auszüge, Nr. 42/1998, S. 9. Die rechtliche Handhabe hierzu gibt Art. 22 ESZB-Satzung a.E. Vgl. auch EZB, Third Progress Report, S. 3.

[835] Agreement of 1 December 1998 of a Trans-European Automated Real-Time Gross Settlement Express Transfer System („TARGET"; nicht veröffentlicht) .

[836] EZB, Third Progress Report, S. 7ff.; Art. 3 lit.e der ECB-Guideline of 16 November 1998 (siehe Fn. 825).

[837] SMITS, in: GTE, Komm EUV/EGV, nach Art. 109m EG-Vertrag, Satzung ESZB und EZB, Art. 22 , Rdn. 2.

ordnen[838]. Aufgrund der Vielschichtigkeit der Anforderungen an eine effektive Aufsicht hängt die konkrete Handlungsform vom Einzelfall ab. In Betracht kommen Rechtsakte wie Empfehlungen, Stellungnahmen oder Entscheidungen i.S.d. Art. 249 EG sowie Realakte.

In Art. 22 ESZB-Satzung wird der EZB-Rat zudem ermächtigt, Verordnungen zu erlassen. Diese Verordnungen sind in Art. 110 I 1. Spiegelstrich EG, Art. 34.1 1. Spiegelstrich ESZB-Satzung explizit genannt und stellen damit gemeinschaftsrechtliche Verordnungen i.S.d. Art. 249 EG dar. Soweit ersichtlich ist, hat der EZB-Rat von der Verordnungsermächtigung bisher keinen Gebrauch gemacht.

Den rechtlichen Unterbau des Zahlungssystems bilden derzeit vielmehr eine EZB-Leitlinie, die an die nationalen Zentralbanken gerichtet ist[839], und eine TARGET-Vereinbarung zwischen der EZB und allen nationalen Zentralbanken, also auch denjenigen, die nicht an der Währungsunion teilnehmen[840]. Die Rechtsnatur der TARGET-Leitlinie richtet sich nach Art. 14.3 S. 1 ESZB-Satzung. Da sie an die nationalen Zentralbanken gerichtet ist, handelt es sich um eine EZB-Leitlinie des ESZB-Binnenrechts. Inhaltlich beschränkt sie sich auf die Festlegung einer grundsätzlichen Linie, ohne detaillierte Vorgaben zu treffen. Es handelt sich um vom Einzelfall losgelöste, generelle Regelungen, die den nationalen Zentralbanken ein Durchführungsermessen belassen.

Die Bestimmung der Rechtsnatur der TARGET-Vereinbarung zwischen der EZB und den nationalen Zentralbanken ist komplexer, da sowohl Zentralbanken beteiligt sind, die an der Währungsunion teilnehmen, als auch solche, die nicht an der Währungsunion teilnehmen. Während in Bezug auf die erstere Gruppe eine Einordnung als Inter-Organ Abkommen in Betracht kommt[841], könnte es sich in Bezug auf die zweite Gruppe um ein völkerrechtliches Abkommen handeln[842]. Ebenso wie die EZB-Leitlinie enthält sie abstrakt-generelle Regelungen.

Von diesen hoheitlichen, die Konstituierung von TARGET betreffenden Rechtsakten zu unterscheiden sind die rechtlichen Implikationen der tatsächlichen Nutzung von TARGET durch die Geschäftspartner. Die Nutzung von

---

838 Vgl. nur VON BOGDANDY, in: Grabitz/Hilf, EGV, Archiv-Bd. 2, Art. 215 EG-Vertrag, Rdn. 79; OSSENBÜHL, Staatshaftungsrecht, S. 582ff.; RUFFERT, in: Calliess/Ruffert, EUV/EGV, Art. 288 EG, Rdn. 10; a.A. HUMMER, in: Grabitz/Hilf, EGV, Archiv-Bd. 2, Art. 155 EG-Vertrag, Rdn. 11f.

839 ECB-Guideline of 16 November 1998 (siehe Fn. 825).

840 Agreement of 1 December 1998 on a Trans-European Automated Real-Time Gross Settlement Express Transfer System („TARGET“; siehe Fn. 835).

841 Zum Begriff des Inter-Organ Abkommens siehe Hahn, Währungsrecht, § 15, Rdn. 2.

842 So jedenfalls die Definition von ZILIOLI/SELMAYR, CMLR 36 (1999), S. 284f. für das zwischen der EZB und den nationalen Zentralbanken geschlossene Abkommen zum EWS II.

TARGET ist vertraglich zwischen den Zentralbanken und den Geschäftspartnern geregelt. Inhalt dieser Vereinbarungen können beispielsweise Zahlungsmodalitäten sein[843].

III. Haftung der EZB nach Art. 288 III EG

Nach der Klärung der verschiedenen Rechtsakte, die im Zusammenhang mit der Bereitstellung von TARGET nach Art. 22 ESZB-Satzung vorkommen können, ist im Weiteren zu untersuchen, inwieweit die EZB im Falle ihrer Rechtswidrigkeit zu haften hat.

Nicht untersucht werden sollen Haftungsfragen im Zusammenhang mit den Nutzungsverträgen, da sie der Regelung des Art. 288 I EG unterliegen. Ebenso soll die Vereinbarung zwischen der EZB und den nationalen Zentralbanken von einer Untersuchung ausgenommen werden. Zum einen inkorporiert sie die EZB-Leitlinie und zum anderen trifft sie spezielle Regelungen für die nationalen Zentralbanken, die nicht an der Währungsunion teilnehmen. Damit würde eine Untersuchung der Vereinbarung wenig interessante Ergebnisse liefern. Vielmehr soll auf die Haftung der EZB nach Art. 288 III EG wegen einer fehlerhaften TARGET-Leitlinie, wegen fehlerhafter TARGET-Verordnungen und wegen Aufsichtsverschuldens eingegangen werden.

1. Haftung für eine fehlerhafte TARGET-Leitlinie

Eine Haftung der EZB für eine fehlerhafte TARGET-Leitlinie könnte bereits am ersten Tatbestandsmerkmal, der „Amtstätigkeit der EZB oder ihrer Bediensteten" scheitern. Zwar ist der Erlaß als eine Handlung des EZB-Rates nach Art. 12.1 UAbs.1 ESZB-Satzung der EZB zurechenbar. Fraglich ist jedoch, ob es sich um eine „Amtstätigkeit" i.S.d. Art. 288 III EG handelt. Zweifel müssen insbesondere an der für eine haftungsauslösende „Amtstätigkeit" erforderlichen Außenrechtswirkung der Handlung bestehen[844].

Bei der TARGET-Leitlinie handelt es sich um ESZB-Binnenrecht[845]. Die Adressaten sind damit nicht die Nutzer von TARGET, die als potentielle Kläger auftreten könnten, sondern die nationalen Zentralbanken. Indes kommt es bei

---

[843] SMITS, in: GTE, Komm EUV/EGV, nach Art. 109m EG-Vertrag, Satzung ESZB und EZB, Art. 22 , Rdn. 7ff.

[844] Siehe dazu unter Teil II: B.II.1.d.).

[845] Siehe dazu unter Teil III: B.II.

der Frage der Außenrechtswirkung nicht auf die Rechtsnatur der Handlung an[846]. Es ist also unerheblich, ob es sich um ESZB-Binnenrecht handelt. Entscheidend ist vielmehr, ob sich die TARGET-Leitlinie unmittelbar auf die Rechts- und Interessenlage der Kreditinstitute auswirken würde[847]. Dies ist jedoch dann zu verneinen, wenn den ausführenden Stellen bei der Durchführung des Rechtsaktes ein Ermessen verbleibt[848].

Ob den nationalen Zentralbanken beim Vollzug der TARGET-Leitlinie ein Ermessen zusteht, hängt von der konkreten Ausgestaltung der Leitlinie ab. Die zum jetzigen Zeitpunkt geltende TARGET-Leitlinie gibt den nationalen Zentralbanken jedenfalls in vielen Fällen nur einen Rahmen vor, der ihnen ein Vollzugsermessen einräumt. Sie wirkt sich damit zumeist nicht unmittelbar auf die Rechts- und Interessenlage der Nutzer aus. Eine Außenrechtswirkung der TARGET-Leitlinie ist mithin zu verneinen[849].

Es ist also davon auszugehen, daß für eine Haftung der EZB nach Art. 288 III EG wegen einer fehlerhaften TARGET-Leitlinie bereits eine „Amtstätigkeit der EZB oder ihrer Bediensteten" zu verneinen ist.

2. Haftung für fehlerhafte Verordnungen nach Art. 22 ESZB-Satzung

Gem. Art. 22 ESZB-Satzung liegt die Befugnis, Verordnungen im Sachbereich der Zahlungsverkehrssysteme zu erlassen, bei der EZB. Auch wenn derzeit keine Verordnung im Bereich von TARGET ergangen ist, ist nicht ausgeschlossen, daß die EZB in der Zukunft von der Ermächtigung Gebrauch macht. Deswegen ist auch diese Verordnungskompetenz haftungsrechtlich zu untersuchen.

Die Voraussetzung der „Amtstätigkeit der EZB oder ihrer Bediensteten" ist in diesem Fall unproblematisch zu bejahen. Da es sich bei Erlaß von Verordnungen um Grundsatzentscheidungen handelt, ist gem. Art. 12.1 UAbs.1 ESZB-Satzung

---

[846] Vgl. BOOß, in: Grabitz/Hilf, EGV, Band 1, Art. 230 EG, Rdn. 16; CREMER, in: Calliess/Ruffert, EUV/EGV, Art. 230 EG, Rdn. 18; HETMEIER, in: Lenz (Hrsg.), EGV-Kommentar, 2. Auflage, Art. 249 EG, Rdn. 3.

[847] So GA ROEMER, Schlußanträge, verb. Rs. 8 bis 11/66, *Cimenteries/Kommission*, Slg. 1967, S. 99, 138, der darauf abstellt, ob die „Rechtswirkungen geeignet sind, erhebliche Interessen zu beeinträchtigen"; HETMEIER, in: Lenz (Hrsg.), EGV-Kommentar, 2. Auflage, Art. 249 EG, Rdn. 16.

[848] Vgl. EuGH, Rs. 222/83, *Gemeinde Differdange/Kommission*, Slg. 1984, S. 2889, Rdn. 12; WEBER, Kompetenzverteilung, S. 158f.

[849] So auch unter Zugrundelegung allgemeiner Erwägungen WEBER, Kompetenzverteilung, S. 158f.

der EZB-Rat zuständig. Es liegt damit eine Organhandlung vor, die der EZB zuzurechnen ist. Ebenso ist eine „Amtstätigkeit“ zu bejahen, da bei Erlaß einer derartigen Verordnung ein Verhalten der EZB mit Außenrechtswirkung vorliegt.

Die Anforderungen an die Rechtswidrigkeit bemessen sich danach, ob der Rechtsakt dem Bereich des normativen Unrechts zuzuordnen ist. Dies ist zu bejahen, wenn es sich um einen Rechtsetzungsakt, also um eine Maßnahme mit abstrakt-generellem Regelungsgehalt handelt, der auf einem Rechtsetzungsgebiet erlassen wird, das durch ein „unerläßlich weites Ermessen“ gekennzeichnet ist[850]. Die Verordnungen im Zusammenhang mit Zahlungsverkehrssystemen werden in der Regel vom Einzelfall losgelöste allgemeine Anordnungen treffen, also abstrakt-generelle Regelungen enthalten. Sie sind damit Rechtsetzungsakte. Angesichts der Komplexität der Regelungsmaterie wird das Regelungsgebiet zudem durch ein „unerläßlich weites“ Ermessen gekennzeichnet.

Mithin unterfallen Verordnungen nach Art. 22 ESZB-Satzung der Haftung für normatives Unrecht. Sie sind nur rechtswidrig, wenn sie eine höherrangige Schutznorm hinreichend qualifiziert verletzen[851].

Um einen Kreis derartiger Schutznormen herauszuarbeiten, ist es notwendig, die inhaltliche Reichweite der Verordnungskompetenz abzustecken. Hierbei ist zwischen dem sachlichen und persönlichen Anwendungsbereich zu unterscheiden.

Regelungsadressaten können nur die an TARGET teilnehmenden Rechtssubjekte sein, die einem an der Währungsunion teilnehmenden Mitgliedstaat angehören. Hingegen reicht die Regelungsbefugnis nicht aus, um auch Rechtssubjekte mit Sitz in einem an der Währungsunion nicht teilnehmenden Mitgliedstaat rechtlich zu binden. Dies ergibt sich aus Art. 43.1 und Art. 43.3 ESZB-Satzung[852].

In sachlicher Hinsicht gebietet es der Sachzusammenhang, daß die EZB befugt ist, Voraussetzungen hinsichtlich der Teilnahme an Verrechnungs- und Zahlungssystemen zu normieren. Das schließt Regelungen über die Erhebung von Kosten, Sanktionsbestimmungen, wie beispielsweise Strafzinsen oder der Ausschluß von der Benutzung, u.ä. mit ein.

Eine andere Frage ist, ob die EZB auch regelnd gegenüber Betreibern anderer Zahlungs- und Verrechnungssysteme tätig werden kann. Dem könnte der Rechtsgedanke des Art. 20 ESZB-Satzung entgegenstehen, der besagt, daß die

---

850 Siehe dazu unter Teil II: C.IV.

851 Siehe dazu unter Teil II: C.IV.

852 SMITS, European Central Bank, S. 306. Dies ist aber kein Grund, die Teilnahme an TARGET solchen Rechtssubjekten generell zu verwehren. Es muß lediglich eine andere Rechtsform gewählt werden. Siehe SMITS, European Central Bank, S. 302f.

EZB nicht ohne weiteres Verpflichtungen gegenüber Dritten begründen darf. Wie SMITS richtig anmerkt, wäre jedoch unter Zugrundelegung des Art. 20 ESZB-Satzung die Verordnungsbefugnis in Art. 22 ESZB-Satzung ihres Sinns beraubt. Gerade der Zweck von TARGET, die Einheitlichkeit der Geldpolitik zu sichern, indem die geldpolitischen Impulse gleichmäßig über die an der Währungsunion teilnehmenden Mitgliedstaaten verbreitetet werden sollen[853], kann es erfordern, daß den Betreibern anderer Zahlungssysteme Pflichten auferlegt werden müssen[854]. Dieses Ergebnis wird auch durch die Entstehungsgeschichte der Norm gestützt. Im Satzungsentwurf der Zentralbankpräsidenten fehlte eine Regelung wie Art. 20 ESZB-Satzung. Das bedeutete, daß der ECOFIN-Rat bei keiner Handlung der EZB, selbst wenn sie Verpflichtungen für Dritte mit sich bringen würde, zu beteiligen gewesen wäre[855]. Dem Vorschlag der Zentralbankpräsidenten, lag die Vorstellung zugrunde, daß die Arbeit der EZB völlig frei von politischem Einfluß erfolgen sollte. Erst auf der Regierungskonferenz, in deren Verlauf der Vertrag von Maastricht beschlossen wurde, findet sich in Art. 20 ESZB-Satzung eine derartige Beteiligung[856]. Allerdings wurde die Beteiligung nur in einigen wenigen Fällen in die Satzung eingefügt[857]. Sie stellt damit eine Ausnahme dar. Von einem allgemeinen Prinzip kann daher nicht gesprochen werden. Art. 22 ESZB-Satzung ist folglich so auszulegen, daß der EZB-Rat in seinen Verordnungen auch Verpflichtungen gegenüber den Betreibern anderer Zahlungsverkehrssysteme vornehmen kann[858].

Angesichts dieses weiten sachlichen Anwendungsbereichs ist es kaum möglich, auf alle in Frage kommenden Rechtsverstöße einzugehen und damit entsprechende Schutznormverletzungen aufzuzeigen. Erschwerend tritt der Umstand hinzu, daß keine TARGET-Verordnung besteht, die Anhaltspunkte liefern könnte. Deshalb sollen lediglich zwei spezifische Aspekte herausgegriffen und anhand dieser untersucht werden, inwiefern eine hinreichend qualifizierte Schutznormverletzung in Betracht kommen könnte.

Da der EZB-Rat, wie gesehen, auch Regelungen bezüglich privatwirtschaftlicher Betreiber von Verrechnungs- und Zahlungsverkehrssystemen erlassen kann, könnte er versucht sein, in diesem Bereich umfassend rechtsharmonisie-

---

[853] Siehe dazu unter Teil III: B.I

[854] SMITS, European Central Bank, S. 304f.

[855] Quelle des Satzungsentwurfs: KRÄGENAU/WETTER, Europäische Wirtschafts- und Währungsunion, S. 212.

[856] Vgl. KRÄGENAU/WETTER, Europäische Wirtschafts- und Währungsunion, S. 281.

[857] So in Artt. 5.4, 19.2 und 20 ESZB-Satzung.

[858] Vgl. auch SMITS, in: GTE, Komm EUV/EGV, nach Art. 109m EG-Vertrag, Satzung ESZB und EZB, Art. 22, Rdn. 19ff.

rend tätig zu werden[859]. Der EZB-Rat gerät dann in Konflikt mit der Richtlinienkompetenz des Rates aus Artt. 94, 95 EG, die Rechts- und Verwaltungsvorschriften der Mitgliedstaaten, soweit sie für die Errichtung und das Funktionieren des Binnenmarktes relevant sind, angleichen zu können[860]. Der Erlaß einer TARGET-Verordnung könnte damit wegen Unzuständigkeit rechtswidrig sein. Haftungsrechtlich ist dieser Konfliktfall allerdings irrelevant, da Kompetenzvorschriften keine Schutznormen darstellen. Sie dienen ausschließlich dem Erhalt des vom EG-Vertrag vorgesehenen institutionellen Gleichgewichts und nicht dem Schutz von Individualinteressen[861]. Damit scheidet eine Schutznormverletzung insoweit aus.

Anders stellt sich die Situation bezüglich der Regelungen dar, die die Entgeltstruktur für die Benutzung von TARGET zum Inhalt haben[862]. Diese müssen sich aufgrund der umfassenden Bindung der EZB an die gemeinschaftsrechtlichen Grundrechte[863] sowohl am allgemeinen Gleichheitssatz als auch am Grundsatz der Verhältnismäßigkeit messen lassen[864]. Verstöße gegen diese drittschützenden Normen sind geeignet, die Haftung auszulösen, sofern sie hinreichend qualifiziert sind. Die hinreichend qualifizierte Verletzung macht der EuGH an einem Strauß von Kriterien, wie der Schwere des Rechtsverstoßes, der Zahl der Betroffenen und der Höhe des Schadens fest[865]. Unter dieser engen Voraussetzung wird es dem Kläger schwerlich gelingen, die Rechtswidrigkeit einer Verordnung i.S.d. Art. 22 ESZB-Satzung feststellen zu lassen.

Zusammenfassend läßt sich sagen, daß sich konkretere Ausführungen über eine Haftung der EZB erst im Zusammenhang mit einer existierenden Verordnung machen lassen. Dennoch muß man bereits zu diesem Zeitpunkt feststellen, daß auch Verordnungen, die auf der Ermächtigung des Art. 22 ESZB-Satzung basieren, der strikten Haftungsanforderung für normatives Unrecht unterliegen.

---

859 SMITS, European Central Bank, S. 305.

860 KELLER, WM 2000, S. 1270, Fn. 15; SMITS, European Central Bank, S. 305. So hat der Europäische Rat in Zusammenarbeit mit dem Europäischen Parlament die Richtlinie (EG) 97/5 (ABlEG L 43 vom 14.2.1997, S. 25) den grenzüberschreitenden Zahlungsverkehr betreffend und Richtlinie (EG) 98/26 (ABlEG L 166 vom 19.5.1998, S. 45) erlassen.

861 Vgl. nur EuGH, Rs. C-282/90, *Vreugdenhil/Kommission*, Slg. 1992, I-1937, Rdn. 20f.; siehe auch unter Teil II: C.IV.6.

862 Siehe zu den augenblicklich geltenden Entgelten EZB, Monatsbericht, November 1999, S. 51.

863 Zur Bindung der EZB an die gemeinschaftsrechtlichen Grundrechte siehe oben unter Teil II: C.IV.4.

864 Vgl. dazu Art. 3 lit.c der ECB-Guideline of 16 November 1998 (siehe Fn. 825).

865 Ausführlich zur Voraussetzung der „hinreichend qualifizierten Verletzung einer höherrangigen Schutznorm“ siehe oben unter Teil II: C.IV.

Sie lösen damit nur dann die Haftung nach Art. 288 III EG aus, wenn eine „hinreichend qualifizierte Verletzung einer Schutznorm" gegeben ist. Als Schutznormen kommen insbesondere der gemeinschaftsrechtliche allgemeine Gleichheitssatz und der Grundsatz der Verhältnismäßigkeit in Betracht. Die Verurteilung der EZB zur Haftung nach Art. 288 III EG ist daher wenig wahrscheinlich.

3. Haftung für ungenügendes Überwachen und Testen des TARGET-Systems

Da der EZB im Rahmen des Zahlungsverkehrssystems TARGET gem. Art. 22 ESZB-Satzung die Aufgabe zukommt, das System zu überwachen und zu testen, soll im Weiteren eventuellen Haftungsmöglichkeiten für diese Tätigkeiten nachgegangen werden.

a.) Amtstätigkeit der EZB oder ihrer Bediensteten

Die Aufgabe, effiziente und zuverlässige Verrechnungs- und Zahlungssysteme zu gewährleisten, müßte zunächst eine „Amtstätigkeit der EZB oder ihrer Bediensteten" darstellen. Art. 22 ESZB-Satzung überträgt diese Aufgabe der EZB als solcher, ohne sich an ein bestimmtes Organ zu wenden. Da es sich in diesem Bereich überwiegend um ausführende Maßnahmen handelt, ist nach der Grundsatznorm des Art. 12.1 UAbs.2 ESZB-Satzung das Direktorium zuständig[866].

Eine „Amtstätigkeit" könnte aber dann zu verneinen sein, wenn die ordnungsgemäße Überwachung des Systems eine vertragliche Pflicht darstellt, die sich aus dem zwischen der EZB und den Geschäftspartnern geschlossenen Nutzungsvertrag ergibt.

Gegen eine solche Annahme könnte sprechen, daß bereits Art. 22 ESZB-Satzung der EZB die Aufgabe zuweist, das System zu überwachen, der Vertragstext mithin von einer hoheitlichen Aufgabe ausgeht.

Weiterhin sprechen Erwägungen des Rechtsschutzes gegen die Qualifizierung als vertragliche Pflicht. Die Überwachung als vertragliche Pflicht einzuordnen würde hinsichtlich ihrer gerichtlichen Kontrolle zu sachfremden Ergebnissen führen. Sie wäre aufgesplittet. Die Kontrolle der Geldpolitik würde der gemeinschaftsrechtlichen Gerichtsbarkeit obliegen, hingegen würde für die Kontrolle

[866] Vgl. dazu Art. 7 der ECB-Guideline of 16 November 1998 (siehe Fn. 825).

einer sachgerechten Überwachung des Zahlungsverkehrssystems nach Art. 288 I EG die mitgliedstaatliche Gerichtsbarkeit zuständig sein. Eine derartige Aufspaltung wäre nicht nur dem Grundsatz des effektiven Rechtsschutzes abträglich, sondern könnte sich auch negativ auf das Leistungsdreieck von Geldpolitik, Zahlungsverkehrssystem und Finanzmärkten auswirken[867]. Die Vereinigung der Aufgabenbereiche Geldpolitik und Bereitstellung von Zahlungsverkehrssystemen bei der Zentralbank sollte gerade eine Politik aus einem Guß gewährleisten. Ausdruck der besonderen Bedeutung dieser Zusammenführung ist die Nennung beider Komplexe als Hauptaufgaben der EZB im gleichen Artikel (Art. 105 II EG; Art. 3.1 ESZB-Satzung)[868]. Dieser von den Vertragsparteien gewollte Verbund sollte nicht durch eine unterschiedliche Behandlung im Bereich der gerichtlichen Kontrolle auseinandergerissen werden.

Die Aufgabe der EZB, die von ihr errichteten Zahlungsverkehrssysteme zu überwachen und zu testen, ist daher als hoheitliche Aufgabe und mithin als „Amtstätigkeit der EZB oder ihrer Bediensteten" i.S.d. Art. 288 III EG zu qualifizieren.

b.) Rechtswidrigkeit

Bei der Aufgabe der EZB, TARGET zu überwachen und zu testen, handelt es sich typischerweise um eine Aufsichtsaufgabe. Zur Haftung der EG für eine Verletzung von Aufsichtspflichten nach Art. 288 II EG hat der EuGH bereits Stellung genommen[869]. Er hat sie stets als administrative Aufgabe angesehen[870]. Die Aufsicht der EZB über TARGET unterliegt damit den Regelungen über administratives Unrecht. Für die Bejahung der Rechtswidrigkeit genügt daher die bloße Verletzung einer Schutznorm[871].

Bevor man sich der Frage einer Schutznormverletzung zuwenden kann, ist vorweg ein anderer Gesichtspunkt klärungsbedürftig. Im Zusammenhang mit der Verletzung von Aufsichtspflichten handelt es sich im Regelfall um eine Un-

---

[867] Zu den Zusammenhängen von Geldpolitik, Finanzmarktstruktur und Zahlungsverkehrssystem siehe HEINBÜCHER/SCHIEBER, Finanzmarktstrukturen, S. 326ff., 339.

[868] Auch in § 3 BBankG a.F. war die Aufgabe für die bankmäßige Abwicklung des Zahlungsverkehrs neben der der Währungssicherung normiert. Vgl. HEINBÜCHER/SCHIEBER, Finanzmarktstrukturen, S. 333.

[869] Der Schwerpunkt der vom EuGH gefällten Urteile lag im Bereich des Aufsichtsverfahrens der Kommission nach Art. 226 EG. Siehe nur EuGH, Rs. 4/69, *Lütticke/Kommission*, Slg. 1971, S. 325; EuGH, C-72/90, *Asia Motor France/Kommission*, Slg. 1990, I-2181.

[870] OSSENBÜHL, Staatshaftungsrecht, S. 583ff.

[871] Siehe dazu unter Teil II: B.II.2.

terlassung, die nur zu einer Haftung führt, wenn eine Pflicht zur Aufsicht besteht[872]. Es ist also zu prüfen, ob die EZB verpflichtet ist, TARGET zu überwachen. Aus Art. 3.1 4. Spiegelstrich ESZB-Satzung geht hervor, daß das ESZB das reibungslose Funktionieren der Zahlungssysteme „fördern" soll. Hingegen spricht Art. 22 ESZB-Satzung von „gewährleisten". Da der Begriff „fördern" jedenfalls keine Aufsichtspflicht impliziert, ist fraglich, auf welche der beiden Normen abzustellen ist[873]. Für eine Lösung kann vor allem die Systematik der ESZB-Satzung Aufschluß geben. Danach beschreibt Art. 3.1 ESZB-Satzung allgemein die Aufgaben des ESZB, ohne bereits konkrete Befugnisse zu verleihen bzw. Instrumente bereit zu stellen[874]. Dies geschieht erst in den einzelnen Kapiteln. Art. 22 ESZB-Satzung spezifiziert im IV. Kapitel die allgemeine Aufgabe in Art. 3.1 4. Spiegelstrich ESZB-Satzung. Nur Art. 22 ESZB-Satzung stellt eine Befugnisnorm dar. Folglich ist bei der Untersuchung, ob eine Überwachungspflicht besteht, der speziellere Art. 22 ESZB-Satzung heranzuziehen. Aus dem Wortsinn des Begriffs „gewährleisten" in Art. 22 ESZB-Satzung ergibt sich schließlich eine Verpflichtung der EZB zur Aufsicht. Daran ändert auch das vorangehende Wort „kann" nichts. Dieses bezieht sich nämlich nur auf die Frage des „ob" einer Errichtung effektiver Zahlungssysteme. Festzuhalten ist mithin, daß die EZB verpflichtet ist, das TARGET-System zu überwachen[875]. Eine Unterlassung der Aufsicht kann also zur Rechtswidrigkeit führen, wenn eine Schutznormverletzung vorliegt.

Als Schutznorm kommt Art. 22 ESZB-Satzung selbst in Betracht, wenn er neben allgemeinen Interessen auch dem Schutz von Individualinteressen zu dienen bestimmt ist[876]. Auch wenn der EuGH keine hohen Anforderungen an den Schutznormcharakter einer Norm stellt, so ist doch bei einer Untersuchung auf

---

[872] EuGH, Rs. C-146/91, *KYDEP/Rat und Kommission*, Slg. 1994, I-4199, Rdn. 58; EuG, Rs. T-113/96, *Dubois fils/Rat und Kommission*, Slg. 1998, II-125, Rdn. 56; OSSENBÜHL, Staatshaftungsrecht, S. 582; RUFFERT, in: Calliess/Ruffert, EUV/EGV, Art. 288 EG, Rdn. 10.

[873] Auch im englischen Text der Satzung des ESZB findet sich dieser Unterschied. In Art. 3.1 4.Spiegelstrich ESZB-Satzung wird das Wort „promote", in Art. 22 ESZB-Satzung „ensure" verwendet. Quelle: COUNCIL OF THE EC/COMMISSION OF THE EC, Treaty on European Union, S. 149, 158.

[874] SMITS, in: GTE, Komm EUV/EGV, nach Art. 109m EG-Vertrag, Satzung ESZB und EZB, Art. 3, Rdn. 1ff.

[875] Die Rechtsprechung des EuGH bezüglich einer Verpflichtung, Aufsichtsmaßnahmen zu ergreifen ist uneinheitlich. Im Rahmen des Aufsichtsverfahrens nach Art. 226 EG verneinte der EuGH eine Verpflichtung (vgl. EuGH, Rs. C-87/89, *SONITO/Kommission*, Slg. 1990, I-1981, Rdn. 17). Anders sah er dies im Beihilfenrecht im Rahmen des Art. 88 II EG (vgl. EuGH, Rs. 40/75, *Société des Produit Bertrand/Kommission*, Slg. 1976, S. 1.). Siehe dazu BERGER, Einrichtungen, S. 155.

[876] Siehe hierzu oben unter Teil II: B.II.2.b.)aa.).

den Zweck der Haftungseinschränkung abzustellen. Der Bürger soll in eine engere Rechtsbeziehung zum handelnden Organ treten als die Allgemeinheit[877].

Das Zahlungsverkehrssystem bezweckt nach der Vorstellung des Urhebers, der EZB, die reibungslose Umsetzung der Geldpolitik sowie die Stabilität und Effizienz des grenzüberschreitenden Zahlungsverkehrs[878]. Damit nutzt die EZB TARGET in erster Linie dazu, ihrer Verpflichtung auf das Ziel der Preisstabilität gerecht zu werden. Insofern dient TARGET ausschließlich dem Allgemeinwohl und weist keinen Schutznormcharakter auf[879]. In zweiter Linie aber soll das TARGET-System zur Stabilität und Effizienz des grenzüberschreitenden Zahlungsverkehrs in der Europäischen Union beitragen[880]. TARGET soll dabei die bekannten Zahlungsverkehrsrisiken minimieren und für stabile Finanzmärkte sorgen. Insbesondere sollen „Dominoeffekte" vermieden werden, die dadurch entstehen, daß ein Teilnehmer zahlungsunfähig wird und infolgedessen der gesamte Zahlungsverkehr zusammenbricht[881]. Dies kann gravierende finanzielle Folgen für die übrigen Teilnehmer haben. Der zweite Zweck steht also im besonderen Interesse der TARGET-Nutzer. Diese werden also nicht nur als unselbständiger Teil der Allgemeinheit vom Schutz der Aufsicht erfaßt, sondern die Aufsicht dient gerade auch ihren Interessen.

Damit dient die Überwachung und das Testen des Systems nach Art. 22 ESZB-Satzung auch dem Interesse der Kreditinstitute. Art. 22 ESZB-Satzung ist insofern eine Schutznorm.

Um schließlich eine Verletzung der in Art. 22 ESZB-Satzung festgelegten Aufsichtspflicht bejahen zu können, ist ihr Umfang zu klären. Erstmals in Art. 22 ESZB-Satzung wird im EG-Recht einer gemeinschaftsrechtlichen Einrichtung die Aufsicht über technische Einrichtungen übertragen. Es gibt daher keine Anhaltspunkte aus anderen gemeinschaftsrechtlichen Bereichen, die über den Umfang Aufschluß geben könnten. Da es sich bei TARGET um ein hochtechnisiertes Computersystem handelt, muß sich der Umfang der Aufsichtspflicht jedenfalls am Stand der Technik messen lassen. Die Aufsicht muß sich

[877] Vgl. nur GILSDORF/OLIVER, in: GTE, Komm EUV/EGV, Art. 215 EG-Vertrag, Rdn. 38; REINISCH, EuZW 2000, S. 45.

[878] EZB, Monatsbericht, November 1999, S. 50; LOUIS, in: Louis/Séché (Hrsg.), Commentaire Mégret, Bd. 6, S. 90.

[879] Zum Schutznormcharakter der Verpflichtung auf die Preisstabilität siehe oben unter Teil II: C.IV.2.

[880] EZB, Monatsbericht, November 1999, S. 50.

[881] EZB, Monatsbericht, November 1999, S. 50; ZEITLER, ZfgK 1999, S. 434; SMITS, European Central Bank, S. 298.

also am technisch Zumutbaren orientieren[882]. Zumutbar war es, daß TARGET als Bruttosystem eingeführt wurde[883]. Unter einem Bruttosystem versteht man ein System, bei dem Zahlungen sofort und unwiderruflich ausgeführt werden, wenn das Konto des Auftraggebers genügend Deckung aufweist[884]. Dadurch werden die Systemrisiken, die beispielsweise bei Nettosystemen bestehen, vermieden[885]. Bei Nettosystemen werden die Zahlungsaufträge während des Tages ausgeführt. Verbleibende Salden müssen am Abend durch Inanspruchnahme von Refinanzierungsmöglichkeiten ausgeglichen werden. Gelingt dies nicht, ist also der Teilnehmer zahlungsunfähig, müssen bereits getätigte Zahlungen rückgängig gemacht werden. Dies kann zur Zahlungsunfähigkeit anderer Teilnehmer führen mit dem Effekt, daß das Zahlungssystem zusammenbrechen kann[886].

Unzumutbar wäre es hingegen, den Umfang der Aufsichtspflicht auf Fälle höherer Gewalt zu erstrecken[887]. Ferner ist bei der Bestimmung des Umfangs der Aufsichtspflicht zu berücksichtigen, daß die Zeit, die zum Aufbau des Zahlungsverkehrssystems zur Verfügung stand, denkbar knapp war. Aus diesem Grund steckt das System immer noch in einem Übergangsprozeß[888]. Dies muß sich in der Anfangsphase verringernd auf den Umfang der Aufsichtspflicht auswirken.

Im Ergebnis bleibt festzuhalten, daß eine Verletzung der Aufsichtspflicht der EZB über das Zahlungsverkehrssystem TARGET in Form eines Unterlassens

---

[882] Ähnlich stellt sich das Problem der Amtshaftung bei Versagen technischer Einrichtungen im deutschen Staatshaftungsrecht dar. Nach der Rechtsprechung des BGH zum Versagen von Ampeleinrichtungen stellt ein technischer Defekt derselben keine Verletzung einer Amtspflicht dar, sondern eine Verletzung der Verkehrssicherungspflicht, die zu einer zivilrechtlichen Haftung führt. (BGH, NJW 1972, 1268). Der Umfang der Straßenverkehrssicherungspflicht umfaßt die Pflicht, die öffentlichen Verkehrsflächen gefahrlos zu erhalten und zu unterhalten, sowie im Rahmen des Zumutbaren alles zu tun, um Gefahren zu begegnen, die Benutzern aus einem nicht ordnungsgemäßen Zustand drohen. (Vgl. OSSENBÜHL, JuS 1973, S. 424.)

[883] HEINBÜCHER/SCHIEBER, Finanzmarktstrukturen, S. 345; FRANKE, Notenbank und Finanzmärkte, S. 270; SCHNELTING, Europäische Zentralbank, S. 75f.

[884] FRANKE, Notenbank und Finanzmärkte, S. 270f.; KÜMPEL, Bank- und Kapitalmarktrecht, Rdn. 20.118.

[885] Zu den Systemrisiken siehe oben unter Teil III: B.I.

[886] FRANKE, Notenbank und Finanzmärkte, S. 270.

[887] Vgl. Art. 8 der ECB-Guideline of 16 November 1998 (siehe Fn. 825). Diesen Ausschluß rechtfertigt auch der Rückgriff auf die allgemeinen Rechtsgrundsätze, die den Rechtsordnungen der Mitgliedstaaten gemeinsam sind. Vgl. V. BAR, Gemeineuropäisches Deliktsrecht, Bd. II, Rdn. 318.

[888] FABRITIUS, ZfgK 1999, S. 659; RHODE, ZfgK 1999, S. 663. In der Tat ergaben sich Anlaufschwierigkeiten, wie die EZB einräumte. Siehe EZB, Jahresbericht 1999, S. 83.

rechtswidrig ist. Aufgrund des Schutznormcharakters des Art. 22 ESZB-Satzung kann dies zu einer Haftung der EZB aus Art. 288 III EG führen. Als problematisch kann sich allerdings der Umstand erweisen, daß der Umfang der Aufsichtspflicht nur schwer umrissen werden kann.

c.) Eintritt eines kausalen Schadens

Bei Ausfall des Systems bzw. im Falle von verspäteten Zahlungseingängen infolge technischer Störungen treffen Zahlungen nicht rechtzeitig beim Gläubiger ein. Er kann dann gezwungen sein, Kredit bei der Zentralbank aufzunehmen, um ein ausgeglichenes Saldo aufweisen zu können[889]. Als Kreditfazilitäten kommen hierbei die den Kreditinstituten bei der Benutzung von TARGET eingeräumte Intra-Day Kreditlinie[890] oder die Spitzenrefinanzierungsfazilität in Betracht.[891]. Die Kreditinstitute erleiden damit einen Refinanzierungsschaden.

Doch gerade im Hinblick auf eine Verspätung des Zahlungseingangs kann ein unmittelbarer Kausalzusammenhang zu verneinen sein. Dieser kann nämlich nicht nur durch technische Störungen im TARGET-System hervorgerufen werden. Er kann vielmehr auch auf das Verhalten des Geschäftspartners zurückzuführen sein. So ist es Sache der Marktteilnehmer, sich auf eine abgestimmte und faire Nutzung des Systems zu einigen[892].

d.) Ergebnis

Hinsichtlich der Haftungsfragen im Zusammenhang mit der Zurverfügungstellung von effizienten und zuverlässigen Zahlungssystemen erscheint in der Praxis nur eine Schadensersatzklage wegen einer mangelhaften Kontrolle und Überwachung des Systems erfolgreich, da hier die weniger strengen Haftungsvoraussetzungen für administratives Unrecht anzuwenden sind. Als hinderlich könnten sich allerdings zwei Faktoren erweisen. Zum einen könnte der Umfang der Aufsichtspflicht im Einzelfall strittig sein. Zum anderen muß der Kläger die

---

[889] RHODE, ZfgK 1999, S. 666; FABRITIUS, ZfgK 1999, S. 661.

[890] Vgl. Art. 3 lit.f of the ECB-Guideline of 16 November 1998 (siehe Fn. 825).

[891] Der Zinssatz der Spitzenrefinanzierungsfazilität bildet die obere Zinsgrenze (oberer Leitzins). Die Inanspruchnahme der Fazilität ist außer durch die Pflicht, ausreichende Sicherheiten zu stellen, grundsätzlich unbegrenzt. Allerdings wird durch die Höhe des Zinssatzes bewirkt, daß die Refinanzierung über die Spitzenfazilität die Ausnahme bleibt. Vgl. EZB, Monatsbericht, Januar 1999, S. 21; EZB, Die einheitliche Geldpolitik, S. 18.

[892] RHODE, ZfgK 1999, S. 666.

Fehlerhaftigkeit der Überwachung beweisen[893], der jedoch keinen Einblick in das Innenleben der EZB hat. Hier wäre zugunsten des effektiven Rechtsschutzes und des Grundsatzes des Verbraucherschutzes eine Beweislastumkehr anzudenken.

---

[893] Zur Beweislast siehe nachfolgend unter Teil IV: D.

C. Handlungen der EZB im Bereich der Bankenaufsicht

Zur Stabilität der Finanzmärkte und damit der Effektivität der Geldpolitik trägt aber nicht nur ein robustes Verrechnungs- und Zahlungsverkehrssystem bei, sondern auch eine effiziente Bankenaufsicht. Aufgrund des Zusammenhangs zwischen Geldpolitik und einer funktionierenden Bankenaufsicht übernimmt in vielen Ländern die Zentralbank auch die Aufgabe der Bankenaufsicht[894].

I. Allgemeine Charakteristika

Die Bankenaufsicht umfaßt Regelungen, die bei der Gründung von Banken und beim Betreiben von Bankgeschäften zu beachten sind. Zweck der Bankenaufsicht ist es, die Insolvenz von Banken und ihre Folgen zu verhindern. Dem liegt die Annahme zugrunde, daß Banken untereinander sehr ausgeprägte Geschäftsbeziehungen unterhalten, so daß es bei Insolvenz einer Bank zu einem sog. „Dominoeffekt" kommen kann. Eine solche Kettenreaktion wirkt sich ebenso wie ein kränkelndes Zahlungsverkehrssystem negativ auf die Stabilität der Finanzmärkte aus. Insoweit minimiert auch eine unzureichende Bankenaufsicht die Effektivität der Geldpolitik, die, wie ausgeführt, auf stabile Finanzmärkte mit verläßlichen Transmissionskanälen angewiesen ist[895].

In Zeiten zunehmender Liberalisierung der Finanzmärkte werden die Anforderungen an eine effiziente Bankenaufsicht immer komplexer. Die Überwachung der Bankenaufsicht kann nicht mehr statisch oder national ausgerichtet sein. Will sie ihrer Funktion gerecht werden, ist nicht nur der nationale Gesetzgeber ständig gefordert, die Aufsicht an neuartigen Risiken auszurichten[896], son-

[894] HEINBÜCHER/SCHIEBER, Finanzmarktstrukturen, S. 328; vgl. auch EZB, Monatsbericht, April 2000, S. 64f.; KLEIN, Bankensysteme, S. 124, 190, 287. Zu jüngsten Überlegungen die deutsche Bundesbank noch stärker an der Bankenaufsicht zu beteiligen und deren verfassungsrechtliche Implikationen vgl. HERDEGEN, WM 2000, S. 2121ff.

[895] FRANKE, Notenbank und Finanzmärkte, S. 294. Siehe dazu auch unter Teil III: B.I.

[896] Vgl. § 25 a KWG, der durch die 6. KWG-Novelle eingefügt wurde und bankenaufsichtsrechtliche Regelungen für das Outsourcing bankenbetrieblicher Prozesse regelt. Ausführlich dazu EYLES, WM 2000, S. 1217ff.

dern sind es im Zuge der Globalisierung auch supranationale und internationale Organisationen und Gremien[897].

II. Rechtsnatur

Trotzdem wurden Befugnisse im Bereich der Bankenaufsicht nur spärlich in den EG-Vertrag und die ESZB-Satzung aufgenommen. Art. 105 V EG regelt lediglich, daß das ESZB zur reibungslosen Durchführung der Bankenaufsicht beiträgt, gibt ihm aber keine Regelungsbefugnis. Hieraus ließe sich allenfalls das Auftreten der EZB als „lender of last resort" rechtfertigen[898]. Besondere Aufgaben im Zusammenhang mit der Bankenaufsicht können aber vom Rat nach Art. 105 VI EG der EZB übertragen werden[899]. Der Umfang der Übertragungskompetenz läßt sich indes nicht auf den ersten Blick ersehen. Die Norm ist wohl nach Sinn und Zweck dahingehend zu interpretieren, daß die EZB zur Erteilung von Lizenzen und zu einer ständigen Aufsicht ermächtigt werden kann[900]. Ausgenommen von der Übertragungsermächtigung ist nach Art. 105 VI EG, Art. 25.2 ESZB-Satzung die Aufsicht über Versicherungsunternehmen[901].

---

[897] BURGHOF/RUDOLPH, Bankenaufsicht, S. 187ff.; INTERNATIONAL LAW ASSOCIATION, Report of the 68th Conference, S. 447ff.; EZB, Monatsbericht, April 2000, S. 53ff.; DIES., Monatsbericht, Oktober 2000, S. 66.

[898] Siehe zum Meinungsstand SMITS, European Central Bank, S. 269ff.; DERS. in: GTE, Komm EUV/EGV, Art. 105 EG-Vertrag, Rdn. 68; LASTRA, Division of Responsabilities, S. 209ff.

[899] Dieses zukunftsorientierte, flexible Konstrukt ist das Ergebnis zäher Verhandlung über die Kompetenzverteilung im Bereich der Bankenaufsicht. Vgl. SMITS, in: GTE, Komm EUV/EGV, nach Art. 109m EG-Vertrag, Satzung ESZB und EZB, Art. 25, Rdn. 18ff.; LASTRA, Division of Responsabilities, S. 108. Weitreichendere Befugnisse der EZB waren im Satzungsentwurf des Ausschusses der Zentralbankpräsidenten vorgesehen. (Quelle des Satzungsentwurfs: KRÄGENAU/WETTER, Europäische Wirtschafts- und Währungsunion, S. 216). Andererseits erscheint die derzeitige Regelung unter dem Gesichtspunkt vertretbar, daß die Bankenaufsicht im Europäischen Binnenmarkt bereits durch die Erste und Zweite Bankrechtskoordinierungsrichtlinie (ABlEG L 322 vom 17.12.1977, S. 30; ABlEG L 386 vom 30.12.1989, S. 1) in wichtigen Punkten harmonisiert wurde.

[900] SMITS, in: GTE, Komm EUV/EGV, Art. 105 EG-Vertrag, Rdn. 74; LASTRA, Division of Responsabilities, S. 208.

[901] Zur Entstehungsgeschichte der Ausnahme siehe SMITS, in: GTE, Komm EUV/EGV, Art. 105 EG-Vertrag, Rdn. 73.

Eine weitergehende Konkretisierung erfährt die Aufgabe der EZB im Gebiet der Bankenaufsicht in Art. 25.1 ESZB-Satzung[902]. Darin heißt es, daß die EZB im Bereich der Bankenaufsicht beratend tätig werden kann. Die Tätigkeit der EZB im Bereich der Bankenaufsicht umfaßt damit die Abgabe von Stellungnahmen und Empfehlungen i.S.d. Art. 110 I 3. Spiegelstrich EG, Art. 34.1 3. Spiegelstrich ESZB-Satzung. Inhalt dieser Rechtsakte können nach Art. 25.1 ESZB-Satzung nur Fragen des Geltungsbereiches und der Anwendung der Rechtsvorschriften der Gemeinschaft hinsichtlich der Aufsicht der Kreditinstitute sowie die Stabilität der Finanzmärkte sein[903].

Flankierend zu den Instrumenten des Art. 25.1 ESZB-Satzung kann die Befugnis zur Beratung nach Art. 4 ESZB-Satzung hinzutreten. Sie gewinnt an Bedeutung, wenn es um den Erlaß von Rechtsakten im Bereich der Bankenaufsicht geht. Im übrigen kann die EZB auch durch den Einsatz ihrer geldpolitischen Instrumente zu einer wirksamen Bankenaufsicht beitragen.

Aus einer Gesamtanalyse dieser Befugnisse ergibt sich, daß die hauptsächlichen bankenaufsichtsrechtlichen Tätigkeiten, wie die Vergabe von Lizenzen, nach wie vor im Kompetenzbereich der Mitgliedstaaten liegen[904]. In der Bundesrepublik Deutschland ergeben sich die bankenaufsichtsrechtlichen Befugnisse hauptsächlich aus den Vorschriften des Kreditwesengesetzes (KWG). Ohne auf die verschiedenen mitgliedstaatlichen Systeme der Bankenaufsicht eingehen zu können, läßt sich allgemein über die Rechtsnatur der mitgliedstaatlichen aufsichtsrechtlichen Maßnahmen sagen, daß sie aufgrund ihres Eingriffscharakters in hoheitlichen, öffentlich-rechtlichen Rechtsformen ergehen. Haftungsrechtlich kommen daher die mitgliedstaatlichen Systeme der Staatshaftung zur Anwendung. Ist die nationale Zentralbank an der Bankenaufsicht beteiligt, ergibt sich die Anwendbarkeit der mitgliedstaatlichen Haftungsinstitute auch aus Artt. 14.4 i.V.m. 35.3 S. 2 ESZB-Satzung[905]. Hingegen nimmt die EZB gem. Artt. 25.1, 4 ESZB-Satzung nur eine beratende Stellung ein. Hierzu stehen ihr die Mittel der Stellungnahme und der Empfehlung i.S.d. Art. 110 I 3. Spiegelstrich EG, Art. 34.1 3. Spiegelstrich ESZB-Satzung zur Verfügung.

---

[902] SMITS, in: GTE, Komm EUV/EGV, nach Art. 109m EG-Vertrag, Satzung ESZB und EZB, Art. 25, Rdn. 37.

[903] Eine Übersicht über derartige Rechtsvorschriften gibt SMITS, in: GTE, Komm EUV/EGV, nach Art. 109m EG-Vertrag, Satzung ESZB und EZB, Art. 25, Rdn. 47ff.

[904] Zu den verschiedenen Systemen der Bankenaufsicht der Mitgliedstaaten KLEIN, Bankensysteme, S. 102 (Frankreich), 124 (Niederlande), 190 (Großbritannien), 287 (Spanien); EZB, Monatsbericht, April 2000, S. 62ff.

[905] GNAN, in: GTE, Komm EUV/EGV, nach Art. 109m EG-Vertrag, Satzung ESZB und EZB, Art. 14, Rdn. 35.

III. Haftung der EZB nach Art. 288 III EG und Haftung der Bundesrepublik Deutschland nach § 839 BGB i.V.m. Art. 34 GG bzw. nach den Grundsätzen des gemeinschaftsrechtlichen Staatshaftungsanspruchs

Angesichts der Zusammenarbeit von gemeinschaftsrechtlichen und mitgliedstaatlichen Stellen im Bereich der Bankenaufsicht muß die Untersuchung der Haftung für eine ungenügende Bankenaufsicht auf beide Handlungsträger erstreckt werden. In einem ersten Punkt soll daher der Haftungsrelevanz der beratenden Tätigkeit der EZB nach Art. 25.1 ESZB-Satzung nachgegangen werden. Nachfolgend wird sich die Arbeit in einem weiteren Punkt mit der Bankenaufsicht der Mitgliedstaaten befassen. Beispielhalber wird die Haftung der Bundesrepublik Deutschland für fehlerhafte Bankenaufsicht herausgegriffen.

1. Haftung der EZB nach Art. 288 III EG für fehlerhafte Empfehlungen und Stellungnahmen nach Art. 25.1 ESZB-Satzung

Für die Aufgabe der EZB, die mitgliedstaatlichen Stellen im Rahmen der Bankenaufsicht zu unterstützen, stehen ihr nach Art. 25.1 ESZB-Satzung die Instrumente der Empfehlung und Stellungnahme i.S.d. Art. 110 I 3. Spiegelstrich EG, Art. 34.1 3. Spiegelstrich ESZB-Satzung zu[906]. Hierbei handelt es sich um Rechtsakte ohne verbindliche Wirkung. Adressaten sind die mitgliedstaatlichen Behörden. Inhaltlich befassen sich diese Empfehlungen und Stellungnahmen mit der Auslegung „in Fragen des Geltungsbereichs und der Anwendung der Rechtsvorschriften der Gemeinschaft hinsichtlich der Aufsicht über die Kreditinstitute sowie die Stabilität des Finanzsystems" (Art. 25.1 ESZB-Satzung)[907].

Aufgrund der unverbindlichen Wirkung der Rechtsakte ist bereits fraglich, ob eine „Amtstätigkeit der EZB oder ihrer Bediensteten" i.S.d. Art. 288 III EG zu bejahen ist. Es könnte insbesondere an der Außenrechtswirkung fehlen.

Der EuGH hatte sich bereits mehrmals mit der Frage zu beschäftigen, ob Stellungnahmen und Empfehlungen, die an nationale Stellen gerichtet sind und ihnen als Auslegungshilfe von Gemeinschaftsvorschriften dienen, gegenüber

---

[906] Die Aufgabe nimmt insbesondere der vom EZB-Rat eingerichtete Ausschuß für Bankenaufsicht wahr. Vgl. EZB, Monatsbericht, April 2000, S. 68f. Die Übertragung läßt indes die Haftung der EZB unberührt, siehe unter Teil II: C.III.1.a.).

[907] Eine Übersicht über die relevanten Rechtsvorschriften findet sich bei SMITS, in: GTE, Komm EUV/EGV, nach Art. 109m EG-Vertrag, Satzung ESZB und EZB, Art. 25, Rdn. 47ff. Siehe auch BURGHOF/RUDOLPH, Bankenaufsicht, S. 187ff.

Marktteilnehmern eine Haftung der EG nach Art. 288 II EG auslösen können, wenn diese die nationalen Stellen zu rechtswidrigem Handeln veranlassen.

So hatte der EuGH im Fall *Sucrimex/Kommission* über die Haftungsrelevanz eines Fernschreibens der Kommission an die zuständige nationale Stelle zu entscheiden, das Hinweise bezüglich der anzuwendenden Normen enthielt[908]. Die Klage der Sucrimex S.A. wies der EuGH jedoch als unzulässig ab, da „das gesamte der Kommission vorgeworfene Verhalten, ... in den Rahmen der internen Zusammenarbeit zwischen der Kommission und den mit der Durchführung der Gemeinschaftsregelung auf diesem Gebiet betrauten Stellen [gehört].“[909] In anderen ähnlich gelagerten Fällen erklärte der EuGH, daß die von Gemeinschaftsorganen abgegebenen Erklärungen für die nationalen Stellen keine verbindliche Wirkung haben. Vielmehr würden die nationalen Stellen bei der Durchführung des Gemeinschaftsrechts eigenverantwortlich entscheiden[910].

Im Ergebnis spricht der EuGH damit Stellungnahmen und Empfehlungen, die an nationale Stellen gerichtet sind, die für eine Haftung erforderliche Außenrechtswirkung ab. Mithin verneint der Gerichtshof das Tatbestandsmerkmal der „Amtstätigkeit“ i.S.d. Art. 288 II EG. Vielmehr rechnet er das schädigende Verhalten allein den Mitgliedstaaten zu.

Gegen diese Rechtsprechung des EuGH wird berechtigte Kritik vorgetragen[911]. Zum einen ist die Bindungswirkung eines Rechtsaktes von seiner Rechtswirkung zu unterscheiden. Zwar ist der Schluß richtig, daß verbindliche Rechtsakte auch Rechtswirkung haben, doch ist der Umkehrschluß nicht zwingend[912]. So hat selbst der EuGH im Urteil *Grimaldi/Fonds des maladies professionelles* festgestellt, daß mitgliedstaatliche Gerichte Empfehlungen zur Auslegung innerstaatlicher, Gemeinschaftsrecht durchführender Rechtsvorschriften zu „berücksichtigen“ haben[913]. Er spricht den Empfehlungen somit Rechtswirkung zu[914]. Diese uneinheitliche Behandlung von Empfehlungen und

---

908 EuGH, Rs. 133/79, *Sucrimex/Kommission*, Slg. 1980, S. 1299, Rdn. 1ff.; Ebenso EuGH, Rs. 217/81, *Interagra/Kommission*, Slg. 1982, S. 2233, Rdn. 7ff.

909 EuGH, Rs. 133/79, *Sucrimex/Kommission*, Slg. 1980, S. 1299, Rdn. 22.

910 EuGH, Rs. C-50/90, *Sunzet/Kommission*, Slg. 1991, I-2917, Rdn. 13; EuGH, Rs. 217/81, *Interagra/Kommission*, Slg. 1982, S. 2233, Rdn. 7f.; GA MANCINI, Schlußanträge, Rs. 175/84, *Krohn/Kommission*, Slg. 1986, S. 753, 761.

911 So CZAJA, Haftung, S. 131f.; VON BOGDANDY, in: Grabitz/Hilf, EGV, Archiv-Bd. 2, Art. 215 EG-Vetrag, Rdn. 55, 57; BLECKMANN, Europarecht, Rdn. 465ff.

912 SCHWEITZER/HUMMER, Europarecht, Rdn. 382; OPPERMANN, Europarecht, Rdn. 574.

913 EuGH, Rs. C-322/88, *Grimaldi/Fonds des maladies professionelles* Slg. 1989, S. 4407, Rdn. 18.

914 So RUFFERT, in: Calliess/Ruffert, EUV/EGV, Art. 249 EG, Rdn. 119.

Stellungnahmen durch den EuGH bedürfte aus Gründen der Rechtssicherheit also einer Klarstellung[915].

Zum anderen darf die psychologische Wirkung von Empfehlungen und Stellungnahmen der Gemeinschaftsorgane auf die mitgliedstaatlichen Behörden nicht unterschätzt werden[916]. In der Praxis ist zu sehen, daß zwar die Informationen der Gemeinschaftsorgane zur Auslegung des Gemeinschaftsrechts keine rechtlich verbindliche Wirkung entfalten, aber sehr wohl die nationalen Stellen faktisch unter Druck setzen. Dieser Druck resultiert in erster Linie aus der in den Verlautbarungen der Gemeinschaftsorgane zum Ausdruck kommenden Fachkompetenz in Bezug auf gemeinschaftsrechtliche Fragen. Gerade gegenüber nationalen Stellen, die oftmals mit Fragen des Gemeinschaftsrechts wenig vertraut sind, kommt eine Auslegungshilfe von berufener Stelle eine besondere Autorität zu. Dies um so mehr vor dem Hintergrund des Art. 10 EG, der die mitgliedstaatliche Treuepflicht festschreibt[917]. Die nationalen Stellen werden also nur bei offenkundiger Unrichtigkeit der Auslegung sich nicht an die Auskunft der gemeinschaftsrechtlichen Stellen halten. Damit liegt das schädigende Verhalten nicht nur in der mitgliedstaatlichen Maßnahme begründet, sondern geht auch von der Gemeinschaftsebene aus.

Die Lösung des EuGH, das schädigende Verhalten ausschließlich den mitgliedstaatlichen Behörden zuzurechnen, widerspricht damit dem Grundsatz, daß sich ein Haftungsanspruch gegen den tatsächlich Verantwortlichen zu richten hat[918]. Eine abschließende Klärung dieser Problematik wäre daher wünschenswert, ist derzeit aber nicht wahrscheinlich[919].

Bezogen auf die Haftungsrelevanz der Stellungnahmen und Empfehlungen der EZB im Rahmen des Art. 25.1 ESZB-Satzung bedeutet dies nach der heutigen Rechtslage, daß diese in Ermangelung einer Qualifizierung als „Amtstätig-

---

[915] Da der EuGH im Urteil *Grimaldi/Fonds des maladies professionelles* die Mitgliedstaaten sogar als verpflichtet ansieht, die Auslegung zu berücksichtigen (EuGH, Rs. C-322/88, Slg. 1989, S. 4407, Rdn. 18.), spricht RUFFERT von einer richterlichen Rechtsfortbildung gegen den Vertragstext. Siehe RUFFERT in: Calliess/Ruffert, EUV/EGV, Art. 249 EG, Rdn. 119; vgl. auch die zurückhaltendere Beurteilung bei BRECHMANN, Richtlinienkonforme Auslegung, S. 65f.

[916] CZAJA, Haftung, S. 131; OPPERMANN, Europarecht, Rdn. 571.

[917] OPPERMANN, Europarecht, Rdn. 571; CZAJA, Haftung, S. 131, spricht von faktischer Bindungswirkung.

[918] CZAJA, Haftung, S. 135; VON BOGDANDY, in: Grabitz/Hilf, EGV, Archiv-Bd. 2, Art. 215 EG-Vertrag, Rdn. 55, 57; zu einem anderen Ergebnis kommt OSSENBÜHL, Staatshaftungsrecht, S. 585.

[919] Vgl. aber EuGH, Rs. C-141/91, *KYDEP/Rat und Kommission*, Slg. 1994, I-4199, Rdn. 19ff., insb. 27; siehe auch OSSENBÜHL, Staatshaftungsrecht, S. 584f.

keit der EZB oder ihrer Bediensteten“ nicht geeignet sind, die Haftung der EZB nach Art. 288 III EG auszulösen.

Im Falle einer Rechtsprechungsänderung käme es jedoch zu der Situation, daß sowohl gegen die Stellungnahme bzw. die Empfehlung der EZB als auch gegen den mitgliedstaatlichen Vollzugsakt gerichtlich vorgegangen werden kann. In dieser Konkurrenzsituation ist nach der Rechtsprechung des EuGH von der Subsidiarität der Schadensersatzklage des Art. 235 i.V.m. Art. 288 III EG gegenüber den mitgliedstaatlichen Rechtsbehelfen auszugehen[920].

2. Haftung der Bundesrepublik Deutschland für fehlerhafte Bankenaufsicht

In Bezug auf Schäden, die auf fehlerhaftem Verhalten im Zusammenhang mit der Bankenaufsicht der deutschen Behörden beruhen, sind mehrere Konstellationen denkbar. Angesichts der europarechtlichen Themenstellung der Arbeit sollen jedoch nur Aspekte an der Schnittstelle von Gemeinschaftsrecht und nationalem Recht angesprochen werden.

Anschließend an die oben gemachten Ausführungen, kann einem nationalen Rechtsakt, der zum Beispiel in Vollzug des Kreditwesengesetzes (KWG) ergeht, eine fehlerhafte Stellungnahme bzw. Empfehlung der EZB nach Art. 25.1 ESZB-Satzung zugrunde liegen. Hier richtet sich der Haftungsanspruch nach der derzeitigen Rechtslage ausschließlich nach deutschem Staatshaftungsrecht. Der Kläger muß sich gegen den Rechtsakt der nationalen Behörde wenden. Eine mögliche Anspruchsgrundlage findet sich in § 839 BGB i.V.m. Art. 34 GG, der die Amtshaftung normiert[921]. Ebenfalls nach § 839 BGB i.V.m. Art. 34 GG richtet sich die Haftung, wenn gegen eine Vorschrift des KWG verstoßen wurde, die in Umsetzung einer bankenaufsichtsrechtlichen EG-Richtlinie erging. Dies ist auf den Umstand zurückzuführen, daß es sich um den Fall des indirekten mittelbaren gemeinschaftsrechtlichen Vollzuges handelt, bei dem nationale Behörden nationales Recht vollziehen[922].

Weiterhin ist denkbar, daß gemeinschaftsrechtliche Richtlinien, wie sie im Bereich der Bankenaufsicht bereits zahlreich erlassen wurden und angesichts der Forderung nach harmonisierten und damit stabilen Finanzmärkten in nächster

---

[920] Ausführlich zur Subsidiarität der Schadensersatzklage unter Teil IV: C.II.

[921] Neben dem Amtshaftungsanspruch existieren noch weitere staatshaftungsrechtliche Ansprüche. Wegen seiner Strukturähnlichkeit zum Haftungstatbestand nach Art. 288 II, III EG soll nur auf den Anspruch aus § 839 BGB i.V.m. Art. 34 GG eingegangen werden.

[922] KEMPEN, Europäisches Wirtschaftsverwaltungsrecht, S. 7f.; GRATIAS, Staatshaftung, S. 153.

Zeit wohl noch verabschiedet werden, von der Bundesrepublik nicht bzw. nicht fristgemäß in nationales Recht umgesetzt werden[923]. In diesem Fall richtet sich die Haftung nach dem gemeinschaftsrechtlichen Staatshaftungsanspruch. Hierauf soll später noch eingegangen werden.

a.) Haftung des Bundesaufsichtsamtes für das Kreditwesen bzw. der Deutschen Bundesbank für Verstöße gegen Vorschriften des KWG nach § 839 BGB i.V.m. Art. 34 GG

Die Haftung für Verstöße gegen Vorschriften des KWG richtet sich, wenn eine Stellungnahme bzw. eine Empfehlung der EZB vorausging oder die Rechtsgrundlage im KWG auf einer EG-Richtlinie basiert, nach § 839 BGB i.V.m. Art. 34 GG. Voraussetzung für eine Amtshaftung ist danach, daß jemand in Ausübung eines öffentlichen Amtes vorsätzlich oder fahrlässig die ihm einem Dritten gegenüber obliegende Amtspflicht verletzt. Haftungsausschlüsse und -beschränkungen finden sich in § 839 II, III BGB. Die haftende Körperschaft ist nicht die Bundesrepublik Deutschland, sondern nach Art. 34 GG die „Körperschaft, in deren Dienst" der Schadensverursacher steht[924]. Die Aufgaben im Zusammenhang mit der Bankenaufsicht sind nach § 6 KWG dem Bundesaufsichtsamt, einer selbständigen Bundesoberbehörde (§ 5 I KWG), übertragen. Daneben weist § 7 KWG der Deutschen Bundesbank bestimmte Mitwirkungsaufgaben, insbesondere Anzeige- und Mitteilungspflichten zu[925]. Als haftende Körperschaften kommen damit sowohl das Bundesaufsichtsamt für das Kreditwesen als auch die Bundesbank in Betracht[926].

---

923 WONDRA, Staatshaftung, S. 147ff.

924 Um die Auslegung des Tatbestandsmerkmals „die Körperschaft, in deren Dienst er steht" bemühen sich verschiedene Theorien. Der BGH folgt der sog. „Anvertrauenstheorie", die besagt, daß die Körperschaft haftet, die dem Amtsträger, der die schädigende Handlung ausgeführt hat, das Amt anvertraut hat. Dies ist in der Regel die Anstellungskörperschaft. Vgl. nur BGHZ 53, 217; PAPIER, in: Maunz/Dürig/Herzog, Komm z. GG, Art. 34, Rdn. 289ff.; OSSENBÜHL, Staatshaftungsrecht, S. 111ff.

925 HAHN/HÄDE, in: Dolzer/Vogel (Hrsg.), BK, Art. 88 GG, Rdn. 152.

926 Zur Amtshaftung der Deutschen Bundesbank im Bereich der Bankenaufsicht siehe OPPERMANN/TIEMANN, Verschuldensmaßstäbe bei Amtshaftung, S. 64ff.

aa.) Ausübung eines öffentlichen Amtes

Der Personenkreis, dessen Handlungen „in Ausübung eines öffentlichen Amtes" ergehen können, ist denkbar weit gefaßt. So versteht man unter „jemand" i.S.d. Art. 34 GG einen Beamten im haftungsrechtlichen Sinn. Damit sind sowohl Handlungen von Personen, die öffentlich-rechtliche Aufgaben wahrnehmen, als auch von Beamten im statusrechtlichen Sinn haftungsauslösend[927]. Die schädigende Handlung muß weiterhin in „Ausübung des Amtes" ergangen sein. Das heißt, ein Handeln nur „bei Gelegenheit" der Amtsausübung genügt für eine Haftung nicht. Es muß vielmehr ein enger äußerer und innerer Zusammenhang zwischen der Amtsausübung und der schadensverursachenden Handlung bestehen[928].

Damit können Handlungen von Beamten und Bediensteten beider Behörden im Rahmen der Bankenaufsicht „in Ausübung eines öffentlichen Amtes" ergehen[929].

bb.) Verletzung einer einem Dritten gegenüber obliegenden Amtspflicht

Weiterhin besteht ein Anspruch aus Amtshaftung nur, wenn eine Amtspflicht verletzt wird, die Drittbezug aufweist[930]. Insofern liegt es auf der Hand, Parallelen mit dem vom EuGH aufgestellten Erfordernis der Verletzung einer Schutznorm zu ziehen. Indes sind die scheinbaren Gemeinsamkeiten lediglich oberflächlicher Natur.

Während es nach Auffassung des EuGH genügt, wenn sich der Schutz des Klägers nur reflexartig ergibt[931], sind die Anforderungen an die Drittbezogenheit im Rahmen der Amtshaftung nach § 839 BGB i.V.m. Art. 34 GG strenger. So muß der Individualschutz geradezu bezweckt sein. Der Amtshaftungsanspruch ist damit auf solche Fälle beschränkt, in denen Hoheitsträger und Geschädigter in einen besonders engen individualisierten Kontakt zueinander treten[932].

---

[927] Vgl. nur MAURER, Verwaltungsrecht, § 25, Rdn. 13ff.; OSSENBÜHL, Staatshaftungsrecht, S. 12ff.

[928] THOMAS, in: Palandt, Bürgerliches Gesetzbuch, § 839, Rdn. 10ff.

[929] BRENDLE, Amtshaftung, S. 91ff., 108ff., 145.

[930] Vgl. nur PAPIER in: Maunz/Dürig/Herzog, Komm z. GG, Art. 34, Rdn. 180ff.; WIELAND, in: H. Dreier, (Hrsg.), Grundgesetz-Kommentar, Bd. 2, Art. 34, Rdn. 34ff.

[931] Siehe dazu unter Teil II: B.II.2.b.)aa.).

[932] Vgl. nur OSSENBÜHL, Staatshaftung, S. 105; MAURER, Verwaltungsrecht, § 25, Rdn. 19; WIELAND, in: H. Dreier (Hrsg.), Grundgesetz-Kommentar, Art. 34, Rdn. 34.

Ob und inwieweit der Schutz der Interessen des Geschädigten bezweckt ist, ist durch Auslegung der Norm zu ermitteln. Kriterien hierfür sind beispielsweise die Schutzrichtung der Amtspflicht, das Maß des Ausgeliefertsein des Geschädigten gegenüber hoheitlichem Handeln sowie „die besondere Natur des Amtsgeschäftes“[933].

Anhand dieser Vorgaben ist im nächsten Schritt zu untersuchen, ob die Vorschriften des KWG drittschützend sind.

Konkrete Zielbestimmungen des KWG lassen sich nur an wenigen Stellen finden. So läßt sich aus § 6 KWG das Ziel der Bankenaufsicht ableiten, die Funktionsfähigkeit des Kreditwesens sicherzustellen. Die Vorschriften der §§ 10, 11, 35 II Nr.4 KWG deuten ferner darauf hin, daß die Vorschriften des KWG auch den Gläubigerschutz als Regelungszweck im Blick haben[934].

Daraus könnte man folgern, daß die Bestimmungen des KWG sowohl gegenüber Kreditinstituten als auch gegenüber den Bankkunden drittschützend sein können. Während die drittschützende Wirkung gegenüber den der Aufsicht unterworfenen Kreditinstituten zumindest im Bereich des Zugangs zum Bankgewerbe und der Krisenüberwachung keine Probleme aufwarf[935], wurde die drittschützende Wirkung gegenüber den Bankkunden vom BGH zunächst verneint[936]. Eine Rechtsprechungsänderung trat erst im *Wetterstein-Urteil*[937] und im *Herrstatt-Urteil*[938] ein. In diesen Urteilen betonte der BGH, daß die Aufsicht nicht nur dem Allgemeininteresse, sondern einzelne Vorschriften auch dem Schutz der Gläubiger dienten[939].

In seiner Urteilsbegründung weist der BGH insbesondere auf die Gesetzesmotive zum KWG hin, die auch im Wortlaut des KWG ihren Niederschlag fänden[940]. Als weitere argumentative Stütze bezieht er sich auf die Einordnung des Bankenaufsichtsrechts als Teil des Gefahrenabwehrrechts, das die Ordnungsbehörde umfassend verpflichte, das Recht zu schützen. Dabei werde der einzelne nicht als unselbständiger Teil der Allgemeinheit geschützt, sondern der ordnungsbehördliche Schutz diene auch dem schutzbedürftigen Individualinteresse[941].

---

[933] OSSENBÜHL, Staatshaftungsrecht, S. 59.
[934] Siehe dazu BURGHOF/RUDOLPH, Bankenaufsicht, S. 18.
[935] BRENDLE, Amtshaftung, S. 316ff.; KÜMPEL, Bank- und Kapitalmarktrecht, Rdn. 19.210.
[936] HABSCHEID, Staatshaftung, S. 35.
[937] BGHZ 74, 144.
[938] BGHZ 75, 120; dazu siehe auch HAHN/BLEIBAUM, Bankenaufsicht, S. 105ff.
[939] BGHZ 74, 144, 147; BGHZ 75, 120, 122; bestätigt durch BGH, NJW 1984, S. 2691.
[940] BGHZ 74, 144, 147; a.A. HAHN/BLEIBAUM, Bankenaufsicht, S. 110ff., 118.
[941] BGHZ 74, 144, 152; HABSCHEID, Staatshaftung, S. 39ff.; WONDRA, Staatshaftung, S. 127.

In der Befürchtung, daß in der Zukunft eine Flut von Amtshaftungsansprüchen von Bankkunden erhoben werden könnten, wurde durch die Einfügung des § 6 IV KWG der Schutzzweck des KWG gesetzlich fixiert[942]. Danach nimmt das Bundesaufsichtsamt die ihm durch das KWG oder durch andere Gesetze zugewiesenen Aufgaben ausschließlich im öffentlichen Interesse wahr. Mit diesem legislativen Coup wurde der verbraucherfreundlichen Rechtsprechung des BGH der Boden entzogen[943]. Bankkunden ist damit die Möglichkeit verwehrt, Schäden, die durch eine ungenügende Bankenaufsicht mit der Folge einer Bankeninsolvenz verursacht wurden, mittels der Amtshaftungsklage nach § 839 BGB i.V.m. Art. 34 GG zu liquidieren. Diese Gesetzesänderung mag angesichts der Ohnmacht des Einlegers gegenüber Bankinsolvenzen als ungerecht empfunden werden. Den Interessen der Einleger ist indes durch die Einlagensicherungssysteme der Kreditinstitute ausreichend Rechnung getragen[944]. Die Amtshaftung gegenüber den der Bankenaufsicht unterworfenen Kreditinstituten ist von diesem Ausschluß indes nicht betroffen[945].

Fraglich ist jedoch, ob eine Haftung aufgrund des § 6 IV KWG gegenüber den Bankkunden auch dann ausgeschlossen ist, wenn gegen eine Vorschrift im Bereich der Bankenaufsicht verstoßen wurde, die in Umsetzung einer EG-Richtlinie erlassen wurde. § 6 IV KWG könnte dann aufgrund des Anwendungsvorrangs des Gemeinschaftsrechts unangewendet bleiben müssen. Bezweckt die EG-Richtlinie den Verbraucherschutz[946], hat dies Auswirkungen auf die Interpretation der daraufhin ergangenen nationalen Vorschrift. Diese muß aufgrund des Gebots der richtlinienkonformen Auslegung ebenfalls verbraucherschützend und demzufolge drittschützend interpretiert werden[947].

---

[942] BT-Ds 10/1441, S. 20.

[943] Die Verfassungskonformität des Art. 6 IV KWG ist Gegenstand heftiger juristischer Diskussion. Siehe nur HABSCHEID, Staatshaftung, S. 119ff., der für eine Verfassungswidrigkeit plädiert; ebenso GRATIAS, Staatshaftung, S. 89ff.; WONDRA, Staatshaftung, S. 135ff., bejaht hingegen die Verfassungsmäßigkeit. Hinzu treten nach Erlaß der Konsolidierungsrichtlinie im Jahre 1992 (Richtlinie (EWG) 92/30, ABlEG L 110 vom 6.4.1992 S. 52ff.) gemeinschaftsrechtliche Bedenken, SCHENKE/RUTHIG, NJW 1994, S. 2328.

[944] WONDRA, Staatshaftung, S. 76ff.

[945] Vgl. KÜMPEL, Bank- und Kapitalmarktrecht, Rdn. 19.210.

[946] Eine Auslegung verschiedener bankenaufsichtsrechtlicher Richtlinien findet sich bei WONDRA, Staatshaftung, S. 72ff., der aber eine verbraucherschützende Zielrichtung verneint. Anders sieht dies GRATIAS, NJW 2000, S. 88.

[947] GA VAN GERVEN, Schlußanträge, Rs. C-106/89, *Marleasing/La Comercial Internacional de Alimentación SA*, Slg. 1990, I-4135, 4261ff.: „Die Pflicht zur richtlinienkonformen Auslegung ist immer dann gegeben, wenn die nationale Rechtsvorschrift in irgendeiner Weise auslegungsfähig ist. Das nationale Gericht muß dann unter den in seinem Rechtssystem üblichen Auslegungsmethoden derjenigen Vorrang einräumen, die es in die Lage versetzt, der

§ 6 IV KWG ist in diesem Fall gemeinschaftsrechtswidrig und muß in dieser Konstellation aufgrund des Vorranges des Gemeinschaftsrechts unangewendet bleiben[948]. Eine Amtshaftungsklage nach § 839 BGB i.V.m. Art. 34 GG hat dann trotz der Regelung des § 6 IV KWG Aussicht auf Erfolg[949].

b.) Haftung der Bundesrepublik Deutschland für die Nichtumsetzung einer aufsichtsrechtlichen Richtlinie nach den Grundsätzen des gemeinschaftsrechtlichen Staatshaftungsanspruchs

Im Zusammenhang mit der Nichtumsetzung bzw. der verspäteten Umsetzung einer gemeinschaftsrechtlichen Richtlinie richtet sich die Haftung nicht nach § 839 BGB i.V.m. Art. 34 GG, sondern nach dem sogenannten gemeinschaftsrechtlichen Staatshaftungsanspruch[950]. Dogmatisch handelt es sich hierbei um die Haftung für gesetzgeberisches Unterlassen, also normatives Unrecht. Haftende Körperschaft ist die Bundesrepublik Deutschland[951].

Von je her lehnte der BGH jedoch die Staatshaftung für normatives Unrecht ab. Fast schon monoton mutet die ständige Wiederholung des BGH an, Gesetze und Verordnungen enthielten grundsätzlich generelle und abstrakte Regeln; da-

---

betreffenden nationalen Rechtsvorschrift eine Bedeutung zu geben, die mit der Richtlinie in Einklang steht."

Trotzdem wird die richtlinienkonforme Auslegung von den deutschen Gerichten nur zögerlich als Auslegungshilfe herangezogen. Vgl. dazu BRECHMANN, Richtlinienkonforme Auslegung, S. 77ff.; GRATIAS, Staatshaftung, S. 107ff.

948 Zum Anwendungsvorrang des Gemeinschaftsrechts vgl. die grundlegenden Entscheidung des EuGH, Rs. 6/64, *Costa/ENEL*, Slg. 1964, S. 1141 und EuGH, Rs. 11/70, *Internationale Handelsgesellschaft/Einfuhr- und Vorratsstelle für Getreide und Futtermittel*, Slg. 1970, S. 1125; siehe auch OPPERMANN, Europarecht, Rdn. 633; IPSEN, Gemeinschaftsrecht, S. 287ff.

949 So zu Recht SCHENKE/RUTHIG, NJW 1994, S. 2328f.; GRATIAS, NJW 2000, S. 88; zweifelnd WONDRA, Staatshaftung, S. 70; ablehnend LG Bonn, NJW 2000, S. 815ff.

950 Vgl. BGH, NJW 1997, S. 123, 124f.; BGHZ 134, 30, 34; LG Aachen, NVwZ 1998, S. 547; ebenso RUFFERT in: Calliess/Ruffert, EUV/EGV, Art. 288 EG, Rdn. 53; anders sieht dies das LG Bonn, NJW 1994, S. 2489, 2490: „Die Kammer geht davon aus, daß den Geschädigten kein unmittelbarer im Gemeinschaftsrecht begründeter Anspruch auf Schadensersatz zusteht, sondern sich dieser Anspruch nur im Rahmen des nationalen Haftungsrechts (§ 839 BGB i.V.m. Art. 34 GG) ergeben kann; dabei ist das Haftungsrecht nach der Rechtsprechung des EuGH gemeinschaftskonform auszulegen, ..." So auch LG Bonn, NJW 2000, S. 816; PAPIER, in: Maunz/Dürig/Herzog, Komm z. GG, Art. 34, Rdn. 199; GRATIAS, Staatshaftung, S. 139ff.

951 GRATIAS, Staatshaftung, S. 142; BGH, NJW 2000, S. 815.

her nehme der Gesetz- und Verordnungsgeber sowohl bei positivem Tun als auch bei Untätigbleiben in der Regel ausschließlich Aufgaben gegenüber der Allgemeinheit wahr, nicht aber gegenüber bestimmten Personen oder Personenkreisen[952]. Zudem verwies er stets auf den Gesichtspunkt der Haushaltsprärogative des Parlaments, da eine Staatshaftung für normatives Unrecht eine Dimension annehmen könnte, die den Staatshaushalt überfordern könnte[953].

Ein Überdenken dieser strikten Ablehnung war jedoch durch die Rechtsprechung des EuGH zum Fall *Francovich/Italienische Republik*[954] und zum Fall *Dillenkofer/Bundesrepublik Deutschland*[955] angezeigt.

In diesen beiden Vorabentscheidungsverfahren nahm der EuGH die Gelegenheit wahr, in richterlicher Rechtsfortbildung aus dem Wesen der durch den EG-Vertrag geschaffenen Rechtsordnung und aus Art. 10 EG einen gemeinschaftsrechtlichen Staatshaftungsanspruch im Falle der Nichtumsetzung bzw. der verspäteten Umsetzung von Richtlinien zu schaffen. Der Gerichtshof stützt sich dabei auf die Überlegung, daß durch den EG-Vertrag eine eigene Rechtsordnung geschaffen worden sei, die auch dem Individuum Rechte verleihen könne. Diese Rechte könnten sich auch aus den Verpflichtungen ergeben, die der EG-Vertrag den Mitgliedstaaten auferlege. Weiterhin führt der EuGH aus, daß die nationalen Gerichte die volle Wirksamkeit des Gemeinschaftsrechts – im Falle von Richtlinien die des Art. 249 III EG – zu gewährleisten hätten und sich deswegen schützend vor die Rechte der Einzelnen zu stellen hätten. Diese volle Wirksamkeit wäre beeinträchtigt, wenn dem Einzelnen die Möglichkeit verwehrt wäre, eine Entschädigung in dem Fall zu verlangen, daß der Mitgliedstaat gegen seine gemeinschaftsrechtlichen Pflichten verstoßen und damit Rechte des Einzelnen verletzt hat[956].

Als Voraussetzungen für eine Haftung hebt der EuGH im Urteil *Dillenkofer/Bundesrepublik Deutschland* folgende Punkte hervor:

„Die gemeinschaftsrechtliche Norm, gegen die verstoßen wurde, bezweckt die Verleihung von Rechten an die Geschädigten, der Verstoß ist hinreichend quali-

---

[952] Vgl. BGHZ 84, 292, 300; BGHZ 87, 321, 335; ebenso BayObLG, NJW 1997, S. 1514, 1515; siehe auch FETZER, Haftung, S. 86.

[953] OSSENBÜHL, Staatshaftungsrecht, S. 509f.

[954] EuGH, verb. Rs. C-6/90 und C-9/90, *Francovich/Italienische Republik*, Slg. 1991, I-5357.

[955] EuGH, verb. Rs. C-178/94, C-179/94, C-188/94, C-189/94 und C-190/94, *Dillenkofer/Bundesrepublik Deutschland*, Slg. 1996, I-4845.

[956] EuGH, verb. Rs. C-6/90 und C-9/90, *Francovich/Italienische Republik*, Slg. 1991, I-5357, Rdn. 31ff.

fiziert, und zwischen diesem Verstoß und dem den Geschädigten entstandenen Schaden besteht ein unmittelbarer Kausalzusammenhang."[957].

Nach diesen Kriterien ist für die Haftung der Bundesrepublik Deutschland für die Nichtumsetzung bzw. verspätete Umsetzung von aufsichtsrechtlichen Richtlinien folgendes festzustellen:

Zunächst muß die in Frage stehende Richtlinie dem Geschädigten Rechte verleihen. Sind die Geschädigten beispielsweise Bankkunden, so verleihen Richtlinien im Bereich der Bankenaufsicht ihnen Rechte, wenn sie sich auf verbraucherschützende Erwägungen stützen. Diesen Anforderungen könnte beispielsweise die Konsolidierungsrichtlinie entsprechen, deren Erlaß ausweislich des 11. Erwägungsgrundes den Verbraucherschutz bezweckt[958]. Ebenso den Schutz der Interessen der Bankkunden bezweckt die EG-Einlegerschutzrichtlinie von 1994, was sich aus der 1. Begründungserwägung, Ziel der Richtlinie sei es unter anderem „den Schutz der Sparer" zu erhöhen, ergibt[959].

Eine „hinreichend qualifizierte Verletzung" ist wie im Zusammenhang mit Schadensersatzklagen nach Artt. 235, 288 II, III EG erst dann zu bejahen, wenn „ein Organ oder ein Mitgliedstaat bei der Rechtsetzung die Grenzen, die der Ausübung seiner Befugnisse gesetzt sind, offenkundig und erheblich überschritten hat"[960]. Wie bereits im Zusammenhang mit Art. 288 III EG aufgezeigt wurde, ist dieses Tatbestandsmerkmal ein in der Praxis äußerst wirksames Ventil, die Auswirkungen einer Haftung für normatives Unrecht zu minimieren[961].

---

[957] EuGH, verb. Rs. C-178/94, C-179/94, C-188/94, C-189/94 und C-190/94, *Dillenkofer/Bundesrepublik Deutschland*, Slg. 1996, I-4845, Rdn. 21.

Der EuGH überträgt damit die im Zusammenhang mit Art. 288 II EG verwendete Schöppenstedt-Formel auf die Staatshaftung der Mitgliedstaaten. Auf das Haftungsmodell in Art. 288 II EG weist der EuGH im Urteil *Brasserie du Pêcheur/Bundesrepublik Deutschland* sogar hin. (EuGH, verb. Rs. C-46/93 und C-48/93, *Brasserie du Pêcheur/Bundesrepublik Deutschland*, Slg. 1996, I-1029; Rdn. 39ff.). Vgl. VAN GERVEN, Tort Law, S. 405.

[958] Richtlinie (EWG) 92/30 ABlEG L 110 vom 6.4.1992, S. 52ff. Der 11. Erwägungsgrund lautet: „Die Beaufsichtigung der Kreditinstitute auf konsolidierter Basis muß insbesondere dem Schutz der Kunden dieser Institute und der Sicherung der Stabilität des Finanzsystems dienen." So auch SCHENKE/RUTHIG, NJW 1994, S. 2328f.; a.A. WONDRA, Staatshaftungsrecht, S. 72f.

[959] Richtlinie 94/19/EWG über Einlagensicherungssysteme, ABlEG L 135 vom 30.5.1994, S. 5. Vgl. LG Bonn, NJW 2000, S. 816; ebenso GRATIAS, NJW 2000, S. 786ff.; a.A. WONDRA, Staatshaftungsrecht, S. 152.

[960] EuGH, verb. Rs. C-178/94, C-179/84, C-188/94, C-189/94 und C-190/94, *Dillenkofer/Bundesrepublik Deutschland*, Slg. 1996, I-4845, Rdn. 25; LG Bonn, NJW 2000, S. 817.

[961] Vgl. die entsprechenden Ausführungen des EuGH zur Haftung nach Art. 288 II EG für normatives Unrecht im Urteil *HNL u.a./Rat und Kommission* (EuGH, verb. Rs. 83 und 94/76,

In der Tat berücksichtigt der EuGH bei der Prüfung dieser Voraussetzung auch im Bereich des gemeinschaftsrechtlichen Staatshaftungsanspruchs die Komplexität des zu regelnden Sachverhaltes, die Schwierigkeiten bei der Anwendung oder Auslegung der Vorschrift und den Ermessensspielraum, über den der Urheber des betreffenden Aktes verfügt[962]. Im Falle einer Nichtumsetzung bzw. einer verspäteten Umsetzung ist jedoch nach der Rechtsprechung des EuGH im Fall *Dillenkofer/Bundesrepublik Deutschland* das Tatbestandsmerkmal der „hinreichend qualifizierten Verletzung" stets zu bejahen[963]. Als argumentative Stütze dient dem EuGH der Hinweis, daß „der Mitgliedstaat im Zeitpunkt dieser Rechtsverletzung nicht zwischen verschiedenen gesetzgeberischen Möglichkeiten zu wählen hatte und über einen erheblich verringerten oder auf Null reduzierten Ermessensspielraum verfügte"[964]. Gem. Art. 249 III EG besteht die Pflicht, die Richtlinie umzusetzen. Aspekte des Verschuldens spielen keine Rolle[965].

Ist schließlich der unmittelbare Kausalzusammenhang zwischen der Nichtumsetzung bzw. verspäteten Umsetzung einer bankenaufsichtsrechtlichen EG-Richtlinie und dem Schaden des Klägers zu bejahen, tritt die gemeinschaftsrechtliche Staatshaftung der Bundesrepublik Deutschland ein.

c.) Ergebnis

Die sich beschleunigende Europäisierung der mitgliedstaatlichen Rechtsordnung hat auch vor dem mitgliedstaatlichen Staatshaftungsrecht nicht haltgemacht. Sie hinterläßt deutliche Spuren im Bereich des Rechtsschutzes gegen bankenaufsichtsrechtliche Rechtsakte.

So ist dem geschädigten Bankkunden und dem Kreditinstitut im Falle der Nichtumsetzung bzw. der verspäteten Umsetzung von bankenaufsichtsrechtli-

---

4, 15 und 40/77, *HNL u.a./Rat und Kommission*, Slg. 1978, S. 1209, Rdn. 6). Siehe auch OSSENBÜHL, Staatshaftungsrecht, S. 510.

[962] EuGH, verb. Rs. C-46/93 und C-48/93, *Brasserie du Pêcheur/Bundesrepublik Deutschland*, Slg. I-1029, Rdn. 43; VON BOGDANDY, in: Grabitz/Hilf, EGV, Archiv-Bd. 2, Art. 215 EG-Vertrag, Rdn. 140; GRATIAS, Staatshaftung, S. 135ff.

[963] EuGH, verb. Rs. C-178/94, C-179/94, C-188/94, C-189/94 und C-190/94, *Dillenkofer/Bundesrepublik Deutschland*, Slg. 1996, I-4845, Rdn. 26; LG Bonn, NJW 2000, S. 817.

[964] EuGH, verb. Rs. C-178/94, C-179/94, C-188/94, C-189/94 und C-190/94, *Dillenkofer/Bundesrepublik Deutschland*, Slg. 1996, I-4845, Rdn. 25, 29.

[965] EuGH, verb. Rs. C-178/94, C-179/94, C-188/94, C-189/94 und C-190/94, *Dillenkofer/Bundesrepublik Deutschland*, Slg. 1996, I-4845, Rdn. 28.

chen EG-Richtlinien ein gemeinschaftsrechtlicher Staatshaftungsanspruch gegen die Bundesrepublik Deutschland zuzugestehen.

Einen Amtshaftungsanspruch aus § 839 BGB i.V.m. Art. 34 GG wegen fehlerhafter Bankenaufsicht kann zwar ein geschädigtes Kreditinstitut geltend machen, hingegen ist diese Möglichkeit Bankkunden aufgrund der Regelung des § 6 IV KWG verwehrt. Eine Ausnahme hierzu besteht nur dann, wenn gegen eine Regelung des KWG verstoßen wurde, die in Umsetzung einer EG-Richtlinie erging. Bezweckt die Richtlinie nämlich den Schutz des Bankkunden, so ist dies bei der Auslegung der entsprechenden nationalen Rechtsvorschriften zu berücksichtigen. § 6 IV KWG kann in diesem Fall aufgrund des Vorranges des Gemeinschaftsrechts nicht zur Anwendung kommen.

D. Handlungen der EZB im Bereich der Wechselkurspolitik

Neben der Geldpolitik gehört auch die Durchführung von Devisengeschäften gem. Art. 105 II 2. Spiegelstrich EG, Art. 3.1 2. Spiegelstrich ESZB-Satzung zu den Hauptaufgaben des ESZB. Ihr soll deswegen abschließend das Augenmerk gelten.

I. Allgemeine Charakteristika

Die Durchführung von Devisengeschäften umfaßt Interventionen[966] und laufende Operationen auf den Devisenmärkten[967]. Wie die oben behandelten geldpolitischen Operationen sollen auch sie gem. Art. 105 I, II 2. Spiegelstrich EG, Art. 111 I, II EG und Art. 4 II EG zur Sicherung der Preisstabilität beitragen. Anders als geldpolitisch intendierte Maßnahmen beeinflußt der An- und Verkauf von Devisen primär den Außenwert einer Währung. Zur Sicherung des Außenwertes des Euro ist die EZB kraft der Regelungen der Artt. 105 I, 111 EG, Art. 2 ESZB-Satzung nicht verpflichtet, da der dort verwendete Begriff „Preisstabilität" als Stabilität des Binnenwertes aufzufassen ist[968]. Jedoch stehen Au-

---

[966] Als Devisenmarktinterventionen werden kursstützende Maßnahmen im Rahmen eines Wechselkurssystems mit festen Wechselkursen bezeichnet. Vgl. DUDEN, Der Euro, S. 190.

[967] Unter dem Begriff Devisenmarktoperationen werden alle übrigen Geschäfte mit Devisen zusammengefaßt. Sie erfolgen primär aus geldpolitischen Gründen. Vgl. STADLER, Handlungsspielraum, S. 172; SMITS, in: GTE, Komm EUV/EGV, Art. 105 EG-Vertrag, Rdn. 35.

[968] GNAN/WITTELSBERGER, in: GTE, Komm EUV/EGV, Art. 107 EG-Vertrag, Rdn. 40; HAHN/HÄDE, in: Dolzer/Vogel (Hrsg.), BK, Art. 88 GG, Rdn. 375; SELMAYR, WM 2000,

ßen- und Binnenwert einer Währung nicht zusammenhanglos nebeneinander, sondern beeinflussen sich gegenseitig. Ist beispielsweise der Euro gegenüber dem Dollar niedriger bewertet, also „schwächer“, so kommt es tendenziell zu einer Erhöhung der Exportpreise aufgrund der erhöhten ausländischen Nachfrage und einer Erhöhung der Importpreise aufgrund der Verteuerung der ausländischen Produkte. Dies führt bei den Inlandspreisen in der Regel zu einem kosten- sowie nachfrageinduzierten Preisauftrieb[969]. Versucht dann die EZB durch Zinserhöhung eine restriktive Geldpolitik zu betreiben, kann dies je nach Zinsgefälle einer stabilitätsorientierten Geldpolitik entgegenwirken[970].

II. Rechtsnatur

Um in einem derartigen Währungsdilemma dem Stabilitätsauftrag gerecht werden zu können, stellt sich die Frage nach den Befugnissen der EZB im Bereich der Wechselkurspolitik. Die Verteilung der Kompetenzen ist in Art. 111 EG sowie in Art. 23 ESZB-Satzung geregelt. Schon eine erste Lektüre läßt deutlich werden, daß die Entscheidungskompetenz zwischen dem ECOFIN-Rat und der EZB variiert. Im Extremfall des Art. 111 I EG, also im Gefolge von Festkursvereinbarungen, ist die Entscheidungskompetenz allein dem ECOFIN-Rat überantwortet, wohingegen die Aufgaben der EZB auf Durchführungs- und Mitwirkungsbefugnisse reduziert sind[971]. Hier hat sie nur die Befugnis, Stellungnahmen und Empfehlungen abzugeben[972]. Hingegen fallen Entscheidungs- und Durchführungskompetenz in der Hand der EZB zusammen, wenn keinerlei Vorgaben auf der Grundlage des Art. 111 I EG bestehen[973]. In dieser Konstellation ist der ECOFIN-Rat lediglich ermächtigt „allgemeine Orientierungen“ (Art. 111 II EG) zu erlassen.

S. 2431, 2438; SMITS, European Central Bank, S. 184; ZIMMERMANN, Nat. Zentralbanken als Bestandteile des ESZB, S. 112.

[969] JARCHOW/RÜHMANN, Monetäre Außenwirtschaft, Bd. 1, S. 74f.; EZB, Jahresbericht 1999, S. 28f.

[970] EMMINGER, D-Mark, Dollar, Währungskrise, S. 75.

[971] HAHN, Vertrag von Maastricht, S. 76; ZILIOLI/SELMAYR, CMLR 36 (1999), S. 308.

[972] Vgl. Art. 111 I, II EG.

[973] Eine Übersicht über die Kompetenzverteilung in verschiedenen denkbaren Situationen geben ZILIOLI/SELMAYR, CMLR 36 (1999), S. 308ff.

1. Rechtsnatur der Empfehlungen und Stellungnahmen der EZB nach Art. 111 I, II EG

Der EZB obliegt es, zu Handlungen des ECOFIN-Rates nach Art. 111 I, II EG, also vor Abschluß von „förmlichen" Wechselkursvereinbarungen mit Drittstaaten (Art. 111 I EG) sowie vor Erlaß „allgemeiner Orientierungen" (Art. 111 II EG), Empfehlungen sowie aufgrund ihres Anhörungsrechts Stellungnahmen an den ECOFIN-Rat abzugeben. Ihrer Rechtsnatur nach handelt es sich hierbei nicht um Empfehlungen und Stellungnahmen i.S.d. Art. 110 I 3. Spiegelstrich EG, Art. 34.1 3. Spiegelstrich ESZB-Satzung, da ihre Adressaten weder Mitgliedstaaten noch mitgliedstaatliche Rechtssubjekte sind, sondern der ECOFIN-Rat[974]. Vielmehr handelt es sich um Rechtsakte, deren Bedeutung und Funktion nicht im administrativen Bereich liegt, sondern im Willensbildungsprozeß des ECOFIN-Rates zu suchen ist[975].

Es fragt sich daher, inwieweit diese Handlungen, im Gegensatz zu Empfehlungen und Stellungnahmen nach Art. 110 I 3. Spiegelstrich EG, Art. 34.1 3. Spiegelstrich ESZB-Satzung, verbindlich sind.

Aus einem Vergleich mit Empfehlungen und Stellungnahmen im Zusammenhang mit anderen Entscheidungsfindungsprozessen, so z.B. nach Artt. 37 II, 83 I, 94, 95 I, 300 EG, ergibt sich, daß Empfehlungen und Stellungnahmen im Rahmen des Willensbildungsprozesses der Gemeinschaftsorgane grundsätzlich keine Bindungswirkung entfalten[976].

Etwas anderes könnte sich jedoch für die Stellungnahme aufgrund der Anhörung nach Art. 111 I S. 1 EG aus dem Umstand ergeben, daß die EZB in dem Bemühen angehört werden muß, „zu einem mit dem Ziel der Preisstabilität im Einklang stehenden Konsens zu gelangen."(Art. 111 I S. 1 EG)[977]. Dieses im Bereich der Wechselkurspolitik normierte Anhörungsrecht der EZB unterscheidet sich damit bereits textlich von dem in Art. 105 IV EG, Art. 4 lit.a ESZB-Satzung festgelegten, sonst anzuwendenden Anhörungsverfahren, da die Anhörung unter einer konkreten Prämisse steht.

Sich bei der Frage nach der Bindungswirkung der Stellungnahmen bzw. Empfehlungen jedoch der Ansicht von SLOT anzuschließen, die Bindungswirkung

---

[974] GRABITZ, in: Grabitz/Hilf, EGV, Archiv-Bd. 2, Art. 189 EG-Vertrag, Rdn. 79; SCHMIDT, in: GTE, Komm EUV/EGV, Art. 189 EG-Vertrag, Rdn. 48; IPSEN, Gemeinschaftsrecht, S. 460f.

[975] IPSEN, Gemeinschaftsrecht, S. 461.

[976] OPPERMANN, Europarecht, Rdn. 267.

[977] GOEBEL, CJEL 4 (1998), S. 285.

läge „somewhere between consultation and assent"[978], erscheint angesichts ihrer Substanzarmut zur Lösung der hier behandelten Thematik wenig hilfreich. Vielmehr ist auf den Wortlaut des Art. 111 I EG abzustellen, dem zu entnehmen ist, daß sich der ECOFIN-Rat um einen Konsens konstruktiv bemühen muß[979]. Das Erreichen des Konsenses ist damit nicht als Zielvorgabe formuliert. Freilich ist Zweck der Regelung, ECOFIN-Rat und EZB, die im Bereich der Wechselkurspolitik gem. Art. 111 I, II EG, Art. 4 II EG gleichermaßen der Preisstabilität verpflichtet sind, unter einen „Stabilitätshut" zu bringen[980]. Dies könnte in der Praxis unter Umständen schwer zu bewerkstelligen sein, da dem Ziel der Preisstabilität in einem Festkurssystem durchaus auf verschiedene Weise entsprochen werden kann[981]. Gelingt deshalb ein Konsens trotz nachhaltigen Bemühens nicht, so legt eben der Wortsinn des Art. 111 I EG nahe, daß die Letztentscheidung dem politischen Organ, dem ECOFIN-Rat, obliegt.

Dieses Auslegungsergebnis wird letztlich auch durch die Entstehungsgeschichte der Norm getragen. Der Ausschuß der Zentralbankpräsidenten sah nämlich in Art. 4.3 seines Satzungsentwurfes vor, daß die EZB „mit dem Ziel zu konsultieren [ist], einen Konsens zu erreichen, der in Übereinstimmung mit dem Ziel der Preisstabilität steht"[982]. Er sah damit nicht nur eine obligatorische Anhörung vor, sondern auch eine inhaltliche Bindung des ECOFIN-Rates an die Auffassung der EZB[983]. In die geltende Fassung der ESZB-Satzung ist indes Art. 4.3 des Satzungsentwurfs nicht aufgenommen worden. Daraus kann der Schluß gezogen werden, daß die Anhörung der EZB nur dem Bemühen um einen Konsens dienen soll; die Letztentscheidungsbefugnis jedoch beim ECOFIN-Rat liegen soll[984].

---

978 SLOT, Institutional Provisions, S. 240; zustimmend SMITS, European Central Bank, S. 389, dort Fn. 95.

979 SMITS, in: GTE, Komm EUV/EGV, Art. 109 EG-Vertrag, Rdn. 49; HAHN, BayVBl. 1999, S. 745 spricht von einer Rechtspflicht zum Bemühen.

980 STADLER, Handlungsspielraum, S. 178.

981 Dies hängt davon ab, ob feste Paritäten oder Bandbreiten vereinbart werden, ob die Anpassungslasten symmetrisch oder asymmetrisch verteilt sind, ob es eine stabile Ankerwährung geben wird und ob Interventionen in unbegrenzter Höhe vorgenommen werden müssen. Siehe ENDLER, Europäische Zentralbank, S. 459.

982 Quelle des Satzungsentwurfs: KRÄGENAU/WETTER, Europäische Wirtschafts- und Währungsunion, S. 212f.

983 So auch der Kommentar des Ausschusses der Zentralbankpräsidenten COMMITTEE OF GOVERNORS, Commentary Draft Statute, S. 5f.

984 Zustimmend ENDLER, Europäische Zentralbank, S. 459; HAHN/HÄDE, in: Dolzer/Vogel (Hrsg.), BK, Art. 88 GG, Rdn. 603; SMITS, in: GTE, Komm EUV/EGV, Art. 109 EG-Vertrag, Rdn. 49; a.A. SODAN, NJW 1999, S. 1523.

Damit kann festgehalten werden, daß die Empfehlungen und Stellungnahmen der EZB nach Art. 111 I, II EG keine Ausnahme zu den übrigen Stellungnahmen bzw. Empfehlungen im Zusammenhang mit Willensbildungsprozessen der Gemeinschaftsorgane darstellen. Sie binden das Beschlußorgan, hier den ECOFIN-Rat, ebenfalls nicht.

2. Rechtsnatur von Devisenmarktgeschäften

Die Durchführung der Devisengeschäfte, die sich im Rahmen der Vorgaben des ECOFIN-Rates nach Art. 111 I, II EG zu bewegen hat, besteht hauptsächlich im An- und Verkauf von Devisen. Hierfür steckt Art. 23 ESZB-Satzung einen weiten Rahmen ab[985]. Die Geschäfte werden am Devisenmarkt mit Geschäftspartnern abgeschlossen. Sie sind zivilrechtlicher Natur[986].

Anders hingegen ist die Entscheidung der EZB über das „ob" und „wie" von Devisengeschäften zu beurteilen. Die Kompetenz zur Festlegung der Modalitäten ergibt sich aus Art. 111 EG-Vertrag und Art. 23 ESZB-Satzung. Die Befugnis richtet sich ausschließlich an einen Träger öffentlicher Gewalt, die EZB. Zudem bestimmt die EZB einseitig den Umfang und die Modalitäten der Devisengeschäfte. Beides ist durch die Geschäftspartner nicht beeinflußbar. Die Entscheidung über das „ob" und „wie" von Devisenmarktgeschäften ist damit hoheitlich geprägt[987]. Sie ergeht mithin in den gemeinschaftsrechtlichen Rechtsformen. In Betracht kommen hierbei die Rechtsformen der Art. 110 I EG, Art. 34.1 ESZB-Satzung sowie die nicht-förmlichen Rechtsformen des ESZB, also die EZB-Leitlinie, die EZB-Weisung und der EZB-Beschluß.

Nach der Kompetenzverteilung der ESZB-Satzung ist der EZB-Rat gem. Art. 12.1 UAbs.1 ESZB-Satzung für die Entscheidungen im Rahmen der Wechselkurspolitik zuständig, die vom Direktorium sowie den nationalen Zentralbanken vollzogen werden. Die Entscheidungen haben damit keine Adressaten außerhalb des ESZB. Damit scheiden die Rechtsformen der Art. 110 I EG, Art. 34.1 ESZB-Satzung aus, da sie typischerweise an EU-Bürger oder an EU-Unternehmen gerichtet sind[988]. Die Entscheidung über das „ob" ergeht vielmehr in den speziell für das ESZB vorgesehenen Rechtsformen. Hierbei kommen alle

---

[985] Vgl. SMITS, in: GTE, Komm EUV/EGV, nach Art. 109m EG-Vertrag, Satzung ESZB und EZB, Art. 23, Rdn. 18ff.; STADLER, Handlungsspielraum, S. 172.

[986] SMITS, in: GTE, Komm EUV/EGV, nach Art. 109m EG-Vertrag, Satzung ESZB und EZB, Art. 23, Rdn. 18ff.; HOPPE, Rechtsschutz, S. 240f.; ZILIOLI/SELMAYR, CMLR 36 (1999), S. 306; EZB, Die einheitliche Geldpolitik, S. 15.

[987] ZILIOLI/SELMAYR, CMLR 36 (1999), S. 308; HOPPE, Rechtsschutz, S. 239ff.

[988] A.A. HOPPE, Rechtsschutz, S. 240.

drei oben genannten Handlungsformen gleichermaßen in Betracht. Die Einordnung hängt vom konkreten Einzelfall ab[989]. Die Modalitäten der Devisengeschäfte können als EZB-Leitlinien i.S.d. Art. 12.1 UAbs.1 ESZB-Satzung ergehen[990].

III. Haftung der EZB nach Art. 288 III EG

Im Abschnitt über die Rechtsnatur der Tätigkeit der EZB im Rahmen der Wechselkurspolitik wurden vier Handlungsformen herausgearbeitet. Es handelt sich hierbei um die Abgabe von Stellungnahmen bzw. Empfehlungen nach Art. 111 I, II EG, den Abschluß von Devisengeschäften, die Entscheidung über den Umfang und die EZB-Leitlinie über die Modalitäten von Devisenmarktgeschäften. Diese sind im folgenden auf ihre Haftungsrelevanz zu untersuchen.

Die Haftung für fehlerhafte Abschlüsse von Devisengeschäften richtet sich aufgrund ihrer rechtsgeschäftlichen Grundlage nach der Haftungsregelung des Art. 288 I EG. Sie soll daher angesichts der Themenstellung der Arbeit nicht weiter betrachtet werden.

Die Haftung für eine EZB-Leitlinie über die Modalitäten richtet sich zwar nach Art. 288 III EG. Die Haftung wird aber bereits am Tatbestandsmerkmal der „Amtstätigkeit" scheitern. Die EZB-Leitlinie zeitigt nämlich nicht die erforderliche Rechtswirkung nach außen, da sie die Rechts- und Interessenlage der Kreditinstitute nicht unmittelbar tangiert[991]. Dies liegt in der Tatsache begründet, daß die EZB-Leitlinie typischerweise nur einen allgemeinen Rahmen für die Durchführung von Devisengeschäften vorgeben wird und daß damit den vollziehenden Stellen, also dem Direktorium (Art. 12.1 UAbs.2 ESZB-Satzung) und den nationalen Zentralbanken (Art. 14.3 ESZB-Satzung) ein Vollzugsermessen belassen wird[992]. Auch die Haftung der EZB in Bezug auf die Abgabe von Empfehlungen und Stellungnahmen gem. Art. 111 I, II EG und der Entscheidung

---

989 HOPPE, Rechtsschutz, S. 240, unterscheidet zwischen Swapsatzfestsetzung, Bestimmung von Grundsätzen für die Swap-, Termin-, und Devisenpensionsgeschäfte. Darüber hinaus bestimmt die EZB das Geschäftsvolumen. Vgl. auch EZB, Die einheitliche Geldpolitik, S. 15; EZB, Jahresbericht 1998, S. 77.

990 So HOPPE, Rechtsschutz, S. 240f. Einzelne Regelungen über Devisenswapgeschäfte finden sich in den „Allgemeinen Regelungen für die geldpolitischen Instrumente und Verfahren des ESZB" (EZB, Die einheitliche Geldpolitik, S. 15f.), die, wie bereits ausgeführt, als EZB-Leitlinie zu qualifizieren sind. Vgl. oben unter Teil III: A.I.2.c.).

991 Allgemein zum Erfordernis der Außenwirkung siehe oben unter Teil II: B.II.1.d.) und Teil II: C.III.2.

992 Zur Haftung wegen einer EZB-Leitlinie siehe ausführlich oben unter Teil III: A.I.3.c.).

über den Umfang von Devisengeschäften richtet sich nach Art. 288 III EG. Sie sollen nun unter das im zweiten Teil herausgearbeitete Haftungsmodell subsumiert werden.

1. Haftung für fehlerhafte Empfehlungen und Stellungnahmen nach Art. 111 I, II EG

Im Hinblick auf eine Haftung der EZB nach Art. 288 III EG für fehlerhafte Empfehlungen und Stellungnahmen nach Art. 111 I EG ist die Frage, ob sie unter das Tatbestandsmerkmal der „Amtstätigkeit der EZB oder ihrer Bediensteten" subsumierbar sind. Der entscheidende Punkt ist, ob die Empfehlungen und Stellungnahmen Rechtswirkung nach außen hervorrufen und damit überhaupt eine „Amtstätigkeit" i.S.d. Art. 288 III EG darstellen[993].

Eine Rechtswirkung nach außen käme ihnen nur zu, wenn sie sich unmittelbar auf die Interessen- und Rechtslage der Kreditinstitute auswirken würden[994]. Die Stellungnahmen bzw. Empfehlungen der EZB sind für den ECOFIN-Rat nicht verbindlich. Inwieweit er sie berücksichtigt, liegt im Ermessen des ECOFIN-Rates[995]. Eine Auswirkung auf die Interessen- und Rechtslage ergibt sich daher nicht zwangsläufig. Die Stellungnahmen bzw. Empfehlungen der EZB nach Art. 111 I, II EG haben damit keine unmittelbare Außenwirkung gegenüber den Kreditinstituten. Sie sind daher nicht als „Amtstätigkeit der EZB oder ihrer Bediensteten" i.S.d. Art. 288 III EG zu qualifizieren. Eine Haftung der EG wegen fehlerhafter Stellungnahmen bzw. Empfehlungen im Rahmen des Art. 111 I, II EG ist daher abzulehnen.

2. Haftung für fehlerhafte Entscheidungen über das „ob" von Devisengeschäften

Auch im Zusammenhang mit der Entscheidung über das „ob" von Devisenmarktgeschäften kommt angesichts ihrer hoheitlichen Rechtsnatur eine Haftung der EZB nach Art. 288 III EG grundsätzlich in Betracht. Als schadensverursa-

---

[993] Zur Voraussetzung der „Amtstätigkeit" siehe unter Teil II: B.II.1.d.) und Teil II: C.III.2.

[994] So GA ROEMER, Schlußanträge, verb. Rs. 8 bis 11/66, *Cimenteries/Kommission*, Slg. 1967, S. 99, 138; HETMEIER, in: Lenz (Hrsg.), EGV-Kommentar, 2. Auflage, Art. 249 EG, Rdn. 16.

[995] Siehe dazu die Ausführungen unter Teil III: D.II.1; OSSENBÜHL, Staatshaftungsrecht, S. 584f.

chende Sachverhalte kommen vielfältige Konstellationen in Betracht. Sie alle auf ihre Haftungsrelevanz untersuchen zu wollen, würde den Rahmen dieser Arbeit sprengen. Exemplarisch soll daher auf zwei hypothetische Sachverhalte eingegangen werden. Zum einen soll die Haftung der EZB untersucht werden, wenn sie im Rahmen eines Festkurssystems zu Interventionen verpflichtet wäre, diese aber unterlassen würde. Dem anderen Sachverhalt soll als Prämisse zu Grunde gelegt werden, daß kein Festkurssystem besteht, der ECOFIN-Rat jedoch „allgemeine Orientierungen" nach Art. 111 II EG erlassen hat.

a.) Haftung der EZB für einen Verstoß gegen die Vereinbarung über ein förmliches Wechselkurssystem, Art. 111 I EG[996]

In einem System fester Wechselkurse, das als völkerrechtlicher Vertrag zwischen den Zentralbanken geschlossen wird[997], ist zumeist vereinbart, daß der Wechselkurs innerhalb gewisser Bandbreiten schwanken darf[998]. Zur Sicherstellung des Wechselkurses werden ein oberer und ein unterer Interventionspunkt bestimmt, bei deren Erreichen die Zentralbanken verpflichtet sind, Devisenmarktinterventionen durchzuführen. Die Interventionen erfolgen üblicherweise in Form von Stützungskäufen der Notenbank (Notenbank A), deren Währung (Währung A) unter Abwertungsdruck steht. Das heißt, sie kauft die

---

[996] Hinzuweisen ist auf die Tatsache, daß sich aus Art. 111 I EG nur die Kompetenz ergibt, Festkurssysteme mit Drittstaaten, also nicht mit EG-Mitgliedstaaten, zu vereinbaren. Die Ermächtigung zur Errichtung des EWS II ergibt sich dagegen aus Artt. 122 II , 124 II EG. Siehe dazu ZILIOLI/SELMAYR, CMLR 36 (1999), S. 310f.

[997] Die bisherigen europäischen Währungssysteme lassen sich am besten als ein „mixtum compositum" bezeichnen, da verschiedene Organe der Gemeinschaft sowie die Zentralbanken tätig wurden. Vgl. HAHN, Währungsrecht, § 13, Rdn. 13f. Das EWS II besteht aus einem Abkommen zwischen der EZB und den nationalen Zentralbanken, der nicht dem Euro-Währungsgebiet angehörenden Mitgliedstaaten (ABlEG C 345 vom 13.11.1998, S. 6ff.) und einer Entschließung des Europäischen Rates (ABlEG C 236 vom 16.6.1997, S. 5ff.). Siehe auch ZILIOLI/SELMAYR, CMLR 36 (1999), S. 284f.; DEUTSCHE BUNDESBANK, Monatsbericht, Oktober 1998, S. 20.

[998] Beispiele hierfür sind die Bandbreiten des Bretton Woods Systems von ± 1% und die Bandbreiten des EWS I und II von ± 2,25%. Vgl. DUDEN, Der Euro, S. 254.

Zu einer derzeitigen Möglichkeit für eine Vereinbarung eines Festkurssystem beispielsweise zwischen Euro, Dollar und Yen ließ der Europäische Rat verlauten, der Wechselkurs sei das Ergebnis der Wirtschaftspolitik in allen anderen Bereichen. (Entschließung des Europäischen Rates vom 12. und 13. 12. 1997, Bulletin der Bureg., Nr. 12/1998, S. 149). Ein Festkurssystem erscheint daher unwahrscheinlich. So ZILIOLI/SELMAYR, CMLR 36 (1999), S. 309; EZB, Monatsbericht, Januar 2000, S. 56.

eigene Währung unter Abgabe von Fremdwährung (Währung B) an. Um hierbei über genügend Fremdwährung verfügen zu können, wird der Notenbank (A) von der anderen am Festkurssystem beteiligten Notenbank (Notenbank B) Kredit in ihrer Währung (Währung B) gestellt. Zudem kauft die Notenbank B ebenfalls Währung A gegen Abgabe ihrer eigenen Währung an. Dies hat zur Folge, daß aufgrund der steigenden Nachfrage nach Währung A diese im Wert steigt, während Währung B aufgrund des steigenden Angebots im Wert sinkt. Infolge der Interventionen steigt die Geldmenge der Währung B, was sich negativ auf die Preisstabilität auswirken kann. Freilich kann die Zentralbank mit ihren geldpolitischen Instrumenten dieser Aufblähung entgegenzuwirken versuchen[999], im schlimmsten Fall kann es jedoch dazu kommen, daß die Zentralbank die Kontrolle über die Geldmenge verliert. In diesem Fall befindet sich die Zentralbank in einer Zwickmühle: Entweder sie setzt die Interventionen unter Verstoß gegen die Festkursvereinbarung aus oder sie verteidigt den Wechselkurs zu Lasten der Preisstabilität.

In diesem zunächst abstrakt dargelegten Sachverhalt soll nun die Notenbank B durch die EZB ersetzt werden. Sie entscheidet sich, die Interventionen auszusetzen, um ihrer Verpflichtung auf die Preisstabilität aus Art. 105 I S. 1 EG, Art. 2 S. 2 ESZB-Satzung nachzukommen.

Bezüglich der Haftung der EZB für dieses Aussetzen ist bereits fraglich, ob eine „Amtstätigkeit der EZB oder ihrer Bediensteten“ i.S.d. Art. 288 III EG gegeben ist. Zwar ist die Entscheidung des „ob“ hoheitlich geprägt[1000], und das weite Begriffsverständnis der „Amtstätigkeit“ als Verhalten deckt auch einen EZB-Aussetzungsbeschluß. Jedoch ist fraglich, ob dem Aussetzungsbeschluß die erforderliche Rechtswirkung nach außen zukommt. Der Beschluß müßte sich dafür unmittelbar auf die Interessen- und Rechtslage der Kreditinstitute auswirken[1001]. Diese Rechtswirkung könnte unter dem Gesichtspunkt zu bejahen sein, daß in einem Festkurssystem ein Aussetzen von Interventionen eine direkte Veränderung des Wechselkurses bewirkt, da der Wechselkurs ausschließlich hoheitlich bestimmt wird. Unterläßt die EZB Stützungskäufe zugunsten der Partnerwährung, verringert sich der Wert dieser Währung im Verhältnis zum Euro. Dies wirkt sich insbesondere negativ auf Forderungen der Unternehmen und Marktbürger aus, wenn sie auf die Partnerwährung lauten, da sie immer mehr Partnerwährung für eine Einheit Euro aufwenden müssen. Den Wirt-

[999] Der Deutschen Bundesbank ist dies, als es zu massiven Interventionen innerhalb des EWS I kam, gelungen. Vgl. DEUTSCHE BUNDESBANK, Monatsbericht, Januar 1993, S. 23f.

[1000] Siehe dazu unter Teil III: D.II.2.

[1001] Vgl. Teil II: B.II.1.d.).

schaftssubjekten wird hoheitlich ein erhöhtes Wertopfer auferlegt[1002]. Die Unmittelbarkeit der Interessensbeeinträchtigung ergibt sich dann aus dem Umstand, daß dieses erhöhte Wertopfer rechnerisch exakt bestimmt werden kann. Damit könnte eine unmittelbare Außenrechtswirkung des Aussetzungsbeschlusses bejaht werden. Das Tatbestandsmerkmal der „Amtstätigkeit der EZB oder ihrer Bediensteten" i.S.d. Art. 288 III EG wäre mithin ebenfalls zu bejahen.

Klärungsbedarf besteht ferner bei der Frage, ob ein derartiges Verhalten der EZB rechtswidrig i.S.d. Art. 288 III EG wäre. Die äußerst schwierige Problematik, ob die Haftung für administratives bzw. die Haftung für normatives Unrecht einschlägig ist, kann hier ausnahmsweise offenbleiben, wenn bereits die Verletzung einer Schutznorm nicht denkbar erscheint, welche bekanntermaßen Voraussetzung für beide Haftungsmodelle ist.

Im Falle eines eigenmächtigen Aussetzens ist die Rechtswidrigkeit an der zu Grunde liegenden völkerrechtlichen Vereinbarung über das Festkurssystem zu messen. Ein Aussetzen ist hierbei grundsätzlich nur dann rechtswidrig, wenn die Vereinbarung über ein System fester Wechselkurse für die EZB bindend ist[1003]. Die Bindungswirkung von Wechselkursvereinbarungen ergibt sich aus Art. 111 III UAbs.2 EG. Ein eigenmächtiges Aussetzen verstößt damit gegen die Wechselkursvereinbarung.

Eine andere Beurteilung der Rechtswidrigkeit ist nur in dem Fall angebracht, in dem die Vereinbarung über ein System fester Wechselkurse eine sog. „Emminger – Klausel"[1004] enthält, die es der EZB gestatten würde, in Zwangslagen zwischen externer und interner Preisstabilität als „ultima ratio" zur Sicherung der Binnenpreisstabilität die Interventionen auszusetzen[1005].

Im Rahmen des Art. 288 III EG kann sich aber ein Marktbürger nur auf die Verletzung einer völkerrechtlichen Vereinbarung berufen, wenn sie ihm gegen-

---

[1002] SAMMLER, Eigentum und Währungsparität, S. 91, 153.

[1003] WENIG, in: Grabitz/Hilf, EGV, Archiv-Bd. 2, Art. 173 EG-Vertrag, Rdn. 41.

[1004] Die Bezeichnung geht auf einen Brief des Bundesbankpräsidenten Emminger an die Bundesregierung zurück. In diesem bezog er sich auf eine Zusicherung der Bundesregierung, die geldpolitische Autonomie der Deutschen Bundesbank im EWS I-Abkommen zu gewährleisten. Dafür sollte zur Begrenzung von umfangreichen Interventionen innerhalb des EWS vorgesehen werden, daß in Zwangslagen entweder die Bundesregierung den Wechselkurs korrigiert oder die Deutsche Bundesbank von der Interventionspflicht entbunden ist. Vgl. EMMINGER, D-Mark, Dollar, Währungskrisen, S. 361ff.

[1005] STADLER, Handlungsspielraum, S. 179 sieht in Art. 4 II EG eine Verpflichtung für den ECOFIN-Rat, eine derartige Klausel in einem Festkurssystem zu vereinbaren. In der Tat findet sich in Art. 3 des EWS II Abkommens zwischen der EZB und den nationalen Zentralbanken der nicht an der Währungsunion teilnehmenden Mitgliedstaaten ein Passus, der der EZB erlaubt, die Interventionen auszusetzen, wenn diese ihrem vorrangigen Ziel der Gewährleistung der Preisstabilität zuwiderlaufen sollten. (ABlEG C 345 vom 13. 11. 1998, S. 6).

über eine Schutznorm darstellt, d.h. auch den Schutz seiner Individualinteressen bezweckt.

Auch völkervertragliche Bindungen der Gemeinschaft können grundsätzlich Schutznormcharakter aufweisen[1006].

Der Schutznormcharakter von Vereinbarungen über ein System fester Wechselkurse wird jedoch im Regelfall zu verneinen sein, da sie vornehmlich die gesamtwirtschaftliche Entwicklung bzw. die Preisstabilität[1007] im Auge haben. So ist beispielsweise den Erwägungen zum Abkommen über die Errichtung des EWS II zu entnehmen, daß ein stabiles wirtschaftliches Umfeld für das reibungslose Funktionieren des Binnenmarktes und für mehr Investitionen, Wachstum und Beschäftigung notwendig sei und nicht durch Wechselkursverzerrungen bzw. übermäßige Schwankungen gefährdet werden dürfe[1008]. Der Einzelne wird hierbei nur als auswechselbarer Teil der Allgemeinheit erfaßt, Individualinteressen nicht einmal reflexartig geschützt.

Schließlich kann angenommen werden, daß der EuGH die Haftung nach Art. 288 II, III EG bei Verletzung völkerrechtlicher Verträge nicht nur von der Verletzung einer Schutznorm, sondern auch von der unmittelbaren Anwendbarkeit des Vertrages abhängig macht. Insbesondere die Entscheidung *Atlanta/Rat und Kommission* des EuG, der eine Schadensersatzklage der Firma Atlanta nach Art. 288 II EG wegen einer GATT-Verletzung durch Rat und Kommission zu Grunde lag, könnte auf ein solches Erfordernis hindeuten[1009]. Das EuG wies den Haftungsgrund mit Hinweis auf die fehlende unmittelbare Anwendbarkeit der GATT-Vorschriften zurück und bezog sich, ohne in eine juristische Argumentation einzusteigen, pauschal auf das Urteil *Deutschland/Rat*[1010]. In der Entscheidung *Deutschland/Rat*, der eine Nichtigkeitsklage der Bundesrepublik Deutschland nach Art. 230 EG unter anderem wegen GATT-Rechtswidrigkeit der Bana-

---

[1006] VON BOGDANDY, in: Grabitz/Hilf, EGV, Archiv-Bd. 2, Art. 215 EG-Vertrag, Rdn. 73; REINISCH, EuZW 2000, S. 45.

[1007] Dies ergibt sich für die „förmliche" Vereinbarung der EG über ein Festkurssystem aus Art. 111 I EG.

[1008] ABlEG C 345 vom 13.11.98, S. 6.

Ähnlich waren die Ziele des Abkommens von Bretton Woods in Art. 1 ii IWFA gefaßt: „To facilitate the expansion and balanced growth of international trade and to contribute thereby to the promotion and maintenance of high levels of employment and real income and to the developement of the productive resources of all members as primary objectives of economic policy." (BGBl. II 1952, S. 638).

[1009] EuG, Rs. T-521/93, *Atlanta/Rat und Kommission*, Slg. 1996, I-1707, Rdn. 77f. So die Deutung von REINISCH, EuZW 2000, S. 46f., der aber zu Recht auf die Eigenständigkeit der Schadensersatzklage hinweist. Ebenso GILSDORF/OLIVER, in: GTE, Komm EUV/EGV, Art. 215 EG-Vertrag, Rdn. 36.

[1010] EuGH, Rs. C-280/93, *Deutschland/Rat*, Slg. 1994, I-4973.

nenmarktordnung zu Grunde lag, hat der EuGH nämlich darauf hingewiesen, daß weder gegenüber Gemeinschaftsbürgern noch gegenüber den Mitgliedstaaten das GATT unmittelbar anwendbar sei[1011]. Eine Berufung der EU-Bürger auf ein völkervertragswidriges Verhalten der Gemeinschaft sei nur dann möglich, wenn die Gemeinschaft mit der gerügten Maßnahme die übernommenen vertraglichen Verpflichtungen erfüllen wolle oder sie sich bei Erlaß der Maßnahme ausdrücklich auf die Vereinbarung beziehe[1012]. Damit ist davon auszugehen, daß hier die Haftung von einem weiteren Tatbestandsmerkmal, nämlich der „unmittelbaren Anwendbarkeit" der Wechselkursvereinbarung abhängig ist.

Unabhängig von der Tatsache, ob eine Festkursvereinbarung unmittelbar anwendbar ist, wird hier eine Haftung nach Art. 288 III EG jedenfalls am fehlenden Schutznormcharakter der Vereinbarungen scheitern.

Auch mit dem Verweis auf die Verletzung des gemeinschaftsrechtlichen Grundrechts auf Eigentum wird dem Kläger bei einem Aussetzungsbeschluß wenig geholfen sein. Zwar wurde Ende der Sechziger Jahre – kurz vor Zusammenbruch des Systems von Bretton Woods – verschiedentlich für die Einbeziehung des Außenwertes einer Währung in den eigentumsrechtlichen Schutzbereich votiert[1013]. Diesem Ansatz lag die Vorstellung zugrunde, daß im Gegensatz zum Binnenwert einer Währung der Außenwert in einem Festkurssystem ausschließlich hoheitlich durch Paritätsänderungen bestimmt werde[1014]. Dies führe in der Folge zu einem rechnerisch ermittelbaren Verlust bzw. Gewinn der betroffenen Wirtschaftssubjekte. Die Ansicht ist jedoch abzulehnen. Zwar würde das im Zusammenhang mit dem eigentumsrechtlichen Schutz des Binnenwertes erörterte Kausalitätsproblem hier keine Rolle spielen[1015]. Ihr ist aber insbesondere mit dem Argument zu begegnen, daß vom Schutzbereich des gemeinschaftsrechtlichen Eigentumsgrundrechts weder das Vermögen noch der Tauschwert des Geldes umfaßt ist und nur diese Aspekte vom Außenwert beeinflußt werden[1016].

Im Ergebnis ist damit festzuhalten, daß eine Haftung der EZB nach Art. 288 III EG wegen eines eigenmächtigen Aussetzens von Interventionen nicht besteht. Dies liegt daran, daß die Wechselkursvereinbarung keinen Schutznormcharakter aufweist und auch gemeinschaftsrechtliche Grundrechte, die als Schutznormen in Frage kommen würden, nicht verletzt werden.

[1011] EuGH, Rs. C-280/93, *Deutschland/Rat*, Slg. 1994, I-4973, Rdn. 109ff.

[1012] EuGH, Rs. C-280/93, *Deutschland/Rat*, Slg. 1994, I-4973, Rdn. 111.

[1013] So SAMMLER, Eigentum und Währungsparität, S. 39, 42ff.

[1014] SAMMLER, Eigentum und Währungsparität, S. 39; weitere Nachweise auch bei WEIKART, Geldwert, S. 222f.

[1015] Siehe dazu oben unter Teil II: C.IV.4.a.)aa.)(2).

[1016] Siehe dazu ausführlich unter Teil II: C.IV.4.a.)aa.)(2).

b.) Haftung der EZB bei Verstoß gegen die „allgemeinen Orientierungen" nach Art. 111 II EG

Schließlich bleibt zu untersuchen, ob die EZB nach Art. 288 III zu haften hat, wenn kein Festkurssystem besteht, aber vom ECOFIN-Rat gem. Art. 111 II EG „allgemeine Orientierungen" erlassen wurden, gegen die die EZB verstößt, indem sie Devisengeschäfte unterläßt.

Auch in einem System flexibler Wechselkurse ist bereits zweifelhaft, ob bei Entscheidungen über das „ob" von Devisengeschäften eine „Amtstätigkeit der EZB oder ihrer Bediensteten" vorliegt. Ihnen könnte es an der unmittelbaren Außenrechtswirkung fehlen. Im Gegensatz zu einem System fester Wechselkurse führen Devisenmarktgeschäfte der Zentralbank bei flexiblen Wechselkursen nicht zwangsläufig zu einem veränderten Wechselkurs, da dieser von verschiedenen Faktoren beeinflußt wird. Eine Verringerung des Außenwertes, die zu finanziellen Belastungen der Kreditinstitute führen würde, kann daher nicht unmittelbar auf das Handeln der Zentralbank zurückgeführt werden. Eine unmittelbare Auswirkung auf die Interessen- und Rechtslage der Betroffenen ist mithin nicht erkennbar. Eine „Amtstätigkeit der EZB oder ihrer Bediensteten" wird somit abzulehnen sein.

In Bezug auf die Rechtswidrigkeit ist grundsätzlich zu beachten, daß ohne festes Wechselkursabkommen es unter Berücksichtigung der Preisstabilität im pflichtgemäßen Ermessen der EZB steht, ob und in welchem Umfang sie Devisenmarktoperationen durchführt[1017].

Das Ermessen der EZB könnte aber dann empfindlich eingeschränkt sein, wenn der ECOFIN-Rat „allgemeine Orientierungen" gem. Art. 111 II EG erläßt, die Devisengeschäfte in gewissem Umfang vorsehen[1018]. Dies wirft die Frage auf, ob diese „allgemeinen Orientierungen" für die EZB verbindlich sind und mithin ihre Nichtbeachtung geeignet ist, die Haftung auszulösen. Anders herum gewendet heißt das: Sind die „allgemeinen Orientierungen" für die EZB unverbindlich, so kann ihre Nichtbeachtung nicht zur Rechtswidrigkeit der Handlung der EZB führen. Eine Haftung ist denklogisch ausgeschlossen.

[1017] DEUTSCHE BUNDESBANK, Monatsbericht, Januar 1993, S. 20; KÜMPEL, Bank- und Kapitalmarktrecht, Rdn. 20.93; STADLER, Handlungsspielraum, S. 177.

[1018] Bisher wurden keine „allgemeinen Orientierungen" erlassen. Siehe EZB, Monatsbericht, Januar 2000, S. 56. Nach Ansicht des Europäischen Rates sollen „allgemeine Orientierungen" nur im Fall „außergewöhnlicher Umstände, beispielsweise im Falle eindeutiger Wechselkursverzerrungen" ergehen. (Vgl. Entschließung des Europäischen Rates vom 12. und 13. 12. 1997 in Luxemburg, Bulletin der Bureg., Nr.12/1998, S. 149).

Bereits der Wortlaut läßt die Unverbindlichkeit der „allgemeinen Orientierungen“ vermuten. So wird nicht der Terminus „Richtlinie“ oder das im Zusammenhang mit der Währungspolitik verwendete Pendant „Leitlinie“ benutzt, die für den Adressaten eine Verbindlichkeit indizieren würden. Die verbindliche Wirkung ergibt sich für die Richtlinie aus Art. 249 III EG und für die insbesondere an das Direktorium und die nationalen Zentralbanken gerichtete „Leitlinie“ aus Art. 12.1 UAbs.2, Art. 14.3 S. 1 ESZB-Satzung sowie dem Grundsatz der Einheitlichkeit der Geldpolitik[1019]. Die Vertragsparteien haben sich in Art. 111 II EG vielmehr bewußt für den gemeinschaftsrechtlich unbelasteten Begriff „allgemeine Orientierungen“ entschieden, um deren Unverbindlichkeit zum Ausdruck zu bringen. Dieses Ergebnis belegt auch die Entstehungsgeschichte der Norm[1020]. So war sowohl in den von den Mitgliedstaaten vorgelegten Entwürfen als auch in dem von der Kommission vorgelegten Entwurf für eine Vertragsänderung an einschlägiger Stelle vielfach der Begriff „Leitlinie“ oder „Richtlinie“ zu finden, also Begriffe, die für verbindliche Rechtsakte stehen[1021]. Gerade die Tatsache, daß diese Vorschläge nicht Eingang in den Vertragstext gefunden haben, bestätigt die Annahme der Unverbindlichkeit der „allgemeinen Orientierungen“. Die gefundene Interpretation läßt sich zudem durch einen Hinweis auf Art. 111 III EG verdeutlichen. Art. 111 III EG sieht vor, daß die nach diesem Absatz getroffenen Vereinbarungen unter anderem für die EZB verbindlich sind. Nach der Systematik des Art. 111 EG bezieht sich dessen dritter Absatz nur auf Vereinbarungen im Sinne des ersten und dritten Absatzes. „Allgemeine Orientierungen“ sind nach Art. 111 II EG nur bei Abwesenheit derartiger Vereinbarungen möglich. Art. 111 III EG bezieht sich daher nicht auf den zweiten Absatz[1022]. Die „allgemeinen Orientierungen“ sind damit gerade nicht verbindlich[1023]. Sie stehen der EZB lediglich als Richtschnur zur Verfügung, über die sie sich insbesondere unter Berufung auf die Preisstabilität

---

[1019] LOUIS, CMLR 35 (1998), S. 56.

[1020] Siehe dazu, HAHN, BayVBl. 1999, S. 742ff.

[1021] So zum Beispiel im Vertragsentwurf der niederländischen Präsidentschaft vom 28.10.1991 (Quelle: KRÄGENAU/WETTER, Europäische Wirtschafts- und Währungsunion, S. 227). Ähnlich auch der Entwurf der Kommission vom 10. 12. 1990 und derjenige der Staats- und Regierungschefs vom 10. Mai 1991 (Quelle: KRÄGENAU/WETTER, Europäische Wirtschafts- und Währungsunion, S. 201, 220).

[1022] So ZILIOLI/SELMAYR, CMLR 36 (1999), S. 304f.; HAHN, BayVBl. 1999, S. 745; PARTSCH, RTD eur. 34 (1998), S. 71f. hält dieses Argument nicht für entscheidend.

[1023] ENDLER, Europäische Zentralbank, S. 473; ZILIOLI/SELMAYR, CMLR 36 (1999), S. 304ff.; HAHN, BayVBl. 1999, S. 745; HETMEIER, in: Lenz (Hrsg.), EGV-Kommentar, 2. Auflage, Art. 249 EG, Rdn. 3; KÜMPEL, Bank- und Kapitalmarktrecht, Rdn. 20.93; so auch BRats-Ds. 500/92, S. 92.

letztendlich hinwegsetzen kann. Ihre Nichtbeachtung von Seiten der EZB führt mithin nicht zur Rechtswidrigkeit der Entscheidung der EZB.

Eine Haftung nach Art. 288 III EG scheitert damit sowohl an der fehlenden „Amtstätigkeit der EZB oder ihrer Bediensteten“ sowie der Rechtswidrigkeit.

Teil IV: Prozessuale Fragestellungen im Zusammenhang mit der Schadensersatzklage nach Artt. 235, 288 III EG

Eine Abhandlung über die Haftung der EZB wäre unvollständig, wenn nicht neben den materiellen Problemen auch ein Blick auf die prozessuale Seite geworfen werden würde. Ein materieller Anspruch gleicht einem zahnlosen Tiger, wenn er nicht gerichtlich durchsetzbar ist. Fragen des Rechtsweges, der Aktiv- und Passivlegitimation, des Rechtsschutzbedürfnisses und der Beweislast sind in diesem Zusammenhang von elementarer Bedeutung. Ihnen soll deswegen im folgenden Abschnitt nachgegangen werden.

A. Zuständigkeit der europäischen Gerichtsbarkeit

Die Zuständigkeit für Schadensersatzklagen natürlicher oder juristischer Personen des Privatrechts und des öffentlichen Rechts aus Art. 288 II EG liegt seit der Errichtung des Gerichtes I. Instanz bei diesem[1024]. Dies ergibt sich aus Art. 235 EG i.V.m. Art. 3 III lit.c des Beschlusses des Rates (88/591 EGKS, EWG, EAG) zur Errichtung eines Gerichtes erster Instanz der Europäischen Gemeinschaften[1025]. Die Rechtsgrundlage dieses Beschlusses findet sich in Art. 225 EG. Gegen folgende Entscheidungen des Gerichts I. Instanz ist nach Art. 49 der Satzung des EuGH ein Rechtsmittel zum Gerichtshof möglich: Endentscheidungen, Entscheidungen, die über einen Teil des Streitgegenstandes ergangen sind, und Entscheidungen, die einen Zwischenstreit über die Unzuständigkeit oder die Unzulässigkeit der Klage beenden. Das Rechtsmittel ist gem. Art. 51 der Satzung des EuGH auf Rechtsfragen beschränkt[1026].

[1024] Zu den juristischen Personen des öffentlichen Rechts gehören zwar auch die Mitgliedstaaten, deren Schadensersatzklagen sind aber mangels anderweitiger Regelung vor dem EuGH zu erheben. Ob diese jedoch zulässig wären, hat der EuGH bisher nicht entschieden. Vgl. KOENIG/SANDER, EG-Prozeßrecht, Rdn. 401f., der die Zulässigkeit ablehnt; für die Zulässigkeit sprechen sich jedoch aus BORCHARDT, in: Lenz (Hrsg.), EGV-Kommentar, 2. Auflage, Art. 235 EG, Rdn. 4; DERS. in: Dauses (Hrsg.), Hdb. EU-WirtschaftsR, P.I., Rdn. 226; WAELBROECK, in: Louis/Séché (Hrsg.), Commentaire Mégret, Bd. 10, S. 283.

[1025] ABlEG L 319 vom 25.11.1988, S. 1 i.d.F. des Änderungsbeschlusses v. 1. Januar 1995, ABlEG L 1 vom 1.1.1995, S. 1.

[1026] Art. 50 der Satzung des EuGH zählt folgende Rechtsmittelgründe auf: Unzuständigkeit des Gerichts, Verfahrensfehler, durch die die Interessen des Rechtsmittelführers beeinträchtigt werden oder die Verletzung des Gemeinschaftsrechts. Siehe auch KIRSCHNER/KLÜPFEL, Das Gericht erster Instanz, Rdn. 146ff.

Fraglich ist jedoch, ob diese Zuständigkeitsaufteilung auch für Schadensersatzklagen gegen die EZB nach Art. 288 III EG gilt.

Art. 235 EG, der eine ausschließliche Zuständigkeit des Gerichtshofes für Haftungsansprüche aus Art. 288 II EG begründet, spricht nach seinem Wortlaut klar gegen eine solche Annahme, bezieht er sich doch ausdrücklich nur auf Art. 288 II EG. Untermauern ließe sich diese Ansicht mit dem Wortlaut des Art. 35.1 ESZB-Satzung. Er stellt generalklauselartig fest, daß „Handlungen und Unterlassungen der EZB...in den Fällen und unter den Bedingungen, die in diesem Vertrag vorgesehen sind, der Überprüfung und Auslegung durch den Gerichtshof [unterliegen]". Eine Zuständigkeit des EuGH für eine Schadensersatzklage aus Art. 288 III EG ist jedenfalls explizit nicht vorgesehen.

Indes ist zur Lösungsfindung vor allem auf Art. 288 III EG abzustellen. Dieser verweist auf den Absatz II. Aus dieser Verweisung ist zu schließen, daß die Zuständigkeitsregelung des Art. 235 EG auch auf Art. 288 III EG anzuwenden ist[1027]. Gleichermaßen deutet Art. 35.3 ESZB-Satzung, der auf Art. 288 EG insgesamt Bezug nimmt, auf die Anwendbarkeit des Art. 235 EG hin. Für die Anwendung des Art. 235 EG spricht weiterhin ein Gegenschluß aus Art. 35.3 S. 2 ESZB-Satzung. Danach richtet sich die Haftung der nationalen Zentralbanken nach den mitgliedstaatlichen Haftungsregimen, die der Zuständigkeit der mitgliedstaatlichen Gerichte unterliegen. Im Gegenschluß muß die Haftung der EZB, die dem Gemeinschaftsrecht entspringt, auch von der gemeinschaftsrechtlichen Gerichtsbarkeit festgestellt werden können. Schließlich kann die vom EuGH in seiner Rechtsprechung stets verfolgte Einheit der Verträge nur gewahrt werden, wenn die europäischen Gerichte über die Haftung der EZB aus Art. 288 III EG entscheiden, zumal das haftungsauslösende Moment im Gemeinschaftsrecht begründet liegt[1028]. Ferner hat der EuGH, obwohl auch er nach Art. 7 EG nur „nach Maßgabe der ihm in diesem Vertrag zugewiesenen Befugnisse" tätig werden darf, seine Kompetenzen stets als eine umfassende Rechtsweggarantie verstanden und sie weit ausgelegt[1029]. Weitergehend kann noch auf

---

[1027] VON BOGDANDY, in: Grabitz/Hilf, EGV, Archiv-Bd. 2, Art. 178 EG-Vertrag, Rdn. 2; WEINBÖRNER, Europäische Zentralbank, S. 443f.

[1028] Vgl. nur EuGH, Rs. C-228/92, *Roquette Frères/Hauptzollamt Geldern*, Slg. 1994, I-1445, Rdn. 20; KIRSCHNER/KLÜPFEL, Das Gericht erster Instanz, Rdn. 33; PERNICE, in: Grabitz/Hilf, EGV, Archiv-Bd. 2, Art. 164 EG-Vertrag, Rdn. 17; BORCHARDT, in: Lenz (Hrsg.), EGV-Kommentar, 2. Auflage, Art. 220 EG, Rdn. 17.

[1029] PERNICE, in: Grabitz/Hilf, EGV, Archiv-Bd. 2, Art. 164 EG-Vertrag, Rdn. 15. So hat der EuGH entgegen des früheren Wortlauts des Art. 230 EG dem Europäischen Parlament die Passivlegitimation zugestanden. (EuGH, Rs. 284/83, *Les Verts*, Slg. 1986, S. 1339, Rdn. 24). In einem anderen Fall hat sich der EuGH für die Klage eines niederländischen Rechtskommissars, die Kommission zur Herausgabe bestimmter Akten zu verurteilen, für zuständig erden Umstand hingewiesen werden, daß Handlungen der EZB beispielsweise im Rahmen der Nichtigkeitsklage nach Art. 230 EG, der Untätigkeitsklage nach Art. 232 EG sowie des Vorabentscheidungsverfahrens nach Art. 237 lit.b EG der gerichtlichen Kontrolle des EuGH unterliegen. Eine andere Zuständigkeit als die des Gerichtshofes für die Schadensersatzklage gegen die EZB vorzusehen, wäre unter diesem Gesichtspunkt geradezu sachfremd[1030].

Damit ist richtigerweise von der Anwendbarkeit des Art. 235 EG im Zusammenhang mit Schadensersatzansprüchen aus Art. 288 III EG auszugehen. Haftungsklagen gegen die EZB von natürlichen und juristischen Personen, die auf Art. 288 III EG gestützt sind, sind nach Art. 235 EG i.V.m. Art. 3 I lit.c des Beschlusses des Rates 88/591[1031] vor dem Gericht I. Instanz zu erheben. Anschließend kann nach Artt. 49, 50 der Satzung des EuGH ein auf Rechtsfragen beschränktes Rechtsmittel zum EuGH eingelegt werden.

A. Aktiv- und Passivlegitimation

I. Aktivlegitimation

Im Gegensatz zu Art. 230 EG oder Art. 232 EG fehlt im Bereich der Schadensersatzklage nach Art. 235 EG eine primärrechtliche Regelung der Aktivlegitimation. Erst aus Art. 3 I lit.c des Beschlusses des Rates 88/591 ergibt sich, daß natürliche und juristische Personen des privaten oder öffentlichen Rechts hinsichtlich einer Schadensersatzklage vor dem Gericht 1. Instanz klageberechtigt sind.

---

klärt, obwohl der EG-Vertrag dafür keine ausdrückliche Zuständigkeit vorsieht. (EuGH, Rs. C-2/88, *Zwartfeld*, Slg. 1990, I-3365, Rdn. 4, 23).

[1030] Siehe auch COMMITTEE OF GOVERNORS, Commentary Draft Statute, S. 22, das zu Art. 35 ESZB-Satzung Folgendes ausführt: „The intention of this Article is to ensure the same level of judicial control as the one which is applicable to the institutions of the Community.".

[1031] Nachweis siehe unter Fn. 1025.

1. Aktivlegitimation von Kredit- und Finanzinstituten

Im Zusammenhang mit Schadensersatzklagen gegen Handlungen der EZB wird sich das EuG zumeist mit Klagen der Kredit- und Finanzinstitute, die dem Anwendungsbereich des Europäischen Gemeinschaftsrecht unterliegen, zu beschäftigen haben. Dies liegt an der Tatsache, daß diese Rechtssubjekte durch ihre Aktivitäten am Geldmarkt in hohem Maße mit Handlungen der EZB konfrontiert werden. Ferner ist anzuführen, daß Kredit- und Finanzinstitute typischerweise Adressaten der Tätigkeiten von Notenbanken sind. Da sie typischerweise als juristische Personen des Privatrechts oder des öffentlichen Rechts gegründet sind[1032], stellt ihre Aktivlegitimation kein Problem dar.

Eine Ausnahme stellen Kredit- oder Finanzinstitute, die Staatszugehörige eines „Mitgliedstaates mit Ausnahmeregelung" i.S.d. Art. 122 I EG sind, dar[1033]. Sie sind zwar für Schadensersatzklagen aufgrund ihrer Einordnung als juristische Personen grundsätzlich auch aktivlegitimiert. Jedoch wird es vorerst keine Schadensfälle, die durch Handlungen der EZB hervorgerufen werden, geben, da in „Mitgliedstaaten mit Ausnahmeregelung" die diskutierten haftungsrelevanten Befugnisse noch bei den nationalen Zentralbanken liegen[1034]. Kreditinstitute dieser Staaten sind also keine Adressaten der Handlungsbefugnisse der EZB. Eine Ausnahme hierzu ist wiederum nur im Zusammenhang mit TARGET zu machen. Nach dem Beschluß der EZB vom 7. Juli 1998[1035] steht auch Kredit- und Finanzinstituten, die in „Mitgliedstaaten mit Ausnahmeregelung" ihren Sitz haben, TARGET zur Verfügung. Sie haben damit die gleiche Stellung wie die

[1032] Eine Übersicht über die Rechtsformen der deutschen Banken gibt GLESKE, Wettbewerb, S. 30ff.

[1033] Nach der Entscheidung des Rates der Europäischen Gemeinschaft gem. Art. 121 IV EG vom 03. Mai 1998 nehmen folgende Mitgliedstaaten an der 3. Stufe der Wirtschafts- und Währungsunion teil: Belgien, Deutschland, Spanien, Frankreich, Irland, Italien, Luxemburg, die Niederlande, Österreich, Portugal und Finnland (ABlEG L 139 vom 11.5.1998, S. 30ff.) seit dem 1. Januar 1999 sowie Griechenland aufgrund der Entscheidung des Rates vom 19. Juni 2000 (ABlEG L 167 vom 7.7.2000, S. 19). Hingegen nehmen Dänemark und Großbritannien aufgrund einer opting-out Klausel, Schweden aufgrund der Nichteinhaltung der Konvergenzkriterien zur Zeit nicht teil (ABlEG L 139 vom 11.5.1998, S. 31, 34f.).

[1034] Vgl. Art. 122 III EG.

[1035] Abgedruckt in: DEUTSCHE BUNDESBANK, Auszüge aus Presseartikeln, Nr. 42/1998, S. 9.

Kredit- und Finanzinstitute der Euro-Zone und unterliegen ebenso der Hoheitsgewalt der EZB[1036].

2. Aktivlegitimation von EU-Bürgern

Ebenso klageberechtigt sind als natürliche Personen die EU-Bürger. Mit Schadensersatzklagen dieser Gruppe gegen rechtswidrige Handlungen der EZB wird sich das EuG in der Praxis selten bis gar nicht konfrontiert sehen[1037]. Diese Zurückhaltung ist vor allem aus zwei Erwägungen heraus zu erwarten.

Zum einen ist das Vermögen an sich nicht von der Schutznorm des gemeinschaftsrechtlichen Grundrechts auf Eigentum erfaßt[1038]. Dieses wäre jedoch primär in Bezug auf die EU-Bürger durch Maßnahmen der EZB tangiert. Zum zweiten wird der erforderliche unmittelbare Kausalzusammenhang zwischen dem rechtswidrigen Verhalten der EZB und dem bei EU-Bürgern eingetretenen Schaden offensichtlich fehlen. Die EU-Bürger tragen als letztes Glied in der Ursachenkette die Folgen der Geldpolitik der EZB. Zudem kann eine Erhöhung der Bankzinsen bzw. sonstigen -kosten nicht nur auf einer Verteuerung der Refinanzierung, sondern auch auf anderen Faktoren, wie z.B. der Kreditwürdigkeit des Kunden oder auch der Lohnkosten der Bank beruhen. Es ist daher davon auszugehen, daß die EU-Bürger nur „entferntere Folgen“ geldpolitischer Maßnahmen tragen, die nicht über die Schadensersatzklage nach Artt. 235, 288 III EG liquidiert werden können[1039].

Schadensersatzklagen von EU-Bürgern kommen zukünftig nur unter der Voraussetzung in Betracht, daß der EZB grundlegende Kompetenzen im Rahmen der Bankenaufsicht, wie z.B. die Verteilung von Lizenzen, übertragen wird. In diesem Fall ist es denkbar, daß die EZB wegen fehlerhafter Bankenaufsicht von Bankkunden aus Art. 288 III EG in Anspruch genommen wird[1040].

[1036] Zur Haftung der EZB im Zusammenhang mit TARGET siehe unter Teil III: B.

[1037] CZAJA, Haftung, S. 187.

[1038] Zum Schutzbereich des gemeinschaftsrechtlichen Grundrechts auf Eigentum siehe unter Teil II: C.IV.4.a.).

[1039] Ausführlich zum Erfordernis der Kausalität siehe unter Teil II: B.II.4.

[1040] Einer Klage könnte ein dem „Herrstatt-Urteil (BGHZ 75, 120) und dem „Wetterstein-Urteil (BGHZ 74, 144) vergleichbarer Sachverhalt zugrunde liegen.

II. Passivlegitimation der EZB

Die Schadensersatzklage nach Artt. 235, 288 II EG ist gegen die Gemeinschaft zu richten, nicht gegen das schadenstiftende Organ. Dies ergibt sich bereits aus dem Wortlaut des Art. 288 II EG. Gleichwohl weist der EuGH Klagen, die laut Klageschrift gegen das schadenstiftende Organ gerichtet sind, nicht als unzulässig ab, da die Verteidigungsrechte auf Seiten der Gemeinschaft nicht eingeschränkt werden[1041]. Vor Gericht vertreten wird die Gemeinschaft durch das schadenstiftende Organ[1042].

Gegen wen Schadensersatzklagen nach Art. 235, 288 III EG im Zusammenhang mit fehlerhaftem Verhalten der EZB zu richten sind, ist bislang ungeklärt. In Betracht kommt sowohl die EG, als auch die EZB.

Für die erste Variante spricht der Wortlaut des Art. 288 III EG. Dieser Artikel läßt zwar die Frage der Passivlegitimation offen, jedoch könnte der Verweisung auf Art. 288 II EG zu entnehmen sein, daß auch für Schadensersatzklagen aufgrund rechtswidrigen Verhaltens der EZB die EG als passivlegitimiert anzusehen ist[1043].

Indes muß der Umstand in Erinnerung gerufen werden, daß die Vertragsparteien gerade in der deutschen Fassung des EG-Vertrages mit der Verwendung der Formulierung „Absatz 2 gilt in *gleicher* Weise" Modifizierungen im Zusammenhang mit der Haftung der EZB ermöglichen wollten[1044]. Ob eine Modifizierung im Bereich der Passivlegitimation angebracht ist, ist im folgenden zu überprüfen.

Entscheidend für die Passivlegitimation der EG in Art. 288 II EG ist die Tatsache, daß ein Titel gegen das schadenstiftende Organ nicht vollstreckbar wäre, da die Organe über keinen eigenen Haushalt verfügen. Ein Titel gegen das schadenstiftende EG-Organ würde damit gegen den Grundsatz des effektiven Rechtsschutzes verstoßen. Der Schadensersatz kann also nur aus dem Haushalt der Gemeinschaft, der von der Kommission verwaltet wird[1045], geleistet werden. Demnach muß gegen die Gemeinschaft ein Titel erworben werden können.

Der EZB hingegen stehen nach Art. 28.1 ESZB-Satzung eigene Finanzmittel zu und sie erstellt gem. Art. 15.1 der Geschäftsordnung der EZB einen Haus-

---

[1041] Ständige Rspr. seit EuGH, Rs. 63-69/72, *Werhahn/Rat*, Slg. 1973, S. 1229, Rdn. 8; EuG, T-246/93, *Bühring/Rat und Kommission*, Slg. 1998, II-171, Rdn. 26.

[1042] EuGH, Rs. 63-69/72, *Werhahn/Rat*, Slg. 1973, S. 1229, Rdn. 8.

[1043] So KÜMPEL, Bank- und Kapitalmarktrecht, Rdn. 20.100; WEBER, WM 1998, S. 1470, der aber zu bedenken gibt, daß die Passivlegitimation der EG sachlich nicht gerechtfertigt ist.

[1044] Siehe dazu die Ausführungen unter Teil II: C.II.

[1045] Art. 274 I EG.

halt[1046]. Ein Titel gegen die EZB wäre also vollstreckbar. Der Grundsatz des effektiven Rechtsschutzes wäre in diesem Fall gewahrt. Die EZB als Passivlegitimierte anzusehen, stünde insoweit nichts entgegen.

Des Weiteren ist als Argument für die EZB als Passivlegitimierte anzuführen, daß eine Haftung sich stets gegen den rechtlich Verantwortlichen zu richten hat[1047]. Die EZB führt ihre vertraglich zugewiesenen Aufgaben im eigenen Namen und für eigene Rechnung aus. Sie tritt als eigenständige juristische Person auf[1048]. Eine Mitverantwortung der Europäischen Gemeinschaft ist nicht ersichtlich[1049]. Die Haftung der Europäischen Gemeinschaft aufzubürden, würde damit für die EZB eine ungerechtfertigte Entlastung von der Verantwortung für ihre Handlungen bedeuten. Zudem würde das Haftungsrisiko in seiner verhaltenslenkenden Funktion an Effektivität einbüßen.

Überdies würde die Passivlegitimation der EG im Widerspruch zum unabhängigen Status der EZB stehen. Mitentscheidendes Kriterium für den Grad der Unabhängigkeit einer Institution ist die Haftungsfrage. Nur wenn eine Institution selbst für die von ihr verursachten Schäden einzustehen hat, genießt sie einen unabhängigen Status[1050].

Damit sprechen entgegen dem eigentlich eindeutigen Wortlaut die besseren Gründe für die Passivlegitimation der EZB[1051]. Die Verweisungsformel „Ab

---

[1046] ABlEG L 110 vom 28.04.1999, S. 30.

[1047] CZAJA, Haftung, S. 135.

[1048] Vgl. Art. 107 II EG, Art. 9.1 ESZB-Satzung.

[1049] HILF, Organisationsstruktur, S. 41; WEBER, WM 1998, S. 1470; ZILIOLI/SELMAYR, CMLR 37 (2000), S. 637f.

[1050] HILF, Organisationsstruktur, S. 40.

[1051] Ebenso GILSDORF/OLIVER, in: GTE, Komm EUV/EGV, Art. 215 EG-Vertrag, Rdn. 15; GOETZE, Tätigkeit der nationalen Zentralbanken, S. 174, jedoch ohne weitere Begründung; SELMAYR, AöR 124 (1999), S. 371, dort unter Fn. 62; ZILIOLI/SELMAYR, CMLR 37 (2000), S. 606, 637f.

satz 2 gilt in *gleicher* Weise", läßt diese Modifizierungen des Haftungsmodells des Art. 288 II EG zu.

C. Rechtsschutzbedürfnis des Klägers

Eine Frage der Zulässigkeit bildet auch die Feststellung des klägerischen Rechtsschutzbedürfnisses. Dieses kann entfallen, wenn dem Kläger zur Erreichung seines Klageziels ein anderer Rechtsbehelf eröffnet ist[1052].

In vielen Fallkonstellationen ist nämlich nicht nur ein materieller Anspruch auf Schadensersatz aus Art. 288 II, III EG gegeben, sondern der Geschädigte hat, soweit eine innerstaatliche Verwaltungsentscheidung vorliegt, in der Regel auch die Möglichkeit, mit nationalen Rechtsmitteln des primären oder des sekundären Rechtsschutzes gegen diese vorzugehen. Soweit der Geschädigte Adressat einer EG-Entscheidung ist, steht ihm die Möglichkeit einer Nichtigkeitsklage aus Art. 230 EG offen.

Das Rechtsschutzbedürfnis des Klägers für eine Schadensersatzklage hängt also von der Frage ab, in welchem Verhältnis andere in Frage kommende Rechtsbehelfe zur Schadensersatzklage nach Artt. 235, 288 II, III EG stehen.

I. Verhältnis der Schadensersatzklage gem. Artt. 235, 288 II, III EG zur Nichtigkeitsklage gem. Art. 230 EG

„Der Vertrag hat die Schadensersatzklage der Art. 178 [Art. 235 EG] und 215 Absatz 2 [Art. 288 II EG] als selbständigen Rechtsbehelf mit eigener Funktion im System der Klagemöglichkeiten geschaffen und sie von Voraussetzungen abhängig gemacht, die ihrem besonderen Zweck angepaßt sind. Sie unterscheidet sich dadurch von der Anfechtungsklage, daß sie nicht die Beseitigung einer bestimmten Maßnahme zum Ziel hat, sondern den Ersatz des Schadens, den ein Gemeinschaftsorgan in Ausübung seiner Befugnisse verursacht"[1053]. Mit dem Verweis auf die Selbständigkeit der Schadensersatzklage versteht es der EuGH, der Klage ein eigenes Gepräge zu verleihen. Insbesondere wird sie grundsätzlich nicht davon abhängig gemacht, daß die schädigende

[1052] VON BOGDANDY, in: Grabitz/Hilf, EGV, Archiv-Bd. 2, Art. 215 EG-Vertrag, Rdn. 42ff.; RENGELING/MIDDEKE/GELLERMANN, Rechtsschutz, Rdn. 256.

[1053] EuGH, Rs. 5/71, *Schöppenstedt/Rat*, Slg. 1971, S. 975, Rdn. 3; siehe auch EuGH, Rs. 4/69, *Lütticke/Kommission*, Slg. 1971, S. 325, Rdn. 6; EuGH, Rs. 232/84, *Krohn/Kommission*, Slg. 1986, S. 753, Rdn. 32.

Handlung oder Unterlassung mit der Anfechtungsklage nach Art. 230 EG bzw. der Untätigkeitsklage nach Art. 232 EG im Einzelfall angegangen werden könnte[1054]. Die Klagen stehen in einem echten Konkurrenzverhältnis.

Eine Ausnahme macht der EuGH nur in Mißbrauchsfällen, wenn der Kläger versucht, das Ergebnis der Anfechtungs- oder Untätigkeitsklage mittels der Schadensersatzklage zu erreichen[1055]. In dieser Konstellation rekurriert der EuGH auf das von ihm entwickelte „Umgehungsverbot" und weist die Klage als unzulässig ab[1056]. Der EuGH führte dazu in der Rechtssache *Krohn/Kommission* aus: „Die Rechtsprechung, auf die sich die Kommission beruft, betrifft nur den Ausnahmefall, daß eine Schadensersatzklage auf Zahlung eines Betrages gerichtet ist, der genau dem Betrag der Abgaben entspricht, die der Kläger in Ausführung einer Einzelfallentscheidung gezahlt hat, weshalb mit der Schadensersatzklage in Wirklichkeit die Aufhebung dieser Einzelfallentscheidung begehrt wird."[1057]. Die Schadensersatzklage ist somit auf die Verfolgung echter Schadensersatzansprüche beschränkt[1058].

Fälle des vorgenannten Mißbrauchs kommen in der Praxis insbesondere bei Klagen von natürlichen und juristischen Personen im Zusammenhang mit administrativen Einzelakten in Betracht. Nur bei dieser Art von Rechtsakten besteht für diese Gruppe die Möglichkeit, eine Nichtigkeitsklage nach Art. 230 I, IV EG zu erheben. Da die EZB gem. Art. 110 I 2. Spiegelstrich EG, Art. 34.1 2. Spiegelstrich ESZB-Satzung administrative Einzelakte erlassen kann[1059], muß

1054 EuGH, Rs. 261 und 262/78, *Interquell Stärke-Chemie/Rat und Kommission*, Slg. 1979, S. 3045, Rdn. 7; BORCHARDT, in: Lenz (Hrsg.), EGV-Kommentar, 2. Auflage, Art. 235 EG, Rdn. 9. Eine andere Auffassung würde die Rechtsschutzmöglichkeiten von natürlichen und juristischen Personen beträchtlich verringern, da diese gem. Art. 230 IV EG und Art. 232 III EG nur unter erschwerten Bedingungen normative Akte gerichtlich angehen können. Damit würde der Art. 288 II, III EG dem Art. 34 KS angenähert.

1055 In der Praxis ist dies häufig dann der Fall, wenn der Kläger die Rückzahlung eines Betrages begehrt, den er aufgrund einer rechtswidrigen Entscheidung gezahlt hat. Häufig ist dann nämlich die Nichtigkeitsklage nach Art. 230 V EG verfristet. Siehe z.B. EuGH, Rs. 232/84, *Krohn/Kommission*, Slg. 1986, S. 753, Rdn. 33; EuG, T-68/76, *Polyvios/Kommission*, Slg. 1998, II-153, Rdn. 32.

1056 EuG, Rs. T-514/93, *Cobrcaf u.a./Kommission*, Slg. 1995, II-623, Rdn. 59; VAN DER WOUDE, Liability for Administrative Acts, S. 126.

1057 EuGH, Rs. 175/84, *Krohn/Kommission*, Slg. 1986, S. 753, Rdn. 33.

1058 OSSENBÜHL, Staatshaftungsrecht, S. 568.

1059 So kann die EZB zum Beispiel nach Art. 3 VO (EG) 2532/98 (ABlEG L 318 vom 27.11.1998, S. 4) Sanktionen in Form einer EG-Entscheidung gegen Kreditinstitute verhängen, die ihrer Mindestreservepflicht nicht nachkommen. Siehe dazu ausführlich unter Teil III: A.II.2.b.)bb.) und Teil III: A.II.3.b.)bb.).

auch in diesem Rahmen stets die Möglichkeit des Mißbrauchs der Schadensersatzklage geprüft werden.

II. Verhältnis der Schadensersatzklage nach Artt. 235, 288 II, III EG zu mitgliedstaatlichen Rechtsbehelfen

Während im Hinblick auf die europarechtlichen Klagemöglichkeiten ein Verhältnis echter Konkurrenz vorherrscht, ist das Verhältnis von innerstaatlichen Klagemöglichkeiten und der Schadensersatzklage nach Art. 288 III EG durch ein Stufenverhältnis gekennzeichnet. Daraus folgert der EuGH: „Die Kontrolle des Verwaltungshandelns der Mitgliedstaaten bei der Anwendung des Gemeinschaftsrechts ist aber in erster Linie Sache der innerstaatlichen Gerichte ... . Unter diesen Umständen ist als Rechtsbehelf eine Klage vor den innerstaatlichen Gerichten angebracht ... ."[1060].

Das bedeutet, daß bei Vollzugshandlungen durch nationale Behörden zunächst vor den mitgliedstaatlichen Gerichten Rechtsschutz zu suchen ist. Dem liegt zugrunde, daß der Rechtsschutz grundsätzlich am letzten Glied, dem das Gemeinschaftsrecht konkretisierenden Akt anknüpfen soll. Eine Schadensersatzklage nach Artt. 235, 288 II, III EG ist hierzu nur subsidiär zulässig. Dies erscheint unter dem Gesichtspunkt sachgerecht, daß dem Geschädigten primär nur dieser Vollzugsakt bekannt ist. Bei genauer Untersuchung der Rechtsprechung im Zusammenhang mit Rechtsschutzfragen gegenüber Handlungen, bei denen nationale und gemeinschaftsrechtliche Stellen zusammenwirken, stellt sich der Zusammenhang viel komplexer dar, als das Schlagwort der Subsidiarität vermuten läßt.

Zu unterscheiden sind folgende drei Konstellationen: Die Rechtswidrigkeit liegt ausschließlich im mitgliedstaatlichen Vollzugsakt, nur die gemeinschaftsrechtliche Vorgabe ist rechtswidrig und schließlich sowohl das nationale als auch das gemeinschaftsrechtliche Verhalten sind fehlerbehaftet.

Ist lediglich der nationale Vollzugsakt rechtswidrig, so ist der mitgliedstaatliche Rechtsweg zu beschreiten. Eine Konkurrenz mit gemeinschaftsrechtlichen Rechtsbehelfen ist mangels Verursachungsbeitrag nicht denkbar. Eine Schadensersatzklage vor dem EuGH nach Artt. 235, 288 II EG ist unzulässig[1061].

[1060] EuGH, Rs. 133/79, *Sucrimex/Kommission*, Slg. 1980, S. 1299, Rdn. 24; EuGH, Rs. 92/81, *Interagra/Kommission*, Slg. 1982, S. 2233, Rdn. 10; ebenso EuGH, Rs. 281/82, *Unifrex/Kommission*, Slg. 1984, S. 1969, Rdn. 11f.

[1061] VON BOGDANDY, in: Grabitz/Hilf, EGV, Archiv-Bd. 2, Art. 215 EG-Vertrag, Rdn. 48; CZAJA, Haftung, S. 194f.

In der zweiten Konstellation ist trotz der gemeinschaftlichen Verursachung der Rechtswidrigkeit nach der Rechtsprechung des EuGH zunächst der nationale Rechtsweg auszuschöpfen. Fragen des Gemeinschaftsrechts können im Wege des Vorabentscheidungsverfahrens nach Art. 234 EG geklärt werden[1062]. Von diesem System macht der EuGH nach ständiger Rechtsprechung eine Ausnahme, wenn durch die nationalen Gerichte kein effektiver Rechtsschutz gewährt wird, sei es, daß die Möglichkeit einer Anfechtungsklage nicht besteht[1063], eine Anfechtungsklage nicht geeignet ist, den Schaden des Klägers zu beheben[1064] oder der Kläger im Einzelfall aufgrund besonderer Umstände von den mitgliedstaatlichen Rechtsschutzmöglichkeiten keinen Gebrauch machen konnte[1065]. Die Ungeeignetheit der Anfechtungsklage hängt eng mit der Intensität der Einwirkung von Gemeinschaftsorganen auf den mitgliedstaatlichen Vollzug zusammen. Soweit die Gemeinschaftsorgane den nationalen Stellen verbindliche Weisungen für den Vollzug erteilen und ihnen kein Vollzugsermessen zugestehen, diese also praktisch nur der „verlängerte Arm" des anweisenden Organs sind, kann der Geschädigte unmittelbar vor dem EuGH Klage erheben[1066]. Eine Klage aus Amtshaftung nach Art. 34 GG i.V.m. § 839 BGB gegen die vollziehende deutsche Behörde hätte schon deswegen keine Aussicht auf Erfolg, da eine Amtspflichtverletzung offenkundig zu verneinen ist. Sie wäre also nicht geeignet, dem Kläger effektiven Rechtsschutz zu gewährleisten. Es liegt allein eine haftungsauslösende Amtstätigkeit eines Organs der EG i.S.d. Art. 288 EG vor. Eine Schadensersatzklage nach Artt. 235, 288 II EG soll in diesem Fall bereits vor Erschöpfung des nationalen Rechtsweges zulässig sein.

[1062] BORCHARDT, in: Lenz (Hrsg.), EGV-Kommentar, 2. Auflage, Art. 235 EG, Rdn. 11.

[1063] Z.B. EuGH, verb. Rs. 197-200, 243, 245 und 247/80, *Ludwigshafener Walzmühle/Rat und Kommission*, Slg. 1981, S. 3211, Rdn. 9; EuGH, Rs. 20/88, *Roquette Frères/Kommission*, Slg. 1989, S. 1553, Rdn. 15f.

[1064] Z.B. EuGH, Rs. 261 und 262/78, *Interquell Stärke-Chemie/Rat und Kommission*, Slg. 1979, S. 3045, Rdn. 6; EuGH, Rs. C-104/89 und C-37/90, *Mulder u.a./Rat und Kommission*, Slg. 1992, I-3061, Rdn. 9. Innerstaatliche Rechtsbehelfe sind auch dann nicht geeignet, wenn der Kläger nur einen Teil des Klageziels erreichen kann. Dies ist insbesondere in Situationen der Fall, in denen es neben der Rückforderung von Abgaben um den Ersatz von Schäden geht. Vgl. EuGH, Rs. C-119/88, *AERPO/Kommission*, Slg. 1990, I-2189, Rdn. 13f.; CZAJA, Haftung, S. 196.

[1065] Z.B. EuGH, Rs. 64 und 113/76, 167 und 239/78, 27, 28 und 45/79, *Dumortier Frères/Rat*, Slg. 1979, 3091, Rdn. 6.

[1066] EuGH, Rs. 175/84, *Krohn/Kommission*, Slg. 1986, S. 753, Rdn. 21; EuGH, Rs. C-104/89 und C-37/90, *Mulder u.a./Rat und Kommission*, Slg. 1992, I-3061, Rdn. 9; BORCHARDT, in: Dauses (Hrsg.), Hdb. EU-WirtschaftsR, P.I., Rdn. 234.

Schließlich ist die Konstellation zu klären, daß sowohl die nationale Stelle als auch die gemeinschaftsrechtliche Stelle rechtswidrig gehandelt haben[1067]. Auch hier hat der EuGH die Kläger zunächst auf den mitgliedstaatlichen Rechtsweg verwiesen[1068]. Nur soweit der Schaden von den nationalen Gerichten nicht vollständig liquidiert werden kann, soll die Schadensersatzklage des Art. 235 EG zulässig sein. Diese Vorgehensweise begründet der EuGH mit der Gefahr der Doppelvollstreckung[1069].

Dagegen wird vielfach angeführt, daß die Gefahr der Doppelvollstreckung mit dem Rechtsbehelf der Vollstreckungsgegenklage gebannt werden kann[1070]. Aus Gründen des effektiven Rechtsschutzes wird in der Literatur vielfach für eine gesamtschuldnerische Haftung der Gemeinschaft und des Mitgliedstaates plädiert[1071]. Dem Kläger soll offenstehen, vor welcher Gerichtsbarkeit er sein Klageziel durchsetzen und von welchem Rechtssubjekt er den gesamten Schaden ersetzt haben will. Um eine gerechte Verteilung der Lasten zwischen der Gemeinschaft und dem Mitgliedstaat zu erreichen, soll ein Innenausgleich nach dem Verursachungsgrad erfolgen[1072].

Nachdem das System entsprechend dem bisherigen Stand der Rechtsprechung theoretisch aufbereitet ist, soll im folgenden wieder auf die in dieser Arbeit zu untersuchende Frage Bezug genommen werden.

Im Rahmen des ESZB sind sowohl die EZB als auch die nationalen Zentralbanken Handlungsträger. Dies ergibt sich aus Art. 107 I EG. Um eine einheitliche, gemeinschaftsweite Geldpolitik gewährleisten zu können, sieht der EG-Vertrag jedoch vor, daß die Entscheidungen zentral auf der Gemeinschaftsebene von den Organen der EZB getroffen werden[1073]. Die nationalen Zentralbanken können gem. Art. 12.1 UAbs.3 ESZB-Satzung mit dem Vollzug betraut werden.

[1067] RENGELING/MIDDEKE/GELLERMANN, Rechtsschutz, Rdn. 259.

[1068] VON BOGDANDY, in: Grabitz/Hilf, EGV, Archiv-Bd. 2, Art. 215 EG-Vertrag, Rdn. 58; CZAJA, Haftung, S. 196.

[1069] EuGH, verb. Rs. 5, 7 und 13-24/66, *Kampffmeyer/Kommission*, Slg. 1967, S. 331, 358f.; EuGH, Rs. 30/66, *Becher/Kommission*, Slg. 1967, S. 385, 405.

[1070] Artt. 244, 256 IV EG i.V.m. Art. 89 VerfOEuGH.

[1071] So beispielsweise OPPERMANN, Europarecht, Rdn. 172; CZAJA, Haftung, S. 197ff.; BORCHARDT, in: Lenz (Hrsg.), EGV-Kommentar, 2. Auflage, Art. 235 EG, Rdn. 13.

[1072] So CZAJA, Haftung, S. 201f.; RENGELING/MIDDEKE/GELLERMANN, Rechtsschutz, Rdn. 259. Die Gemeinschaft kann den Regreßanspruch gegen den jeweiligen Mitgliedstaat über das Vertragsverletzungsverfahren nach Artt. 226, 228 EG einklagen. Der Mitgliedstaat kann sich, soweit die Gemeinschaft einen Regreß ablehnt, mit der Nichtigkeitsklage nach Art. 230 EG oder der Untätigkeitsklage nach Art. 232 EG zur Wehr setzen.

[1073] Vgl. nur HÄDE, Deutsche Bundesbank, S. 111.

Sie handeln dann gem. Art. 14.3 S. 1 ESZB-Satzung nach den EZB-Leitlinien und EZB-Weisungen[1074].

Im Rahmen der Währungspolitik kommt es also zu einem Zusammenwirken der EZB und den nationalen Zentralbanken. Damit kommen hier alle drei angesprochenen Konstellationen in Frage; so können entweder die Vollzugsakte der nationalen Zentralbanken oder die Vorgaben der EZB rechtswidrig sein, denkbar ist aber auch ein Zusammentreffen beider Fälle.

1. Rechtsweg bei Vollzugsakten der nationalen Zentralbanken, deren Rechtswidrigkeit auf einem Fehler derselben beruht

Beruht die Rechtswidrigkeit des Vollzugsaktes allein darauf, daß die nationale Zentralbank fehlerhaft gehandelt hat, kommt nach dem oben Gesagten allein der nationale Rechtsweg in Frage. Dies wird durch den Text der Regelung Art. 35.1 S. 2 ESZB-Satzung sogar ausdrücklich für die Vollzugshandlungen der nationalen Zentralbanken bestätigt[1075]. Danach haften die nationalen Zentralbanken nach dem jeweiligen innerstaatlichen Recht.

Neben dem mitgliedstaatlichen Staatshaftungsrecht könnten aber auch die Haftungsgrundsätze des gemeinschaftsrechtlichen Staatshaftungsanspruchs anwendbar sein. Dies ist jedoch fraglich, da die strikten Voraussetzungen des gemeinschaftsrechtlichen Staatshaftungsanspruchs zunächst nur Fälle des normativen Unrechts erfaßten[1076]. Bei Vollzugsakten der nationalen Zentralbanken handelt es sich indes um administrative Tätigkeiten. Die Haftungsvoraussetzungen für normatives Unrecht auch auf administratives Unrecht der Mitgliedstaaten zu übertragen, würde bedeuten, daß die Mitgliedstaaten bei Verstößen gegen das Gemeinschaftsrecht im Gegensatz zur EG im Zusammenhang mit fehlerhaften Vollzugsakten selbst nur haften, wenn ein hinreichend qualifizierter" Verstoß vorliegt[1077]. Eine Gleichstellung von normativem und administrativem Unrecht erscheint gerade angesichts der Motive, die den EuGH zu der strengen Voraussetzung der Haftung für normatives Unrecht in Art. 288 II EG bewegten, nicht angemessen. Im Zusammenhang mit der Haftung für rechtswid-

---

1074 HAHN/HÄDE, in: Dolzer/Vogel (Hrsg.), BK, Art. 88 GG, Rdn. 556; HÄDE, Deutsche Bundesbank, S. 111ff.; POTACS, Europäische Zentralbankenverfassung, S. 37ff.

1075 Siehe auch oben unter Teil II: C.III.1.c.).

1076 Vgl. EuGH, Rs. C-46/93 und C-48/93, *Brasserie du Pêcheur/Bundesrepublik Deutschland*, Slg. 1996, I-1029, Rdn. 39ff.; RUFFERT, in: Calliess/Ruffert, EUV/EGV, Art. 288 EG, Rdn. 32, 39; VON DANWITZ, DVBl. 1997, S. 8f.

1077 Die EG haftet nach Art. 288 II EG bei administrativem Unrecht bereits, wenn eine die Interessen des Klägers schützende Norm verletzt ist. Siehe dazu oben unter Teil II: B.II.2.

rige normative Akte von EG-Organen lag in der Urteilsbegründung des EuGH das Augenmerk stets darauf, den Entscheidungsspielraum des europäischen „Gesetzgebers" und mithin die Funktionsfähigkeit der EG-Organe zu wahren. Dieser Begründungstopos lag auch der Übertragung der „hinreichend qualifizierten Rechtsverletzung" auf die mitgliedstaatliche Staatshaftung bei normativem Unrecht zugrunde[1078]. Im Zusammenhang mit der Haftung der EG nach Art. 288 II EG für administratives Unrecht spielten diese Erwägungen in der Rechtsprechung des EuGH nie eine Rolle[1079]. Daher verwundert es und erscheint als Bruch im europäischen Haftungssystem, wenn der EuGH im Urteil *The Queen/Ministry of Agriculture, Fishes and Food, ex parte: Hedley Lomas* das Erfordernis eines „hinreichend qualifizierten Rechtsverstoßes" auf eine Verweigerung einer Ausfuhrgenehmigung, die nicht mit Art. 29 EG vereinbar war, also einen Administrativakt, anwendet[1080].

Bei genauerer Betrachtung der Urteile *Francovich/Italienische Republik* und *Brasserie du Pêcheur/Bundesrepublik Deutschland* fällt jedoch auf, daß der Gerichtshof nicht zwischen normativem und administrativem Unrecht unterscheidet. Er hatte zwar ausschließlich Fälle normativen Unrechts zu entscheiden, ließ sich aber die Hintertür offen, ähnliche Voraussetzungen auch auf mitgliedstaatliches administratives Unrecht anzuwenden[1081].

Zudem ist das Erfordernis einer „hinreichend qualifizierten Rechtsverletzung" auch bei Administrativakten sachgerecht, da es ermöglicht, die Art des für die Auslösung der mitgliedstaatlichen Staatshaftung erforderlichen Fehlers von der Art der dem Staat obliegenden Gemeinschaftsverpflichtung und der Art des begangenen Verstoßes abhängig zu machen. Damit kann ein Staat, der gegen das Gemeinschaftsrecht in einem Bereich verstößt, in dem ihm nur eine gebundene Entscheidungsmöglichkeit zusteht, leichter haftbar gemacht werden, als bei einer Gemeinschaftsverpflichtung auf einem Gebiet, in dem der Staat über ein

---

[1078] OSSENBÜHL, Staatshaftungsrecht, S. 511ff.; VON DANWITZ, DVBl. 1997, S. 5.

[1079] Vgl. LAGEARD, in: Lenz (Hrsg.), EGV-Kommentar, 2. Auflage, Art. 288 EG, Rdn. 22, 24.

[1080] EuGH, Rs. C-5/94, *The Queen/Ministry of Agriculture, Fisheries and Food, ex parte: Hedley Lomas*, Slg. 1996, I-2553, Rdn. 24ff.

[1081] EuGH, verb. Rs. C-6/90 und C-9/90, *Francovich/Italienische Republik*, Slg. 1991, I-5357, Rdn. 34, „vor allem"; EuGH, verb. Rs. C-46/93 und C-48/93, *Brasserie du Pêcheur/Bundesrepublik Deutschland*, Slg. 1996, I-1029, Rdn. 55ff.; siehe auch die Ansicht von GA LÉGER, Schlußanträge, Rs. C-5/94, *The Queen/Ministry of Agriculture, Fisheries and Food, ex parte: Hedley Lomas*, Slg. 1996, I-2553, 2578; OSSENBÜHL, Staatshaftungsrecht, S. 511.

weites Ermessen verfügt[1082]. Mit der Anforderung einer „hinreichend qualifizierten Rechtsverletzung“ verfügt der EuGH über ein flexibles Instrument, das Haftungsrisiko angemessen zwischen der gemeinschaftsrechtlichen und mitgliedstaatlichen Ebene je nach Komplexität des zu entscheidenden Sachverhalts oder des zur Verfügung stehenden Ermessens zu verteilen.

Im Ergebnis bleibt damit festzuhalten, daß die Voraussetzungen des gemeinschaftsrechtlichen Staatshaftungsanspruchs auch auf Administrativakte anzuwenden sind. Sie gelten damit auch für Einzelfallentscheidungen der nationalen Zentralbanken. Eine Haftung der nationalen Zentralbanken ist demzufolge dann zu bejahen, wenn die gemeinschaftsrechtliche Rechtsnorm, gegen die verstoßen worden ist, bezweckt, dem einzelnen Rechte zu verleihen, wenn der Verstoß hinreichend qualifiziert ist und zwischen der Verletzungshandlung und dem entstandenen Schaden ein unmittelbarer Kausalzusammenhang besteht[1083]. Bei der Untersuchung, ob eine hinreichend qualifizierte Verletzung des Gemeinschaftsrechts vorliegt, können Schwierigkeiten bei der Anwendung, die Komplexität des Sachverhalts sowie der Beurteilungsspielraum der nationalen Zentralbank berücksichtigt werden[1084]. Daneben ist auch ein Haftungsanspruch nach mitgliedstaatlichem Recht möglich. In der Praxis denkbar ist insbesondere, daß die nationalen Zentralbanken wegen fehlerhafter Vollzugshandlungen im Bereich der Mindestreserve haftbar gemacht werden sollen.

2. Rechtsweg bei Vollzugsakten der nationalen Zentralbanken, deren Rechtswidrigkeit auf einer fehlerhaften EZB-Leitlinie oder EZB-Weisung beruht

In der zweiten Gruppe soll der Rechtsweg für den Fall untersucht werden, daß die nationalen Zentralbanken in Ausführung einer EZB-Leitlinie oder EZB-Weisung i.S.d. Art. 14.3 S. 1 ESZB-Satzung handeln und diese fehlerhaft ist.

Beide Rechtsakte sind für die nationalen Zentralbanken verbindlich[1085]. Inhaltlich können beide derart detaillierte Vorgaben enthalten, daß den nationalen

---

[1082] GA LÉGER, Schlußanträge, Rs. C-5/94, *The Queen/Ministry of Agriculture, Fisheries and Food, ex parte: Hedley Lomas*, Slg. 1996, I-2553, 2592f.; OSSENBÜHL, Staatshaftungsrecht, S. 512f.; VON BOGDANDY, in: Grabitz/Hilf, EGV/EUV, Archiv-Bd. 2, Art. 215 EG-Vertrag, Rdn. 150.

[1083] EuGH, Rs. C-5/94, *The Queen/Ministry of Agriculture, Fisheries and Food, ex parte: Hedley Lomas*, Slg. 1996, I-2553, Rdn. 24.

[1084] GA LÉGER, Schlußanträge, Rs. 5/94, *The Queen/Ministry of Agriculture, Fisheries and Food, ex parte: Hedley Lomas*, Slg. 1996, I-2553, 2595.

[1085] LOUIS, CMLR 35 (1998), S. 56; SELMAYR, AöR 124 (1999), S. 375.

Zentralbanken kein Vollzugsermessen verbleibt[1086]. Die nationalen Zentralbanken erscheinen dann als „verlängerter Arm“ der EZB. Sind diese gemeinschaftsrechtlichen Vorgaben fehlerhaft und beruht die Rechtswidrigkeit des Vollzugsaktes allein auf diesem Fehler, macht der EuGH eine Ausnahme vom Grundsatz der Subsidiarität. Eine Schadensersatzklage ist ohne Erschöpfung des innerstaatlichen Rechtsweges unmittelbar vor dem EuGH zulässig.

Etwas anderes könnte sich indes für das Zusammenwirken der EZB und der nationalen Zentralbanken aus Art. 35.3 ESZB-Satzung ergeben.

Aus dem Wortlaut dieser Vorschrift könnte man schließen, daß selbst wenn haftungsrechtlich das Handeln der nationalen Zentralbanken der EZB zuzurechnen ist[1087], der nationale Rechtsweg zu beschreiten ist. Eine Schadensersatzklage wäre dann stets vor den nationalen Gerichten zu erheben. Eine Klage vor dem EuGH wäre unzulässig.

Für eine derartige Interpretation der Norm würde auf den ersten Blick insbesondere der Grundsatz der Rechtssicherheit sprechen. Wie bereits GA MANCINI im Fall *Krohn/Kommission* ausgeführt hat, ist es dem Kläger praktisch unmöglich, festzustellen, ob die Einwirkung der Gemeinschaft als bloß unverbindlicher Vorschlag oder als verbindliche Weisung einzuordnen ist, da die beiden Alternativen in der Praxis sehr eng zusammen liegen[1088]. Er schlägt daher vor, „daß die Maßnahmen der nationalen Dienststellen *immer und in jeder Weise* die Haftung der Mitgliedstaaten auslösen [sollen] und daß für deren Beurteilung *allein* der Rechtsweg zu den nationalen Gerichten angemessen..“ sei[1089]. Je nach Einwirkungsgrad soll jedoch der Mitgliedstaat die EG in Regreß nehmen können[1090].

Ähnlich wie das Verhältnis zwischen den EG-Organen und den Mitgliedstaaten stellt sich das Beziehungsgeflecht zwischen der EZB und den nationalen Zentralbanken dar. Für einen Geschädigten ist es praktisch unmöglich, das Kompetenzgeflecht zwischen der EZB und den nationalen Notenbanken zu entwirren und den Grad der Einwirkung abzuschätzen. Gegenüber ihm tritt lediglich die nationale Zentralbank in Erscheinung; ob die Entscheidung der

---

1086 HAHN/HÄDE, in: Dolzer/Vogel (Hrsg.), BK, Art. 88 GG, Rdn. 594; SELMAYR, AöR 124 (1999), S. 375; WEBER, Kompetenzverteilung, S. 150 ist der Auffassung, daß auch Leitlinien ausnahmsweise detaillierte Regelungen enthalten können. Ebenso wohl ZILIOLI, in: GTE, Komm EUV/EGV, nach Art. 109m EG-Vertrag, Satzung ESZB und EZB, Art. 12, Rdn. 6, die von Leitlinien als „eher“ allgemeinen Rechtsakten spricht. Siehe zur Rechtsnatur der Weisung und Leitlinie auch unter Teil II: C.III.1.c.)dd.).

1087 Siehe oben unter Teil II: C.III.1.c.)dd.).

1088 GA MANCINI, Schlußanträge, Rs. 232/84, *Krohn/Kommission*, Slg. 1986, S. 753, 761.

1089 GA MANCINI, Schlußanträge, Rs. 232/84, *Krohn/Kommission*, Slg. 1986, S. 753, 761.

1090 GA MANCINI, Schlußanträge, Rs. 232/84, *Krohn/Kommission*, Slg. 1986, S. 753, 761.

nationalen Zentralbank auf einer EZB-Leitlinie oder EZB-Weisung beruht und ob es sich um eine Ermessensentscheidung handelt, bleibt für den Adressaten im Dunkeln[1091]. Es würde daher auch in diesem Zusammenhang den Grundsätzen der Rechtssicherheit und des effektiven Rechtsschutzes entsprechen, bei Vollzugshandlungen der nationalen Zentralbanken allein den nationalen Rechtsweg für zulässig zu erklären[1092]. Der nationalen Zentralbank verbliebe dann die Möglichkeit, gegen die EZB einen Regreßanspruch zu stellen, der erforderlichenfalls mittels einer Klage nach Art. 235 EG durchgesetzt werden könnte[1093].

SMITS hingegen folgt im Hinblick auf das Verhältnis zwischen der EZB und den nationalen Notenbanken der vom EuGH verfolgten Ansicht, daß in dieser Konstellation eine Schadensersatzklage vor dem EuGH ohne Erschöpfung des nationalen Rechtsweges zulässig sei: „This leads me to conclude, that in spite of the provision stating their responsibility according to their national laws [Anm.: gemeint ist Art. 35.3 S. 2 ESZB-Satzung.], NCBs may point to the ECB when held liable for actions done or omitted to be done on instruction of the latter. This may lead to proceedings before the European Court rather than before national courts to be the norm in liability cases“[1094].

Das heißt, daß soweit die nationalen Zentralbanken auf Weisung der EZB handeln und sie deswegen über kein Vollzugsermessen verfügen, der Geschädigte direkt vor dem EuGH eine Schadensersatzklage erheben können soll. SMITS ist daher der Auffassung, daß in der Praxis aufgrund der engen Bindung der nationalen Zentralbanken als „integraler Bestandteil“ des ESZB sowie der Tatsache, daß die nationalen Zentralbanken den EZB-Weisungen und EZB-Leitlinien unterworfen sind, die Mehrzahl der Haftungsfälle vor dem europäischen Gerichtshof verhandelt werden. Er geht in seiner Vermutung sogar soweit, daß er Art. 35.3 S. 2 ESZB-Satzung nur auf die Fälle anwendbar hält, in denen die nationalen Zentralbanken nicht im Rahmen des ESZB handeln[1095]. Seiner Meinung nach wird damit die Ausnahme vom Grundsatz der Subsidiarität bei Schadensersatzklagen im Rahmen der Währungspolitik zur Regel.

Für die Klärung der hier problematischen Rechtswegfrage ist zwar die von GA MANCINI vorgetragene Lösung aufgrund ihrer Einfachheit und Klarheit bestechend. Ob aufgrund der Regelung des Art. 35.3 ESZB-Satzung tatsächlich eine Rechtsprechungsänderung im Sinne GA MANCINIS bei fehlerhaften Hand-

---

[1091] WEBER, Kompetenzverteilung, S. 210.
[1092] So WEBER, Kompetenzverteilung, S 210.
[1093] WEBER, Kompetenzverteilung, S. 211.
[1094] SMITS, European Central Bank, S. 108.
[1095] SMITS, European Central Bank, S. 108, dort unter Fn. 428. Dem kann nicht gefolgt werden. Vgl. oben unter Teil II: C.III.1.c.).

lungen der nationalen Notenbanken, die auf rechtswidrigen EZB-Leitlinien oder EZB-Weisungen beruhen, stattfinden wird, kann lediglich zu Spekulationen Anlaß geben.

Am Ende wird wohl SMITS zuzustimmen sein. Er überträgt das Konzept, das der EuGH in Bezug auf das Weisungsverhältnis zwischen Kommission und nationalen Stellen entwickelt hat, auf das Verhältnis EZB und nationale Zentralbanken. Dies überzeugt um so mehr, als SMITS einen Erst-Recht-Schluß vornimmt. Wenn schon verbindliche Vorgaben der Kommission an die nationalen Stellen eine Klage vor dem EuGH ermöglichen, muß dies erst recht für die verbindlichen Vorgaben der EZB an die nationalen Notenbanken gelten, da diese „integraler Bestandteil" des ESZB sind. Ihre Stellung ist damit im Gegensatz zu derjenigen der Mitgliedstaaten systemnäher ausgestaltet. Zumindest wenn die Rechtswidrigkeit im Gemeinschaftsrecht ruht, ist von einer Ausnahme vom Prinzip der Subsidiarität auszugehen.

Danach ist festzustellen, daß, soweit die nationalen Zentralbanken aufgrund einer EZB-Weisung oder EZB-Leitlinie als „verlängerter Arm" der EZB handeln, sogleich eine Klage vor dem EuGH erhoben werden kann.

3. Rechtsweg bei Vollzugsakten der nationalen Zentralbanken, deren Rechtswidrigkeit auf fehlerhaftem Verhalten der nationalen Zentralbanken und der EZB beruht

Schließlich ist zu klären, welcher Rechtsweg einschlägig ist, wenn die Rechtswidrigkeit des Vollzugsaktes sowohl von der nationalen Zentralbank als auch von der EZB verursacht wurde.

In dieser Konstellation war es bisher ständige Rechtsprechung des EuGH, daß zunächst der nationale Rechtsweg erschöpft werden muß. Dies führte zu einer Minimierung der Verantwortung der EG, die in keiner Weise ihrer Mitverantwortung an der Rechtswidrigkeit entsprach[1096]. Auf die in der Literatur vielfach vorgetragene Lösung einer gesamtschuldnerischen Haftung mit Innenausgleich zwischen der Gemeinschaft und dem Mitgliedstaat ist der EuGH bisher nicht eingegangen[1097].

Es ist also nicht zu erwarten, daß der EuGH von dieser Rechtsprechung in Streitfällen der Währungspolitik abrückt. Auch Art. 35.3 ESZB-Satzung gebietet eine derartige Rechtsprechungsänderung nicht. Da die nationalen Zentralbanken selbst rechtswidrig gehandelt haben, greifen die innerstaatlichen Haftungsinsti-

---

[1096] VON BOGDANDY, in: Grabitz/Hilf, EGV, Archiv-Bd. 2, Art. 215 EG-Vertrag, Rdn. 58.
[1097] RENGELING/MIDDEKE/GELLERMANN, Rechtsschutz, Rdn. 259.

tute. Es kommt daher eine Haftung der nationalen Zentralbank in Frage, die sich gem. Art. 35.3 S. 2 ESZB-Satzung nach dem innerstaatlichen Recht zu richten hat. Ebenso läßt Art. 35.3 S. 1 ESZB-Satzung eine Schadensersatzklage gegen die EZB zu. In welchem Verhältnis beide Rechtswege zueinander stehen, ergibt sich nicht aus dem Wortlaut der Vorschrift. Dieses zu klären, liegt vielmehr in den Händen des EuGH, der jedoch bis heute an der Subsidiarität der Schadensersatzklage auch im Falle der Haftungskonkurrenz festgehalten hat.

Danach ist bei einer Konkurrenz von Haftungsansprüchen gegen die EZB und die nationale Zentralbank mit der Rechtsprechung des EuGH davon auszugehen, daß der Schaden zunächst vor den nationalen Gerichten eingeklagt werden muß. Erst wenn der Schaden nicht vollständig ersetzt wird, kann eine Schadensersatzklage nach Artt. 235, 288 III EG vor dem EuGH erhoben werden.

D. Fragen der Beweislast

Abschließend soll noch der Frage nachgegangen werden, wem die Beweislast der einzelnen Tatbestandsmerkmale einer Schadensersatzklage obliegt.

Der Gerichtshof hat hierzu bislang keine klaren Leitlinien aufgestellt[1098]. Aus seiner Kasuistik läßt sich jedoch schließen, daß grundsätzlich der Kläger darlegungs- und beweispflichtig ist[1099]. Dies bedeutet, daß bei einer Schadensersatzklage nach Art. 288 III EG der Kläger die Rechtsverletzung, den Schaden und die Kausalität nachzuweisen hat[1100].

Von dem Erfordernis des Schadensnachweises sieht der Gerichtshof ausnahmsweise dann ab, wenn der Gerichtshof aus „Überlegungen der Prozeßökonomie .. veranlaßt [ist], in einem ersten Verfahrensabschnitt darüber zu entscheiden, ob das Verhalten der Organe geeignet war, die Haftung der Gemeinschaft auszulösen, und die Erörterung von Fragen der Kausalität sowie Art und Umfang des Schadens gegebenenfalls einem späteren Abschnitt vorzubehalten“[1101]. In diesen Fällen erläßt der Gerichtshof ein Grundurteil und trägt den Parteien auf, innerhalb einer bestimmten Frist sich über den zu zahlenden Scha-

---

1098 SANDER/KOENIG, EG-Prozeßrecht, Rdn. 445.

1099 RENGELING/MIDDEKE/GELLERMANN, Rechtsschutz, 701f.

1100 GA ROEMER, Schlußanträge, Rs. 9 und 12/60, *Vloeberghs/Hohe Behörde*, Slg. 1961, S 430, 520; EuG, T-64/89, *Automec/Kommission*, Slg. 1990, II-367, Rdn. 75-77; EuG, Rs. T-575/93, *Koelmann/Kommission*, Slg. 1996, II-1, Rdn. 97f.; KOENIG/SANDER, EG-Prozeßrecht, Rdn. 445; RUFFERT, in: Calliess/Ruffert, EUV/EGV, Art. 288 EG, Rdn. 26; SCHERMERS/WAELBROECK, Judicial Protection, § 630.

1101 EuGH, Rs. 90/78, *Granaria/Rat und Kommission*, Slg. 1979, S. 1081, Rdn. 6; TOTH, The Concepts of Damage and Causality, S. 187f.

densersatzanspruch zu einigen[1102]. In den übrigen Fällen werden an den Schadensnachweis selbst strenge Anforderungen gestellt, was die Kläger vielfach in Schwierigkeiten bringt. Beispielsweise reicht bei der Ermittlung des entgangenen Gewinns regelmäßig ein Hinweis auf statistische Angaben über die eigene Geschäftsentwicklung im Vergleich mit der eines Konkurrenten wegen der zahlreichen anderen Einflußfaktoren auf den Gewinn nicht aus[1103]. Hingegen ließ der Gerichtshof in der Rechtssache *Pauls Agriculture/Rat und Kommission* Statistiken genügen, um zu beweisen, daß der Schaden nicht auf die Kunden abgewälzt werden konnte[1104]. Hat jedoch das Gericht I. Instanz den Schaden als ausreichend bewiesen angesehen, ist auch der EuGH im Rechtsmittelverfahren an diese Entscheidung gebunden[1105].

Einreden und Einwendungen des Beklagten, im Rahmen des Art. 288 III EG also der EZB, müssen, soweit sie vom Kläger bestritten werden, vom Beklagten bewiesen werden. Im EG-Prozeßrecht gilt auch der Anscheins- oder prima-facie-Beweis. Dieser bewirkt, daß bei formelhaften, typischen Geschehensabläufen auf der Grundlage fixer Sachverhalte, die aufgrund der allgemeinen Lebenserfahrung bestimmte Ursachen oder Geschehensabläufe indizieren, diese als bewiesen angesehen werden. Der Anscheinsbeweis, der einer Umkehr der Beweislast nahekommt, kann zwar widerlegt werden, erfordert jedoch ein qualifiziertes Bestreiten[1106].

[1102] GA ROEMER, Schlußanträge, Rs. 5/71, *Schöppenstedt/Rat*, Slg. 1971, S. 975, 994, der diese Praxis mit dem Hinweis begründet, daß dieses Vorgehen dem Schutz des gesetzgeberischen Ermessens des Rates dienen würde; EuGH, Rs. 74/74, *CNTA/Kommission*, Slg. 1975, S. 533, Rdn. 41-43; EuGH, Rs. C-104/89 und C-37/90, *Mulder u.a./Rat und Kommission*, Slg. 1992, I-3061, Rdn. 38; CZAJA, Haftung, S. 37.

[1103] EuGH, Rs. 49/79, *Richard Pool/Rat*, Slg. 1980, S. 569, Rdn. 8ff.; VON BOGDANDY in: Grabitz/Hilf, EGV, Archiv-Bd. 2, Art. 215 EG-Vertrag, Rdn. 105; TOTH, The Concepts of Damage and Causality, S. 184.

[1104] EuGH, Rs. 256/81, *Pauls Agriculture/Rat und Kommission*, Slg. 1983, S. 1707, Rdn. 10.

[1105] TOTH, The Concepts of Damage and Causality, S. 185.

[1106] EuG, verb. Rs. T-79, 84-86, 89, 92, 94, 96, 98, 102, 104/89, *BASF u.a./Kommission*, Slg. 1992, II-315, Rdn. 97ff.; KOENIG/SANDER, EG-Prozeßrecht, Rdn. 445; RENGELING/MIDDEKE/GELLERMANN, Rechtsschutz, Rdn. 704.

Teil V: Zusammenfassung

1. Durch die Einfügung eines dritten Absatzes in Art. 288 EG im Rahmen des Vertrages von Maastricht wurde für die außervertragliche Haftung der EZB eine sichere Rechtsgrundlage geschaffen. Diese war nötig geworden, da trotz des weiten Verständnisses des „Organ"-Begriffs in Art. 288 II EG die Tätigkeit der EZB nicht unter Art. 288 II EG subsumierbar ist. Die EZB ist eben weder ein „Organ" der EG i.S.d. Art. 7 EG noch eine Einrichtung der Gemeinschaft, die im Namen und für Rechnung der Gemeinschaft handelt.

Auch wenn der EG-Vertrag damit eine Haftung der EZB vorsieht, sind ihre Voraussetzungen und ihr Umfang längst nicht geklärt.

2. Für die Entwicklung der Voraussetzungen und des Umfangs der Zentralbankhaftung ist das Verständnis der in Art. 288 III EG enthaltenen Verweisung, „Absatz 2 gilt in gleicher Weise", entscheidend.

Nach dem in dieser Arbeit gefundenen Ergebnis verweist Absatz III nicht auf den bloßen Wortlaut des Absatz II, sondern auf das vom EuGH in ständiger Rechtsprechung zu Art. 288 II EG geschaffene europäische Haftungsmodell. Dieses ist in „gleicher Weise" auf die Zentralbankhaftung in Absatz III anzuwenden. Durch die Verwendung des Wortes „gleich" wird zudem verdeutlicht, daß das Haftungsmodell nicht starr zu übertragen ist, sondern Besonderheiten im Zusammenhang mit der EZB im Haftungsmodell Berücksichtigung finden können.

3. Der EuGH hat in seiner Rechtsprechung zu Art. 288 II EG unter Rückgriff auf die „allgemeinen Rechtsgrundsätze, die den Rechtsordnungen der Mitgliedstaaten gemeinsam sind" ein europäisches Haftungsmodell geschaffen. Darin sieht der EuGH folgende Grundvoraussetzungen für eine Haftung vor: Ein schädigendes Verhalten in Ausübung der Amtstätigkeit, die Rechtswidrigkeit des Verhaltens, der Eintritt eines Schadens und die Kausalität.

Die Rechtswidrigkeit muß im Rahmen des Art. 288 II EG qualifiziert sein. Qualifizierendes Element ist die Verletzung einer Schutznorm.

Auf ein Verschulden des Schädigers kommt es nicht an.

Während die Haftung der EG für administratives Unrecht von Anfang an anerkannt war, besteht eine Haftung für normatives Unrecht erst seit der Rechtssache *Schöppenstedt/Rat*. Die Haftung für normatives Unrecht unterliegt strengeren Haftungsanforderungen. Der EuGH verlangt, soweit es sich um einen Rechtsetzungsakt handelt, der wirtschaftspolitische Entscheidungen einschließt, eine „hinreichend qualifizierte Verletzung einer höherrangigen Schutznorm". Unter dem Begriff des Rechtsetzungsaktes versteht der EuGH jeden Rechtsakt, der einen abstrakt-generellen Regelungsgehalt aufweist. Auf seine Rechtsform kommt es nicht an. Als Kriterien für die Bestimmung der „hinreichend qualifizierten Verletzung“ dienen dem EuGH die Schwere des Rechtsverstoßes, die Anzahl der Betroffenen und die Höhe des Schadens.

Ein Mitverschulden des Geschädigten bei der Entstehung des Schadens wirkt anspruchsmindernd oder kann sogar zum Ausschluß der Haftung führen.

4. Dieses Modell ist auf die Haftung der EZB aus Art. 288 III EG in „gleicher Weise“ anzuwenden.

Damit muß zunächst eine „Amtstätigkeit der EZB oder ihrer Bediensteten“ vorliegen. Die EZB haftet daher unzweifelhaft für fehlerhafte Organhandlungen. Unter der Voraussetzung, daß die nationalen Zentralbanken aufgrund einer EZB-Weisung oder EZB-Leitlinie i.S.d. Art. 14.3 S. 1 ESZB-Satzung handeln und diese den nationalen Zentralbanken kein Umsetzungsermessen belassen, ist auch deren Verhalten der EZB zurechenbar.

Der Begriff der „Amtstätigkeit“ umfaßt sowohl administratives als auch normatives Handeln der EZB. Entscheidend ist, daß die Tätigkeit Rechtswirkung nach außen zeitigt. Auf die Rechtsform kommt es nicht an, so daß neben einer Haftung für rechtswidrige Verordnungen, Entscheidungen, Stellungnahmen sowie Empfehlungen der EZB nach Art. 110 I EG, Art. 34.1 ESZB-Satzung grundsätzlich auch eine Haftung für rechtswidrige Akte des ESZB-Binnenrechts, wie EZB-Leitlinien, EZB-Weisungen oder EZB-Beschlüsse nicht ausgeschlossen ist, soweit die Rechtsakte Rechtswirkung nach außen haben.

Die erforderliche Rechtswirkung nach außen liegt bei Verordnungen und Entscheidungen der EZB zweifellos vor. Bei Stellungnahmen und Empfehlungen der EZB im Zusammenhang mit der Wechselkurspolitik, Art. 111 I und II EG, oder der Bankenaufsicht, Art. 25.1 ESZB-Satzung, ist sie hingegen nach der derzeitigen Rechtsprechung des EuGH zu verneinen. Im Bereich des ESZB-Binnenrechts haben nur die EZB-Leitzinsbeschlüsse Rechtswirkung nach außen. EZB-Leitlinien, wie zum Beispiel den „allgemeinen Grundsätzen“ nach Art. 18.2 ESZB-Satzung, kommt indes keine Außenrechtswirkung zu. Für fehlerhafte Stellungnahmen, Empfehlungen sowie EZB-Leitlinien kommt eine Haftung der EZB daher nicht in Betracht.

5. Rechtswidrig i.S.d. Art. 288 III EG ist eine Handlung der EZB dann, wenn sie gegen eine Schutznorm verstößt. Als Schutznormen kommen die gemeinschaftsrechtlichen Grundrechte auf Eigentum und Berufsfreiheit, das Diskriminierungsverbot, das Gebot der pflichtgemäßen Ausübung des Ermessens und der Verhältnismäßigkeitsgrundsatz in Betracht. Dagegen können aus der Verpflichtung der EZB auf die Wahrung der Preisstabilität in Art. 105 I S. 1 EG,

Art. 2 S. 1 ESZB-Satzung und aus dem Grundsatz der offenen Marktwirtschaft mit freiem Wettbewerb in Art. 105 I S. 2 EG, Art. 2 S. 2 ESZB-Satzung keine drittschützenden Wirkungen hergeleitet werden. Die Vorschriften dienen ausschließlich einem volkswirtschaftlichen und damit allgemeinen öffentlichen Interesse. Ebensowenig können Vorschriften, die Kompetenzregelungen für die EZB-Organe treffen, als Schutznormen herangezogen werden. Sie verfolgen nur den Zweck, das institutionelle Gleichgewicht zwischen den Organen der EZB zu wahren.

Im Zusammenhang mit der Rechtswidrigkeit stellt sich die Frage, ob die strengen Haftungsvoraussetzungen – also die „hinreichend qualifizierte Verletzung einer höherrangigen Schutznorm“ – die der EuGH im Rahmen des Art. 288 II EG aufgestellt hat, auch auf normatives Handeln der EZB anzuwenden sind. Die Rechtsprechung zu Art. 288 II EG bezog sich nämlich nur auf normative Akte der Wirtschaftspolitik. Hingegen trifft die EZB hauptsächlich Entscheidungen im Bereich der Währungspolitik. Nur ausnahmsweise unterstützt sie gem. Art. 105 I S. 2 EG, Art. 2 S. 2 ESZB-Satzung die allgemeine Wirtschaftspolitik in der Gemeinschaft. Die Übertragung der strengen Haftungsvoraussetzungen auf das währungspolitische Handeln der EZB ist indes aufgrund von Sinn und Zweck der strengen Haftungskautelen angebracht. Die strenge Haftung für normatives Unrecht soll eine Lähmung der Tätigkeit der Gemeinschaftsorgane verhindern, wenn sie komplexe Sachverhalte mit Prognosecharakter regeln. Da die EZB gerade bei geldpolitischen Entscheidungen mit komplexen Sachverhalten konfrontiert wird sowie Regelungen mit Prognosecharakter trifft, muß auch hier eine Lähmung ihrer Tätigkeit durch Haftungsklagen verhindert werden, indem die Haftung strengen Anforderungen unterworfen wird. Ebenso bezweckt die strenge Haftung den Schutz des „gesetzgeberischen“, oftmals weiten Ermessens der EG-Organe. Dieser Zweck greift auch, wenn die EZB in Ausübung eines weiten Ermessensspielraumes handelt. Schließlich rechtfertigt sich die Anwendung der strengen Haftungsvoraussetzung vor dem Hintergrund der primärrechtlichen Verankerung der Unabhängigkeit.

Hier kommt zum Tragen, daß die EZB nur „in gleicher Weise“ wie die EG haftet. Eine Modifizierung des Haftungsmodells dahingehend, daß die strenge Haftung nicht nur auf Rechtsetzungsakte wirtschaftspolitischer Art, sondern auch auf Rechtsetzungsakte währungspolitischer Art anzuwenden ist, erscheint aus den oben genannten Gründen angebracht. Damit sind die strengen Haftungsvoraussetzungen im Rahmen des Art. 288 III EG anzuwenden, wenn die EZB Rechtsetzungsakte mit abstrakt-generellem Inhalt und Prognosecharakter in einem komplexen Sachgebiet erläßt und in Ausübung eines weiten Ermessens handelt.

Im Zusammenhang mit Handlungen der EZB findet die strenge Haftung für normatives Unrecht insbesondere auf rechtswidrige EZB-Verordnungen im Rahmen der Mindestreserve nach Art. 19.1 S. 2 ESZB-Satzung und im Zusammenhang mit TARGET nach Art. 22 ESZB-Satzung Anwendung. In beiden Fällen handelt es sich um Rechtsetzungsakte mit abstrakt-generellem Regelungsgehalt, die auf einem komplexen Regelungsgebiet ergehen, das zudem durch ein „unerläßlich weites" Ermessen gekennzeichnet ist. Beide Rechtsakte sind außerdem prognostischer Natur. Fraglich ist weiterhin, ob der EZB-Leitzinsbeschluß der Haftung für normatives Unrecht unterfällt. Aber auch in Bezug auf ihn kann aufgezeigt werden, daß er einen abstrakt-generellen Regelungsgehalt und Prognosecharakter aufweist sowie in einem komplexen Sachgebiet ergeht, das einen weiten Ermessensspielraum erfordert. Auch auf ihn ist damit die strenge Voraussetzung der Haftung für normatives Unrecht anzuwenden.

Hingegen sind Einzelfallentscheidungen der EZB, wie die Verhängung von Sanktionen oder Entscheidungen über Berechnung und Einforderung der Mindestreserve, der Haftung für administratives Unrecht zuzuordnen. Ebenso unterliegt die Haftung für eine unzureichende Überwachung des Zahlungsverkehrssystems TARGET der Haftung für administratives Unrecht. Für die Rechtswidrigkeit dieser Handlungen ist die Verletzung einer Schutznorm ausreichend.

6. Als letztes Tatbestandsmerkmal für eine Haftung der EZB nach Art. 288 III EG muß ein kausaler Schaden zu bejahen sein. Kreditinstitute werden insbesondere Schäden in Form eines Zinsausfallschadens, eines entgangenen Gewinns oder zusätzliche Kosten geltend machen. Diese Schäden können beispielsweise daraus resultieren, daß durch die rechtswidrige Auferlegung einer Geldleistungspflicht, wie der Mindestreserve, die Kreditinstitute gehindert sind, dieses Kapital anderweitig gewinnbringend anzulegen. Es ist aber auch vorstellbar, daß sie sich zusätzlich bei der Zentralbank verschulden müssen, um ihre Geschäfte tätigen zu können, und damit höhere Kosten haben.

Schadensmindernd wird der EuGH eine Vorteilsanrechnung vornehmen, wenn der Schaden auf die Kunden durch Erhöhung der Bankkosten abgewälzt wurde bzw. die Erhöhung schuldhaft unterlassen wurde. Kritisch ist bei dieser Praxis des EuGH anzumerken, daß letztendlich der Bürger die Folgen eines rechtswidrigen Verhaltens der EZB trägt, was in einem eklatanten Widerspruch zum Grundsatz der Haftung des rechtlich Verantwortlichen steht.

Schließlich muß ein unmittelbarer Kausalzusammenhang zwischen dem Verhalten der EZB und dem eingetretenen Schaden bestehen. Das Kriterium der Unmittelbarkeit soll ausschließen, daß auch „entferntere" Folgen durch

Art. 288 II EG liquidiert werden. Unproblematisch feststellbar ist ein derartiger kausaler Zusammenhang bei hoheitlich ausgeführten geldpolitischen Instrumenten, wie der Mindestreserve. Hingegen kann gerade bei Offenmarktgeschäften der Kausalzusammenhang fraglich sein, da der Schaden der Kreditinstitute dadurch bewirkt wird, daß die EZB indirekt durch Refinanzierungsgeschäfte mit den Kreditinstituten versucht, den Zinssatz am Interbankenmarkt zu steuern. Sie greift bei Offenmarktgeschäften also nicht direkt auf das Vermögen der Kreditinstitute zu, sondern bedient sich der Marktkräfte von Angebot und Nachfrage.

7. Die Haftung der EZB nach Art. 288 III EG kann mittels der Schadensersatzklage nach Art. 235 EG i.V.m. Art. 3 lit.c. des Beschlusses des Rates (88/591 EGKS, EWG, EAG) vor dem EuG geltend gemacht werden.

Aktivlegitimiert für diese Klage sind als natürliche Personen die EU-Bürger und als juristische Personen die mitgliedstaatlichen Kreditinstitute. Passivlegitimiert ist die EZB, nicht die EG, wie die Lektüre des Vertragstextes nahelegen würde.

Eine Frage der Zulässigkeit bildet auch die Klärung des Rechtsschutzbedürfnisses des Klägers. Dieses entfällt, wenn dem Kläger ein einfacherer Weg zur Erreichung seines Klagebegehrens offensteht. Insofern kommt die Erhebung der Nichtigkeitsklage nach Art. 230 EG in Betracht. Die Schadensersatzklage ist aber grundsätzlich gegenüber der Nichtigkeitsklage als eigenständiger Rechtsbehelf vom EuGH anerkannt. Das heißt, daß die Erhebung der Schadensersatzklage grundsätzlich nicht von einer vorangehenden Nichtigkeitsklage abhängig ist. Indes läßt die Möglichkeit, mitgliedstaatliche Rechtsbehelfe zu ergreifen, das Rechtsschutzbedürfnis für die Schadensersatzklage nach Art. 235 EG entfallen. Rührt das schädigende Verhalten von einer nationalen Zentralbank her, so ist grundsätzlich gerichtlich gegen dieses auf dem mitgliedstaatlichen Rechtsweg vorzugehen.

8. Inwieweit die Haftung der EZB nach Art. 288 III EG in der Praxis zum Tragen kommen wird, kann heute nicht abschließend geklärt werden. Es ist aber zu vermuten, daß sich die Arbeitsbelastung des EuG durch Schadensersatzklagen nach Art. 235 EG gegen rechtswidrige Handlungen der EZB nicht drastisch vergrößern wird.

Hemmend auf die Klagefreudigkeit des Bankensektors dürfte sich insoweit die bisherige restriktive Rechtsprechung des EuGH und des EuG zur Haftung für normatives Unrecht auswirken. Bis heute liegen gerade einmal acht Verurteilungen der EG aus Art. 288 II EG wegen normativen Unrechts bei einer vielfach höheren Anzahl von Klagen vor. Ein Anstieg dieser Zahl ist gerade in

Bezug auf die Tätigkeit der EZB nicht zu erwarten. Vielmehr wird der EuGH gegenüber der EZB wegen ihrer Unabhängigkeit noch mehr als gegenüber den Organen der EG ein Hineinjudizieren in geld- und währungspolitische Angelegenheiten vermeiden. Ferner dürften sich die vielen weiten Ermessensspielräume, die der EZB sowohl bei administrativen wie auch bei normativen Rechtsakten zustehen, negativ auf die Anzahl der Klagen auswirken. So ist gerade im Falle eines weiten Ermessensspielraumes die richterliche Kontrolle auf eine Willkürprüfung beschränkt. Schadensersatzklagen gegen die EZB bergen damit ein nicht zu unterschätzendes Prozeßrisiko.

Als aussichtsreicher dürfte sich daher die Möglichkeit darstellen, mit der EZB außergerichtlich eine Einigung zu erzielen. Die EZB wird tunlichst darauf bedacht sein, mögliche Schadensfälle schon im Vorfeld eines gerichtlichen Verfahrens gütlich beizulegen. Bereits eine beim EuG anhängige Klage gegen die EZB wegen rechtswidrigen Verhaltens wird unabhängig von deren Ausgang einen erheblichen Ansehensverlust verursachen. Der gute Ruf einer Zentralbank ist essentiell für eine glaubwürdige und damit effektive Geld- und Währungspolitik. Daher wird insbesondere die neu geschaffene EZB, die sich erst das nötige Ansehen auf den Finanzmärkten mühevoll verdienen muß, bemüht sein, gegen sie gerichtete Klagen zu verhindern. Als Indiz für die Richtigkeit dieser Vermutung kann die Tatsache gewertet werden, daß die EZB nach Ausfall von TARGET im Januar 1999 bemüht war, mögliche Schäden außergerichtlich zu regulieren.

Summary

Liability of the European Central Bank

1. With the amendment of Article 288 EC by the Maastricht Treaty – insertion of a third paragraph – a reliable legal basis for the non-contractual liability of the European Central Bank (ECB) was established. This had become necessary because, despite the wide understanding of the 'institution' concept in Article 288(2) EC, the activity of the ECB falls outside the scope of application of Article 288(2) EC. The ECB is neither an institution of the EC according to Article 7 EC, nor is it a Community body acting in the name and on behalf of the Community.

Even if the EC-Treaty therewith ensures liability of the ECB, the scope of application and the specific requirements of Article 288(3) EC have not been scrutinised thoroughly so far.

2. To expound the requirements for and scope of central bank liability, understanding is crucial of the reference contained in Article 288(3) EC ('The preceding paragraph shall apply under the same conditions [...] ').

According to the result set out in this work, Paragraph 3 does not refer to the mere wording of Paragraph 2, but to the entire European liability model established by the European Court of Justice (ECJ) in consistent practice in respect of Article 288(2) EC. Thus, the ECJ's concept as a whole is to be applied 'under the same conditions' to central bank liability. The very wording of Paragraph 3 – usage of the word 'same' – also implies that the liability model of Paragraph 2 cannot be transferred rigidly. Hence, particularities to be found within the specific context of the ECB's activities can be taken into consideration when applying the aforementioned liability concept. This understanding follows especially from the German version of the EC Treaty, where the term 'gleich' (*same/similar*) instead of 'dieselbe' (*identical*) is used.

3. In the course of its decisions to Article 288(2) EC the ECJ has created a European liability model derived from the 'general principles common to the laws of the Member States'. According to the Court the following elements are required to trigger the EC's liability: illegal conduct of an EC institution in performance of an official duty, the existence of quantifiable damage and a direct causal link between the conduct and the damage.

Within the concept of illegality in Article 288(2) EC a further qualifying element has to be fulfilled: the violation of a rule for the protection of the individuals.

The liability does not depend on fault of the part of the damaging party.

While liability of the EC was recognised from the start for illegal administrative acts, liability for illegal normative or legislative acts only has been admitted since the *Schöppenstedt v. Council* case. Liability for illegal legislative acts is subject to stricter liability requirements.

As concerns legislative acts involving measures of economic policy, the ECJ stipulates a 'sufficiently flagrant violation of a superior rule of law for the protection of the individual'. By the concept of 'legislative act', the Court understands any legal act that shows an abstract-general ruling content, regardless of its legal form. For the determination of 'sufficiently flagrant violation', the Court refers to the severity of the violation of the law, the number of affected parties and the amount of damage.

Contributory fault on the part of the damaged party will reduce the claim or may even, in extreme cases, exclude liability of the damaging party.

4. The aforementioned model is to be applied 'under the same conditions' to the liability of the ECB set forth in Article 288(3) EC.

Accordingly, a conduct in 'performance of an official duty' of the ECB or its 'servants' must be submitted. Indisputably, the ECB is thus liable for all illegal conduct of its bodies. Furthermore, when national central banks act on the basis of an instruction or a guideline pursuant to Article 14.3 of the Statute of the European System of Central Banks and of the European Central Bank (ESCB-Statute), their conduct is imputable to the ECB under the condition that no discretion is left to the national central banks for the implementation.

The concept of 'the performance of official duty' covers both administrative as well as legislative acts of the European Central Bank. Liability is independent of legal form so that both 'external acts' of the ECB pursuant to Article 110(1) EC, Article 34.1 ESCB-Statute such as regulations, decisions, opinions and recommendations, as well as ESCB-internal law, such as guidelines, instructions or ECB-decisions may lead to liability of the ECB. The decisive factor in all of these cases is an external legal effect.

Undoubtedly, regulations and decisions pursuant to Article 110(1) EC, Art. 34.1 ESCB-Statute comprise the required external legal effect. According to current legal precedent of the ECJ the external legal effect must however be denied in the case of opinions and recommendations of the ECB in the framework of the exchange rate policy, Art. 111(1) and (2) EC, or the prudential supervision of credit institutions, Article 25.1 ESCB-Statute. In the field of ESCB-internal law, only ECB-key interest-rate decisions have external legal effect. Therefore, ECB-guidelines, such as the 'general principles' according to Article 18.2 ESCB-Statute, do not have any external legal effect.

5. An act of the ECB is illegal in the sense of Article 288(3) EC if it constitutes a violation of a rule of law for the protection of individuals. This includes, inter alia, the fundamental rights under Community Law to property and free exercise of a profession, non-discrimination, the principle of duly exercising discretion and the principle of proportionality. On the other hand, the ECB's obligation in respect of safeguarding price stability in Article 105(1) EC, Article 2 ESCB-Statute and the principle of an open market economy with free competition in Art. 105(1) EC, Article 2 ESCB-Statute do not constitute a rule of law for the protection of individuals. These provisions serve solely economic interest and, thus, the general good. Moreover, provisions concerning the allocation of competence to the bodies of the ECB cannot be regarded as rules of law for the protection of individuals. Their purpose is to maintain the institutional equilibrium between the bodies of the ECB.

As concerns the notion of illegality, the question arises as to whether the strict liability requirements – i.e. the 'sufficiently flagrant violation of a superior rule of law for the protection of the individual' – which the ECJ has set up in the context of Article 288(2) EC, can also be applied to the legislative acts of the ECB. Legal precedent to Article 288(2) EC only referred to legislative acts in the field of economic policy. The ECB, however, mainly makes decisions in the field of monetary policy. Only in exceptional cases does it support the general economic policy in the Community pursuant to Article 105 (1) EC, Art. 2 ESCB-Statute. However, in view of the purpose of the strict requirements for liability it seems appropriate to transfer these requirements to acts of monetary policy of the ECB. The Court's stipulation of strict liability requirements for legislative acts is supposed to prevent a paralysis of community activity where complex issues are to be regulated on the basis of prognosis which is particularly the case with decisions of the ECB in monetary policy. In addition, as the institutions of the Community the ECB acts in the performance of a broad discretion admitted by the EC-Treaty. The strictness of the Court's requirements for liability of the institutions also aims at the protection of this scope of discretion. To preserve the same scope of discretion for the ECB it seems appropriate to stipulate the same strictness for the liability of the ECB for legislative acts. Finally, the application of the strict liability requirements is justified in the light of the ECB's independence anchored in primary law.

Here it becomes apparent that the ECB is liable 'under the *same* conditions' as the EC but not the *identical*. Modification of the liability model to the effect that the rigid liability is also applicable to legislative acts in the field of monetary policy appears appropriate for the above reasons. Therefore, the strict requirements have to be applied, whenever the ECB enacts a provision with an abstract-general ruling content on the basis of prognosis, in performance of a broad discretion and regulating complex issues.

In practice, illegal regulations of the ECB in the context of minimum reserves according to Article 19.1 ESCB-Statute and in the framework of TARGET pursuant to Article 22 ESCB-Statute fall under the scope of the aforementioned conditions for liability. In both cases, legislative acts are involved with abstract-general ruling content and are enacted in a field of policy which is characterised by an 'obligatorily wide' discretion. It also has to be examined whether the ECB-decision on key interest-rates falls under the liability concept for legislative acts. But also in this respect, it is possible to show that it has an abstract-general ruling content and its enactment requires an 'obligatorily wide' discretion. The strict requirements of liability for legislative acts must therefore also be applied in this case.

On the other hand, particular case decisions by the ECB, such as imposing sanctions or decisions regarding the calculation and call-in of the minimum reserves, fall under the liability concept for administrative acts. Similarly, liability for insufficient monitoring of the payment system TARGET is subject to liability for administrative acts. To constitute illegality of these acts, a simple violation of a rule of law for the protection of individuals suffices.

6. A final condition for liability of the ECB pursuant to Article 288(3) EC is the occurrence of a causal damage. Credit institutions will above all assert claims for a loss of interest, lost profit or additional costs. These claims may, for example, result from the fact that, through the illegal imposition of a payment obligation such as the minimum reserves, credit institutions are prevented from profitably investing this capital elsewhere. Depending on the case, it is also conceivable that the bank has to enter into debt, and therewith has higher costs, in order to be able to do orderly business.

If the bank has passed on its damage to the customers by raising service charges or if this increase has been culpably omitted, the ECJ will decide on setting off advantages and disadvantages. Consecutively, it is ultimately the citizen who bears the consequences of the illegal conduct on the part of the ECB. In effect, this result stands in striking contradiction to the basic principle of liability of the party which is legally responsible. The ECJ ought to give up its position in this respect.

Finally, a direct and immediate causal link between the conduct of the ECB and the damage suffered is stipulated.

The criterion of immediacy is intended to preclude 'more remote' consequences from also being liquidated by means of Article 288(3) EC. Such causal connection is easily ascertainable in connection with sovereignly executed monetary instruments such as the minimum reserves. On the other hand, the causal link is particularly questionable in the case of open market operations, as the damage of credit institutions is caused in a rather indirect way since the ECB's conduct lies in the attempt to control the interest rate on the interbank market through refinancing operations. Thus, the ECB's conduct itself does not affect credit institutions' assets, but these assets are affected by the market forces of supply and demand.

7. Liability of the ECB according to Article 288(3) EC can be claimed before the Court of First Instance (CFI) by means of action for damages according to Article 235 EC, Article 3 lit.c. of the Council's decision (88/591 ECSC, EEC, EAEC).

Both EU-citizens as natural persons as well as the credit institutions of the member states as legal entities have capacity to sue in respect of this claim. Despite the wording of the EC-Treaty the ECB and not the EC has capacity to be sued.

Clarification of the standing to sue also constitutes a question of admissibility. The standing to sue has to be denied if an easier way to reach compensation is available to the claimant. In this respect, filing the action of annulment pursuant to Article 230 EC can be considered. It is held by the ECJ that the action for damages is basically an independent form of action. This means that filing an action for damages does not depend on previous action of annulment. However, a possible claim before the national courts eliminates the standing to sue of the claimant for the action of damages according to Article 235 EC. Therefore, the action must first be brought before the national courts, if the injurious conduct derives for instance from a national central bank.

8. How far liability of the ECB set forth in Article 288(3) EC will have effect in practise cannot be finally clarified at present. It is, however, assumed that the workload of the CFI will not drastically increase as a result of action of damages pursuant to Article 235 EC against illegal acts of the ECB.

In this respect, the hitherto restrictive legal precedent of the ECJ and the CFI on liability for legislative acts should have a restricting effect on the bank sector's desire to sue the ECB. To date, there are eight awards of damages against the EC relating to Article 288(2) EC in respect of legislative acts, whereas there is a far greater number of suits. Particularly in relation to the activity of the ECB, an increase in this figure is not expected. The ECJ will rather tend to avoid any judgement in monetary and currency matters in relation to the ECB because of its independence, even more than in relation to institutions of the EC. Furthermore, the wide scope of discretion which the ECB enjoys should have a negative effect on the number of claims. Particularly in cases of a wide scope of discretion, jurisdiction is restricted to control of arbitrary acts. Thus, any actions for damages against the ECB have a hidden litigation risk that is not to be underestimated.

Therefore, it is more promising to reach an out-of-court agreement with the ECB. If at all possible, the ECB will tend to want to settle possible damage incidents amicably in the preliminary stages of any court proceedings. Even if a suit against the ECB is pending with the CFI on the grounds of illegal conduct, this will cause considerable loss of reputation, regardless of the outcome. The good reputation of a central bank is essential for a credible and therewith effective monetary and currency policy. For this reason, the newly created ECB which first has to laboriously earn the necessary respect on financial markets, will take particular pains to prevent any suits directed against it. The fact that the ECB tried hard to settle possible damages out of court after the failure of TARGET in January 1999 indicates the correctness of this assumption.

Literaturverzeichnis

AUBIN, PETER, Die Haftung der Europäischen Wirtschaftsgemeinschaft und ihrer Mitgliedstaaten bei gemeinschaftswidrigen nationalen Verwaltungsakten, Baden-Baden, 1982.

BANQUE DE FRANCE, Bulletin, Janvier 1999, Paris, 1999.

VON BAR, CHRISTIAN, Gemeineuropäisches Deliktsrecht, Band II, München, 1999.

BARAV, AMI/PHILIP CHRISTIAN, Dictionnaire juridique des Communautés Européennes, Paris,1993.

BELL, JOHN/BRADLEY, ANTHONY W., Governmental Liability: A comparative study, London, 1991.

BERGER MICHAEL, Vertraglich nicht vorgesehene Einrichtungen des Gemeinschaftsrechts mit eigener Rechtspersönlichkeit, Baden-Baden, 1999.

BERNHOLZ, PETER, Die Bundesbank und die Währungsintegration in Europa, in: Deutsche Bundesbank (Hrsg.), Fünfzig Jahre Deutsche Mark, München, 1998, S. 773ff.

BLANKE, HERMANN-JOSEF, Normativer Gehalt und Justitiabilität des Subsidiaritätsprinzips nach Art. 3b EGV, in: Hrbek (Hrsg.), Subsidiaritätsprinzip in der Europäischen Union – Bedeutung und Wirkung für ausgewählte Politikbereiche, Baden-Baden, 1995, S. 95ff.

BLECKMANN, ALBERT, Zum Ermessensmißbrauch im europäischen Gemeinschaftsrecht, in: Grewe/Rupp/Schneider (Hrsg.), Europäische Gerichtsbarkeit und nationale Verfassungsgerichtsbarkeit, zgl. Festschrift für Kutscher, Baden-Baden, 1981, S. 25ff.

BLECKMANN, ALBERT, Europarecht, 6. Auflage, Köln u.a., 1997.

BLECKMANN, ALBERT, Die Einheit der Europäischen Gemeinschaftsrechtsordnung – Einheit oder Mehrheit der Europäischen Gemeinschaften, in: Bleckmann, Studien zum Europäischen Gemeinschaftsrecht, Köln u.a., 1986, S. 329ff.

BLECKMANN, ALBERT, Zu den Auslegungsmethoden des Europäischen Gerichtshofes, in: Bleckmann, Studien zum Europäischen Gemeinschaftsrecht, Köln u.a., 1986, S. 1ff.

BLECKMANN, ALBERT, Der Vertrag über die Europäische Union, DVBl. 1992, S. 335ff.

BLECKMANN, ALBERT, Ermessensfehlerlehre, Köln u.a., 1997.

BOCKEY, ANDREA, Die Entscheidung der Europäischen Gemeinschaft, Frankfurt a. Main u.a., 1998.

BOFINGER, PETER, Geldpolitik in der Europäischen Union, Wirtschaftsdienst XII/1995, S. 679ff.

BOFINGER, PETER/REISCHLE, JULIAN/SCHÄCHTER, ANDREA, Geldpolitik, München, 1996.

BOFINGER, PETER, Mindestreserve und Feinsteuerung des Geldmarktzinses, in: Bofinger/Ketterer (Hrsg.), Neuere Entwicklungen in der Geldtheorie und Geldpolitik, zgl. Festschrift für Kloten, Tübingen, 1996, S. 295ff.

VON BOGDANDY, ARMIN/NETTESHEIM, MARTIN, Die Verschmelzung der Europäischen Gemeinschaften in der Europäischen Union, NJW 1995, S. 2324ff.

BORCHARDT, RUDOLF, Zur Auslegung des Europäischen Gemeinschaftsrechts, in: Grewe/Rupp/Schneider (Hrsg.), Europäische Gerichtsbarkeit und nationale Verfassungsgerichtsbarkeit, zgl. Festschrift für Kutscher, Baden-Baden, 1991, S. 17ff.

BRECHMANN, WINFRIED, Die richtlinienkonforme Auslegung, München, 1994.

BRENDLE, ARMIN, Amtshaftung für fehlerhafte Bankenaufsicht?, Darmstadt, 1987.

BRONKHORST, H.J., The Valid Legislative Act as a Cause of Liability of the Communities, in: Heukels/McDonnell (Hrsg.), The Action for Damages in Community Law, The Hague, 1997, S. 153ff.

BÜNTEN, WILFRIED, Staatsgewalt und Gemeinschaftshoheit bei der innerstaatlichen Durchführung des Rechts der Europäischen Gemeinschaften durch die Mitgliedstaaten, Berlin, 1977.

BÜRGER, SIEGFRIED, Anmerkung zum Beschluß des HessVGH vom 22. September 1986, 8 TG 1524/86, WuB I L 4, 1.87, S. 170ff.

BURGHOF, HANS-PETER/RUDOLPH, BERND, Bankenaufsicht – Theorie und Praxis der Regulierung, Wiesbaden, 1996.

CALLIESS, CHRISTIAN/RUFFERT, MATTHIAS (HRSG.), Kommentar des Vertrages über die Europäische Union und des Vertrages zur Gründung der Europäischen Gemeinschaft, Neuwied, 1999.

CAPELLI, FAUSTO/NEHLS, ALBRECHT, Die außervertragliche Haftung der Europäischen Gemeinschaft und Rechtsbehelfe zur Erlangung von Schadensersatz gem. Art. 215 EG-Vertrag – Wertung, Kritik, Reformvorschlag, EuR 32 (1997), S. 132ff.

CLAUSSEN, CARSTEN PETER, Bank- und Börsenrecht, Handbuch für Lehre und Praxis, München, 1996.

CLOOS, JIM/REINISCH, GASTON/VIGNES, DANIEL/WEYLAND, JOSEPH, Le traité de Maastricht: genèse, analyse, commentaire, 2. Auflage, Brüssel, 1994.

COMMITEE OF GOVERNORS OF THE CENTRAL BANKS OF THE MEMBER STATES OF THE EUROPEAN COMMUNTIY, Commentary Draft Statute of the ESCB and ECB, CONF-UEM 1613/91, add.1, vom 29.4.1991.

CONSEIL DES COMMUNAUTÉS EUROPÉENES/COMMISSION DES COMMUNAUTÉS EUROPÉENNES, Traité sur l'Union Européenne, Luxemburg, 1992.

CONSTANTINESCO, LÉONTIN-JEAN, Das Recht der Europäischen Gemeinschaften I, Baden-Baden, 1977.

CONSTANTINESCO, VLAD/KOVAR, ROBERT/SIMON, DENYS, Traité sur l'Union Européenne – Commentaire article par article, Paris, 1995.

COUNCIL OF THE EUROPEAN COMMUNITIES/COMMISSION OF THE EUROPEAN COMMUNITIES, Treaty on European Union, Luxemburg, 1992.

CZAJA, ASTRID, Die außervertragliche Haftung der EG für ihre Organe, Baden-Baden, 1996.

VON DANWITZ, THOMAS, Die gemeinschaftsrechtliche Staatshaftung der Mitgliedstaaten, DVBl. 1997, S. 1ff.

DAUSES, MANFRED (HRSG.), Handbuch des EG-Wirtschaftsrechts, München, Stand: November 1999.

DREIER, HORST (HRSG.), Grundgesetz-Kommentar, Tübingen, 1998.

DEUTSCHE BUNDESBANK, Die Geldpolitik der Bundesbank, Frankfurt a. Main, 1995.

DEUTSCHE BUNDESBANK, Informationsbrief zur Europäischen Wirtschafts- und Währungsunion, Nr.2, Frankfurt a. Main, 1996.

DEUTSCHE BUNDESBANK, Informationsbrief zur Europäischen Wirtschafts- und Währungsunion, Nr.8, Frankfurt a. Main, 1997.

DEUTSCHE BUNDESBANK, Monatsbericht, Februar 1992, Frankfurt a. Main, 1992.

DEUTSCHE BUNDESBANK, Monatsbericht, Januar 1993, Frankfurt a. Main, 1993.

DEUTSCHE BUNDESBANK, Monatsbericht, Januar 1998, Frankfurt a. Main, 1998.

DEUTSCHE BUNDESBANK, Monatsbericht, Oktober 1998, Frankfurt a. Main, 1998.

DEUTSCHE BUNDESBANK, Monatsbericht, November 1998, Frankfurt a. Main, 1998.

DEUTSCHE BUNDESBANK, Monatsbericht, Januar 1999, Frankfurt a. Main, 1999.

DEUTSCHE BUNDESBANK, Monatsbericht, März 2000, Frankfurt a. Main, 2000.

DOLZER RUDOLF/VOGEL KLAUS (HRSG.), Bonner Kommentar zum Grundgesetz, Heidelberg, Stand: Dezember 1999.

DUDEN, Der Euro – Das Lexikon zur Währungsunion, Mannheim u.a., 1998.

DUISENBERG, WILLEM, Europäische Währungsunion – Garant für Stabilität, in: Deutsche Bundesbank, Auszüge aus den Presseartikeln, Nr.50, Frankfurt a. Main, 1998, S. 1ff.

EMMINGER, OTMAR, D-Mark, Dollar, Währungskrisen, Stuttgart, 1986.

ENDLER, JAN, Europäische Zentralbank und Preisstabilität, Stuttgart u.a., 1998.

EUROPÄISCHES WÄHRUNGSINSTITUT, Jahresbericht 1994, Frankfurt a. Main, 1995.

EUROPÄISCHES WÄHRUNGSINSTITUT, Jahresbericht 1995, Frankfurt a. Main, 1996.

EUROPÄISCHES WÄHRUNGSINSTITUT, Die einheitliche Geldpolitik in Stufe 3 – Elemente der geldpolitischen Strategie, Frankfurt a. Main, 1997.

EUROPÄISCHE ZENTRALBANK, Die einheitliche Geldpolitik in Stufe 3 – Allgemeine Regelungen für die geldpolitischen Instrumente und Verfahren des ESZB, Frankfurt a. Main, 1998.

EUROPÄISCHE ZENTRALBANK, Third Progress Report on the TARGET Project, Frankfurt a. Main, 1998.

EUROPÄISCHE ZENTRALBANK, TARGET – Facts, Figures, Future, Frankfurt a. Main, 1999.

EUROPÄISCHE ZENTRALBANK, Monatsbericht, Januar 1999, Frankfurt a. Main, 1999.

EUROPÄISCHE ZENTRALBANK, Monatsbericht, Mai 1999, Frankfurt a. Main, 1999.

EUROPÄISCHE ZENTRALBANK, Monatsbericht, Juli 1999, Frankfurt a. Main, 1999.

EUROPÄISCHE ZENTRALBANK, Monatsbericht, November 1999, Frankfurt a. Main, 1999.

EUROPÄISCHE ZENTRALBANK, Monatsbericht, Januar 2000, Frankfurt a. Main, 2000.

EUROPÄISCHE ZENTRALBANK, Monatsbericht, April 2000, Frankfurt a. Main, 2000.

EUROPÄISCHE ZENTRALBANK, Monatsbericht, Oktober 2000, Frankfurt a. Main, 2000.

EUROPÄISCHE ZENTRALBANK, Jahresbericht 1998, Frankfurt a. Main, 1999.

EUROPÄISCHE ZENTRALBANK, Jahresbericht 1999, Frankfurt a. Main, 2000.

EWERT, DANIEL, Die Funktion der allgemeinen Rechtsgrundsätze im Schadensrecht der Europäischen Wirtschaftsgemeinschaft, Frankfurt a. Main, 1991.

EYLES, UWE, Funktionsauslagerung (Outsourcing) bei Kredit- und Finanzdienstleistungsinstituten, WM 2000, S. 1217ff.

FABRITIUS, HANS GEORG, Ein neues Zeitalter für Europas Zahlungsverkehr, ZfgK 1999, S. 659ff.

FETZER, RHONA, Die Haftung des Staates für legislatives Unrecht, Berlin, 1994.

FINES, FANCETTE, A General Analytical Perspective on Community Liability, in: Heukels/McDonnell (Hrsg.), The Action for Damages in Community Law, The Hague u.a., 1997, S. 11ff.

FISCHER, HANS GEORG, Die Rechtsetzung der Europäischen Gemeinschaft im Licht der Rechtsprechung des Europäischen Gerichtshofs, ZG 2000, S. 165ff.

FRANKE, GÜNTER, Notenbank und Finanzmärkte, in: Deutsche Bundesbank (Hrsg.), Fünfzig Jahre Deutsche Mark, München, 1998, S. 257ff.

FRANKFURTER ALLGEMEINE ZEITUNG, Völlig transparente Geldpolitik gibt es nur in der Modellwelt, Ausgabe vom 28. März 2000, S. 31.

FROWEIN, JOCHEN ABR., The Protection of Property, in: MacDonald/Matscher/Petzold, The European System for the Protection of Human Rights, Dordrecht u.a., 1993, S. 515ff.

FROWEIN, JOCHEN ABR./PEUKERT, WOLFGANG, Europäische Menschenrechts-Konvention, EMRK-Kommentar, 2. Auflage, Kehl, 1996.

FUß, ERNST WERNER, Die allgemeinen Rechtsgrundsätze, in: Abelein (Hrsg.), Studien zum Staats- und Völkerrecht, zgl. Festschrift für Raschhofer, Kallmünz, 1977, S. 43ff.

FUß, ERNST WERNER, Zur Rechtsprechung des Europäischen Gerichtshofs über die Gemeinschaftshaftung für rechtswidrige Verordnungen, in: Kipp (Hrsg.), Um Recht und Freiheit, zgl. Festschrift für von der Heydte, Berlin, 1977, S. 173ff.

FUß, ERNST WERNER, La responsabilité des Communautés Européennes pour la comportement illégal des leurs organes, RTDeur. 17 (1981), S. 1ff.

GALAHN, GUNBRITT, Die Deutsche Bundesbank im Prozeß der europäischen Währungsintegration, Berlin u.a., 1994.

GEIGER, RUDOLF, EG-Vertrag, Kommentar zu dem Vertrag zur Gründung der Europäischen Gemeinschaft, 2. Auflage, München, 1995.

VAN GERVEN, WALTER (HRSG.), Tort Law – Scope of Protection, Oxford, 1999.

GILSDORF, PETER, Die Haftung der Gemeinschaft aus normativem Handeln – auf dem Hintergrund der Rechtsprechung des Europäischen Gerichtshofs, EuR 10 (1975), S. 73ff.

GLAESNER, HANS-J., Die Einheitliche Europäische Akte, EuR 21 (1986), S. 119ff.

GLESKE, CHRISTOPH, Wettbewerb öffentlicher und privater Kreditinstitute in Deutschland, Baden-Baden, 1996.

GLESKE, LEONHARD, Über einige institutionelle Aspekte der Europäischen Währungsunion, in: Bierich/Hommelhoff/Kropff (Hrsg.), Unternehmen und Unternehmensführung im Recht, zgl. Festschrift für Semler, Berlin u.a., 1993, S. 895ff.

GOEBEL, ROGER, European Economic and Monetary Union: Will the EMU ever fly?, CJEL 4 (1998), S. 249ff.

GOETZE, HENNING, Die Tätigkeit der nationalen Zentralbanken in der Wirtschafts- und Währungsunion, Frankfurt a. Main u.a., 1999.

GORNIG, GILBERT/TRÜE, CHRISTIANE, Die Rechtsprechung des EuGH zum europäischen allgemeinen Verwaltungsrecht – Teil 1, JZ 1993, S. 884ff.

GRABITZ, EBERHARD, Anmerkung zum Urteil vom 25. Mai 1978 des EuGH, verb. Rs. 83, 94/76, 4, 15, 40/77, HNL/Rat und Kommission, NJW 1978, S. 1742ff.

GRABITZ, EBERHARD, Zur Haftung der Europäischen Gemeinschaften für normatives Unrecht, in: Grewe/Rupp/Schneider (Hrsg.), Europäische Gerichtsbarkeit und nationale Verfassungsgerichtsbarkeit, zgl. Festschrift für Kutscher, Baden-Baden, 1981, S. 215ff.

GRABITZ, EBERHARD /HILF, MEINHARD, Kommentar zur Europäischen Union, Band 1 bis 4, München, Stand: Juli 2000.

GRAMLICH, LUDWIG, Europäische Zentralbank und Art. 24 I GG, Baden-Baden, 1979.

GRAMLICH, LUDWIG, „Soft Law" im Währungsrecht? in: Hahn (Hrsg.), Das Geld im Recht, Baden-Baden, 1986, S. 131ff.

GRAMLICH, LUDWIG, Bundesbankgesetz, Währungsgesetz, Münzgesetz, Köln u.a., 1988.

GRATIAS, MATTHIAS, Staatshaftung für fehlerhafte Banken- und Versicherungsaufsicht im Europäischen Binnenmarkt, Baden-Baden, 1999.

GRATIAS, MATTHIAS, Bankenaufsichtsrecht, Einlegerschutz, Staatshaftung, NJW 2000, S. 786f.

VON DER GROEBEN, HANS/THIESING, JOCHEN/EHLERMANN, CLAUS DIETER (HRSG.), Kommentar zum EU-/EG-Vertrag, Baden-Baden, 5. Auflage, 1997.

GÜNTER, JOHANNES, Berufsfreiheit und Eigentum in der Europäischen Union, Heidelberg, 1998.

HAACK, STEFAN, Die außervertragliche Haftung der Europäischen Gemeinschaften für rechtmäßiges Verhalten ihrer Organe, Frankfurt a. Main, 1995.

HABSCHEID, EDGAR, Staatshaftung für fehlsame Bankenaufsicht?, Bielefeld, 1988.

HÄDE, ULRICH, Die Deutsche Bundesbank in der Europäischen Währungsunion, in: Hahn (Hrsg.), Die Europäische Währung, Baden-Baden, 1999, S. 103ff.

HAFFKE, HEINZ CHRISTIAN, Ein Präzedenzfall gegen künftige Euro-Klagen, Börsen Zeitung, 30. April 1998, S. 15f.

HAHN, HUGO J./BLEIBAUM, ERNST, Bankenaufsicht und Staatshaftung, in: Hahn (Hrsg.), Institutionen des Währungswesens, Baden-Baden, 1983, S. 105ff.

HAHN, HUGO J./SIEBELT, JOHANNES, Zur Autonomie einer künftigen Europäischen Zentralbank, DÖV 1989, S. 233ff.

HAHN, HUGO J., Währungsrecht, München, 1990.

HAHN, HUGO J., The European Central Bank: Key to European Monetary Union or Target?, CMLR 28 (1991), S. 783ff.

HAHN, HUGO J., Der Vertrag von Maastricht als völkerrechtliche Übereinkunft und Verfassung, Baden-Baden, 1992.

HAHN, HUGO J., Währungsrecht und öffentliches Kreditwesen, in: Klein (Hrsg.), Öffentliches Finanzrecht, 2. Auflage, Neuwied, 1993, S. 243ff.

HAHN, HUGO J., Berichtspflichten und Informationsmöglichkeiten der Europäischen Zentralbank, JZ 1999, S. 957ff.

HAHN, HUGO J., „Allgemeine Orientierungen" oder „allgemeine Leitlinien" für die Wechselkurspolitik der Europäischen Währungsunion?, BayVBl. 1999, S. 741ff.

HAHN, OSWALD, Die Währungsbanken der Welt, Bd. 1: Institutionen und Organe, Stuttgart, 1968.

HALLSTEIN, WALTER, Die Europäische Gemeinschaft, Düsseldorf u.a., 1979.

HARTENFELS, HOLGER, Euro – Bankrechtliche Aspekte am Morgen der Währungsunion, WM 1999, Beilage 1, S. 1ff.

HEINBÜCHER, ROBERT/SCHIEBER, HARTMUT, Finanzmarktstrukturen, Zahlungsverkehrssysteme und Geldpolitik – Nationale Erfahrungen und Implikationen, in: Bofinger/Ketterer (Hrsg.), Neuere Entwicklungen in der Geldtheorie und Geldpolitik, zgl. Festschrift für Kloten, Tübingen, 1996, S. 325ff.

HERDEGEN, MATTHIAS, Die Haftung der Europäischen Wirtschaftsgemeinschaft für fehlerhafte Rechtsetzungsakte, Berlin, 1983.

HERDEGEN, MATTHIAS, Bundesbank und Bankenaufsicht – verfassungsrechtliche Fragen, WM 2000, S. 121ff.

HETTLAGE, KARL, Die Finanzverfassung im Rahmen der Staatsverfassung, VVDStRL 13, 1956, S. 2ff.

HEUKELS, TON, Anmerkung zum Urteil des EuGH, verb. Rs. C-104/89 und C-37/90, Mulder u.a./Rat und Kommission, CMLR 30 (1993), S. 368ff.

HEUKELS, TON, The Contractual Liability of the European Community Revisited, in: Heukels/McDonnell (Hrsg.), The Action for Damages in Community Law, The Hague u.a., 1997, S. 89ff.

HEUN, WERNER, Die Europäische Zentralbank in der Europäischen Währungsunion, JZ 1998, S. 866ff.

HILF, MEINHARD, Die abhängige Juristische Person des Europäischen Gemeinschaftsrechts, ZaöRV 36 (1976), S. 551ff.

HILF, MEINHARD, Die Organisationsstruktur der Europäischen Gemeinschaften, Berlin u.a., 1982.

HILF, MEINHARD /PACHE, ECKHARD, Der Vertrag von Amsterdam, NJW 1999, S. 705ff.

HILF, MEINHARD, Die Charta der Grundrechte der Europäischen Union, Beilage zu NJW 2000, Heft 49, S. 1ff.

HILLGRUBER, CHRISTIAN, Die Rechtsnatur der Europäischen Union nach dem Amsterdamer Vertrag, in: Kluth (Hrsg.), Die Europäische Union nach dem Amsterdamer Vertrag, Baden-Baden, 2000, S. 15ff.

HOPPE, HANS-DIETER, Der Rechtsschutz gegen Akte der Währungspolitik – Darstellung am Beispiel der Deutschen Bundesbank und der Europäischen Zentralbank, Würzburg, 1994.

HUMMER, WALDEMAR, Der Schutz der Grund- und Menschenrechte in der Europäischen Union, in: Hummer (Hrsg.), Die Europäische Union nach dem Vertrag von Amsterdam, Wien, 1998, S. 71ff.

INTERNATIONAL LAW ASSOCIATION, Report of the Sixty-Eighth Conference, London, 1998.

IPSEN, HANS PETER, Europäisches Gemeinschaftsrecht, Tübingen, 1972.

ISSING, OTMAR, Einführung in die Geldpolitik, 5. Auflage, München, 1993.

ISSING, OTMAR, Aktuelle Fragen der Geld- und Währungspolitik, Auszüge aus den Presseartikeln Nr. 66/1996, S. 4f.

JARCHOW, HANS-JOACHIM/RÜHMANN, PETER, Monetäre Außenwirtschaft, Bd. 1, Göttingen, 1994.

JESTAEDT, THOMAS/HÄSEMEYER, ULRIKE, Die Bindungswirkung von Gemeinschaftsrahmen und Leitlinien im EG-Beihilfenrecht, EuZW 1995, S. 787ff.

KELLER, CHRISTOPH, Die EG-Richtlinie 98/26 vom 19.5.1998 über die Wirksamkeit von Abrechnungen in Zahlungs- sowie Wertpapierliefer- und -abrechnungssystemen und ihre Umsetzung in Deutschland, WM 2000, S. 1269ff.

KEMPEN, BERNHARD, Die Europäische Währungsunion und der Streit um die Geltung des Gemeinschaftsrechts, AVR 35 (1997), S. 273ff.

KEMPEN, BERNHARD, Erste Erfahrungen mit dem Euro, in: Kluth (Hrsg.), Die Europäische Union nach dem Vertrag von Amsterdam, Baden-Baden, 2000, S. 101ff.

KEMPEN, BERNHARD, Europäisches Wirtschaftsverwaltungsrecht, in: Ergänzbares Lexikon des Rechts, Bd. 7, Nr. 290, Neuwied, Stand: März 2000.

KISCHEL, UWE, Zur Dogmatik des Gleichheitssatzes in der Europäischen Union, EuGRZ 1997, S. 1ff.

KISCHNER, HEINRICH/KLÜPFEL, KARIN, Das Gericht erster Instanz der Europäischen Gemeinschaften, 2. Auflage, Köln u.a., 1998.

KLEIN, DIETMAR, Die Bankensysteme der EU-Länder, 3. Auflage, Frankfurt a. Main, 1998.

KNAPPE, KARL, Das geldpolitische Instrumentarium des Europäischen Systems der Zentralbanken (ESZB), in: Heinemann/Schröder, Europäische Währungsunion und Kapitalmärkte, Baden-Baden, 1997, S. 143ff.

KOHLHAUSSEN, MARTIN, Kreditwirtschaft und Bundesbank: Abhängigkeiten, Kongruenzen – und Konflikte, ZfGK 1999, S. 920ff.

KOENIG, CHRISTIAN, Institutionelle Überlegungen zum Aufgabenzuwachs beim Europäischen Gerichtshof in der Währungsunion, EuZW 1993, S. 661ff.

KOENIG, CHRISTIAN /PECHSTEIN, MATTHIAS, Die Europäische Union – Der Vertrag von Maastricht, 1. Auflage, Tübingen, 1995.

KOENIG, CHRISTIAN /SANDER, CLAUDE, Einführung in das EG-Prozeßrecht, Tübingen, 1997.

KRÄGENAU, HENRY/WETTER, WOLFGANG, Europäische Wirtschafts- und Währungsunion, Baden-Baden, 1993.

KRAUßER, H.-P., Das Prinzip der begrenzten Ermächtigung im Gemeinschaftsrecht als Strukturprinzip des EWG-Vertrages, Berlin, 1991.

KÜMPEL, SIEGFRIED, Bank- und Kapitalmarktrecht, 2. Auflage, Köln, 2000.

KUTSCHER, HANS, Thesen zu den Methoden der Auslegung des Gemeinschaftsrechts, aus der Sicht eines Richters, in: Gerichtshof der Europäischen Gemeinschaften, Begegnung von Justiz und Hochschule, 27.-28. Sept. 1976, Luxemburg, 1976, S. I-1ff.

DE LAROSIÈRE, JACQUES, Wir wollen unsere Souveränität behalten, in: Deutsche Bundesbank, Auszüge aus den Presseartikeln, Nr. 7, 1992, S. 15.

LASTRA, ROSA MARIA, The Division of Responsabilities between the ECB and the NCBs in: Louis/Bronkhorst, The Euro and European Integration – L'euro et l'intégration européenne, Brüssel u.a., 1999, S. 199ff.

LENZ, CARL OTTO (HRSG.), EG-Vertrag Kommentar, 2. Auflage, Köln u.a., 1999.

LIEBSCHER, KLAUS, Das Europäische System der Zentralbanken, ÖBA 1998, S. 419.

LOUIS, JEAN-VICTOR, L'Union Economique et Monetaire, CDE 28 (1992), S. 251ff.

LOUIS, JEAN-VICTOR, The Project of a European Central Bank, in: Styck (Hrsg.), Financial and Monetary Integration in the European Economic Community, Deventer, 1993, S. 13ff.

LOUIS, JEAN-VICTOR /SÉCHÉ, JEAN-CLAUDE/WOLFCARIUS, THÉOPHILE MARGELLOS/MARCHIPONT, JEAN-FRANÇOIS, Commentaire Mégret – Le droit de CEE, 2. Auflage, Brüssel, 1995.

LOUIS, JEAN-VICTOR, A Legal and Institutional Approach for Building a Monetary Union, CMLR 35 (1998), S. 33ff.

VON MANGOLDT, HERMANN/KLEIN, FRIEDRICH/STARCK, CHRISTIAN, Das Bonner Grundgesetz – Kommentar, 4. Auflage, München, 1999.

MAURER, HARTMUT, Allgemeines Verwaltungsrecht, 11. Auflage, München, 1997.

MAUNZ, THEODOR/DÜRIG, GÜNTER/HERZOG, ROMAN, Grundgesetz Kommentar, München, Stand: Oktober 1999.

MAZAN, STEPHAN, Das föderative Prinzip in der Europäischen Union, Zürich, 1996.

MENKHOFF, LUKAS, Kreditinstitutsgröße, Offenmarktpolitik und Wettbewerbsneutralität: Ergebnisse einer schriftlichen Befragung, Kredit und Kapital 1998, S. 63ff.

MEYER, PETER, Die Grundsätze der Auslegung im Europäischen Gemeinschaftsrecht, JURA 1994, S. 455ff.

VON MILCZEWSKI, CHRISTINE, Der grundrechtliche Schutz des Eigentums im Europäischen Gemeinschaftsrecht, Frankfurt a. Main u.a., 1994.

MÖSCHEL, WERNHARD, Das Wirtschaftsrecht der Banken, Frankfurt a. Main, 1972.

MOUTOT, PHILIPPE, The Operating Framework for Monetary Policy in Stage Three, in: Heinemann/Schröder, Europäische Währungsunion und Kapitalmärkte, Baden-Baden, 1997, S. 132ff.

MUCH, WALTER, Die Haftung der Europäischen Gemeinschaft für das rechtswidrige Verhalten ihrer Organe, in: Max-Planck-Institut, Haftung des Staates für rechtswidriges Verhalten seiner Organe, Köln, 1967, S. 723ff.

MÜLLER, MARCO NÚNEZ, Die Verjährung außervertraglicher Schadensersatzansprüche gegen die EG, EuZW 1999, S. 611ff.

MÜLLER-GRAFF, PETER-CHRISTIAN, Europäische Politische Zusammenarbeit und Gemeinsame Außen- und Sicherheitspolitik: Kohärenzgebot aus rechtlicher Sicht, Integration 16 (1992), S. 147ff.

MÜLLER-GRAFF, PETER-CHRISTIAN, Euro, Bundesverfassungsgericht und Gerichtshof der Europäischen Gemeinschaften – Währungsstabilität und richterliche Kontrolle, Integration 21 (1998), S. 86ff.

NETTESHEIM, MARTIN, Grundrechtliche Prüfdichte durch den EuGH, EuZW 1995, S. 106ff.

NICOLAYSEN, GERT, Rechtsfragen der Währungsunion, Berlin, 1993.

OPPERMANN, THOMAS, Zur Eigenart der Europäischen Union, in: Hommelhoff/Kirchhof, Der Staatenverbund der Europäischen Union, Heidelberg, 1994, S. 87ff.

OPPERMANN, THOMAS, Europarecht, 2. Auflage, München, 1999.

OPPERMANN, THOMAS /TIEMANN, AXEL, Verschuldensmaßstäbe bei Amtshaftung der Deutschen Bundesbank, Frankfurt a. Main, 1983.

OSSENBÜHL, FRITZ, Probleme der Amtshaftung bei Versagen der Ampelanlage, BGH, NJW 1971, 2220; NJW 1972, 1268, in: JuS 1973, S. 421ff.

OSSENBÜHL, FRITZ, Staatshaftungsrecht, 5. Auflage, München, 1998.

PACHE, ECKHARD, Der Grundsatz der Verhältnismäßigkeit in der Rechtsprechung der Gerichte der Europäischen Gemeinschaften, NVwZ 1999, S. 1033ff.

PALANDT, OTTO, Bürgerliches Gesetzbuch, 60. Auflage, München, 2000.

PARTSCH, PHILIPPE-EMMANUEL, De quelques questions juridiques relatives au passage à la troisième phase de l'Union économique et monétaire et au fonctionnement de celle-ci, RTDeur. 34 (1998), S. 35ff.

PECHSTEIN, MATTHIAS/KOENIG, CHRISTIAN, Die Europäische Union, 3. Auflage, Tübingen, 2000.

PIEROTH, BODO/SCHLINK, BERNHARD, Grundrechte – Staatsrecht II, 15. Auflage, Heidelberg, 1999.

PIPKORN, JÖRN, Der rechtliche Rahmen der Wirtschafts- und Währungsunion, EuR 29 (1994), Beiheft 1, S. 85ff.

POTACS, MICHAEL, Europäische Zentralbankenverfassung und Österreichische Nationalbank, in: Griller (Hrsg.), Auf dem Weg zur Europäischen Wirtschafts- und Währungsunion?, Wien, 1993, S. 33ff.

POTACS, MICHAEL, Nationale Zentralbanken in der Wirtschafts- und Währungsunion, EuR 28 (1993), S. 23ff.

REINISCH, AUGUST, Entschädigung für die unbeteiligten „Opfer“ des Hormon- und Bananenstreites nach Art. 288 II EG?, EuZW 2000, S. 42ff.

RENGELING, HANS WERNER, Nationaler Verwaltungsvollzug von Gemeinschaftsrecht: Die Gemeinschaftskompetenzen, EuR 9 (1974), S. 217ff.

RENGELING, HANS WERNER, Grundrechtsschutz in der Europäischen Gemeinschaft, Münster, 1993.

RENGELING, HANS WERNER /MIDDEKE, ANDREAS/GELLERMANN, MARTIN, Rechtsschutz in der Europäischen Union, München, 1994.

RHODE, BERND, Liquiditätsmanagement bei parallelem Betrieb mehrerer Euro-Zahlungsverkehrssysteme, ZfgK 1999, S. 662ff.

ROTH, WULF HENNING, Der rechtliche Rahmen der Wirtschafts- und Währungsunion, EuR 29 (1994), S. 45ff.

SAMM, CARL-THEODOR, Die Stellung der Deutschen Bundesbank im Verfassungsgefüge, Berlin, 1967.

SAMMLER, WOLFGANG, Eigentum und Währungsparität, Berlin, 1975.

SCHENKE, WOLF-RÜDIGER/RUTHIG, JOSEF, Amtshaftungsansprüche von Bankkunden bei Verletzung staatlicher Bankenaufsichtspflichten, NJW 1994, S. 2324ff.

SCHERMERS, HENRY G./WAELBROECK, DENIS, Judicial Protection in the European Communities, Deventer u.a., 1992.

SCHINDLER, PETER, Delegation von Zuständigkeiten in der Europäischen Gemeinschaft, Baden-Baden, 1972.

SCHLESINGER, HELMUT, Geldwertstabilität: eine nationale und übernationale Aufgabe, in: Bofinger/Ketterer (Hrsg.), Neuere Entwicklungen in der Geldtheorie und Geldpolitik, zgl. Festschrift für Kloten, Tübingen, 1996, S. 167ff.

SCHNELTING, GABRIELE, Die Europäische Zentralbank, die neue Institution in der Union und ihre geldpolitischen Funktionen, Aachen, 1998.

SCHWARZE, JÜRGEN, Europäisches Verwaltungsrecht, Band 1 und 2, Baden-Baden, 1988.

SCHWEITZER, MICHAEL/HUMMER, WALDEMAR, Europarecht, 5. Auflage, 1996.

SEIDEL, MARTIN, Probleme der Verfassung der Europäischen Gemeinschaft als Wirtschafts- und Währungsunion, in: Baur/Müller-Graff/Zuleeg (Hrsg.), Europarecht, Energierecht, Wirtschaftsrecht, zgl. Festschrift für Börner, Köln u.a., 1992, S. 417ff.

SEIDEL, MARTIN, Zur Verfassung der Europäischen Gemeinschaft nach Maastricht, EuR 27 (1992), S. 125ff.

SEIDEL, MARTIN, „Braucht die Europäische Union eine einheitliche Währung? Kommt der Euro wirklich?" – Verfassungsrechtliche Probleme der Wirtschafts- und Währungsunion, in: Krämer/Micklitz/Tonner (Hrsg.), Law and diffuse Interests in the European Legal Order; Recht und diffuse Interessen in der Europäischen Rechtsordnung, zgl. Liber amicorum Norbert Reich, Baden-Baden, 1997, S. 373ff.

SEIDEL, MARTIN, Im Kompetenzkonflikt: Europäisches System der Zentralbanken (ESZB) versus EZB, EuZW 2000, S. 552ff.

SEIDL-HOHENVELDERN, IGNAZ/LOIBL, GERHARD, Das Recht der Internationalen Organisationen einschließlich der Supranationalen Gemeinschaften, Köln u.a., 5. Auflage, 1992.

SELMAYR, MARTIN, Wie unabhängig ist die Europäische Zentralbank? – Eine Analyse anhand der ersten geldpolitischen Entscheidungen der EZB, WM 1999, S. 2429ff.

SELMAYR, MARTIN, Die Wirtschafts- und Währungsunion als Rechtsgemeinschaft, AöR 1999, S. 357ff.

SELMAYR, MARTIN, Gefahr für die Europäische Währungsunion?, Europablätter 1998, S. 39ff.

SIMM, MARION/HEBER, KLAUS, Ausbau der Rechtsetzungsbefugnisse des Europäischen Parlaments durch den Vertrag von Amsterdam, ZG 1999, S. 331ff.

SLOT, PIET JAN, The Institutional Provisions of the EMU, in: Curtin/Heukels (Hrsg.), Institutional Dynamics of European Integration, Essays in Honour of Henry G. Schermers, Dordrecht, 1994, S. 239ff.

SMIT, HANS/HERZOG, PETER, The Law of the European Community – A Commentary on the EEC Treaty, New York, Stand: September 1998.

SMITS, RENÉ, The European Central Bank – Institutional Aspects, The Hague, 1997.

SNYDER, FRANCIS, EMU – Metaphor for European Union?, Institutions, Rules and Types of Regulation, in: Dehousse, Europe after Maastricht – An ever closer Union?, München, 1994, S. 63ff.

SODAN, HELGE, Die funktionelle Unabhängigkeit der Zentralbanken, NJW 1999, S. 1521ff.

STADLER, RAINER, Der rechtliche Handlungsspielraum des Europäischen Systems der Zentralbanken, Baden-Baden, 1996.

STERN, KLAUS, Die Notenbank im Staats- und Finanzgefüge der Bundesrepublik Deutschland, in: Deutsche Bundesbank, Fünfzig Jahre Deutsche Mark, München, 1998, S. 141ff.

STREINZ, RUDOLF, Aufbau, Struktur und Inhalt des Vertrages von Amsterdam, in: Hummer (Hrsg.), Die Europäische Union nach dem Vertrag von Amsterdam, Wien, 1998, S. 47ff.

STREINZ, RUDOLF, Europarecht, 4. Auflage, Heidelberg, 1999.

STUDT, DETLEF, Rechtsfragen einer Europäischen Zentralbank, Berlin, 1993.

THIEL, MICHAEL, Europa 1992. Grundrechtlicher Eigentumsvorbehalt im EG-Recht, JuS 1991, S. 274ff.

TOTH, A.G., The Concepts of Damage and Causality as Elements of Non-contractual Liability, in: Heukels/McDonnell (Hrsg.), The Action for Damages in Community Law, The Hague u.a., 1997, S. 179ff.

ULE, CARL HERMANN/LAUBINGER, HANS WERNER, Verwaltungsverfahrensrecht, 4. Auflage, München u.a., 1995.

VIOLINI, LORENZA, Grundrechtsschutz durch den Gerichtshof der Europäischen Gemeinschaften und nationale Gerichte nach Amsterdam, EuR 34 (1999), Beiheft 1, S. 117ff.

GRAF VITZTHUM, WOLFGANG (HRSG.), Völkerrecht, Berlin, 1997.

WALTER, CHRISTIAN, Das Federal Reserve System, die Deutsche Bundesbank und das Europäische System der Zentralbanken/die Europäische Zentralbank im Vergleich, Starnberg, 1994.

WEBER, ALBRECHT, Die Wirtschafts- und Währungsunion nach dem Maastricht Urteil des BVerfG, JZ 1994, S. 53ff.

WEBER, MARTIN, Die Kompetenzverteilung im Europäischen System der Zentralbanken bei der Festlegung und Durchführung der Geldpolitik, München, 1995.

WEBER, MARTIN, Das Europäische System der Zentralbanken, WM 1998, S. 1465ff.

WAIGEL, CHRISTIAN, Die Unabhängigkeit der Europäischen Zentralbank, Baden-Baden, 1999.

WEIKART, THOMAS, Geldwert und Eigentumsgarantie, Baden-Baden, 1993.

WEIKART, THOMAS, Der Vertrag von Maastricht und das Grundgesetz, Recht im Amt 1993, S. 1ff.

WEINBÖRNER, SUSANNE, Die Stellung der Europäischen Zentralbank (EZB) und der nationalen Zentralbanken in der Wirtschafts- und Währungsunion nach dem Vertrag von Maastricht, Frankfurt a. Main u.a., 1998.

WETTER, IRMGARD, Die Grundrechtscharta des Europäischen Gerichtshofes, Frankfurt a. Main u.a., 1998.

WINKLER, ROLF M./TRÖLITSCH, THOMAS, Wende in der EuGH-Rechtsprechung zur Haftung der EG für fehlerhafte EG-Rechtsetzungsakte und prozessuale Bewältigung der Prozeßflut, EuZW 1992, S. 663ff.

WÖLKER, ULRICH, Grundrechtsschutz durch den Gerichtshof der Europäischen Gemeinschaften und nationale Gerichte nach Amsterdam, EuR 34 (1999), Beiheft 1, S. 99ff.

WONDRA, MICHAEL KLAUS-PETER, Staatshaftung für fehlsame Wirtschaftsaufsicht?, Würzburg, 1995.

VAN DER WOUDE, MARC H., Liability for Administrative Acts under Article 215 II EC, in: Heukels/McDonnell (Hrsg.), The Action for Damages in Community Law, The Hague u.a., 1997, S. 109ff.

ZEITLER, FRANZ-CHRISTOPH, Die Zentralbanken in der europäischen Integration, in: Hahn (Hrsg.), Das Währungswesen in der Europäischen Integration, Baden-Baden, 1996, S. 129ff.

ZEITLER, FRANZ-CHRISTOPH, Zahlungsverkehrssysteme für den Euro, ZfgK 1999, S. 432.

ZILIOLI, CHIARA/SELMAYR, MARTIN, The external relations of the euro area: legal aspects, CMLR 36 (1999), S. 273ff.

ZILIOLI, CHIARA/SELMAYR, MARTIN, The European Central Bank: An independent specialized organization of Community Law, CMLR 37 (2000), S. 591ff.

ZIMMERMANN, BEATE, Die nationalen Zentralbanken als Bestandteile des Europäischen Systems der Zentralbanken – Folgen der Integration, Würzburg, 2000.

ZULEEG, MANFRED, Betrachtungen zum Gleichheitssatz im Europäischen Gemeinschaftsrecht, in: Baur/Müller-Graff/Zuleeg (Hrsg.), Europarecht, Energierecht, Wirtschaftsrecht, zgl. Festschrift für Börner, Köln u.a., 1992, S. 473ff.

Sachregister

R

S

T

U

V

W

Z

Kölner Schriften zu Recht und Staat

Herausgegeben von
Hartmut Schiedermair und Bernhard Kempen

Band 1 Bernhard Kempen: Die deutsch-polnische Grenze nach der Friedensregelung des Zwei-plus-Vier-Vertrages. 1997.

Band 2 Hans-Georg Maaßen: Die Rechtsstellung des Asylbewerbers im Völkerrecht. Überlegungen zu den völkerrechtlichen Rahmenbedingungen einer europäischen Asylrechtsharmonisierung. 1997.

Band 3 Udo Fink: Kollektive Friedenssicherung. Kapitel VII UN-Charta in der Praxis des Sicherheitsrats der Vereinten Nationen. 1999.

Band 4 Stephan Grigolli: Sprachliche Minderheiten in Italien, insbesondere Südtirol, und in Europa. Der Gebrauch der Sprache vor Behörden und Gerichten und die Vergabe öffentlicher Stellen. 1997.

Band 5 Uta Stoy-Schnell: Das Bundesverfassungsgericht und die Corte costituzionale. Ein Vergleich der Verfassungsgerichtsbarkeiten in Deutschland und Italien. 1998.

Band 6 Christian Hillgruber: Die Aufnahme neuer Staaten in die Völkerrechtsgemeinschaft. Das völkerrechtliche Institut der Anerkennung von Neustaaten in der Praxis des 19. und 20. Jahrhunderts. 1998.

Band 7 Jochen Seitz: Planungshoheit und Grundeigentum. Die verfassungsrechtlichen Schranken der städtebaulichen Entwicklungsmaßnahmen. 1999.

Band 8 Jochen Herbst: Rechtskontrolle des UN-Sicherheitsrates. 1999.

Band 9 Kristin Möller: Die Beschaffung naturschutzrechtlicher Ausgleichsflächen im Baurecht. 1999.

Band 10 Klaus Löffelbein: Genehmigungsfreies Bauen und Nachbarrechtsschutz. Die baurechtlichen Anzeige- und Freistellungsverfahren der Länder aus nachbarlicher Sicht. 2000.

Band 11 Patrick Mittmann: Die Rechtsfortbildung durch den Gerichtshof der Europäischen Gemeinschaften und die Rechtsstellung der Mitgliedstaaten der Europäischen Union. 2000.

Band 12 Martin R. Albus: Zur Notwendigkeit eines Internationalen Umweltgerichtshofs. Zugleich eine Analyse der Staatenpraxis zum Internationalen Umwelthaftungsrecht und der Rechtsschutzmöglichkeiten bei grenzüberschreitenden Umweltbeeinträchtigungen. 2000.

Band 13 Irene Baur: Die Haftung der Europäischen Zentralbank. 2001.

FSC
www.fsc.org
MIX
Papier | Fördert gute Waldnutzung
FSC® C083411

Kolibri 360 GmbH
Ferdinand-Jühlke-Straße 7
99095 Erfurt, Deutschland
produktsicherheit@kolibri360.de

Druck:
CPI Druckdienstleistungen GmbH
im Auftrag der
Kolibri 360 GmbH
Ferdinand-Jühlke-Str. 7
99095 Erfurt